Brigitte vom Wege, Mechthild Wessel

Praxisbuch Kinderliteratur

für die sozialpädagogische Ausbildung

1. Auflage

Bestellnummer 8992

Bildungsverlag EINS – Stam

www.bildungsverlag1.de

Gehlen, Kieser und Stam sind unter dem Dach des Bildungsverlages EINS zusammengeführt.

Bildungsverlag EINS
Sieglarer Straße 2 · 53842 Troisdorf

ISBN 3-8237-**8992**-9

Inhaltsverzeichnis

Vorwort

Intention dieses Buches

Mit dem vorliegenden *Praxisbuch Kinderliteratur* möchten wir allen Interessierten, insbesondere aber Schülerinnen und Schülern die sich in einer sozialpädagogischen Ausbildung befinden, eine vielseitige Orientierungshilfe bieten für das breit gefächerte, reichhaltige Literaturangebot für Kinder bis etwa acht Jahren. Das *Praxisbuch Kinderliteratur* bietet hilfreiche Anregungen und Kriterien für die gezielte Auswahl und Beurteilung von Kinderliteratur. Wissenschaftliche Erkenntnisse und praktische Erfahrungen haben gezeigt, dass Lyrik, Bilderbücher, Märchen, Geschichten oder Comics nicht nur nach dem Alter der Kinder ausgesucht werden können. Aus diesem Grunde werden in diesem Praxisbuch die verschiedenen Formen zur Kinderliteratur – orientiert an ihren Handlungs- und Wirkungsmöglichkeiten – vorgestellt und erläutert.

Aktuelle Kinderliteratur wird heute nicht nur in Form von Druckmedien angeboten, sondern zunehmend auch auf elektronischen Medien, die von Kindern aller Alters- und Entwicklungsstufen bereits benutzt werden. Diese teilweise schon populäre Verbreitung der Kinderliteratur wird von uns in einem gesonderten Kapitel thematisiert. Darüber hinaus möchte dieses Buch Informationen und Kenntnisse über aktuelle Neuerscheinungen wie Klassiker der Kinderliteratur, die schon von Eltern und Großeltern gelesen bzw. angeschaut wurden, vermitteln. Schließlich möchten wir aber auch neugierig machen auf die vielseitigen, interessanten wie faszinierenden Arten und Inhalte der Geschichten, die nicht nur Kindern Freude machen können.

Zum Umgang mit dem vorliegenden Buch

Die einzelnen, sich ergänzenden Kapitel orientieren sich an den Erfahrungs-, Erlebnis- bzw. Entwicklungsbereichen der kindlichen Persönlichkeit. Als Einstieg und zu Beginn eines Kapitels wird jeweils eine bestimmte Form von Kinderliteratur vorgestellt. Es wird erläutert, inwiefern diese Art/Thematik der Kinderliteratur für Kinder in einer bestimmten Entwicklungsphase bedeutsam ist.

Zahlreiche Buchbeispiele regen zum Einsatz von Bilderbüchern in der Praxis an. Zugleich werden fachrelevante Deutschinhalte praxisnah und handlungsorientiert vermittelt. Die Kapitel schließen mit Impulsen zur vertiefenden Weiterarbeit sowie spezifischen Literaturangaben. Die zahlreichen methodischen wie praktischen Hinweise sind als Anregungen und Hilfestellungen zu verstehen, nicht als allgemeingültige Rezepte. In jedem Kapitel werden einzelne Buchbeispiele extra hervorgehoben, weil sie uns hinsichtlich des Inhaltes, der Botschaft, der Ausstattung oder der sprachlichen Gestaltung besonders aufgefallen sind. Für Anregungen, den Austausch von Erfahrungen und weiterführende Dialoge sind wir offen.

Entwicklung von Kompetenzen im Umgang mit Kinderliteratur

Das *Praxisbuch Kinderliteratur* entspricht den Richtlinien des Landes Nordrhein-Westfalen für das Unterrichtsfach Deutsch/Kinderliteratur der Berufsfachschule für Sozial-und Gesundheitswesen Fachrichtung Kinderpflege. Darüber hinaus deckt das *Praxisbuch Kinderliteratur* weite Teile des Faches Deutsch/Kinder- und Jugendliteratur der Fachschule für Sozialpädagogik ab, da es zielgruppenorientiert verfasst ist. In ihrer beruflichen Praxis werden Erzieherinnen und Kinderpflegerinnen nämlich gleichermaßen mit Kinderliteratur konfrontiert. Sie vermitteln literarische Werke. Die Aufgaben und Ziele sozialpädagogischer Konzeptionen beinhalten ausdrücklich den Umgang mit Kinderliteratur, denn Kinder möchten eine Geschichte vorgelesen oder ein Märchen erzählt bekommen, ein Bilderbuch anschauen, Liederkassetten hören und mitsingen. Auch die Eltern möchten über geeignete Kinderfilme, Computerspielgeschichten informiert und beraten werden.

Aber erst die selbstkritische Reflexion individueller literarischer Erfahrungen, das eigene Engagement sowie der persönliche Spaß am Umgang mit Kinderliteratur verhelfen sowohl zu einer sicheren Einschätzung als auch zu neuen Sehweisen.

Anmerkungen:

1. Obwohl einige der angegebenen Bilderbuchtitel im Buchhandel mittlerweile vergriffen sein können, sind sie in vielen Büchereien und Bibliotheken noch vorhanden. Mitunter gibt es auch Bilderbücher mit vergleichbaren Inhalten.
2. Da in der Ausbildung und in sozialpädagogischen Berufsfeldern überwiegend Frauen anzutreffen sind, verwenden wir in diesem Buch als formale Vereinfachung fast ausschließlich die weibliche Anredeform.

Einführung: Kinderliteratur – der Weg zum Bücherregal der Erwachsenen

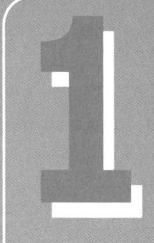

- ● Warum Literatur extra für Kinder?
- ● Welcher Lese-Buch-Typ sind Sie?
- ● Eine literarische Spielaktion

Warum Literatur extra für Kinder?

Kinderliteratur wird in der Regel von Erwachsenen für Kinder geschrieben. Zur Kinderliteratur gehört Lyrik (also Gedichte, Reime, Kinderlieder u.a.m.) ebenso wie Bilderbücher, Märchen, Geschichten/Erzählungen und Comics für Kinder bis etwa acht Jahren. Literatur für ältere Kinder bzw. Jugendliche wird dem Bereich Jugendliteratur zugeordnet. Die Intention der Autoren/Autorinnen liegt einerseits darin, mittels ihrer Werke eigene Vorstellungen oder Erlebnisse mitzuteilen. Andererseits wollen sie Kinder unterhalten, informieren, belehren oder aufklären. Unter Berücksichtigung der Eigenarten kindlicher Wahrnehmung müssen kinderliterarische Texte lebensnah sein. Sie sollten durch Wort-/Satzwahl, Textaufbau und Bildgestaltung sowie durch nachvollziehbare Inhalte und Botschaften, dem Kind Anregungen bieten. Gute Kinderliteratur geht auf unterschiedliche kindliche Erfahrungs- wie Spielbedürfnisse ein, sie kann Kindern helfen, mit sich selbst und ihrer Umwelt besser zurechtzukommen.

Kinderliteratur wirkt daher auf verschiedene Bereiche, die für die kindliche Persönlichkeitsentwicklung wichtig sind:

● Kinderliteratur kann das Denken anregen.

● Kinderliteratur kann Fantasie freisetzen.

● Kinderliteratur kann die Sprachentwicklung fördern.

● Kinderliteratur bietet Modelle für soziales Handeln.

● Kinderliteratur spricht das Gefühlsleben an.

● Kinderliteratur kann das Verständnis für Werte unterstützen.

● Kinderliteratur kann Lernfreude und Bildungswillen unterstützen.

● Kinderliteratur kann Orientierungshilfen bieten, damit Kinder sich in der Umwelt zurechtfinden.

(vgl. Buch-Partner des Kindes, s. S.13 ff, a.a.O.)

Bücher können eine wichtige Lebensbegleitung sein. Kinder können selbstbestimmt seelische Spannungszustände und Spannungserlebnisse beliebig oft wiederholen, indem sie Abenteuer auf jeder Stufe des Lesenkönnens erleben. Sie entwickeln Freude am Spiel, an Fantasien und Realitäten. Darüber hinaus werden erste literarische und künstlerische Qualitäten ausgebildet.

Welcher Lese-Buch-Typ sind Sie?

Bevor Sie sich weiter mit dem *Praxisbuch Kinderliteratur* beschäftigen, beantworten Sie die folgenden Fragen und bestimmen Sie Ihren Lese-Buch-Typ.

1. Bücher besitzen & erwerben:

Wieviel Bücher besitzen Sie?
Besitzen Sie ein Lieblingsbuch? Titel?
Wo/wie bewahren Sie Bücher auf?
Welches Buch haben Sie zuletzt gelesen? Wann?
Welches Buch haben Sie zuletzt gekauft? Wann?
Verschenken Sie Bücher? Wem? Zu welchen Gelegenheiten?

2. Bücher ausleihen:

Leihen Sie sich Bücher aus? Wann zuletzt? Von wem?
Gibt es in Ihrer Schule eine Bibliothek?
Über welchen Bücherbestand verfügt diese Schulbibliothek?
Wo befindet sich die nächste Stadtbücherei?
Kennen Sie die aktuellen Öffnungszeiten?
Besitzen Sie einen Büchereiausweis? Ist er noch gültig?
Welche Medien können in der Stadtbücherei ausgeliehen werden?

3. Lesegewohnheiten:

Lesen Sie regelmäßig?
Welche Lektüre (Roman, Comic, Zeitschrift etc.) bevorzugen Sie?
Warum?
Zu welchen Zeiten/Gelegenheiten lesen Sie? Wie lange?
Favorisieren Sie bestimmte Leseorte? Welche?
Wenn Sie ein Buch gelesen haben, fühlen Sie sich eher
nachdenklich; beschwingt; beruhigt; aufgewühlt; zufrieden?
Würden Sie gerne eine/einen Schriftstellerin/Schriftsteller kennenler-
nen? Welche/welchen? Warum?

4. Frühe Leseerfahrungen:

Welche Erinnerungen verbinden Sie mit den Namen
Rotkäppchen; Struwwelpeter; Biene Maja; Pippi Langstrumpf;
Micky Maus?
Wann, wie, durch wen haben Sie diese Figuren kennengelernt?
Waren Sie Ihnen ein Vorbild?
Welche dieser Figuren möchten Sie heute mal sein? Warum?
Hatten Sie ein Lieblingsbuch? Welches?
Würden Sie es Ihren Kindern heute vorlesen? Warum/warum nicht?

5. Wie halten Sie es mit dem Lesen?
(Mehrfachentscheidungen sind möglich):

Benutzen Sie Bücher
  a) als Dekoration;
  b) als Hilfsmittel für gymnastische
     Übungen;
  c) zur angenehmen Freizeitgestaltung;
  d) als Informationsquelle/Lebens-
     berater/oder ...?

Kaufen Sie Bücher,
  a) weil sie leckere Kochrezepte beinhal-
     ten;
  b) um sich selbst eine Freude zu
     bereiten;
  c) weil ihr Freund/ihre Freundin in der
     Buchhandlung arbeitet;
  d) weil sie interessant, unterhaltend,
     spannend und informativ sind?

Lesen Sie Bücher,	a) um Ihren detektivischen Scharfsinn herauszufordern;
	b) weil sie so schöne bunte Titelbilder haben;
	c) weil Sie unterhaltungssüchtig sind;
	d) weil Sie neugierig auf die Gedanken anderer sind?
Vermeiden Sie Bücher,	a) weil Sie lieber Filme ansehen;
	b) weil Sie sich geistig nicht fordern wollen;
	c) weil Sie keine Zeit haben und Geld sparen wollen;
	d) weil Sie keine Aufregungen vertragen?
Sie empfehlen Buchtitel,	a) die Sie selbst gerne gelesen haben;
	b) weil sie lustig oder spannend sind;
	c) die ein bestimmtes Thema behandeln;
	d) weil Sie Ihnen auch empfohlen wurden?
Geben Sie Kindern Bücher,	a) damit sie endlich ruhig sind;
	b) damit sie Bücher frühzeitig kennen lernen;
	c) damit sie Spaß haben und schlauer werden;
	d) um ihnen den Weg zum Bücherregal der Erwachsenen zu ebnen?

Entscheiden Sie sich nun ganz selbstständig, zu welchem Typ Sie gehören:

Bücherwurm **Gelegenheitsleser** **Lesemuffel**

Nun wissen Sie, welcher Lesetyp Sie sind. Statt einer trockenen, theoretischen Einführung in das Unterrichtsfach können Sie in der anschließenden Aktion die ersten literarischen Inhalte, ohne besondere Vorkenntnisse auf spielerische Weise erfahren.

Spielphase	Spielgeschichte	Material
Einstieg zum Kennen lernen **Spiel: Kofferpacken:** „Ich heiße Ulla und bringe einen Krimi mit." Der rechte Nachbar wiederholt das Gesagte und fügt seinen Namen und den mitgebrachten Lesestoff hinzu. So lange spielen, bis alle einmal an der Reihe waren. **Spiel: Ulla hat ein Buch aus der Kiste geklaut!** Ulla: „Ich nicht!" Alle: „Wer dann?" Ulla: „Thomas!" Alle: „Thomas hat ein Buch aus der Kiste geklaut!" Dabei schlagen alle im Rhythmus auf die Oberschenkel.	Begrüßung durch den Spielleiter (alle Mitspieler sitzen im Kreis auf dem Boden): Auch in diesem Jahr haben wir wieder eine schwierige Aufgabe zu bewältigen: Dem kleinen Volk der Leseratten sind alle Geschichten verloren gegangen. Wir müssen nun zu ihnen reisen, um ihnen ihre alten, aber auch neuen Geschichten wiederzubringen. Jeder von euch hat etwas zu lesen mitgebracht und legt es in diese Bücherkiste. **Spiel: Kofferpacken**	leere Kiste/Karton
Wahrnehmung/Darstellung **Spiel: Gegenstände entdecken:** Requisiten aus Märchen/Geschichten sind im Raum sichtbar verteilt, z. B. Krone, Apfel, Schere usw. Die Mitspieler tragen alle Gegenstände zusammen. In der Kleingruppe von 3–4 Spielern wählen sie einen Gegenstand aus, stellen Assoziationen zu der entsprechenden Geschichte her und stellen diese in fünf Standbildern dar, wobei der Gegenstand in die pantomimische Darstellung eingebaut wird. Die anderen Mitspieler erraten die dargestellte Geschichte.	Wir steigen in den Bus und fahren über die Autobahn, kommen auf eine holprige Straße, machen eine starke Linkskurve, eine Rechtskurve usw. Die Mitspieler führen die Angaben pantomimisch aus. Plötzlich ruft der Busfahrer (Spielleiter): „Ulla hat ein Buch aus der Kiste geklaut!" **(s. Spiel)**	
Bewegung **Spiel: Obstkorb:** Je 2–3 Spieler bekommen jeweils einen Zettel, auf dem eine bestimmte Buchart steht, z. B. Bilderbuch/Kochbuch/Comic usw. Ein Spieler steht in der Mitte und ruft z. B. Die Bilderbücher und die Comics tauschen ihre Plätze. Bei diesem Platzwechsel muss er versuchen, einen	Die Fahrt mit dem Bus geht weiter. Nach einer kurvenreichen Strecke bleibt der Bus stehen – wir haben uns verfahren. Zum Glück sehen wir eine Leseratte und fragen sie nach dem Weg: „Achtet auf die Zeichen, sie haben alle etwas mit unseren Geschichten zu tun. Wenn ihr sie gefunden habt, dann kommt ihr bald zu dem großen Lesefluss". **Spiel: Gegenstände entdecken**	ca. 20 Gegenstände aus Märchen/Geschichten: Schlüssel/Zwergenmütze/Lebkuchen/Kieselsteine/Spindel/Gürtel usw.
	Wir sind wieder auf dem richtigen Weg, aber die Straße ist schlecht und hat viele Schlaglöcher. Plötzlich muss der Bus bremsen: Wir	ca. 10 Zettelpaare mit Bucharten: Bilderbuch/Comic/Roman/Lexikon/Bibel usw.

Platz zu bekommen. Der übrig gebliebene Spieler gibt darauf erneut das Kommando.

Wahrnehmung/Ratespiel
Spiel: Wer bin ich? Jeder Spieler bekommt auf seinen Rücken eine bekannte Figur aus der Kinderliteratur geheftet, z. B. Pippi Langstrumpf/Rotkäppchen/Micky Maus u. a. Durch Fragen an die anderen Mitspieler muss jeder herausbekommen, wer er ist bzw. welches Buch er aus dem Wasser gefischt hat.

Kooperation/Kreativität/Darstellung
Spiel: Wo steht was? Jede Kleingruppe (4–5) erhält einen prägnanten Textausschnitt/Märchenspruch oder ein Zitat. Gemeinsam entwickeln sie eine kurze Szene, in die der erhaltene Text eingebaut wird und spielen sie den anderen vor. Die übrigen Mitspieler müssen nun die entsprechende Textstelle herausfinden.

Wahrnehmung/Konzentration
Spiel: Buchstaben-Kette: Der letzte in der Reihe schreibt auf dem Rücken seines Vordermannes mit dem Finger einzelne Buchstaben, die bis zum Ersten in der Reihe weitergegeben werden. Zusammengesetzt ergeben sie den gesuchten Ort, dabei handelt es sich um Orte aus kinderliterarischen Texten, z. B. Lummerland/Taka-Tuka u. ä.

Abschluss
Lied/Tanz

---

haben einen Platten. Dabei kippt unsere ganze Bücherkiste um. Gemeinsam räumen wir sie wieder ein. **Spiel: Der Obstkorb fällt um.**

Der Reifen vom Bus ist kaputt. Aber zum Glück stehen wir vor dem großen Lesefluss. Wir nehmen ein Boot und rudern auf die andere Seite. Aber das Boot hat ein Leck, unsere Bücher fallen ins Wasser. Jeder versucht noch, im Schwimmen eines zu retten. **Spiel: Wer bin ich?**

Am anderen Ufer finden wir immer noch einzelne Buchseiten. Aus welchen Büchern sind sie herausgefallen? **Spiel: Wo steht was?**

Wir sind schon sehr müde, aber mit letzter Kraft erreichen wir den Zug, der uns ins Land der Leseratten bringen soll. Wir steigen ein. (Die Mitspieler sitzen in zwei Reihen hintereinander.) Nach kurzer Zeit hält der Zug. Wo sind wir? **Spiel: Buchstaben-Kette**

Endlich sind wir da! Die Leseratten erwarten uns schon voller Freude. Als Dank für unsere Hilfe schenken sie jedem von uns ein **Lesezeichen,** auf das wir alle unsere Namen schreiben. Wir verabschieden uns von ihnen mit einem gemeinsamen **Lied/Tanz.**

---

ca. 20 Zettel mit Namen von Figuren aus der Kinderliteratur: Biene Maja/Pumuckel/Winnetou/Hotzenplotz usw. – Klebeband

ca. 5–6 Zettel mit Sprüchen oder Zitaten: z. B. „die Guten ins Töpfchen, die Schlechten ins Kröpfchen".

ca. 20 Lesezeichen, Malstifte, Wolle, Scheren

Musik nach Wahl

Lyrisches für Kinder – Lyrisches von Kindern

2

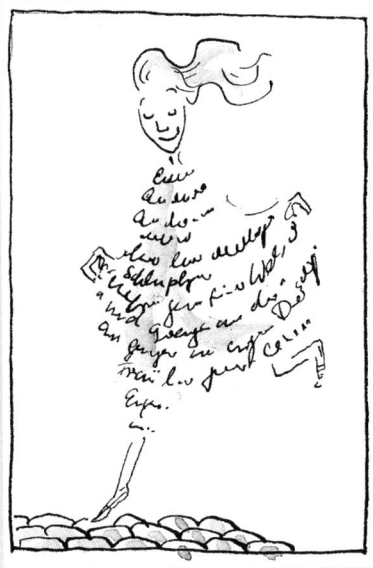

Gedichte unterwegs (Gerald Jatzek)

Wenn ein Gedicht in den Spiegel blickt,
schaut ein Gedicht zurück,
schaut ein Gedicht aus dem Spiegel zurück,
das in den Spiegel blickt.
Wenn ein Gedicht die Straße langgeht,
ist es stets auf der Hut.
Weil ihm der Nordwind voll Übermut

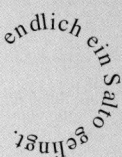

sonst die Wörter verweht.

Wenn ein Gedicht auf dem Trampolin springt,
übt es in einem fort,
bis ihm bei diesem Sport

endlich ein Salto gelingt.

Wenn ein Gedicht ein Nashorn erblickt,
läuft es rasch davon.
Diese Dickhäuter haben schon
Manche Zeile zerdrückt.

*Aus: Gelberg (Hrsg.): Oder die Entdeckung
der Welt, Beltz, Weinheim 1997*

2.1 Wissenswertes zur Kinderlyrik

- Was ist Kinderlyrik?
- Wovon handelt Kinderlyrik?
- Die Bedeutung von Kinderlyrik in der Entwicklung des Kindes.

Was ist Kinderlyrik?

Lyrik ist eine literarische Gattung, in der Gedanken und Gefühle in gereimter oder gebundener Sprache ausgedrückt werden. Anders als in der Epik oder Dramatik spielt der zeitliche Handlungsablauf eine untergeordnete Rolle. Der Begriff „Kinderlyrik" bezeichnet die Lyrik, die von Erwachsenen für Kinder geschrieben ist.

Ebenso können Kinder zu Poeten werden. Sie erfinden eigene lyrische Texte oder verändern die der Erwachsenen.

Die in der Kinderlyrik verwendeten Elemente unterscheiden sich nicht grundsätzlich von denen der Erwachsenenlyrik. Der lyrische Text ist in Versen (Gedichtzeilen) geschrieben und in Strophen (Abschnitte) gegliedert. Die Sprache hat einen bestimmten Rhythmus, der durch den Wechsel von betonten und unbetonten Silben entsteht. Die Form des meist kurzen, einfach strukturierten Textes ist durch Vers, Strophe und Reim gekennzeichnet. In vielen lyrischen Texten für Kinder verstärken Reime, Wortwiederholungen oder Lautgebilde den sprachlichen Rhythmus, so dass die enge Verbindung von Wort und Musik deutlich wird. Viele Verse könnten tatsächlich intoniert werden. Die in der Kinderlyrik entstehenden Sprechmelodien, Klänge und Rhythmen üben auf Kinder meist einen größeren Reiz aus als der Inhalt.

Im Kindergedicht **Katzenlied** von Gina Ruck-Pauquèt finden sich die hier beschriebenen charakteristischen Merkmale der Kinderlyrik:

Katzenlied (Gina Ruck-Pauquèt)

Oh, welch große Katzenwonne,
heute scheint die gelbe Sonne,
scheint mia, mii, mio,
einfach so.

Oh, welch großer Katzenjammer,
Regen tropft aus Wolkenkammer,
tropft mia, mii, mio,
einfach so.

Scheint auf Häuser, Bäume, Straße
und auf meine Katzennase,
scheint mia, mii, mio,
einfach so.

Tropft auf Häuser, Bäume, Straße
und auf meine Katzennase,
scheint mia, mii, mio,
einfach so.

(Gina Ruck-Pauquèt, aus Gelberg (Hrsg.): Die Stadt der Kinder, Georg Bitter, Reckling-
hausen 1982)

🏃 Aus dem rhythmischen Sprechen des Gedichtes könnte mit Kindern eine
musikalische Liedform mit entsprechender Gestik entwickelt werden.

Wovon handelt Kinderlyrik?

Die Inhalte und Themen der Kinderlyrik sind vorwiegend den Lebens- und
Erfahrensbereichen von Kindern entnommen: Familie, Alltag, Spiel, Schule,
Natur, Umwelt etc.

Ein Elefant (Paul Maar)

Ein Elefant stampft durch das Land.
Wohin er stampft, das ist bekannt.
Nach Iserlohn zu dem Herrn Schmidt
mit ruhigem Elefantenschritt.
Bein eins, Bein zwei, Bein drei, Bein vier,
so stampft das Elefantentier.

(aus: Knister/Maar: Knister's Lach- und
Machgedichte; K. Thienemanns, Stuttgart 1991)

Kinderlyrik spiegelt das Miteinander wieder, wie z. B. Auseinandersetzungen,
Freundschaften, Liebe, Partnerschaft:

Kleiner Streit (Hans Manz)

„Ich bin 2ffellos größer als du",
sprach zum Einer der Zweier.
„3ster Kerl, prahle nicht so!"
knurrte der größere Dreier.

„Und ich!" rief der Einer, „bin zwar der kl1te,
aber dafür bestimmt auch der f1te."
„Nein, mir gibt man sogar noch den Sch0ler",
piepste der Nuller.

(Hans Manz, aus: Gelberg (Hrsg.): Geh und spiel mit dem Riesen, Beltz & Gelberg,
Weinheim 1990)

Ebenso werden in der Kinderlyrik Wünsche, Träume, Sehnsüchte und Trauer zum Ausdruck gebracht:

So ein Tag (Josef Guggenmos)

Heut träume ich mir –
ich träum, was ich mag.
Heut träume ich mir einen schönen Tag.
Schau auf, sieh,
welch ein Gewimmel!

Briefe flattern vom Himmel:
Briefe für mich, dich, alle Leut.
In jedem steht was,
was den, der's liest, freut.
So ein Tag, so ein Tag, so ein Tag ist heut.

(Josef Guggenmos, aus: Guggenmos/Heidelbach: Oh Verzeihung sagte die Ameise, Betz & Gelberg, Weinheim 1990)

Häufig existieren in der Kinderlyrik Motive alter Volksbräuche und religiöser Riten oder Segens- und Beschwörungsformeln weiter fort:

Ringel Rangel Rose (Überliefert)

Butter in die Dose,
Schmalz in den Kasten,
morgen woll'n wir fasten,
übermorgen Lämmlein schlachten.
Das soll machen „Mäh".

Kinderlyrik registriert gesellschaftliche Ereignisse. Dies zeigen die folgenden zwei Gedichte:

Petersilie Suppenkraut (Susanne Kilian)

wächst im Schrebergarten.
Parkplatz wird darauf gebaut,
Spielplatz kann noch warten.

(Susanne Kilian, aus: Stiller/Kilian: Nein-Buch für Kinder, Beltz & Gelberg, Weinheim 1973)

Loch in der Landschaft oder trauriger Augenblick durch die Zeitlupe betrachtet (Frederic Vahle)

Ein Mann ging durch die Bäume,
sein Hund lief hinterher.
Die Bäume –
abgehauen.
Jetzt geht da gar nichts mehr.

(Frederic Vahle, aus: Vahle/Junge: Der Himmel fiel aus allen Wolken, Beltz & Gelberg, Weinheim 1994)

In der Kinderlyrik wird nichts beschönigt oder ausgespart. Kinder parodieren tradierte Verse oder Lieder (hier das bekannte Weihnachtslied „Alle Jahre wieder") und wandeln sie teilweise zu Spottversen mit anstößigen Texten um, z. B.

Alle Jahre wieder	Müller will sie haben,
auf dem Schulhofplatz	Meier läßt nicht los.
kloppen sich die Lehrer	Schulze liegt im Graben,
um 'ne Pulle Schnaps.	Schmidt der geiert bloß.

Besonders die von Kindern produzierte Lyrik mit vulgären, unmanierlichen oder sexuellen Themen zeigt mit ihren Texten, dass Kinder kein Blatt vor den Mund nehmen. Dies steht im starken Gegensatz zu der häufig verbreiteten Vorstellung von lieblicher Kinderpoesie:

Zehn Polizisten
pissten in die Kisten
Einer pisst vorbei
und du bist frei.

Die Bedeutung von Kinderlyrik in der Entwicklung des Kindes

Kinderlyrik enthält vielfältige spielerische Elemente, die einen ständigen Anreiz zur Kommunikation bieten. Auf Grund dessen lassen sich die Arten der Kinderlyrik ihren Funktionen nach zuordnen:

Schon in den ersten Lebensmonaten zeigt das Kind große Freude, wenn es von der Bezugsperson durch Trostverse und Wiegenlieder beruhigt und in den Schlaf gesungen wird. Durch Finger- und Körperspiele, in denen das Kind bestimmte Lautgebilde mit Bewegungen und Berührungen assoziiert, wird es zur eigenen Aktivität angeregt. Rhythmus und Sprachmelodie sind bereits für das Kleinkind erfassbar und in den Kniereiterspielen mit dem Erwachsenen leicht in Bewegung umzusetzen. Die enge Verbindung von Reim, Bewegung und musikalischer Form erleben Kinder am deutlichsten in Abzählreimen, Spielliedern und Kreisspielen. Der gleichaltrige Spielpartner wird zunehmend für die weitere Sozialisation bedeutsam. In den frühen Kinderjahren, in denen Reime, Verse und Lieder gehört, nach-, mitgesprochen und gespielt werden, wird das Ohr für den Sprachklang sensibilisiert. Das Kind spielt mit der Sprache und hat Spaß an Lautmalereien, Wortveränderungen und Sprachspielen mit einzelnen Silben, die seine Sprechfreude und literarische Kreativität fördern. Hat das Kind sprechmotorische Feinheiten sowie erste Kenntnisse des Alphabets erworben, zeigt es Interesse an Schnellsprechversen, Zungenbrechern, Lügengeschichten und Rätseln. Es misst sich gerne mit Gleichaltrigen im Wettbewerb.

Mit Erzählgedichten, Balladen und Moritaten wollen Dichter Kinder auf einer späteren literarischen Entwicklungsstufe (Grundschulalter) ansprechen. Sie wollen mit ihren Texten selbstständiges Denken anregen, Unerklärbares erklärbar machen und zur Auseinandersetzung mit Themen des gesellschaftlichen Lebens auffordern. Die kommunikative Spielfunktion tritt weitgehend in den Hintergrund.

Kinderlyrik sollte ganzheitlich, indirekt und situationsbezogen in die pädagogische Arbeit mit Kindern einfließen, d. h. Gedichte, Lieder und Reime müssen nicht analysiert oder interpretiert werden. Vielmehr werden sie ihrer Funktion entsprechend in der jeweiligen Situation wiederholt gesprochen oder gesungen, bis sie von den Kindern aufgegriffen werden (s. Methodische Hinweise zum Umgang mit Kinderlyrik). Darüber hinaus bieten Gedichte, Lieder und Reime Anregungen für vielfältige kreative Ausdrucksformen, z. B. im bildnerischen, musikalisch-rhythmischen oder dramatischen Bereich.

Kinderlyrik in Bilderbüchern ergänzt durch die Visualisierung das ganzheitliche Erfassen und bietet auf diese Weise besonders jüngeren Kindern eine umfassende literarisch-künstlerische Erlebnisform.

Methodische Hinweise

Mit Kinderlyrik spielen

- **Die Auswahl eines Gedichtes ist abhängig vom Bedürfnis, vom Interesse und von der Situation des Kindes/der Kinder.**
- **Der Erwachsene trägt das Gedicht frei vor. Durch eine deutliche Artikulation, unterstützt durch passende Mimik und Gestik, wird die Neugierde des Kindes geweckt. Es wird angeregt, nachzusprechen oder mitzumachen. Kein Kind sollte zum Mitmachen gezwungen werden.**
- **Kinderreime werden weniger analysiert und interpretiert, sondern situationsgerecht im Alltag eingebracht.**
- **Kinderlieder werden ganzheitlich vermittelt, d. h. Text und Melodie werden nicht getrennt vorgetragen.**
- **Kinderlyrik kann als Motivation dienen, um Spielangebote oder -aktionen einzuleiten.**
- **Kinderlyrik schließt oder vertieft ein Spielerlebnis.**
- **Kinderlyrik lässt sich in Bewegungen und Rollenspiele umsetzen. Bei älteren Kindern sind auch tänzerische Darstellungsformen und instrumentale Gestaltungen möglich.**
- **Kinderlyrik bietet Anlass zur bildnerischen Gestaltung.**
- **Ältere Kinder werden durch Beispiele angeregt, selber Kettengedichte, Unsinnverse oder Abzählreime zu erfinden.**
- **Anspruchsvollere Gedichte können mit Schulkindern im gemeinsamen Gespräch erarbeitet werden.**
- **Malerei, Skulpturen, Fotos, Kunstausstellungen können älteren Kindern als Impuls dienen, Gefühle, Gedanken und Stimmungen lyrisch auszudrücken.**

Von Wiegenliedern und Fingerversen zu Kniereitern, Abzählreimen und Spielliedern

- Reime und Lieder zum Schlafen und Trösten
- Fingerspiele
- Kniereiterspiele
- Verse und Lieder zum Spielen und Tanzen
- Abzählverse

Reime und Lieder zum Schlafen und Trösten

Werden Kinder mit Wiegenliedern zum Einschlafen gebracht oder mit gesprochenen Versen getröstet, erleben sie zum ersten Mal in ihrem Leben poetische Sprache und keine zweckgebundene Alltagssprache. Dabei verwenden offenbar überall auf der Welt Mütter und Väter die gleiche Sprachmelodie, um ihre Kinder anzuregen, zu beruhigen oder zu belohnen.

Die norwegische Kinderbuchpädagogin Jo Tenfjord führte in diesem Zusammenhang eine interessante Untersuchung durch: Sie las 3–6-jährigen Kindern Reime in verschiedenen Sprachen vor. Die Kinder verstanden die Bedeutung der Verse nicht, erfassten jedoch die Stimmung bzw. die Gefühlslage der Gedichte durch Mimik, Gestik und Körperbewegungen. Daran wird deutlich, dass bei jüngeren Kindern die Wortbedeutung in Reimen und Versen nicht vorrangig ist, sondern vielmehr der Wortklang sowie der Rhythmus.

Slap, Kinneken slap
Da butten staht twei Schaap,
ein swartet und ein wittet,
un wenn das Kind nich slapen will
sau kümmt dat swart und bitt et.
Slap, Kinneken, slap.

(Plattdeutsch – Hamburg)

Moj oce 'ma konjicka dva,
didreja, didreja,
oba sta bella slimelca,
didreja, didrom.

(aus Slowenien)

Vielen Erwachsenen sind Trostverse oder Schlaflieder noch aus ihrer eigenen Kindheit in Erinnerung. In einigen dieser Verse und Lieder sind häufig Reste heidnischer Beschwörungsformeln enthalten, die durch ihre eintönige Sprachmelodie schon fast meditativen Charakter aufweisen. Unsere Vorfahren haben schon sehr frühzeitig erkannt, dass diese Lautmalereien und Wortmelodien den Kindern nicht nur Vergnügen bereiten, sondern auch im engen sozialen Kontakt das Sprachverständnis anregen.

Heile, heile Segen (Überliefert)

drei Tage Regen,
drei Tage Schnee
tu's dem Kind schon nicht mehr weh!

Heile, heile Segen,

morgen gibt es Regen,
heile, heile Leukoplast,
in 100 Jahr'n du nix mehr hast!

(überliefert, aus: Pousset: Fingerspiele und andere Kinkerlitzchen, Rowohlt, Reinbek 1983)

Fingerspiele

Bei den Fingerspielen, Streichelversen und Handgeschichten werden die Bewegungen der Hände mit kleinen Versen, Geschichten oder Melodien in Verbindung gebracht. Im gemeinsamen Spiel von Erwachsenem und Kind wird der soziale Kontakt intensiv gefördert. Das Kind bringt die Sprachmelodie und die Bewegung der Hände mit dem wohltuenden Körperkontakt in Zusammenhang. Durch mehrfache Wiederholungen, auch in anderen Situationen, wird es sich wieder daran erinnern und später selbstständig sprechen.

Wer kommt? (J. Huber)

Ei, wer kommt denn da daher?
Ist das nicht ein brauner Bär?
Oder gar ein Elefant,
aus dem fernen, heißen Land?
Nein, es ist ein kleines Mäuschen
und es sucht ein kleines Häuschen.
Ei, wo ist es, sag es doch!
Hier – ein wuzi-buzi kleines Mauseloch!

(aus Singer/Schirmer: Der neue Daumen Knudeldick, Ravensburger Buchverlag Otto Maier, Ravensburg 1993)

🚶🚶 Bei längeren Wartezeiten, Pflegemaßnahmen oder zum Trost spricht der Erwachsene den Vers und führt die Bewegungen zum Text aus: Mit flachen Händen auf den Tisch schlagen, mit den Fäusten auf den Tisch trommeln, die Finger krabbeln zum Hals des Kindes und verschwinden im Halsausschnitt.

Kniereiterspiele

Bei den stärker rhythmisierten Kniereiterspielen steht die Bewegung im Vordergrund und der Text ist eher zweitrangig. Im Wechselspiel zwischen Spannung und Wagnis erzeugt der enge Körperkontakt von Kind und Erwachsenem eine Atmosphäre der Geborgenheit und des Vertrauens.

Die dabei häufig überlieferten Texte gehören zum größten Teil einer vergangenen Volkspoesie an, die scheinbar in unserer Hightech-Welt keinen Platz mehr hat.

Der leicht dahin gesagte Vers vom *Hoppe-Reiter* erzählt eine recht unfallträchtige Situation, die Kindern besser erspart bleiben sollte. Egbert Herfurth ist es gelungen, eine originell bebilderte Ausgabe dieses alten Kinderspiels zu gestalten, so dass der grauslich anmutende Reim visuell Vergnügen bereiten kann.

Trotzdem wollen viele Erwachsene bevorzugt die tradierten Verse an ihre Kinder weitergeben. Denn keine mediale Technik, wie Kassettenrecorder, Video und Fernseher, wie sie sehr häufig als Babysitter eingesetzt werden, kann diese intensive zwischenmenschliche Beziehung bei den Finger- und Kniereiterspielen ersetzen.

Hoppe hoppe Reiter (Überliefert)

Hoppe hoppe Reiter
wenn er fällt, dann schreit er.
Fällt er in das grüne Gras,
macht er sich die Hosen naß.

Fällt er in die Hecken,
fressen ihn die Schnecken.
Fällt er in den Sumpf,
macht der Reiter plumps.

(Bilderbuch: Egbert Herfurth: Hoppe, hoppe Reiter, Carl Hanser, München 1996)

Verse und Lieder zum Spielen und Tanzen

In Spielliedern und Singtänzen erleben schon die jüngeren Kinder, dass sich der Sprach- und Wortrhythmus des Textes in einen musikalischen Rhythmus verwandelt, von dem Bewegungs- und Tanzimpulse ausgehen. Spiellieder regen zur Aktivität in der Gemeinschaft an. Poesie wird in Bewegung umgesetzt und vermittelt dem Kind Sprech-, Hör- und Spielerlebnisse, die seine emotionale Entwicklung positiv beeinflussen.

Bei den Spiel- und Tanzliedern, insbesondere bei den Kreisspielen, gibt es sehr viele alte Überlieferungen. Texte und Bewegungsabläufe sind besonders für jüngere Kinder geeignet, da sie leicht verständlich sind und sich gut merken lassen.

Es ging ein Zwerg im Grase (Überliefert)

Es ging ein Zwerg im Gra-se, so so so. Das ging ihm bis zur Na-se,

so so so. Da hob' er sei-ne Bei-ne, so so so und

stand auf ei-nem Bei-ne, so so so. Das Zwerg-lein steht auf ei-nem Bein und

hüpft im Kreis he-rum. Auf ein-mal fällt es um, plumps!

(aus: Mühlenberg: Budenzauber, Ökotopia 1992)

Erwachsene und Kinder gehen im Zwergengang im Kreis und deuten mit den Händen eine Zipfelmütze auf dem Kopf an. Alle fassen an ihre Nase. Alle heben abwechselnd das rechte und das linke Bein. Erwachsene fassen ihre Kinder zur Unterstützung an und alle stehen abwechselnd auf dem rechten oder linken Bein. Alle hüpfen auf einem Bein im Kreis. Alle fallen um.

Abzählverse

Viele Bewegungsspiele oder Spiellieder beginnen mit einem Abzählreim, mit dessen Hilfe z. B. der Fänger oder der erste Spieler ermittelt wird. In Abzählreimen wird das lustvolle Rhythmisieren von Lauten und Lautkombinationen sehr deutlich. Zumeist sind sie einstrophig, mit kurzen Zeilen gereimt und unkompliziert. Im monotonen Rhythmus gesprochen, endet der Abzählreim meist mit einem stereotypen Schluss: *Und raus bist du.* Je länger das Auszählen dauert, je kühner die Wortverbindungen wirken, desto größer werden die Spannung und der Spaß vor Spielbeginn.

Oberpoppel – Hoppelhase
hoppelt in dem Stoppelgrase
hoppelt in das Hasenhaus
und du bist raus.

(Brita, 7 Jahre)

Eins, zwei, drei, vier Nagezahn,
frisst nur fetten Löwenzahn.
Löwenzahn beißt zurück –
du bist raus, du hast Glück!

(Georg Klusemann)

Mit Lauten malen – mit Sprache basteln

- Lautmalerei
- Wort- und Sprachspiele
- Schnellsprechverse und Zungenbrecher
- Lügengedichte
- Rätselreime

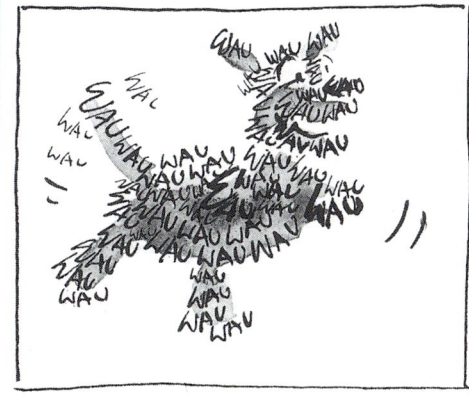

Lautmalerei

Schon in den ersten Lebensmonaten formt das Kind mit seiner Stimme Laute und beginnt damit zu *malen,* d. h. es reiht Vokale und Konsonanten aneinander und verändert dabei die Lautstärke und Tonhöhe beliebig, z. B. ba-ba, brrrrr, dei- dei, mam-mam.

Später entstehen Doppelsilben, die nun mit einer besonderen Bedeutung verbunden werden, z. B. *ham-ham* für Essen, *la-la* für Musik oder *wau-wau* für vierbeinige Tiere.

Wenn die Kinder einfache Sätze bilden, Satzbestandteile variieren und grammatikalische Formen benutzen, plappern sie dem Erwachsenen keineswegs nur alles nach. Vielmehr filtern sie aus der gehörten Sprache Regeln heraus, die sie dann aber auch sehr strikt anwenden, wie z. B. im folgenden Comic:

Kinder experimentieren gern mit ungewöhnlichen Lautverbindungen, die für sie gar nicht so ungewöhnlich sind. Sie haben Spaß an seltsam klingenden Worten, Lautmalereien oder Klangreimen, die häufig rhythmisiert gesprochen und ständig wiederholt werden. Es ist ein Spiel mit Gesprochenem und Gehörtem und nicht mit Geschriebenem und Erlesenem. Dabei werden mitunter aufgegriffene Worte der Erwachsenen ohne logischen Sinnzusammenhang spontan in das Lautspiel eingebaut, z. B.

Em pom pi (Überliefert)

polle mi
polle mastik
em pom pi
polle mi
Akademi, so fari,
Akademi, so froh.

A peri piki tomba (Überliefert)

a peri piki tomba
a musa musa musa
a musa musa musa
o elele, o elele
alu ba, alo e.

✸✸ Zum rhythmisierten Text wird geklatscht oder eine Schrittfolge gestampft.

✸✸ In Anlehnung an die o. g. Klangreime können Kinder selbstständig „Grommolos" (Brabbelsprache) erfinden. Sie tragen ihre Grommolos in einer bestimmten Gefühlslage vor, wie z. B. Wut, Freude, Trauer. Neben den Grommolos probieren die Kinder passende Körperbewegungen aus, die die Gefühlslage noch stärker verdeutlichen.

✸✸ Erzieherinnen und Kinder begeben sich auf eine Reise ins „Grommoloreich". Sie erfinden Lebewesen, mit charakteristischen Bewegungen, geben ihnen Namen und unterhalten sich in ihrer Grommolosprache (s. Methodische Hinweise „Mitspielaktionen" S. 58).

O money (Überliefert)

O mo-ney mo-ney mo-ney, Klat-scha ro-la tschi tschi dei, Tschi Tschi dei dei dei, Pa-pa-gei-gei-gei. Der Sep-pel, Sep-pel, Sep-pel klaut die Äp-pel, Äp-pel, Äp-pel. Für das Lies-chen die Ra-dies-chen und Rha-bar-ber für den Schwa-ger. Der Koch, Koch, Koch fiel ins Loch, Loch Loch ganz ganz tief, tief, tief bis er rief, rief, rief: O mo-ney mo-ney mo-ney, Klat-scha …

(überliefert, aus: Mühlenberg: Budenzauber, Ökotopia, Münster 1992)

✸✸ Bei diesem Reim, der in seiner Vertonung zum Endloslied wird, schlagen Erwachsene und Kinder rhythmisch im Wechsel in die Hände und auf die Oberschenkel. Während einer Spielrunde bringen diese rhythmisierenden Bewegungen zum Text ausgleichende Entspannung, so dass die Kinder sich danach wieder auf konzentrierte Spiele einlassen können.

Lyriker und Kinderbuchautoren wie James Krüss, Josef Guggenmos, Ernst Jandl, Jürgen Spohn, Janosch, H. A. Halbey u. v. m. spielen ein witziges und vergnügliches Spiel mit der Sprache.

Kleine Turnübung (H. A. Halbey)

Eine vierte Grundschulklasse hat das Gedicht von Halbey so übersetzt:

Aufgezwackt und hingemotzt	Aufgestellt und hingesetzt *(Kreis ohne Händefassen)*
angezickt und abgestotzt	angelehnt und abgestoßen *(Rücken an Rücken)*
jetzt die Kipfe auf die Bliesen	Jetzt die Köpfe an die Knie *(Wippen mit dem Oberkörper)*
langsam butzen, tapfen, schniesen	Dreimal stell dich, *(je 3-mal Stand- und Kniebeuge)*
dreimal schwupf dich	knie dich,
knitz dich	hüpf! *(in der Hocke)*
lüpf	Siehstewohl – da flitzt
siehstewoll – da flatzt der Büpf …	der Büpf! *(freies Laufen)*

(aus: Gelberg: Überall und neben dir, Beltz & Gelberg, Weinheim 1986)

(durchgeführt von der Lehrerin Eleonore Böhm, Grafenwöhr)

✸✸ Halbey *turnt* mit zackigen Konsonantenverbindungen, so dass die entstandenen Wortklänge bei den Kindern Assoziationen wecken, die zum Mitsprechen anregen oder selbst erdachte Mimik und Gestik provozieren.

Die zahlreichen Vokalvariationen bzw. -wiederholungen in dem folgenden Gedicht von Jürgen Spohn zeigen in charakteristischer Weise das spielerische Element der Kinderlyrik, das der kindlichen Freude an Klangreichtum und komischen Wortschöpfungen sehr entgegenkommt.

Silben zum Kauen und Lutschen (Jürgen Spohn)

Banine	Meline	Marine
und Banene	und Melene	und Marene
und Banane	und Melane	und Marane
und Banone	und Melone	und Marone
Aline	Lawine	Praline
und Alene	und Lawene	und Pralene
und Alane	und Lawane	und Pralane
und Alone	und Lawone	und Pralone
Rosine	Kantine	Kanine
und Rosene	und Kantene	und Kanene
und Rosane	und Kantane	und Kanane
und Rosone	und Kantone	und Kanone

Heline	Zitrine	Sirine	
und Helene	und Zitrene	und Sirene	
und Helane	und Zitrane	und Sirane	
und Helone	und Zitrone	und Sirone	

Schabline	Karline	Simine	Chiline
und Schablene	und Karlene	und Simene	und Chilene
und Schablane	und Karlane	und Simane	und Chilane
und Schablone	und Karlone	und Simone	und Chilone

(aus: Gelberg: Geh und spiel mit dem Riesen, Beltz & Gelberg, Weinheim 1971)

⁁⁀ Erwachsene und Kinder sprechen abwechselnd, wobei der Erwachsene den Anfang jeden Verses vorgibt. Welche Worte sind „echt"?

Wort- und Sprachspiele

In den Wortspielen ist der Übergang zur Erwachsenenlyrik sehr fließend. Der Dichter Ernst Jandl (* 1925), vom *Dadaismus*[1] stark beeinflusst, reduziert die Sprache und schafft Lautkombinationen, indem er Buchstaben von Wörtern vertauscht. Er wird dadurch zu einem kreativen Spracherfinder, der mit seinen Sprachmontagen zum Nachdenken anregt.

fünfter sein (Ernst Jandl)

tür auf	tür auf
einer raus	einer raus
einer rein	einer rein
vierter sein	zweiter sein
tür auf	tür auf
einer raus	einer raus
einer rein	selber rein
dritter sein	tag herr doktor

(Bilderbuch: Ernst Jandl/Norman Junge: fünfter sein, Beltz & Gelberg, Weinheim 1998)

⁁⁀ Das Gedicht kann mit einer Gruppe von Kindern inszeniert werden, z. B. als Pantomime, Sprechstück oder Abzählreim.

Nonsense ist eine Variante des komischen Sprachspiels. Ähnlich wie in frühkindlichen Äußerungen spielen auch andere Dichter mit konventionellen Lautgruppen oder Sprachformen, um sie auf ihre Bedeutung zu reduzieren.

---

[1] Der Dadaismus = nach dem kindlichen Stammellaut Dada (frz. = Holzpferdchen) benannt, war eine künstlerische Bewegung nach dem Ersten Weltkrieg, die die bürgerliche Kultur lächerlich machen wollte. Laute, Wörter, Satzbrocken wurden ohne logischen Zusammenhang deklamiert, Lärm-Musik gemacht und Montagebilder (Collagen) erstellt.

Schnoddel (Jürgen Spohn)

Schnoddel hat jemand Schnoddel gesehn
Schnoddel kann tolle Schnoddel drehn
und schnoddeln kann man mit Schnoddel gehn
und den Schnoddel vom Schnoddel wer kennt denn den
Schnoddel hat jemand Schnoddel gesehn?

(Jürgen Spohn: Ja, ja, Bertelsmann, München 1983)

🏃🏃 Mit den Kindern wird überlegt, wer oder was „Schnoddel" ist und wie „schnoddeln" geht. Das Nonsens-Gedicht kann dann von Kindern auf unterschiedliche Weise in darstellendes Spiel umgesetzt werden.

Mitunter werden Reime oder Lieder von Kindern auf Grund von Unverständnis, Vergesslichkeit oder durch Hörfehler regelrecht „zersungen", so dass der ursprüngliche Sinnzusammenhang verloren geht und ein allein von Rhythmus und Reim zusammengehaltenes Klanggebilde entsteht.
Christian (5 J.) sitzt auf dem Boden und baut mit Legosteinen. Dabei singt er quietschvergnügt in einem fort vor sich hin:

Happy birthday to you
Marmelade im Schuh
Aprikose in der Hose
zum Abschied dazu …

Auch das ist Kinderlyrik. Sprachspiel als Protest. Lebendiges Umpolen von etablierten Erwachsenentexten, manchmal versetzt mit Kraftausdrücken, Schimpfworten oder Fäkaliensprache.
Janosch greift diesen vulgären Humor auf und produziert eigene Reime:

Mein neuer Hut der weiße (Überliefert)

flog mir in die Schei schei
schadet nischt
ist schon abgewischt.

Omachen und Opachen (Janosch)

saßen in der Laube
Nahm die Oma Leberwurst
schmiß ihm eins aufs Auge.

(aus: Janosch: Hottentotten – grüne Motten, rororo, Reinbek 1973)

Jüngere Kinder schnappen diese Reime schnell auf und produzieren sich damit gern vor Erwachsenen. Im gemeinsamen Spiel von Kindern und Erwachsenen kann dieser lustvolle Umgang mit Sprache fantasieanregend sein und wie ein Ventil befreiend wirken.
Da der Erwachsene diese Verse von älteren Kindern nicht so häufig hört, wird vordergründig angenommen, dass sie daran keinen Spaß mehr haben. Schulkinder tauschen vulgäre Sprüche lieber untereinander aus. Sie brauchen dabei nicht den erwachsenen Zuhörer, der sie möglicherweise kritisiert oder diszipliniert.

Kinder werden selbst zu Dichtern, wenn der Erwachsene Reimanstöße gibt, die in einer späteren Situation klanglich rhythmisiert oder in Bewegungen umgesetzt werden können. Diese Kettenreime oder Lawinenverse gehören zu den Erzählgedichten (s. S. 33). Sie fordern durch die Klangassoziation Kinder zu weiterer Zeilenreihung heraus. Ein Vers greift in den anderen über und das Reimwort wird als Hauptbestandteil in die nächste Zeile übernommen. Die Zeilen bleiben dabei kurz. Sie sind paarig gereimt und eilen sprunghaft von einem Motiv zum anderen. Freien Variationen wird hierbei viel Spielraum gegeben, was der kindlichen Merkfähigkeit sehr entgegenkommt; z. B.:

Es war einmal ein Ball
der lag in einem Stall.
Im Stall war es zu naß …

⁂ Nachdem die Kinder das Gedicht beendet haben, können die genannten Verse noch einmal in Bewegungen umgesetzt werden, z. B. Ball aufticken/ Tiergeräusche nachahmen/im Wasser planschen …

Ein weiteres Beispiel für einen Lawinenreim ist das folgende alte Kindergedicht:

Wenn das Kind nicht schlafen will (Friedrich Güll, 1812–1879)

Nun leg' dich und schlaf
Wie der Knecht und die Schaf'.
Ein Knecht ist kein Graf,
Ein Graf ist kein Knecht.
Ein Star ist kein Specht …

(aus: Heckmann/Krüger, Die schönsten deutschen Kindergedichte, Carl Hanser, München 1979)

⁂ Bei diesem Lawinenreim wird ein „Reim-Stein" (buntbemalter Stein) in der Runde an den nächsten Spieler weiter gegeben oder die Fäden eines Wollknäules stellen die Verbindung zum nächsten Reim her.

Schnellsprechverse und Zungenbrecher

An Schnellsprechversen und Zungenbrechern finden meist erst Kinder im Schulalter Freude, da in der Regel Kenntnisse des Alphabets vorhanden sein müssen. Als vergnüglicher Zeitvertreib in der Familie oder mit gleichaltrigen Freunden werden dabei Sprachwahrnehmung und Sprechfertigkeit geübt. Kinder und Erwachsene versuchen, die Verse ohne Versprecher schnell aufzusagen. Dabei verlangt das bewusste Aufnehmen mehrerer gleichklingender Wörter ein gutes Gedächtnis, aber auch eine anspruchsvolle Artikulation. Meist sind es witzige Wortzusammenstellungen, gleich lautende Anfangsbuchstaben (Alliteration) oder Wiederholungen innerhalb der grammatikalischen Struktur, die von Kindern leicht behalten werden.

Kappenkauf (Josef Guggenmos)

Sitzt dir, Knabe, die Kappe zu knapp,
setz die knappe Kappe ab!
Die da, du, die paßt dir schier.
Nimm die da, du,
nein, die da hier!
Die, die du jetzt hast:
die da, du, die paßt!

(aus: Guggenmos: Oh, Verzeihung sagte die Ameise, Beltz & Gelberg, Weinheim 1990)

Können Möpse Klöpse klauen, (Regina Schwarz)

meinst du, daß sie sich das trauen?
Können Möpse Klöpse fressen,
wenn sie das Besteck vergessen?

(aus: Schwarz/Schober: Können Möpse Klöpse klauen, Boje, Erlangen 1995)

Lügengedichte

Warum haben Kinder immer wieder Spaß daran, ganz bewusst etwas umzukehren? Absichtlich lassen sie den Hund krähen oder die Katze bellen und lachen, wenn der Erwachsene sich darüber wundert. Lügengedichte kommen dem Schulkind als Sprachspiel sehr entgegen. Es durchschaut bereits die sprachlichen Möglichkeiten, mit deren Hilfe Lügen konstruiert werden. Die Wirkung der Lügengedichte und der *verkehrten Welt* beruhen auf dem Prinzip, zwei an sich widersprüchliche Begriffe (z. B. alter Knabe) miteinander zu verbinden *(Oxymoron)*.

Verkehrte Welt (Ludwig Schuster)

Die Glocken sind im Keller
Kartoffeln auf dem Turm.
Der Tisch steht auf dem Teller
und Hühner frißt der Wurm.
Juhu, juhu
heut bin ich du
und du bist ich
sprich weiter, sprich!

Im Brunnen brennt das Feuer
das Wasser quillt im Herd,
die Luft ist furchtbar teuer
und Gold ist gar nichts wert.
Juhu, juhu
Bier gibt die Kuh
und Milch das Faß –
weißt noch etwas?

Das Schiff macht Alpenreisen
Die Gemse wohnt im Meer.
Gering wiegt Blei und Eisen
doch Flaum ist schrecklich schwer.
Juhu, juhu,
am Kopf den Schuh
den Hut am Fuß
und nun ist Schluß.

Das blaue Huhn (Frederic Vahle)

Die Kuh, die kam auf Stelzen,
Die Fliege kam im Frack,
Das Ferkel hatte Socken an
und roch nach Schabernack.

Der Goldfisch, der fuhr Dreirad,
der Hering trug 'nen Hut,
die Wanze kam im Nachthemd,
der Mops im Schwebeflug.

Dann kam ein karierter Käse
und endlich ein blaues Huhn.
Das sagte mir:
„Mir fiel nichts ein …
Was soll ich,
was soll ich,
was soll ich,
was soll ich,
was soll ich,
nur tun?

(aus: Vahle/Junge: Der Himmel fiel aus allen Wolken, Beltz & Gelberg, Weinheim 1994)

✶✶ Die Kinder decken die Lügengeschichten auf und klären die Sachverhalte. Sie können aber auch neue Lügen erfinden, auch wenn diese sich nicht reimen.

Rätselreime

Rätsel in poetischen Umschreibungen (Periphrase) gehören zur ältesten Volksdichtung. In heidnischer Zeit wurde derjenige von einem Zauberbann befreit, der das Rätsel lösen konnte. Auch heute wecken Rätsel bei Kindern nach wie vor die Neugierde, hinter das Geheimnis der im Text verschlüsselten Begriffe zu kommen. Um die meisten Rätsel zu lösen, müssen sie genau zuhören, Doppeldeutigkeiten erkennen, poetische Vergleiche ziehen, aber auch Vorstellungskraft und Fantasie entwickeln. Jüngere Kinder können nur dann Rätsel erraten, wenn eindeutige Angaben über den herauszufindenden Begriff gemacht werden.

Rätsel mit einem offenen Endreim erleichtern es Kindern, das Geheimnis zu lüften. Gleichzeitig können sie die Richtigkeit ihrer Antwort kontrollieren.

Einen Rüssel hab ich, lang,
und zwei Zähne groß und blank,
meine Haut ist dick und grau,
bin gewaltig stark und schlau,
bin das allergrößte Tier
auf der ganzen Erde hier,
wohne weit im fernen Land,
und man nennt mich? … (Elefant)

(aus: Biebricher: Scherzfragen, Rätsel, Schüttelreime, rororo, Reinbek 1982)

✶✶ Dieses Rätsel wird gestellt, wenn Kinder den zu erratenden Gegenstand direkt oder im Bild erleben.

„Diese verflixten Gedichte!"

- Das Kindergedicht
- Das Erzählgedicht

Das Kindergedicht

„An welche Gedichte aus unserer Kindheit können wir uns noch erinnern?
Welche Gedichte kennen wir noch auswendig?"

Bei einer Umfrage in Fachklassen der Sozialpädagogik nannten 90 von 100
Schülerinnen Abzählreime, die sie im Umgang mit Gleichaltrigen gelernt hatten, fünf konnten Fingerreime, Koseverse und Kniereitersprüche aufsagen,
zwei kannten noch ein Weihnachtsgedicht und drei hatten keine Erinnerung
mehr. Diese Umfrage ist sicherlich nicht repräsentativ, zeigt aber einen deutlichen Trend. Alle Befragten hatten in ihrer Schulzeit Gedichte auswendig lernen müssen. Warum waren so wenige Gedichte im Gedächtnis geblieben?
Das folgende Gedicht von Bernd Lunghard verdeutlicht diese methodische
„Vergewaltigung" von Gedichten in der Schule:

Gedichtbehandlung

Heute haben wir ein Gedicht durchgenommen.
Zuerst hat's der Lehrer vorgelesen,
da ist es noch sehr schön gewesen.

Dann sind fünf Schüler dran gekommen,
die mussten es auch alle lesen;
das war recht langweilig gewesen.

Dann mußten drei Schüler es nacherzählen –
für eine Note; sie hatten noch keine,
da verlor das Gedicht schon Arme und Beine.

Dann wurde es ganz auseinander genommen
und jeder Vers wurde einzeln besprochen.
Das hat dem Gedicht das Genick gebrochen.

„Warum tat der Dichter dies wohl wählen?
Warum benutzte er jenes nicht?"
Und schließlich: „Was lehrt uns dieses Gedicht?"

Dann mußten wir in unsre Hefte eintragen:
Das Gedicht ist ab Montag aufzusagen.
Die ersten Fünf kommen Montag dran.

Mich hat das zwar nicht weiter gestört;
ich hab das Gedicht so oft gehört,
das ich es jetzt schon auswendig kann.

Aber viele machten lange Gesichter
und schimpften auf das Gedicht und den Dichter.
Dabei war das Gedicht zunächst doch sehr schön.

So haben wir oft schon Gedichte behandelt.
So haben wir oft schon Gedichte verschandelt.
So sollen wir lernen, sie zu verstehn.

(aus: Gelberg (Hrsg.): Oder die Entdeckung der Welt, Beltz & Gelberg, Weinheim 1997)

Gedichte in der Schule waren und sind oft mit einem Muss, einer geforderten Leistung und einer Bewertung verbunden. Wie sollen die Schüler unter diesen Bedingungen ein Gefühl für Schönheit und tiefere Bedeutung von Poesie entwickeln?

Lyrische Annäherung braucht Zeit und Gelassenheit – niemals Leistungsdruck.

Der Erwachsene sollte dem Kind ein breites Angebot von unterschiedlichen Gedichten zur Verfügung stellen (s. Methodische Hinweise zum Umgang mit Kinderlyrik S. 18). Das Kind muss die Möglichkeit haben, aus diesem vielfältigen Angebot seine individuelle Wahl zu treffen. Es sollte die Gelegenheit haben, sich in seinem Tempo und auf ganz persönliche Weise damit auseinanderzusetzen.

Häufig meint der Erwachsene, Kindern ein kindgemäßes Angebot an Poetischem machen zu müssen. So werden Kindern heute noch Stimmungsbilder in Gedichten vermittelt, die eigens für sie gemacht wurden, ohne dass diese Stimmungen oder Gefühle von ihnen nachvollzogen werden können.

Kinder sind ernstzunehmende eigenständige Persönlichkeiten. Sie wollen keine verniedlichte Sprache, die naiv und idyllisiert zum Ausdruck gebracht wird.

Für Dich (Unbekannter Verfasser)

Ich weiß nicht , was soll ich dir geben.
Ich habe ein kleines, so junges Leben.
Ich habe ein Herzchen, das denkt und spricht.
Ich habe dich lieb, mehr weiß ich nicht.

Du (Regina Schwarz)

Ich geh in deinem Gesicht spazieren.
Alles ist vertraut:
dein Mund,
deine Nase.
Ich fühle
die weiche Haut
und muß halten
bei den lachenden Augen.
Ich zähle die kleinen Falten.
Kuschle mich
in deinem Arm,
fühl mich geborgen.
Du bist so warm.

(aus: Gelberg, Überall und neben dir, Beltz & Gelberg, Weinheim 1986)

Auf die Frage was ein gutes Kindergedicht sei, antwortete James Krüss einmal:

Erzählt ein Gedicht eine einfache Fabel oder stellt es einen einfachen Sachverhalt dar und tut es dies auf eine unmittelbare Weise ..., so haben wir es mit einem naiven Gedicht in unserem Sinne zu tun. Kommt hinzu, dass das Gedicht vom Kenner geschätzt und vom Kind verstanden oder gar vom Kenner bewundert und vom Kind geliebt wird, so haben wir es mit einem idealen Gedicht zu tun.

(aus: Jugendliteratur 8, 1962, S. 14)

Das Erzählgedicht

Die meisten Kinder fühlen sich eigentlich von Gedichten angesprochen. Meist jedoch nur, wenn sie ihnen erzählt oder vorgetragen werden.

In früheren Zeiten erlebten Kinder Märchen, Geschichten, Gedichte und Lieder noch im engen Familienkreis, ohne die Vermittlung durch Medien. Es wurde erzählt und gemeinsam gesungen.

Clemens von Brentano und Achim von Arnim (beide Dichter zur Zeit der Romantik) brachten 1808 „Des Knaben Wunderhorn" heraus, eine repräsentative Sammlung von Volksliedern, Kinderliedern und Kinderreimen, von denen viele bis zur heutigen Zeit lebendig geblieben sind; z. B.:

Eia popeia, was raschelt im Stroh?
Die Gänslein gehn barfuß –
und haben keine Schuh …

Weitere Dichter wurden durch diese Sammlung angeregt, Gedichte für Kinder zu verfassen; z. B. Friedrich Rückert, Hoffmann von Fallersleben, Friedrich Güll und August Kopisch machten den Anfang mit Erzählgedichten, wie sie sie nannten, die ähnlich den Balladen für Erwachsene einen erzählenden Charakter aufweisen. Auch diese Erzählgedichte sind bis in die Mitte des 20. Jahrhunderts Lesebuchklassiker geblieben; z. B.:

Die Heinzelmännchen (August Kopisch, 1799–1853)

Wie war zu Kölln es doch vordem
Mit Heinzelmännchen so bequem!
Denn, war man faul, man legte sich
Hin auf die Bank und pflegte sich:
Da kamen bei Nacht,
Eh man's gedacht,
Die Männlein und schwärmten
Und klappten und lärmten ...

(Kopisch, aus: Heckmann/Krüger: Die schönsten deutschen Kindergedichte, Carl Hanser, München 1979)

Warum sind Kinder an diesen Erzählgedichten nach wie vor interessiert?

Eigentlich ist das Erzählgedicht eine Ballade: strophenförmig, szenenhaft, dramatisch. Es reiht Geschehnisse aneinander (s. auch Kettengedicht S. 28), verkettet Handlungsabläufe mit einem deutlich akzentuierten Höhepunkt. Das Erzählgedicht der heutigen Zeit verzichtet, im Gegensatz zur Ballade, auf starre Rhythmen, epische Längen und Heldentum. Statt dessen wendet es sich in narrativer Weise dem alltäglichen Leben zu. Die Hauptfigur des Erzählgedichtes ist nicht der Held mit seinen heroischen Taten, sondern der einfache Mensch mit seinen Fehlern und Missgeschicken, oft in banalen Situationen. Sprachwitz, Komik und Unsinn sind von den neueren Erzähldichtern, wie Peter Hacks, James Krüss u. a. gewollt. Statt der Moral oder Besserwisserei am Ende des Gedichts erfolgt eine Pointe oder eine ironisierte Lebensweisheit.

Das Kind reiht die Begebenheiten aneinander und fügt die Einzelbilder zu einer Handlung zusammen. Durch den eingängigen Sprachrhythmus und die erzählten Geschehnisse wird besonders durch das Erzählgedicht, ein Verständnis für poetische Darstellungen entwickelt, das in verschiedenen kreativen Formen zum Ausdruck gebracht werden kann.

Ballade vom großen Hut (Peter Hacks)

Frau Zwerg kam übern Berg
zur Stadt gelaufen,
um einen Hut zu kaufen
für ihren Mann, Herrn Zwerg.

Sie ging ins Warenhaus,
wo die Verkäufer dösten,
und suchte von den größten
den allergrößten aus.

Der Hut gefällt mir gut.
Der ist für einen Riesen.
Nein, nein, ich nehme diesen
und keinen andern Hut.

Begeistert und bestaubt,
gelangt sie heim zur Tanne
und setzte ihrem Manne
den großen Hut aufs Haupt.

O Frau, der paßt mir nie.
Es war ihm trüb zumute.
Die Krempe von dem Hute
hing ihm bis um die Knie.

Pfui, welch ein kleiner Kopf.
Ich kann doch nichts dafüre.
Ich werf dich aus der Türe,
du ungeschickter Tropf.

Herr Zwerg stand da allein
Um ihn war alles finster
So fiel er in den Ginster-
und Unkenbach hinein.

Der Bach ging in den Strom.
Der Strom ging in die Meere.
In seiner Filzgaleere
abschwamm der arme Gnom.

Beim Marakau-Atoll
sah man zum letzten Male
Herrn Zwerg in seiner Schale,
woraufhin er verscholl.
Geleit:
Von manchem bittern Los
soll das die Ursach sein:
Der Kopf ist nicht zu klein,
der Hut ist nur zu groß.

(aus: Annegret Fuchshuber: Frau Zwerg kam übern Berg – 11 Balladen für Kinder, Ellermann, München 1985)

👫 Die Kinder setzen die Erzählhandlung in eine Bildfolge um, so dass ein „Reimbilderbuch" entsteht. Das Erzählgedicht von P. Hacks bietet darüber hinaus Anregungen zur pantomimischen Begleitung und zum szenischen Rollenspiel. Vielleicht könnte hierfür ein überdimensionaler Hut (Gitterdraht – Pappmaché) als Gemeinschaftsarbeit gestaltet werden, unter dem „Herr Zwerg" dann verschwindet.

Wie eng das Erzählgedicht mit dem Liedhaften verbunden ist, zeigt sich in den Moritaten, die witzige, ironische, lustige, traurige, politische und provozierende Geschichten für Kinder und Erwachsene erzählen. Bei dieser Art des Erzählgedichtes ist der regelmäßig gegliederte Reim, der Rhythmus, mitunter mit einem Refrain (Kehrreim), charakteristisch. Die Moritat will durch eine direkte, oft beschwörende Anrede einen engen Kontakt zum Lesenden oder Zuhörenden herstellen. Viele dieser Gedichte sind bereits vertont worden. Oft bieten sie auch Anlass zu eigenständiger Rhythmisierung oder Instrumentalisierung.

Der Zauberer Korinthe (James Krüss)

Es lebte einst der Zauberer
Kori, Kora, Korinthe.
Der saß in einem Tintenfaß
Und zauberte mit Tinte.

Wenn jemand damit Briefe schrieb
Und schmi und schma und schmollte,
dann schrieb er etwas anderes,
Als was er schreiben wollte.
Einst schrieb der Kaiser Fortunat
Mit Si, mit Sa, mit Siegel:
Der Kerl, der mich verspottet hat,
Kommt hinter Schloß und Riegel!

Doch hinterher las man im Brief,
Vergni, vergna, vergnüglich:
Der Kerl, der mich verspottet hat,
Der dichtet ganz vorzüglich!

Da schmunzelte der Zauberer
Kori, Kora, Korinthe
Und schwamm durchs ganze Tintenfaß
Und trank ein bißchen Tinte.

Ein andres Mal schrieb Archibald,
der Di, der Da, der Dichter:
Die Rosen haben hierzuland
So zärtliche Gesichter!

Er hat von Ros- und Lilienhaar
Geschri, geschra, geschrieben;
Doch als das Liedlein fertig war,
Erzählte es von – Rüben.

Da schmunzelte der Zauberer
Kori, Kora, Korinthe
Und schwamm durchs ganze Tintenfaß
Und trank ein bißchen Tinte.
Heut schrieb der Kaufmann Steenebarg
Aus Bri, aus Bra, aus Bremen
An seinen Sohn in Dänemark:
Du solltest dich was schämen!

Doch als der Brief geschrieben war
Mit Schwi, mit Schwa, mit Schwunge,
Da stand im Brief: Mein lieber Sohn,
Du bist ein guter Junge!

Da schmunzelte der Zauberer
Kori, Kora, Korinthe
Und schwamm durchs ganze Tintenfaß
Und trank ein bißchen Tinte.

Und wer das Lied nicht glauben will
Vom Schri, vom Schra, vom Schreiben,
Der ist wahrscheinlich selber schuld
Und läßt es eben bleiben!

(aus: Rettich/Harries: Kindergedichte, Ravensburger Buchverlag Otto Maier, Ravensburg 1978)

🏃🏃 Kinder gestalten zu dem Gedicht von J. Krüss ein Singespiel, das als menschliches Schattentheater inszeniert werden kann.

1. Erinnern Sie sich an ein Gedicht aus Ihrer Kindheit und versuchen Sie nachzuvollziehen, warum es Ihnen noch in Erinnerung ist oder mit welcher Situation es verbunden war.

2. Suchen Sie nach Gründen für Rhythmus und Klang in dem Gedicht „Kleine Turnübung" von Halbey (S. 25). Erfinden Sie in Teamarbeit ein Gedicht in einer Fantasiesprache und setzen Sie es in Szene.

3. Stellen Sie die charakteristischen Merkmale von Kinderreimen zusammen und schreiben Sie in Partnerarbeit einen Vers, der einige dieser Merkmale aufweist.

4. Erfinden Sie einen zeitgemäßen Kniereitervers.

5. Spielen Sie mit Ihren Mitschülern das folgende Spiel:
   Die Spieler sitzen im Kreis. Der Spielleiter verteilt an jeden drei Zettel. Auf den ersten Zettel wird ein Lebewesen geschrieben, auf den zweiten ein Begriff und auf den dritten ein Gegenstand. Die Zettel werden eingesammelt und geordnet. Jeder Spieler nimmt sich drei Zettel und baut daraus einen Vierzeiler; z. B.:

Der **Osterhase** wollte **Urlaub** machen,
da musste seine Frau ganz furchtbar lachen.
Und sagte: „Mein Schatz, ich rate Dir,
vergiss nur nicht das **Klopapier!**"

6. Die Lerngruppe sitzt im Kreis. Jeder trägt reihum eine Zeile zu einem Kettengedicht bei. Stellen Sie das entstandene Kettengedicht in einer Gemeinschaftsarbeit bildnerisch dar.

Gewusst wie

Referat

ist ein Vortrag, der eine bestimmte Zuhörerschaft über ein bestimmtes Thema informiert.

Ein Referat ist immer sachlich und kann frei vorgetragen oder abgelesen werden. Die Ausarbeitung eines Referates bedarf einer sorgfältigen Vorbereitung:

– Materialsammlung anlegen:
  Stichworte zum Thema auf Zetteln sammeln, zusätzliche Informationen aus Fachbüchern, -zeitschriften oder Lexika hinzufügen, Anschauungsmaterial zusammenstellen

– Ordnen der Materialien unter Berücksichtigung des Vortragsziels:
  Welchen Zweck verfolgt das Referat?
  Welches Vorwissen haben die Zuhörer?
  Welche Bereiche werden im Referat angesprochen?
  Welche Schwerpunkte, Gedanken oder Forderungen sollen betont werden?

– Die Einleitung soll das Interesse der Zuhörer wecken und auf interessante Weise in die Thematik einführen. Der Schluss fasst die Ergebnisse zusammen, gibt weiterführende Hinweise oder fordert zum kritischen Nachdenken auf.

– Das Referat wird durch Stichworte gegliedert. Die Zuhörer erhalten vor Beginn des Referates das sogenannte *Paper*, d. h. die Gliederung, Ergebnisse, evtl. auch Arbeitsmaterialien in schriftlicher Form.

– Der Vortrag des Referates kann mit Hilfe eines Kassettenrekorders vorher geübt werden. Der Referent sollte seine Sprechweise lebendig gestalten, wichtige Abschnitte wiederholen, Zwischenergebnisse herausstellen und Blickkontakt mit den Zuhörern aufnehmen.

7. Wählen Sie in Ihrer Gruppe ein Gedicht aus und gestalten Sie es, entsprechend seiner Aussage, in fantasievoller Weise. Experimentieren Sie dabei mit der Sprache und der Gestaltungsform; z. B.:

Wenn die
ersten Tropfen fallen, lustig auf das
Pflaster knallen, blühen sie wie Blumen auf
Bunt gestreifte, bunt gescheckte nehmen fröhlich
ihren Lauf. Seit die ersten Tropfen fielen, schweben sie
auf dünnen Stielen, leuchtend, schimmernd, rund und glatt.
Bunt gefleckte, bunt getupfte, bunt gescheckte Schirme blühen

I
N
D
E
R
S   T
T D
A

8. Erläutern Sie anhand der Gedichte von Ernst Jandl den literarischen Begriff *Montage*.
Stellen Sie in Ihrer Lerngruppe ein Nonsense-Gedicht vor. Wagen Sie eine Interpretation.

9. Wählen Sie ein Gedicht, einen Reim oder Vers für eine Kindergruppe aus.
Stellen Sie Möglichkeiten einer kreativen Bearbeitung, z. B. einer akustisch-musikalischen, visuell-bildhaften oder gestisch-darstellenden Gestaltung dar.

10. Diskutieren Sie in Ihrer Lerngruppe die Aussage von James Krüss:

„Lernziele gehen den Poeten eigentlich nichts an ... Ich empfehle meine Gedichte für den Unterricht, aber am wenigsten für den Deutschunterricht!"

11. Im Rahmen des Deutschen Jugendliteraturpreises wurde Josef Guggenmos 1993 der Sonderpreis für sein lyrisches Gesamtwerk verliehen.
Seine Gedichte für Kinder sind in mehreren Sammlungen erschienen und stellen den wichtigsten Teil der heutigen Poesie für Kinder dar.
Schreiben Sie ein Portrait dieses bedeutenden Lyrikers und stellen Sie es Ihrer Lerngruppe in Form eines Referates vor. (s. Gewusst wie: Referat, S. 36)

12. Gehen Sie mit Ihrer Gruppe in ein nahegelegenes Museum und schreiben Sie ein Gedicht zu einem Bild oder Objekt Ihrer Wahl.

Gewusst wie

Paper für ein Referat
Bsp. Die Bilderbuchwelt des Leo Lionni, Informationen für Schüler einer Fachklasse der Sozialpädagogik

Einleitung
– Vorstellung der Geschichte *„Swimmy"* durch Dias und eine Musikkassette

Hauptteil
– das Leben von Leo Lionni, Auszeichnungen
– Übersicht über seine bekanntesten Werke
– Beispiele: *Das kleine Blau und das kleine Gelb, Swimmy, Frederic, Fisch ist Fisch, Tico und die goldenen Flügel, Im Kaninchengarten, Pezzettino*
– die Fabel als Erzählform in Lionnis Geschichten
– die Moral in seinen Geschichten
– Demonstration der charakteristischen Illustrationen an ausgewählten Beispielen
– Text: Ansichten eines Autors und Illustrators von Leo Lionni (aus: Doderer: Bilderbuch und Fibel, Beltz 1972)

Schluss
– Für welche Zielgruppe können Lionnis Bücher eingesetzt werden?
– Möglichkeiten der kreativen Umsetzung, am Beispiel: Frederic in Frankfurt – Ein zeitkritisches Theaterstück, gespielt von Schülern einer vierten Grundschulklasse (Video)

Verwendete Bilderbücher:
Baumann: **Der allerkleinste Elefant,** Annette Betz, Wien 1987; Bartos-Höpp-
ner (Hrsg.): **Kindergedichte unserer Zeit,** Arena, Würzburg 1984; Biebricher:
Scherzfragen, Rätsel, Schüttelreime, Rowohlt, Reinbek 1982; Borchers:
Das große Lalula, Ellermann, München 1971; Christen/Wulff: **Schnick,
Schnack, Schabernack,** Stalling, o. O. 1973; Dirx/Seelig: **Kinderreime,**
Ravenburger Buchverlag Otto Maier, Ravensburg 1987; Domenego u. a.: **Das
Sprachbastelbuch,** Esslinger, Stuttgart 1996; Fuchshuber: **Frau Zwerg kam
übern Berg – 11 Balladen für Kinder,** Ellermann, München 1985; Fuhrmann:
Gedichte für Anfänger, rororo, Reinbek 1980; Heckmann/Krüger: **Die
schönsten deutschen Kindergedichte,** Carl Hanser, München 1979; Gelberg (Hrsg.): **Überall und neben dir,** Beltz & Gelberg, Weinheim 1986; Gelberg (Hrsg.): **Daumesdick – Der neue Märchenschatz,** Beltz & Gelberg,
Weinheim 1996; Gelberg (Hrsg.): **Geh und spiel mit dem Riesen,** Beltz &
Gelberg, Weinheim 1971; **Am Montag fängt die Woche an** (1973); **Menschengeschichten** (1975); Gelberg (Hrsg.): **Die Stadt der Kinder,** Georg Bitter, Recklinghausen 1982, (2. Aufl.); Guggenmos: **Sonne, Mond und Luftballon,** Beltz & Gelberg, Weinheim 1984; Guggenmos, **Oh, Verzeihung sagte
die Ameise,** Beltz & Gelberg, Weinheim 1990; Guggenmos, **Gorilla ärgere
dich nicht!,** Beltz & Gelberg, Weinheim 1971; Guggenmos: **Katzen kann
man alles sagen,** Beltz & Gelberg, Weinheim 1997; Hölscher/Pleticha/
Preußler: **Kennt ihr alle die Geschichte** (Eine Balladensammlung), DTV,
München 1982; Janosch: **Hottentotten grüne Motten,** rororo, Reinbek 1973;
Karré: **Ich ging einmal nach Butzlabee,** St. Gabriel, o. O. 1997; Keller: **ludi
musici – Sprachspiele,** Fidula, Boppard 1973; Knister//Maar: **Knister's
Lach- und Machgedichte,** Thienemanns K., Stuttgart 1991; Manz: **Worte
kann man drehen,** Beltz & Gelberg, Weinheim 1974; Middelhauve/Rado-
witz/Heine: **Ich und du und die ganze Welt,** Büchergilde Gutenberg, Frankfurt 1980; Morgenstern/Zwerger: **Kindergedichte & Galgenlieder,** Neugebauer Michael, CH-Gossau und Hamburg 1995; Mühlenberg: **Budenzauber –
Spiellieder und Bewegungsspiele,** Ökotopia, Münster 1992; Rettich/Har-
ries: **Kindergedichte,** Otto Maier, Ravensburg, 1978; Richter: **Der Sommer
schmeckt wie Himbeereis,** o. O., o. J.; Schwarz/Schober: **Können Möpse
Klöpse klauen,** Boje, Erlangen 1995; Singer: **Der neue Daumen Knuddel-
dick,** Ravensburger Buchverlag Otto Maier, Ravensburg, 1993; Singer/Funke:
Sprachspiele für Kinder, Ravensburger Buchverlag Otto Maier, Ravensburg
1995; Stiller/Kilian: **Nein-Buch für Kinder,** Beltz & Gelberg, Weinheim 1973;
Petri: **Menke Kenke,** Sisyphos-Presse, Verlag Faber & Faber, Berlin 1993;
Spohn: **Drunter & Drüber,** Bertelsmann, München 1980; Spohn: **Ja, Ja,** Ber-
telsmann, München 1983; Vahle/Junge: **Der Himmel fiel aus allen Wolken,**
Beltz & Gelberg, Weinheim 1994

Kinderlyrik im Bilderbuch:
Bauer: **Abends wenn ich schlafen geh,** Carl Hanser, München 1995; Berner:
ABC, die Katze lief im Schnee, Carl Hanser, München 1996; Erlbruch: **Zehn
grüne Heringe,** Carl Hanser, München 1995; Herfurth: **Hoppe, hoppe, Rei-
ter,** Carl Hanser, München 1996; Jandl/Junge: **immer höher,** Beltz & Gelberg,
Weinheim 1996; Jandl/Junge: **fünfter sein,** Beltz & Gelberg, Weinheim 1997;

Jusim: **Der Herr, der schickt den Jockel aus,** *Carl Hanser, München 1996;* *Michl:* **Morgens früh um sechs,** *Carl Hanser, München 1997; Murschetz:* **Drei Chinesen mit dem Kontrabaß,** *Carl Hanser, München 1996; Traxler/Singer:* **Finster war's, der Mond schien helle,** *Carl Hanser, München 1996*

Zum Weiterlesen:

Andresen: **Versteh mich nicht so schnell,** *Beltz & Gelberg, Quadriga, Weinheim 1992; Doderer:* **Lexikon der Kinder- und Jugendliteratur,** *2. Band, Beltz & Gelberg, Weinheim 1984; Franz:* **Kinderlyrik,** *Wilhelm Fink, München 1979; Gärtner:* **Spaß an Büchern,** *Don Bosco, München 1997; Lorbe:* **Kinderlyrik,** *in Haas (Hrsg.):* **Kinder- und Jugendliteratur,** *Reclam, 1974; Schaufelberger:* **Kinder- und Jugendliteratur heute,** *Herder, Freiburg 1990; Tabbert:* **Nonsense, Literarischer Nonsense, Kinderliterarischer Nonsense,** *in Kaminski (Hrsg.):* **Kinderbuchanalysen (Autoren – Themen – Gattungen),** *dipa 1989; Zeitschrift* **Eselsohr,** *Heft 2/95 Verlag Eselsohr, Mainz, 1995*

3 Mit Bilderbüchern spielen und denken

Wissenswertes zum Umgang mit Bilderbüchern

- Was sind Bilderbücher?
- Für wen sind Bilderbücher bestimmt?
- Wie entstehen Bilderbücher?
- Was bewirken Bilderbücher?
- Nach welchen Aspekten können Bilder-
  bücher eingeteilt werden?
- Wie können Bilderbücher analysiert werden?
- Wie können Bilderbücher beurteilt werden?
- Wie können Bilderbücher vermittelt werden?
- Wann gefällt Kindern ein Bilderbuch?

Was sind Bilderbücher?

Bilderbücher sind den visuellen Medien zuzuordnen. Sie vermitteln Inhalte und Geschichten nicht durch das geschriebene Wort, sondern ausschließlich durch das Bild. Die Abbildungen zeigen wirkliche Dinge, erzählen Geschehnisse aus nahen oder fernen Lebensbereichen oder fantastische Geschichten von Menschen, Tieren und anderen Wesen. In Kombination mit einem Text wird die Bildaussage unterstützt, ergänzt oder durch ein einfallsreiches Layout (d. h. die Anordnung von Text und Bild) verdeutlicht. Die Illustrationen, also die Verbildlichung eines Textes oder einer Idee ist durch unterschiedliche, sowohl traditionelle als auch neue unkonventionelle Gestaltungstechniken und Stilrichtungen gekennzeichnet. Häufig werden unterschiedliche bildnerische Darstellungsformen miteinander verknüpft.

Für wen sind Bilderbücher bestimmt?

Bilderbücher sind zwar in erster Linie für Kinder gedacht und werden auch überwiegend von ihnen benutzt, aber auch Erwachsene können sie betrachten und genießen. Für das jüngere Kind sind Bilderbücher genauso wichtig wie sein Spielzeug. Wenn Kinder lesen können, benutzen sie die Bilderbücher in der Regel zur angenehmen, spannenden Freizeitgestaltung und handhaben sie darüber hinaus zur Wissenserweiterung. Bilderbücher geben auch Aufschluss darüber, wie Kinder die Welt sehen und verstehen, wie sich ihnen Ereignisse darstellen, welche Probleme und Eindrücke sie beschäftigen, welcher Zeitgeist gerade vorherrscht.

Bilderbücher können auch für andere Erwachsene eine interessante Freizeitlektüre sein. Einige Bilderbücher, die Themen in besonderer, künstlerischer Weise darstellen, werden von Erwachsenen auch wie Kunstwerke gesammelt und behandelt.

Wie entstehen Bilderbücher?

In dem Sachbilderbuch **Wie kommt der Wald ins Buch** beschreibt Irmgard Lucht, wie ein Sachbilderbuch entsteht. Der Weg von der Idee bis zur Fertigstellung eines Buches kann mitverfolgt werden, wobei die umfangreichen Informationen schrittweise und auf sehr anschauliche und kindgerechte Weise vermittelt werden:

Der Autor/die Autorin entwickelt und erarbeitet eine Idee für ein Bilderbuch, anschließend wird der Bilderbuchtext geschrieben. Der Illustrator/die Illustratorin visualisiert die Idee und gestaltet den Text mit Hilfe passender Gestaltungstechniken. Die umgekehrte Reihenfolge ist ebenso möglich und üblich. In einem Verlag wird das Buchmanuskript lektoriert (geprüft) und für den späteren Druck in ein geeignetes Layout (Form) gebracht. In einer Buchdruckerei wird das Bilderbuch gedruckt und in der Buchbinderei werden dann die einzelnen Druckseiten zu einem Buch gebunden. Der Verlag betreibt dann Werbung für dieses Bilderbuch. Im Buchhandel schließlich kann das fertige Bilderbuch gekauft werden.

Der Preis für ein Bilderbuch wird zum einen durch die Höhe der Auflage bestimmt, aber auch durch die hochwertige Aufmachung und gehobene Gestaltung. Bilderbücher entstehen häufig aus einem pädagogischen, künstlerischen oder gesellschaftskritischen Anliegen der Autoren und werden wegen des höheren Herstellungspreises, der sich auch im Verkaufspreis niederschlägt, in vergleichsweise geringer Auflage erstellt. Einige anspruchsvolle Bilderbuchtitel mit positiven Verkaufszahlen werden auch als Paperback-Auflage oder im Kleinformat angeboten. In Massen produzierte Bücher (= Massenbilderbücher) orientieren sich oftmals ausschließlich an wirtschaftlichen Gesichtspunkten, sie sind billig und oftmals in Supermärkten und Kaufhäusern zu erwerben.

Was bewirken Bilderbücher?

Wer kennt sie nicht, die illustrierten Geschichten wie z. B. *Der Struwwelpeter* von Heinrich Hoffmann, *Die Häschenschule* von Fritz Koch-Gotha, *Der kleine Häwelmann* von Else Wenz-Viëtor, *Hänschen im Blaubeerwald* von Elsa Beskow. Und obwohl diese Bilderbücher teilweise schon über hundert Jahre alt sind, kennen sie noch heute viele Kinder. Erwachsene erinnern sich noch deutlich an diese Geschichten, denen teilweise fragwürdige Erziehungsziele zugrunde liegen.

Bilderbücher können also durch ihre Illustrationen, Texte und auch Darbietungen lange in dem kindlichen Betrachter nachwirken. Im Gegensatz zum bewegten Bild im Fernsehen kann das Kind ein Bilderbuch immer wieder in die Hand nehmen und sich darin vertiefen. Selbstbestimmt, zu fast jeder Zeit und Gelegenheit kann es sich in einen Spannungszustand versetzen, kurz oder ausdauernd, intensiv oder oberflächlich, alleine oder in der Gemeinschaft mit Gleichaltrigen.

Die aktive Auseinandersetzung mit einem Bilderbuch wirkt auf die gesamte Persönlichkeit des Kindes ein und kann bereits vorhandene Vorurteile beeinflussen, Klischees verhindern sowie zur Beziehungsfähigkeit beitragen, Kommunikationsmöglichkeiten fördern, Wahrnehmung sensibilisieren, ästhetisches Empfinden entwickeln, Hilfe zur Orientierung in der Umwelt bieten, Lese- und Sehgewohnheiten prägen.

Aber der entscheidende Aspekt ist, dass der Umgang mit Bilderbüchern einfach Spaß und Vergnügen bereitet und Gefühle freisetzt. Insbesondere ermöglichen fantastische Bilderbücher das Eintauchen in Fantasie- und Märchenwelten, sie verbinden Traum- und Realitätsebenen, wobei sich neue, ungewohnte Sehweisen erschließen können.

Nach welchen Aspekten können Bilderbücher eingeteilt werden?

Das Angebot von Bilderbüchern auf dem Buchmarkt ist fast unüberschaubar. Um das vielschichtige Angebot überhaupt erfassen zu können, sind geeignete Kategorien nötig, die eine übersichtliche Einteilung ermöglichen. Dazu werden in der Fachliteratur verschiedene Systematiken aufgezeigt (vgl.: Künnemann, Meyer, Gärtner, alle a. a. O.). In der praktischen Anwendung haben sich die folgenden Unterscheidungen als brauchbar und sinnvoll erwiesen, wobei es durchaus Mischformen gibt:

A Themengruppen

Bilderbücher können nach den Themen, die sie behandeln, eingeteilt werden. In Bilderbüchern können zahlreiche Themen behandelt werden: Bevorzugt werden dabei die Erfahrens- und Erlebnisbereiche des Kindes. Informationen über Technik oder naturwissenschaftliche Sachverhalte werden ebenso angeboten wie z. B. die Bücher, in denen es um eine Auseinandersetzung mit Gefühlen wie Angst, Trauer etc. geht.

Ausschnitte aus der Umwelt des Kindes werden aufgegriffen und in Form von wirklichkeitsnahen und fantastischen Bildergeschichten realisiert.

B Erzählstile

- **Wirklichkeitsnahe Bildergeschichten** zeigen reale Situationen aus der tatsächlichen Umwelt. Die Themenbereiche werden sachlich und logisch behandelt. Sie sind mit Fotos oder Illustrationen so ausgestattet, dass sie von Kindern der entsprechenden Entwicklungsstufe verstanden werden können. Die Abbildungen, die ergänzenden Sachtexte oder Geschichten erzählen dabei von aktuellen Geschehnissen des täglichen Lebens, von vergangenen Begebenheiten, von Dingen, die jetzt oder zukünftig noch geschehen könnten. Sie klären auf, geben genaue Informationen über tatsächliche Sachverhalte, weisen auf Probleme und mögliche Lösungswege hin. Handlungsträger der Bilderbuchgeschichten sind meistens reale Personen oder Tiere, die wirklichkeitsnah dargestellt werden.
- In **fantastischen Bilderbuchgeschichten** wird auf märchenhafte Weise von den Träumen, Wünschen, Ängsten, Problemen und Sorgen der Menschen erzählt. Die textliche und bildhafte Ausgestaltung gibt partiell (teilweise) gesellschaftskritische Problemstellungen sowie alltägliche Situationen wieder, manchmal in origineller und ungewöhnlicher Weise. Für die behandelten Probleme werden manchmal unübliche und ausgefallene

Lösungswege präsentiert. Handlungsträger und somit die Identifikationsfiguren sind meistens Tiere aller Gattungen, aber auch lebendig gewordene Dinge oder fantastische Wesen. Gelegentlich sind die Handlungsträger auch Kinder. Die Hauptfiguren erleben quasi stellvertretend die Dinge, die sich die Adressaten nur in ihrer Fantasie vorstellen können. Manchmal scheint es, als sei in den fantastischen Bildergeschichten die Welt auf den Kopf gedreht. Farben und Formen, Kommunikationssysteme, Größenverhältnisse und Naturgegebenheiten stimmen nicht mehr, Unvorstellbares passiert und alles scheint möglich zu sein.

C Typengruppen

Sie erfassen Bilderbücher nach ihren besonderen Eigenschaften und Funktionen, wobei ihre jeweilige Bestimmung dem Alter bzw. Entwicklungsprozess ihrer Adressaten entspricht:

1. Elementarbilderbücher	meist textfrei; einfache, klare großzügige Darstellungen von vertrauten Dingen aus dem alltäglichen Erfahrungsbereich; häufig Fotos; abwaschbares Material in stabiler Bindung; handliche Größe; das erste Bilderbuch des Kleinkindes
2. Szenenbilderbücher	meist wenig Text; detail- und inhaltsreiche Abbildungen; Fotos oder wirklichkeitsnahe Illustrationen; zeigen oft doppelseitige, in sich geschlossene Szenen; viele Situationen können in einer Szenerie oder einem *Wimmelbild* zusammengefasst sein; die Bilder sind aus der erlebbaren Umwelt; sie entsprechen dem ersten Fragealter
3. Märchenbilderbücher	Illustrationen verdeutlichen den umfassenden Text; meist Volksmärchen nach den Gebrüdern Grimm; auch neue, moderne Märchen; Textaufbau wie bei Märchen; Details werden nur sparsam wiedergegeben; Gefühle und Stimmungen sind nur angedeutet, aber nicht realistisch ausgemalt; Geheimnisvolles bleibt erhalten; sie haben immer ein „gutes Ende"; ab 5 Jahren geeignet
4. Sachbilderbücher	meist unterstützender Text; realistische Abbildungen; wahre Angaben, richtige Erklärungen zu Darstellungen; dienen der Wissensvermittlung; wecken bzw. befriedigen kindliche Neugierde
5. Bilderbücher mit besonderer Gestaltung	Bilder und Abbildungen haben eine besondere Oberflächenstruktur durch zusätzliche Materialien wie Pappe, Stoffe, Plastik u. a. m. (Tast-/Fühlbücher); die Abbildungen enthalten bewegliche Teile, so dass die Bilder durch Ziehen, Drehen, Klappen verändert werden können (Pop-up-Bücher); die Seiten enthalten ausgestanzte Löcher, durch die ein Detail des Bildes der nächsten Seite bereits zu sehen ist (Gucklochbücher)

Wie können Bilderbücher analysiert werden?

Bilderbücher können hinsichtlich ihrer Thematik, Ausstattung und Wirkung analysiert werden. In der Fachliteratur werden hierfür verschiedene Methoden aufgezeigt. Bei der Bewertung eines Bilderbuches werden folgende Aspekte in der Regel berücksichtigt: Stimmigkeit von Text- und Bildaussage, mögliche Wirkung eines Bilderbuches auf seine Zielgruppe sowie Fragen der methodischen Vermittlung.[1]

---

[1] Tipp: Bilderbuchbesprechungen und Rezensionen können auf Karteikarten gesammelt werden.

Beispiel für eine Bilderbuchanalyse

Die Gliederungspunkte sind hier in fünf Rubriken zusammengefasst. Nach den (1) bibliografischen Angaben wird die äußere (2) Erscheinungsform des Bilderbuches erfasst und präzisiert. Um das Verstehen zu ermöglichen, werden der (3) Inhalt/die Aussage kurz schriftlich dargestellt. Warum, wem, wo, wie, wozu dieses Bilderbuch angeboten wird, darüber gibt die Beschreibung der (4) Vermittlungssituation Auskunft. Eine wertende Einschätzung der (5) Bedeutung des Bilderbuches erfolgt nach literarischen, bildnerischen und pädagogischen Aspekten:

1. Bibliografie: (leider z. Zt. vergriffen)

Text-Autor/in: *Claude Boujou*

Illustrator/in: *Claude Boujou*

Titel/Untertitel: *Die Bücherhasen*

Verlag: *Moritz Verlag*

Erscheinungsort/-jahr: *Frankfurt 1994*

2. Erscheinungsform:

Format/Umfang: *24 x 31cm, gebunden; 32 Seiten*

Bildstil/-technik: *pastellfarbige, meist großflächige Bilder mit teilweise comicartigen Denkblasen; Mischtechnik mit Deckfarben, Wachskreiden*

Drucktype: *mittelgroße Druckbuchstaben; 2–6spaltiger Text;*

Layout: *doppelte und einfache Ganzseitenbilder; Text als Bildunterschrift auf weißem Untergrund gesetzt.*

3. Inhalt/Aussage:

Hauptfiguren/Schauplatz:

Die Hauptfiguren sind zwei Hasen (Brüder). Der Hauptschauplatz ist die Hasenhöhle.

Kurzbeschreibung:

Zwei Hasen schauen sich ein Bilderbuch an, in dem Hasenabenteuer abgebildet sind. Sie sind so in die Geschichte vertieft, dass sie die herannahende Gefahr in Gestalt des Fuchses fast zu spät erkennen. Nachdem sie sich erfolgreich verteidigt haben, flüchtet der Fuchs, mit dem Bilderbuch in seinem Maul.

Handlungsverlauf:

Ernest, der ältere Bruder, findet ein Bilderbuch und will es anschauen. Sein neugieriger Bruder Victor stört ihn, er will wissen, für was Bücher gut sind. Ernest erklärt es ihm. Beide schlagen dann gemeinsam das Buch auf. Begeistert sehen sie: eine Hasengesellschaft beim Boule-Spiel; einen Fuchs, der einer Hasengesellschaft einen Sack frischer Karotten anbietet; beflügelte Hasen, die in der Luft segeln und sogar einen Hasen, der mit einem Drachen kämpft. Victor möchte auch solche Abenteuer erleben. Ernest aber rät ihm, nicht nur zu träumen und alles zu glauben, was in Büchern steht, sondern den Verstand zu gebrauchen. Sie einigen sich darauf, dass man wenigstens so tun kann, als ob man die Geschichte selbst erlebt. Während des weiteren Ablaufs taucht ein fauchender Fuchs vor der Hasenhöhle auf. Verzweifelt wollen Ernest und Victor sich wehren. Aber womit? Blitzschnell ergreift Ernest das Buch und knallt es auf den Schädel des Fuchses, schiebt es ihm in den offenen Rachen. Der Fuchs beißt zu, seine Zähne verkeilen sich in die Buchdeckel und fluchtartig rennt er mit dem Buch im Rachen aus der Hasenhöhle. Die Brüder beschließen, bald ein neues, dickeres Buch mit schönen Geschichten aufzutreiben.

Botschaft:

„Und für was sind Bücher gut?" wollte Victor wissen. „Bücher sind zum Lesen da", erklärte Ernest. „Und wenn man noch nicht lesen kann, guckt man sich die Bilder an. "

4. Vermittlungssituation:

Lesealter: *Ab 5 Jahre*

Vermittlungsort: *Familie; Kindertageseinrichtung; ruhiger Raum.*

Leseanlass: *Neue Bilderbücher sollen beschafft werden; Kinder zeigen Lese-unlust/Leselust.*

Vermittlungsform:

Präsentation in Kleingruppe mit 2–4 Kindern; die Geschichte muss nicht wortge-treu gelesen werden, geeignet ist impulsbegleitendes Vorblättern, während die Kin-der erzählen. Die Zentrierung eignet sich für das Bild, auf dem ein Riesenhase mit winzigen Füchschen abgebildet ist, Kinder können Vermutungen zum weiteren Ver-lauf der Geschichte anstellen.

Auswertungsmöglichkeiten:

Das Ende des spektakulären Überfalls bildet den Ausgang/Anlass für weitere Überlegungen zur Herkunft der Bücher, zum Umgang mit Büchern, Entstehung und Lösung von Konflikten. Die eigentliche Geschichte kann um neue Hasena-benteuer ergänzt und diese können verbal, zeichnerisch, gestalterisch oder spiele-risch dargestellt werden, auch innovativ; eigene Bilder können zu einer eigenen Bilderbuchgeschichte zusammengefasst werden; bei einem Büchereibesuch wer-den Bücher entliehen.

5. Bedeutung:

a) Literarische Qualität:

Claude Boujou, geb. 1930 in Paris, hat bereits in Frankreich viele Bilderbücher herausgebracht. Das Buch „Die Bücherhasen" wurde von Leslie Giger ins Deut-sche übersetzt. Die erzählenden Sätze sind kurz, prägnant und logisch, das Voka-bular anschaulich. Die wörtliche Rede auf jeder Seite entspricht jedoch nicht ganz einer kindgemäßen Ausdrucksweise.

b) Bildnerische Qualität:

Die in warmen Farben gemalten Bilder sind konturiert, in sich geschlossen. Die klare Ausgestaltung ist sparsam, beschränkt sich auf das Wesentliche der Aussage, dargestellte Gefühle wirken echt. Durch die Größenverhältnisse und die Bilder in den Denkblasen entsteht zusätzliche Spannung. Die Tiere sind zwar mit menschli-chen Eigenschaften ausgestattet, bleiben aber in ihrer Art tierisch.

c) Didaktische-pädagogische Relevanz:

Bücher können auf vielfache Weise nützlich sein, auch wenn man noch nicht lesen kann. Die Geschichte verdeutlicht, Bilderbücher anschauen kann aufregend sein, in der Vorstellung kann viel erlebt werden und im Umgang mit Bilderbüchern können auch neue Bildergeschichten entstehen. Ganz nebenbei wird den Kindern durch die Geschichte klar, dass es durchaus sinnvoll sein kann, in plötzlichen Not-situationen auch ungewöhnliche Verteidigungsmittel einzusetzen.

(Analyse-Schema: nach H. Gärtner, a. a. O.)

Wie können Bilderbücher beurteilt werden?

Für die Beurteilung von Bilderbüchern gibt es sicherlich keine allgemein verbindlichen oder gar objektiven Kriterien. Grundsätzlich ist zu bedenken, dass subjektive Einstellungen, Haltungen und Gefühle in die Beurteilung eines Bilderbuches einfließen. Der persönliche Geschmack und das individuelle Qualitätsverständnis sind facettenreich, außerdem bei Kindern und Erwachsenen unterschiedlich. Dennoch können Massenbilderbücher und qualitativ gute Bilderbücher voneinander unterschieden werden:

Massenbilderbücher:

- überwiegend ohne gestalterischen und inhaltlichen Anspruch; zeigen die Welt meist in einer falsch verstandenen Kindertümlichkeit

- Themenbearbeitungen sind oberflächlich, schematisiert, gefühlsbetont, verharmlosend

- Abbildungen sind meist ausgestattet in übertriebener Farb- und Formgestaltung und verfügen oft über eine mindere Druckqualität

- vordergründig sprechen sie die Gefühle an, verleiten dadurch zu spontanen, instinktiven Äußerungen wie „süß" oder „niedlich"

- meist moralisierende Geschichten mit fragwürdigen Erziehungsabsichten

- beeinflussen die kindliche Meinungsbildung durch wertende Einstellungen

- kindliche Denkweise bzw. das, was typisch für ein Kind sein soll, wird festgelegt

- Konflikte entstehen immer plötzlich wie ein zufälliges, nicht beeinflussbares Ereignis

- Konfliktlösungen werden vorgegeben, sind oft willkürlich gewählt und entsprechen den Vorstellungen der Erwachsenen, sie sind für Kinder meistens nicht nachvollziehbar

Qualitativ gute Bilderbücher:

- kindgerechte Themen sprechen die Kinder an und eröffnen Möglichkeiten einer inhaltlichen Auseinandersetzung

- Inhalt und Gestaltung lassen einen Spielraum für eigene, selbstständige Interpretationen

- fordern zu Meinungsbildung, Bewertungen, Stellungnahmen oder Vergleichen heraus

- die Bilder sind eindeutig und stimmen mit den textlichen Aussagen überein

- Abbildungen erfüllen hohe Ansprüche, tragen nachhaltig zur Geschmacksbildung bei

- nehmen kindliche Betrachter in ihrer jeweiligen Persönlichkeitsentwicklung ernst

- Konflikte oder Problemsituationen bleiben nachvollziehbar und Lösungsmöglichkeiten werden angeboten

Wie können Bilderbücher vermittelt werden?

Beim spontanen, situativen Anschauen eines Bilderbuches kommt es stark auf die pädagogischen Fähigkeiten und Erfahrungen des Erwachsenen an, denn rasch wird er einschätzen und entscheiden müssen, ob das Buch geeignet ist, wie genau und intensiv er mit dem Kind das Bilderbuch anschaut. Da nicht der Erwachsene, sondern das Kind das Buch ausgewählt hat, wird er sensibel und abwartend auf die Beteiligung des Kindes reagieren, und manchmal ist ein einfaches Betrachten völlig ausreichend. Voraussetzung für die gelungene Vermittlung eines Bilderbuches ist eine zustimmende und positive Einstellung des Erwachsenen zu dem gewählten Bilderbuch. Neben dieser subjektiven Haltung wird die Auswahl des Bilderbuches bestimmt durch die Intention und den aktuellen Anlass. Außerdem spielen die Interessen, Wünsche und Bedürfnisse des Kindes/der Kindergruppe eine Rolle. Die Beziehung zwischen dem Erwachsenen und den Kindern prägt die Stimmung während der Bilderbuchbetrachtung. Diese kann nur in angenehmer Atmosphäre gelingen. Bedingungen wie Anzahl der Kinder, Ort, Zeitpunkt, Dauer, Sitzform, Lichtverhältnisse sollten sorgfältig überlegt und hergestellt werden. Damit die Kinder die Bildinhalte und den Handlungsablauf genau erfassen, über eigene Erkenntnisse und Erfahrungen sprechen und ihre Stimmungen, Fragen, Einfälle formulieren können, sind erschließende und erarbeitende Vermittlungsformen notwendig.

1. Erschließende Formen der Vermittlung

(Beispiel: Die Bücherhasen, a. a. O.)

Präsentieren des Bilderbuchs durch einen Erwachsenen. Vermittlungsmöglichkeiten: schweigendes Vorblättern, Vorblättern, das durch Impulse/Anregungen begleitet wird, Erzählen oder Vorlesen der Geschichte **Erarbeiten** mit dem Ziel, das Bilderbuch selbstständig zu entdecken und sich Text/Bild selbstständig anzueignen – in **Einzelarbeit**: das Kind liest/betrachtet das Bilderbuch völlig allein – in **Partnerarbeit**: zwei Kinder lesen/betrachten das Bilderbuch, dabei kann ein Kind führen – in **Gruppenarbeit**: eine Kleingruppe (4 Kinder) liest/betrachtet das Bilderbuch. Dabei erhalten sie gelegentliche Hilfe durch den Erwachsenen z. B. bei Verständnisfragen; Tipps zum selbstständigen Arbeiten **Zentrieren** mit dem Ziel, die Kinder zum Vorausdenken zu motivieren. Dies kann geschehen, indem den Kindern das Titelbild des Buches gezeigt wird bzw. durch den Hinweis auf wichtige Szenen oder durch das Vorlesen einer zentralen Textstelle	**Mögliche Vermittlungssituation:** *Ruhiger, heller Raum mit Leseecke, ein Erwachsener sitzt mit zwei Kindern auf dem Fußboden; Kinder äußern spontan ihre Gedanken und Eindrücke. Der Erwachsene liest ggf. den Text mit angemessener Betonung vor. Die Kinder machen zu jeder Seite spontane Äußerungen, kommentieren die Handlung* **Mögliche einleitende Impulse:** *Wo wohnen Hasen? Was tun Hasen tagsüber? Haben Hasen Feinde?* **Mögliche Impulse zum Titelbild:** *Kennen sich die zwei Hasen? Woher haben sie das Bilderbuch? Welche Geschichte sehen sie sich gerade an? Ob wir die gleiche Geschichte sehen werden?* *(Kinder ergänzen sich in ihren Aussagen.)* **Beispiele für mögliche Erklärungen:** *Sehen die Hasen die Wolkenbilder über ihrem Kopf? Ggf. Begriffe klären wie: Karotte, Respekt, Verstand gebrauchen, u. ä.*

2. Verarbeitende Formen der Vermittlung

Imitativ wird der Text (Struktur, Inhalt, Aussage) akzentuiert und in enger Anlehnung an das Bilderbuch nacherzählt, nachgelesen, hinterfragt, nachgespielt, besprochen

Imitativ werden die Bilder (Stil, Farbe, Formen) betont und der Buchinhalt anhand von Einzelbildern wiedergegeben, Bilddetails analysiert, Bildfolgen erinnernd wiederholt, Bildwirkungen verbalisiert

Innovativ und über das Bilderbuch hinausgehend sind Verarbeitungsmöglichkeiten wie z. B.:
- Spielen wie: Szenisches-, Stegreif-, Schatten-, Puppenspiel, Pantomime, Klangspiel
- Malen/Zeichnen wie: Einzelfiguren, Schauplätze, Bildausschnitte
- Gestalten wie: Drucken, Textstellen ausformen, Komponieren, ein Bilderbuch herstellen

(nach Gärtner, a. a. O.)

Weitere Beispiele für Impulse/Fragen:
Wenn Hasen Flügel wachsen, dann ...? Wie gelingt es Hasen, einen Drachen zu besiegen? Was empfinden die kleinen Füchse beim Anblick des Riesenhasen, was denkt der Riesenhase? Warum wünscht sich Ernest, ein Riesenhase zu sein?
Wieso gelingt es dem Fuchs, sich an den Hasenbau heranzuschleichen? Was geschieht jetzt? Wie sollen die Hasen den Fuchs abwehren? Was denken die Hasen, als der Fuchs flieht?

Mögliche abschließende Impulse:
Welche ergänzenden Verteidigungsmöglichkeiten entwickeln die Kinder? Wie könnte die Geschichte nach Meinung der Kinder weitergehen? Woher bekommen die Hasen ein neues Bilderbuch?

Möglichkeiten zur verarbeitenden Weiterführung:
- *Hasenhöhle bauen und darin die Geschichte nach-/weiterspielen (mit den alternativen Lösungen)*
- *Schattenspielpuppen und Geräuschekulisse anfertigen, vor Zuschauern die Geschichte aufführen*
- *den Handlungsablauf in Form einer Riesencollage darstellen*
- *evtl. einen Büchereibesuch planen*

Methodische Hinweise

Bilderbuchbetrachtung
- Titelseite ausgiebig erarbeiten
- Stichworte, die zum Vorausdenken anregen, Impulse setzen
- Gestaltung der Vorsatz-/Nachsatzseite kommentieren
- Zeit zum ausgiebigen Betrachten einräumen
- Gelegenheit für spontane, situative Reaktionen lassen
- das Bilderbuch möglichst zusammenhängend zeigen
- Äußerungen der Kinder immer zulassen und beachten
- entscheiden, ob der Text gelesen oder frei erzählt wird

- auf die eigene Mimik und Gestik achten
- angemessen mit der Stimme modulieren
- sich nicht in den Vordergrund stellen
- ausgewählte Fragestellungen und Impulse geben, z. B. zu Formen, Farben, Gegenständen, Sinnzusammenhängen, Emotionen, Details, zum weiteren Handlungsverlauf
- Vorsicht: keine Fragen formulieren, die aus der Geschichte herausführen
- die „Kernaussagen" gemeinsam zusammenfassen und die Botschaft diskutieren
- wann und in welcher Weise kann das Gesehene vertieft, weitergeführt und verarbeitet werden?

Wann gefällt Kindern ein Bilderbuch?

Für Erwachsene ist manchmal nicht nachvollziehbar, warum das Kind eine Vorliebe oder Abneigung für ein bestimmtes Bilderbuch zeigt. Obwohl sie das Bilderbuch gelesen und geprüft haben, dessen Qualität gut ist und den beobachtbaren Interessen des Kindes entspricht, mag es das Buch nicht und lehnt es ab. Diese Aspekte sind daher bei der Beurteilung und Auswahl von Bilderbüchern für Kinder zu bedenken.

Eine bestimmte Bildergeschichte gefällt dem Kind vielleicht deshalb, weil es sich durch die Botschaft verstanden fühlt oder weil es ein tröstendes Ende gibt. Manchmal gefallen den Kindern Bilderbücher, die Humor und Witz beinhalten: In solchen Büchern sind die Bildaussagen oft doppeldeutig, die Illustrationen haben karikaturistische Züge. Manchmal ist es nur ein Wort, ein Bildausschnitt, ein Illustrationsstil, der die Kinder in schallendes Gelächter ausbrechen lässt und dadurch das Buch zum Lieblingsbilderbuch macht. Vielfach verbindet das Kind eine angenehme Vermittlungssituation mit einem Bilderbuch oder das behandelte Thema der Bildergeschichte rührt es emotional an. Deshalb sollte Kindern auch der selbstständige Zugang zu unterschiedlichen Bilderbüchern möglich sein.

Methodische Hinweise

Praktische Handhabung vom Bilderbüchern
- übersichtliche, zugängliche Aufbewahrungsorte wählen
- Regeln zur pfleglichen Behandlung vereinbaren
- Plätze verabreden, an denen Bilderbücher angeschaut werden können
- nach dem Betrachten die Bücher an den bekannten Ort zurückstellen
- beschädigte Bücher möglichst sofort gemeinsam mit den Kindern reparieren (für Reparaturen eignet sich selbstklebendes Japanpapier)
- beliebte, aber abgenutzte Bücher weiterverwenden (z. B. aus Lieblingsbildern ein Holzwürfel-Puzzle herstellen, einen Aufbewahrungsbehälter bekleben)

1. Schauen Sie bei der Bilderbuchbetrachtung der Gruppenleiterin zu. Erstellen Sie anschließend einen Bericht.

2. Analysieren Sie das Bilderbuch **Ein Buch für Bruno** von Nikolaus Heidelbach und vergleichen Sie es anschließend mit dem Bilderbuch **Die Bücherhasen** von Claude Boujou. Stellen Sie fest, in welchen Aspekten (z. B. Handlungsträger, Handlungsablauf, Text/Illustration, Aussage/Wirkung) diese beiden Bilderbücher übereinstimmen bzw. wodurch sie sich unterscheiden.

3. Beurteilen Sie in Ihrer Lerngruppe ein Massenbilderbuch und ein qualitativ gutes Bilderbuch. Stellen Sie markante Kritikpunkte heraus.

Impulse:

Gewusst wie

Handlungs- oder Beobachtungsbericht
- Wer führt die Handlung, z. B. die Bilderbuchbetrachtung durch?
- Wer ist an der Handlung beteiligt?
- Welche Handlung wird beobachtet? (Welches Bilderbuch wurde gewählt?)
- Welcher Anlass besteht für die gewählte Thematik?
- Welche Absicht/Intention wird verfolgt?
- Material- und Raumvorbereitungen?
- Wie ist der Ablauf geplant? (Schwerpunkte setzen bei Einstieg/Motivation, Durchführung, Abschluss)
- Welche Reaktionen können beobachtet werden?

Gewusst wie

Besprechung eines Bilderbuches (Mögliche Kriterien für eine Rezension):
- Sind die bibliografischen Angaben vollständig?
- Sind der Druck und das Layout klar, sauber, korrekt?
- Werden Sachinformationen textlich wie bildlich richtig vermittelt?
- Entsprechen die Informationen der Wirklichkeit?
- Passt die Gestaltung der Titelseite zum Inhalt?
- Sind Bilder, Illustrationen/Fotos unverwechselbar und nicht austauschbar?
- Wirkt die Anordnung von Text und Bild in der Aussage einheitlich?
- Welche Wirkung/Funktion hat die Farbgestaltung?
- Lassen fantastische Geschichten Raum für eigene Bilder?
- Kommt Humor vor, wenn ja, welche Bedeutung hat er?

- Wird ein Problem aufgezeigt? In welcher Weise?
- Werden Lösungen plötzlich präsentiert oder werden Lösungswege entwickelt?
- Entsprechen Problemlösungen der kindlichen Perspektive?
- Lassen fantastische Geschichten Raum für eigene Bilder?
- Welche kindlichen Wünsche/Bedürfnisse werden angesprochen?
- Welche Gefühle werden dargestellt, in welcher Weise geschieht dies?
- Welche Rolle spielt soziales Verhalten?
- Welche Intention/Botschaft wird vermittelt?
- Zielt diese Aussage auf Anpassung, Kritikfähigkeit, selbstbewusstes Handeln ab?
- Welcher Spielraum bleibt für eigene Meinungsbildung?
- Warum gefällt mir das Bilderbuch, warum nicht?

4. Diskutieren Sie in Ihrer Lerngruppe: *Wann ist ein Bilderbuch kitschig?*

Gewusst wie

Diskussion:

- Mit wem, in welcher Form, mit welchem Ziel und an welchem Ort/in welchem Raum soll die Frage diskutiert werden? (Teilnehmer, Ort, Sitzform, Einsatz von Medien, angestrebtes Ergebnis vorher festlegen)
- Von wem und wie soll die Diskussion geleitet werden? (Diskussionsleiter bestimmen/wählen, seine Aufgaben festlegen: beteiligt er sich, wie schlichtet er, fasst er zusammen, wie regt er an?)
- Welche Rollen und Aufgaben haben die Diskussionsteilnehmer? Nach welchen Regeln diskutieren sie? (Sprechzeit, Wortmeldungen und ihre Reihenfolge festlegen, auf die Sachbezogenheit der Beiträge verweisen)
- Welche zeitlichen und inhaltlichen Planungen und Vorbereitungen sind zu treffen (z. B. Sachunterlagen, Medieneinsatz); welcher Impuls/welche Motivation führt zum Diskussionsthema (Anschauung, These o. ä.)
- Welche unterschiedlichen sprachlichen Argumentationsmittel bestimmen den Diskussionsverlauf (z. B. Behauptungen, Begründungen, Belege, Beispiele, Folgerungen)?
- In welcher Art (mündlich/schriftlich) erfolgt die Auswertung?

5. Überlegen Sie in der Lerngruppe eine Systematik für das schnelle Auffinden eines Bilderbuches.

Legen Sie eine Kartei für Bilderbücher an.

Gewusst wie

Karteikarte:

- Autor/Autorin
- Illustrator/Illustratorin
- Titel des Buches/Untertitel
- Verlag, Erscheinungsort/-jahr
- Literaturart, Umfang/Seitenzahl
- Themenbereich/Typengruppe
- Kurze Inhaltsangabe/Kernaussage
- Mögliches Lesealter
- Eigene Beurteilung
- Didaktische/methodische Hinweise
- Meinungen von Kindern

6. Wählen Sie Ihr Lieblingsbilderbuch (oder ein Bilderbuch, das Sie gar nicht mögen). Beschreiben Sie die Gestaltungstechnik und die Stilrichtung.

Welchen Zusammenhang können Sie zwischen Ihrer Vorliebe (Abneigung) und der Darstellungsform herstellen?

7. Vergleichen Sie Prospekte, in denen für Bilderbücher geworben wird.

Welches Verlagsangebot interessiert Sie besonders?
Erstellen Sie ein Verlagsporträt.

Verwendete Bilderbücher:

Boujou: **Die Bücherhasen,** *Moritz, Frankfurt 1992, (z. Z. vergr.); Heidelbach:* **Ein Buch für Bruno,** *Beltz & Gelberg, Weinheim 1997; Lucht:* **Wie kommt der Wald ins Buch,** *Ellermann, München 1989*

Zum Weiterlesen:

Arbeitskreis für Jugendliteratur: **Das Bilderbuch,** *Schlörstr. 10, 80634 München 1992 u. 1996; Ditschi-Keller/Herzka (Hrsg.):* **Bilderbücher für Vorschulkinder,** *pro juventute, CH-Zürich 1995; Gärtner,* **Spaß an Büchern,** *Don Bosco, München 1997; Künnemann:* **Das Bilderbuch,** *in Haas: Kinder- und Jugendliteratur – Zur Typologie und Funktion einer literarischen Gattung, Reclam, Stuttgart 1974; Kutsch:* **Vom Büchermachen,** *Friedrich Oetinger, Hamburg 1993; Oberhuemer/Müller/von Engelbrechten:* **Kind und Bilderbuch,** *Herder, Freiburg 1988; Wittkamp:* **Lesen macht stark,** *dtv Junior, München 1996*

3.2 Bilderbücher bringen Bewegung ins Spiel

- Bilderbücher und Bewegungsspiele
- Bewegte Geschichten aus Bildern

Bilderbücher und Bewegungsspiele

Entsprechend ihres Entwicklungsalters und ihres individuellen Bewegungsbedürfnisses brauchen Kinder unterschiedliche, spielerische Sprach- und Bewegungsanregungen. Einen besonderen Anreiz für Bewegungsspiele stellen neben Reimen, Liedern, Geschichten auch Bilderbücher dar. Dabei unterstützen Bezugspersonen die Kinder in ihrem Eifer und Drang, etwas Neues zu erfahren, indem sie geeignete Bilderbücher zur rechten Zeit anbieten. Mit viel Fantasie und Ausdauer beschäftigen sich Kinder mit den Inhalten dieser Bücher, indem sie sie in bewegungsreichen Rollen- und Singspielen nachspielen.

Elementarbilderbücher werden vom Kleinkind zunächst noch wie das übrige Spielzeug behandelt, d. h. es steckt sie in den Mund, beißt und knabbert daran herum, wirft sie weg und krabbelt hinterher. Bei dieser besonderen Spieltätigkeit erfasst das Kind das Bilderbuch nicht nur optisch, sondern mit all seinen Sinnen, es lacht und plappert vor sich hin, wirft die Arme hoch, strampelt vor Begeisterung mit den Füßen, klatscht in die Hände usw. Entsprechend der körperlichen Entwicklung können Elementarbilderbücher auch als Spielzeug eingesetzt werden.

🏃 Es kann vom Kind auf dem Kopf balanciert oder so aufgestellt werden, dass das Kind um das aufgestellte Buch herumkrabbeln oder ein kleiner Ball darunter herrollen kann. Durch solche Bewegungsspiele mit dem Elementarbilderbuch macht sich das Kind mit Bilderbüchern vertraut. Diese Gewöhnung ist eine Grundlage für seinen späteren Umgang mit Büchern. Oft fordert das Kind mimisch-gestisch den Erwachsenen auf, mit ihm gemeinsam die Bilder anzuschauen. In ruhiger oder lebhafter Stimmung blättert es schnell die Seiten um oder zeigt auf die abgebildeten Dinge. Es benennt sie, macht dazu vielleicht die passenden Geräusche oder ahmt die jeweiligen Tierstimmen nach. Außerdem vergleicht das Kind die Abbildungen mit den realen Dingen in seiner Umgebung. Aufregende Bewegungs- oder Ratespiele entstehen durch die Aufforderung: „Zeig mal, wo ist der Ball?" oder „Wie macht der Hund?"

Szenenbilderbücher gehören schnell zu den Lieblingsbüchern der Kinder, z. B.: **Mein Zoo** von Eva Scherbarth oder **Rundherum in meiner Stadt** von Ali Mitgutsch oder für die jüngeren Kinder **Ich bin der kleine Hund** von Amrei Fechner. Auf den meist doppelseitigen Bilderszenen mit Motiven aus der erlebbaren Umwelt des Kindes wimmelt es von vielen kleinen Begebenheiten. Neugierig sucht das Kind nach Vertrautem und entdeckt Neues in den detailreichen Bildszenen. Es wird ebenso zum Fragen und Erzählen angeregt wie zum Nachahmen.

Entsprechend des Entwicklungsalters erschließt sich dem Kind der Sinn der abgebildeten Szenen manchmal erst nach mehrmaligem Anschauen. Eine Interpretation durch den Erwachsenen ist aber überflüssig, da voreilige Bilderklärungen das Kind hemmen, eigene Antworten zu finden. Seine Empfindungen beim Betrachten eines Szenenbilderbuches zeigt das Kind in Bewegungs- und Imitationsspielen, es spielt das Gesehene nach, z. B. es fliegt wie ein Vogel, hüpft wie ein Ball, fährt wie ein Auto oder schleicht wie eine Katze.

Da Verlegern bewusst wurde, dass Kinder Bilderbücher wie Spielzeug benutzen, entstanden die robusten **Riesenbilderbücher.** Diese fordern schon durch ihr Format zum aktiven Bewegungsspiel heraus.

Das Extrabuch

Kreuz und quer
Josefine und der Bär

von Christiane Piper,
Peter Hammer Verlag 1998

Schon der Titel dieses Bilderbuches animiert zum rhythmischen Mitsprechen dieses Zweizeilers und sofort erliegen Kinder dieser textlichen wie bildhaften Aufforderung.
Nebeneinander schreiten mit Riesenschritten das Mädchen Josefine und ihr Freund, der behäbige Bär. Gutgelaunt und unternehmungslustig befinden sie sich offensichtlich auf Wanderschaft. Oder was haben die beiden sonst vor?

Neugierig geworden können die Betrachter nun auf jeder Doppelseite eine neue Überraschung erleben. Zahlreiche Bewegungserlebnisse werden auf ungewöhnliche, fantasievolle und spannend-witzige Weise gezeigt. Die Farbgestaltung unterstreicht die fröhliche Stimmung und im Zusammenhang mit dem sehr kurzen Text in Versform entsteht so ein Gute-Laune-Bilderbuch, das ganz besonders Kinder zum Mitmachen auffordert. Denn jede einzelne Szene eignet sich zum weiteren kreativen Ausbau.

Bewegte Geschichten aus Bildern

Bilderbücher im fantastischen Erzählstil eignen sich vorzüglich für spannende Bewegungsspiele. Aus ihnen können *Fantasiereisen* oder *Mach-mit-Geschichten* sehr gut entwickelt werden. Indirekt durch ihre Botschaft oder direkt durch eine Textaufforderung stiften sie zum Mitsingen, Mitsprechen oder Mitmachen an. In einer Gruppe von Gleichaltrigen haben Kinder besonders viel Spaß.

Die Geschichte **Zehn grüne Heringe** hat Wolf Erlbruch neu gedichtet. Sie ist einem alten Kinderlied nachempfunden. In dieser gereimten Geschichte verschwindet in jeder Strophe ein Hering auf eine ganz besondere Weise. In der letzten Strophe sind alle Heringe wieder beisammen, wenn auch an einem anderem Ort. Oder sind dies doch andere Heringe?

Der gereimte Text ist auf weiße Balken gedruckt, die in die Illustrationen eingeklinkt sind. Die klaren Zeichnungen sind mit Wachs- und Buntstiften collagenartig angeordnet. Jeder Hering ist individuell gestaltet. Auf welche besondere Weise er verschwindet, ist jeweils angedeutet. Da Kinder viel Freude an Versteckspielen haben, ist der Einstieg in diese Geschichte schnell vollzogen: Schon während des Betrachtens zählen die Kinder die Heringe, führen Schwimmbewegungen aus und stellen pantomimisch die Art des Verschwindens dar. Der Text sollte unbedingt vorgelesen und stark rhythmisch gesprochen werden.

🏃 Da zu dem Textrhythmus der Sprache sogar die Melodie des alten Kinderliedes „Zehn kleine Negerlein" passt, eignet sich diese Geschichte als Singspiel im Kreis. Dazu singen alle den Text zu der oben genannten (vielleicht auch eigenen) Melodie und führen zum Text passende, pantomimische Bewegungen aus. Variation: Vor Spielbeginn werden die Rollen (markiert durch passende Symbole aus Pappe) der zehn Heringe an die Mitspieler verteilt.

🏃 Ebenfalls eignet sich zu dieser Geschichte das folgende Singspiel:
Einer ist hier verschwunden (überliefert)

Die Kinder sitzen im Kreis auf dem Boden und halten sich die Augen zu. Der Spielleiter verdeckt ein Kind mit einem großen, leichten Tuch. Die Kinder öffnen nun ihre Augen, singen das Lied und erraten, wer unter dem Tuch versteckt wurde. Variation für geübte Kinder:
Ein Kind geht hinaus. Ein Kind versteckt sich unter dem Tuch, die anderen Kinder vertauschen ihre Plätze. Das Kind kommt wieder herein, alle singen das Lied und das Kind rät, wer fehlt.

Allein schon durch den Titel der Bilderge-schichte **Wir gehen auf Bärenjagd** von Helen Oxenbury wird der Betrachter direkt in das Geschehen einbezogen. Das Titel-bild, es erstreckt sich über die Umschlag-seiten des Bilderbuches, zeigt eine Familie in heiterer Ausflugsstimmung. Sie sieht gar nicht jagdmäßig gerüstet aus und muss auf der Suche nach dem Bär eine abwechs-lungsreiche, aber auch beschwerliche Weg-strecke zurücklegen.

Der gereimte Text wird auf einer Seite durch grau-weiße Zeichnungen wir-kungsvoll unterstützt, die nächste Seite zeigt durch pastellfarbige Illustration die im Text benannte Situation. Sie wird mit Geräuschwörtern in einem farbi-gen Rahmen optisch verstärkt. Der Wechsel zwischen grau-weißen und farbi-gen Illustrationen wiederholt sich und bleibt bis zum Zusammentreffen der Akteure mit dem Bären erhalten. Dass der Rückzug der Familie sich sehr schnell vollzieht, verdeutlichen comicartige Bilderstreifen mit den vorherigen Situationen in umgekehrter Bildreihenfolge. Dadurch bleibt die Spannung bis zur Schlusszeichnung erhalten, da liegt die Familie nämlich aneinanderge-kuschelt unter der Bettdecke im Bett und fragt „Wann gehen wir wieder auf Bärenjagd?" Auf der letzten Seite ist der Bär zu sehen, wie er in der Abend-dämmerung über den Strand zurückstampft.

🏃🏃 Beim ausgiebigen Betrachten dieses spannenden Abenteuers wird der gereimte Text rasch erfasst. Die Kinder sprechen die Textwiederholungen begeistert mit. Sie ahmen die im Text genannten Bewegungen geräuschvoll kommentierend nach. Es wirkt dann so, als wenn sie sich selbst für die Geschichte ermutigen müssten. Schon während des Anschauens kann also eine Geräusch- und Bewegungsgeschichte entstehen, die später auch ohne das Bilderbuch gespielt werden kann.

„Stell Dir mal vor, wir wären tief, tief im Dschungel: wo Riesenschmetterlinge gleiten und Jaguargebrüll dumpf dröhnt, wo wilde Affenherden streiten und Papageigeschrei ertönt." Mit dieser Aufforderung, die direkt an den Betrachter gerichtet ist, beginnt das fantastische Bilderbuch **Stell dir mal vor** von Alison Lester. Es wird keine durchgängige, geschlossene Geschichte erzählt, son-dern auf jeder zweiten Seite wird eine andere, in sich geschlossene Situation abgebildet. Die aufeinander folgenden Szenen zeigen lebende, bedrohte und ausgestorbene Tiere eines Lebensraumes oder Kontinentes auf doppelseiti-gen, farbenfrohen Wimmelbildern. Die Tiere sind zwar in ungewöhnlicher Gemeinsamkeit zusammengefasst, aber in warmen Farben wirklichkeitsnah gezeichnet. Wie ein Bilderrahmen sind die Namen der Tiere um das Wimmel-bild herum angeordnet. Außerdem sind da noch zwei Kinder mit einer Katze abgebildet, sie spielen die oben beschriebene Szenerie im Rollenspiel nach, wobei sie den Betrachter auffordernd anblicken.

Durch die freundliche Ausstrahlung der Bilder gelingt es dem Betrachter leicht, sich in das Bildgeschehen zu vertiefen. Die Bedeutung dieses Bilderbuches liegt sicherlich darin, dass die Kinder fast grenzenlos ihre Fantasie entfalten können, wenn der Erwachsene ihnen die Möglichkeiten dazu einräumt. Schon während einer gemeinsamen Bilderbuchbetrachtung entwickeln die Kinder spontane Spielideen. Diese können gesammelt und später bei gemeinsamen Rollenspielen verwirklicht werden.

⩍ Die Kinder wählen ein Tier aus und ahmen es mit den typischen Bewegungen und Geräuschen nach. Unter Verwendung von Tüchern, Federn, Schminke u. a. m. können sie sich auch als Tiere verkleiden. Die Kinder spielen dann Zoo oder Zirkus. Dazu können sie kleine Kunststücke einüben, die sie in einer Vorstellung vorführen können.

⩍ Für weitere vertiefende und kreative Bewegungsspiele ist es vielleicht erforderlich, den Raum umzugestalten, damit eine passende Bewegungslandschaft zunächst gemeinsam ausgedacht und anschließend aufgebaut werden kann, z. B.: Aus umgedrehten Tischen und Decken entsteht eine geheimnisvolle Bärenhöhle; Seile und Reifen können zu raffinierten Affenschaukeln verbunden werden; umgedrehte Stühle mit darüber gelegten Decken verwandeln sich so in gefährliche Eisberge und Bänke dienen als verbindende Brücken zwischen einsamen Inseln, die aus Teppichfliesen bestehen.

⩍ Auf dem Spielgeländе draußen kann mit Hilfe von Autoreifen, Schaukeln, Rutschen, Naturmaterialien wie Steinen, Ästen, Laub, Schnee, Wasser und anderem mehr ebenfalls eine Bewegungslandschaft aufgebaut werden. Bewegungsspiele, Bewegungsstunden und Mitspielaktionen draußen an der frischen Luft können zu einem ganz intensiven Spielerlebnis führen.

Methodische Hinweise

Fantasiereise/Mitspielaktion/Mach-mit-Geschichte

1. **Vorüberlegungen:**
   - **Welche Kenntnisse bestehen über die Gruppe?**
     (Größe, Interessen, Vorlieben, Defizite, Probleme)
   - **Über welche Vorerfahrungen verfügt die Gruppe bezüglich der Spiele/des Themas?**
   - **Welche räumlichen und zeitlichen Möglichkeiten sind gegeben?**

2. **Zielvorstellungen:**
   - **In welchem pädagogischen Kontext stehen die Spielaktion/das Thema?**
   - **Welche Ziele werden mit dem Thema, den einzelnen Spielen, dem Ablauf erreicht?**

3. **Überlegungen für eine konkrete Spielplanung:**
   - **Wie werden die Mitspieler motiviert und eingestimmt?**
     („leichte" Spiele, bei denen mehrere gleichzeitig etwas tun, bauen anfängliche Spielhemmungen ab)

- Wahl geeigneter Spiele, Spielinhalte und Spielformen
- Welche Reihenfolge erscheint sinnvoll für den Spielablauf, auch im Hinblick auf das Spielende?
  (Nach einfachen Simultanspielen die Schwierigkeiten steigern, damit ein Spannungsbogen entsteht. Durch gute Spieldramaturgie bleibt auch Spielfreude erhalten.)
- Wie führe ich die Spiele ein? Gebe ich Anregungen?
- Sind auch spontane Entscheidungen möglich?

3.1 Alternative Planung:
- Welche Störungen könnten auftreten?
- Sind mögliche Gefahren (physisch/psychisch) mit den Spielen verbunden?
- Was ist zu tun, wenn ein Spiel nicht akzeptiert wird?
- Welche Reaktionen erfolgen, wenn die Spiele nicht so verlaufen wie geplant?
- Welche Reservespiele stehen zur Verfügung?

3.2 Transfer-Planung:
- Wie können die Spielerfahrungen thematisiert, vertieft, ergänzt, geübt werden? Welche Mittel und Gelegenheiten stehen zur Verfügung?
- Können einzelne Themen der Spiele weitergeführt oder wieder aufgegriffen werden?

4. Zum Spielleiterverhalten:
- Gründliche Vorbereitung (Material, Reservespiele, Merkzettel)
- von Anfang an Blickkontakte herstellen
- sicher auftreten, Zeit einplanen
- Spielregeln knapp erklären, gegebenenfalls vorspielen
- mitspielen, nicht beobachtend außen vor bleiben
- wenn ein Freiwilliger beginnen soll, gegebenenfalls selbst anfangen
- Spielfreude durch Mimik, Gestik, Tonfall verdeutlichen, aber niemanden „an die Wand spielen"
- von vorgeschlagenen Spielen selbst überzeugt sein
- Spielverhalten der Gruppe verbal/nonverbal positiv unterstützen und bestärken; Außenseiter respektieren

Wichtige Voraussetzungen:
- Bedürfnisse und Interessen der Gruppe beachten
- Prinzip der offenen Planung berücksichtigen
- der gesamte Ablauf soll Spaß machen
- Improvisationsfähigkeit entwickeln
- Mut zu spontanen Blitzaktionen zeigen
- Vorschläge aufgreifen

Impulse:

1. Stellen Sie fest, von welchen Bilderbüchern Anreize für Bewegungsspiele ausgehen können.
Finden Sie inhaltliche, textliche und gestalterische Merkmale dieser Bücher.

2. Warum sind fantastische Bilderbücher eher für Bewegungsspiele geeignet als realistische Bilderbücher? Begründen Sie Ihre Aussage.

3. Beobachten Sie Kinder bei einer Bilderbuchbetrachtung; achten Sie dabei besonders auf deren Bewegungen, z. B. Mimik, Gestik, Körperbewegungen wie Schaukeln, Rutschen usw.
Notieren Sie Ihre Beobachtungen (Handlungsbericht s. S. 51).

4. Wählen Sie ein Bilderbuch, z. B. von Paul Maar: **Die Maus, die heut Geburtstag hat;** planen Sie dazu schriftlich eine Spielaktion (s. S. 58).

5. Analysieren Sie ausführlich in der Lerngruppe das Bilderbuch **Was ist dir lieber** von John Burningham. (Bilderbuchanalyse s. S. 45).
Prüfen Sie, ob dieses Bilderbuch für eine Mitspielaktion geeignet sein könnte.

6. Informieren Sie sich bei dem örtlichen Jugendamt darüber, welche Sicherheitsmaßnahmen/-vorschriften bei Bewegungsspielen und Bewegungslandschaften in Kindertageseinrichtungen beachtet werden müssen. Unterscheiden Sie dabei den Aspekt „Drinnen und Draußen". Fassen Sie die Informationen in einem Protokoll zusammen.

Gewusst wie

Ergebnis-Protokoll

Folgende Angaben gehören in ein Ergebnisprotokoll:

● Wo, wann fand das Treffen statt? (Datum, Raum/Ort, Zeit, Dauer)

● Wer war an dem Gespräch beteiligt? (Name, Funktion der Teilnehmer)

● Rolle der Diskussionsteilnehmer? (Leitung, Protokoll)

● Welches Thema wurde behandelt? (Darstellung der Tagesordnung)

● Welche Fragestellungen wurden erörtert?

● Welche Ergebnisse können festgehalten werden? (Zusammenfassung der Beschlüsse und Abstimmungsergebnisse)

● Für wen ist das Protokoll bestimmt? (Name und Funktion, Ablage)

Verwendete Bilderbücher:

Erlbruch: **Zehn grüne Heringe,** Carl Hanser, München 1995; Fechner: **Ich bin der kleine Hund,** Ravensburger Buchverlag Otto Maier, Ravensburg 1982; Lester: **Stell dir mal vor,** Beltz & Gelberg, Weinheim 1993; Mitgutsch: **Rundherum in meiner Stadt,** Ravensburger Buchverlag Otto Maier, Ravensburg 1986; Rosen/Oxenbury: **Wir gehen auf Bärenjagd,** Sauerländer, Frankfurt 1989; Scherbarth: **Mein Zoo,** Ravensburger Buchverlag Otto Maier, Ravensburg 1982; Wernhard: **Mein erstes Buch,** Ravensburger Buchverlag Otto Maier, Ravensburg 1989

Weitere Bilderbücher

Burningham: **Was ist dir lieber,** Sauerländer, Frankfurt 1992 '5; Blake/Scheffler: **He Duda,** Beltz & Gelberg, Weinheim 1992; Carle: **Von Kopf bis Fuß,** Gerstenberg, Hildesheim 1997; Cole: **Ralf, der Spitzensportler,** Carlsen, Hamburg 1989; Döring: **Klabautz der Clown,** Boje, Erlangen 1995; Elzbieta: **Olala – Ojemine,** Moritz, Frankfurt 1995; Holsonback-Windmolders/Timmers: **Affentrab und Hasensprung,** Gerstenberg, Hildesheim 1997; Ichikawa/Gauch/Lee: **Bravo Tanja,** Boje, Erlangen 1994; Janosch/Wilkon: **Die Löwenkinder,** Ravensburger Buchverlag Otto Maier, Ravensburg 1980; Knister/Maar: **Lach- und Mitmach-Gedichte,** K. Thienemanns, Stuttgart 1991; Koch/Heuck: **Die Wolkenreise,** K. Thienemanns, Stuttgart 1989; Maar: **Die Maus, die heut Geburtstag hat,** Friedrich Oetinger, Hamburg 1997; Nilson/Erikson: **Fünf fette Zirkusschweine,** Friedrich Oetinger, Hamburg 1991; Matsumura: **Wohin rennst du, kleines Schwein,** Wittig, Kiel 1995; Rees: **Rutsch mal rüber,** Friedrich Oetinger, Hamburg 1988; Riddell: **Immer Ärger mit den Elefanten,** Annette Betz, A-Wien 1990; Schubert: **Oskar, Kim und die anderen,** Sauerländer, Frankfurt 1989; Tidholm: **Denk dir was aus,** Carl Hanser, München 1994; Waechter: **Spiele,** Beltz & Gelberg, Weinheim 1979

Zum Weiterlesen

Breucker-Rubin: **Da ist der Bär los,** Ökotopia, Münster 1990; Mönkemeier: **Spiele für alle fünf Sinne,** rororo, Reinbek 1992; Mühlenberg: **Budenzauber,** Ökotopia, Münster 1993; Preuschoff: **Kinder zur Stille führen,** Herder, Freiburg 1996; Vahle: **Der kleine freche Wüstenfuchs,** Patmos, Düsseldorf 1995; Weiß: (Hrsg,): **Bewegungsspiele mit Kindern,** Beltz & Gelberg, Weinheim 1994; Zimmer: **Handbuch der Sinneswahrnehmung,** Herder, Freiburg 1995; Zimmer: **Kreative Bewegungsspiele,** Herder, Freiburg 1993 '5

3.3 Von Freunden und Freundschaften

- Wozu Freundschaften wichtig sind
- Freunde können viel zusammen machen

Wozu Freundschaften wichtig sind

Sobald das Kind sein *Ich* entdeckt, kann es auch das *Du* entdecken und ist in der Lage, Empfindungen des anderen zu erkennen und zu respektieren. Diese Eigenschaft befähigt das Kind dann, freundschaftliche Beziehungen einzugehen. Kinder brauchen einen Freund oder mehrere Freunde zum Spielen, um Geheimnisse auszutauschen, zum Streiten und Liebhaben, um Gemeinsamkeiten zu entdecken und um Stärken und Schwächen zeigen zu können. Kinder brauchen gleichaltrige Freunde, um miteinander und voneinander zu lernen. Geschwister, Eltern oder andere erwachsene Bezugspersonen können diese Rollenfunktion nicht ausfüllen, da sie keine gleichberechtigten Beziehungspartner sind.

Freunde können viel zusammen machen

In allen Literaturgattungen, also auch in der Kinderliteratur, wird über das Wesen von Freundschaftsbeziehungen geschrieben. In Bilderbüchern wird das Thema in kindgerechter Form visualisiert. In den realistischen Bilderbuchgeschichten sind meistens Kinder die Hauptakteure und in fantastischen Geschichten dienen vermenschlichte Tiere und andere Wesen als Identifikationsfiguren. Die beabsichtigte Aussage erreicht dabei das betrachtende Kind direkt. Bei der Rezeption ebenso wie bei der vertiefenden Bearbeitung vergleicht und verknüpft das Kind seine Bildeindrücke mit eigenen Freundschaftserlebnissen. Häufig werden auch kleine Geschichten über Erlebnisse wie Beziehungen von Kindern und Haustieren erzählt.

In der wirklichkeitsnahen Bildergeschichte **Unser Haus** von Michael Rosen/Bob Graham vertritt Hugo vehement die Ansicht, dass nur er allein in sein Kartonhaus darf. Linda, Vera und die anderen Kinder haben da allerdings andere Vorstellungen. Sie finden nicht, dass das Haus Hugo alleine gehört. Nach vielen vergeblichen Überzeugungsversuchen besetzen sie das Haus. Hugo reagiert zunächst mit einem Wutanfall, um anschließend zu kapitulieren. Nach übereinstimmender Feststellung „Das ist unser Haus!" wird das stark ramponierte Kartonhaus dann gemeinsam repariert.

Diese nachvollziehbare Geschichte über unterschiedliche kindliche Interessen spielt sich im Innenhof einer tristen Hochhaussiedlung ab. Auf der Vor- und Nachsatzseite wird auf überzeugende Weise eine öde Spielplatzsituation gestaltet. Die teilweise farbkräftigen Bilder vermitteln die emotionsgeladene Atmosphäre und den Gegensatz zwischen Hugos egozentrischer Haltung und den zunächst freundlichen Annäherungsversuchen der anderen Kinder. Diese Situation wird durch knappe Texte und Dialoge wiedergegeben.

🚶🚶 Sinnvoll ist eine Vermittlung in der Kleingruppe. *„Warum will Hugo die anderen Kinder nicht mitspielen lassen?" „Er kann doch einfach in das Haus pinkeln!" „Ich würde Hugo einfach da rausziehen!" „Der ist gemein, alle haben doch das Haus geholt!"* Aus diesen Anmerkungen der Kinder können intensive Gespräche entstehen, etwa über individuelle Spielbedürfnisse, Besitztum, Egozentrik oder andere Interessenskonflikte. Eigene Erfahrungen und Erlebnisse mit ähnlichen Spielsituationen bringen die Kinder in die Diskussion ein. Im Anschluss daran äußern die Kinder große Lust, selbstständig nach einem großen Verpackungskarton zu suchen, um dann gemeinsam ein Kartonhaus zu bauen.

In fantastischen Bilderbüchern sind es vielfach Tiere oder vergleichbare originelle Gestalten, die Freundschaftsbeziehungen auf menschenähnliche Art durchleben. Die beabsichtigte Aussage erreicht die Kinder indirekt. Gelingt es ihnen, sich mit der dargestellten Situation ebenso wie mit den Hauptgestalten zu identifizieren, können sie sich leichter mit dem Thema Freundschaft befassen, auch wenn sie nicht direkt selbst betroffen sind.

Von einer wachsenden Freundschaft zwischen Gleichaltrigen erzählt die fantastische Tiergeschichte, ein bewährter Klassiker, **Wir können noch viel zusammen machen** von F. K. Waechter. Drei Einzelkinder, Schwein Inge, Fisch Harald, Vogel Philip wollen Spielfreunde und lösen sich von ihren überbesorgten Eltern. Sie lernen voneinander schwimmen, laufen, fliegen und anderes mehr. Sie stellen erfreut fest, dass es wesenlich mehr Spaß bereitet, wenn sie etwas zusammen machen. Ihre Eltern wundern sich über ihre veränderten Sprösslinge.

Die umrandeten pastelligen Tusche- und Aquarellbilder sind meist ganzseitig, teilweise in Bildstreifenfolge angeordnet. Der kurze Text besteht ausschließlich aus Dialogen, die durch optische Betonung hervorgehoben werden.

🚶 Nachdem den Kindern die Bildergeschichte bekannt ist, schauen sie sich die Bilder auch gerne alleine an. Auf die abschließende Überlegung, warum die Tierkinder sich geändert haben, haben die Kinder sofort die Antwort parat: „Weil die jetzt mit Freunden spielen!" Eine Besonderheit dieses Buches liegt in dem Spiel- und Bastelteil im Anhang.

Modellhafte Szenen einer unkomplizierten Freundschaftsbeziehung zeigt das Bilderbuch **Freunde** von Helme Heine. Wie ein Hahn, ein Schwein und eine Maus ihre Zeit auf einem Bauernhof verleben, mit welchen Spielen und Aktionen sie ihre Zeit bis zum Schlafengehen verbringen, das wird in diesem farbenfrohen Bilderbuch gezeigt. Die Aquarellbilder sind mit vielen witzigen Details angereichert, kurze Bildunterschriften ergänzen die Bildaussagen. Mit viel Spaß schauen die Kinder sich gerne diesen Bilderbuchklassiker an. Sie überlegen sich weitere Spielaktionen für Franz von Hahn, das Schwein Waldemar und Jonny Mauser. Außerdem gestalten sie einzelne Bildsequenzen nach, z. B. als Fensterbild oder sie ahmen in Rollenspielen die Inhalte nach.

Kinder nehmen in der Regel über ihr Spiel Kontakte zu anderen Kindern auf. Dabei nähert sich ein Kind meistens neugierig und ohne Vorbehalte der Spielgruppe und bringt sich verbal oder nonverbal in die laufenden Spielaktivitäten ein. Wenn etwa ein Kind durch seine äußere Erscheinung besonders auffällt, will ein anderes Kind eine sachliche Erklärung dafür, warum dieses Kind anders aussieht als es selbst. Mit dieser offenen Haltung besteht die Chance, dass keine negativen Einstellungen und Vorurteile entstehen und die Bereitschaft erhalten bleibt, auch zu behinderten oder ausländischen Kindern eine Beziehung aufzubauen.

Was Außenseiter empfinden, und was sie unternehmen, um Freunde zu finden, darum geht es in dem Buch **Die fürchterlichen Fünf** von Wolf Erlbruch. Kröte, Fledermaus, Ratte, Spinne und Hyäne glauben, dass andere sie hässlich und eklig finden. Ihre Gefühle sind voller Trübsinn und Selbstmitleid. Um sich aufzumuntern, planen sie, eine Pfannkuchen-Bude mit Musik und Tanz zu eröffnen. Eifrig verteilen sie überall Einladungen, treffen alle Vorbereitungen und fiebern dann dem Eintreffen der Gäste entgegen. Doch kein Gast kommt! Und jeder der fünf fühlt sich wegen seiner Hässlichkeit schuldig. Aber, warum sollten sie nicht alleine feiern? Der fröhliche Lärm dringt dann bis in den hintersten Winkel der Gegend, lockt die Gäste herbei und es wird noch eine wunderbare Nacht.

Die Tiere sind wirkungsvoll in Menschenkleidern, gar nicht so hässlich, mit kräftigen Wachskreiden vor pastellfarbenen Hintergrund gemalt. Die ersten Seiten spiegeln durch die Anordnung der Motive deutlich ihre Einsamkeit wieder, während die letzten Seiten fröhliche, lebendige Partystimmung vermitteln. Der Text ist auf weißem Untergrund in die doppelseitigen Bilder eingeklinkt und unterstützt die Bildaussagen.

👫 Das positive Ende der Geschichte regt die Kinder zu Gesprächen untereinander an, Inhalte können z. B. folgende Fragestellungen sein: *Wie/wann sieht jemand anders aus? Warum/wann ist jemand alleine? Was kann man tun, wenn man sich alleine fühlt und traurig ist?* Die Erkenntnisse dieser Gespräche münden vielleicht in der Überlegung, ein Fest zu feiern z. B. mit den Kinder der Nachbargruppe oder mit den Kindern eines Asylantenwohnheimes.

Zu solch einem multikulturellen Fest können von den Kindern Einladungen in *Malschrift* erstellt werden, außerdem können Speisen, Getränke, Musik und Spiele ausgesucht und organisiert werden.

Das Extrabuch

Der Geisterbaum

von Dirk Walbrecker/Doris Eisenburger, Annette Betz Verlag 1991

Mona (sie will Geister-Grusel-Zauber-Hexe werden), Moritz (er will später Fernseh-Video-Zeichentrickfilm-Macher werden) und Max (er will Angst-traum-Kaputtmacher-Clown-Schauspieler werden) sind unzertrennliche Freunde. Weil Mona Geistergeschichten liebt, überredet sie ihre Freunde, mit ihr zum Geisterbaum zu gehen, denn wer den Weg mutig hinter sich bringt, wird in den „Weißen Zauberkreis" aufgenommen und verliert seine Angst. Den Jungen fällt es schwer, sich zu entscheiden. Moritz hält sein Angstgefühl und die Spannung nicht aus, er geht zurück. Mona und Max dagegen bestehen das Abenteuer. Auf dem Heimweg treffen sie Moritz, der beim nächsten Mal mitgehen will.

Die Illustrationen sind in kräftigen klaren Farben gehalten. Der begleitende Text hebt die individuellen Eigenarten der drei Figuren deutlich heraus. Spannung erhält die Geschichte einerseits durch die Überwindung einer Angstsituation und weil es echten Freunden möglich ist, sich ihre Angst einzugestehen.

🚶🚶 Da einige Begriffe oder Namen zum Weiterfabulieren anregen, können die Kinder beispielsweise *Angstvertreibungssprüche* erfinden, um sie bei nächster Gelegenheit auszuprobieren. Vielleicht kann auch im Kindergarten, ähnlich wie im Bilderbuch, ein *„Zauberkreis"* als Treffpunkt eingerichtet werden.

Spielsituationen verlaufen nicht immer harmonisch und Meinungsverschiedenheiten entstehen auch zwischen Freunden. Ein Streit kann entstehen, bei dem keiner nachgeben will und jeder sich im Recht fühlt. Dabei kommt es manchmal zu Handgreiflichkeiten. Auseinandersetzungen müssen aber nicht eskalieren, denn sich Streiten kann erlernt werden. Einige Bilderbücher befassen sich indirekt oder direkt mit dem Thema Streit als einem Bestandteil freundschaftlicher Beziehungen.

Um ein Missverständnis, das in einem handfesten Streit mündet, handelt die beeindruckende Bildergeschichte **Du hast angefangen. Nein du.** von David McKee. Ein blauer Kerl lebt an der Westseite eines Berges, wo die Sonne untergeht, und ein roter Kerl lebt an der Ostseite, wo die Sonne aufgeht. Durch ein Loch im Berg reden sie zwar manchmal miteinander, aber sie haben sich noch nie gesehen. Eines Abends stellt der blaue Kerl fest, wie schön die Sonne untergeht, wenn der Tag geht. Der rote Kerl entgegnet darauf erbost, dass nicht der Tag geht, sondern vielmehr die Nacht komme. Am nächsten Morgen beharrt jeder weiterhin auf seiner Aussage. Dabei beschimpfen sie sich und bewerfen sich mit Steinen, bis sie im Laufe des Tages den Berg abgetragen und zerstört haben. Als sie sich nun begegnen, begreifen sie, dass sie die ganze Zeit das Gleiche gesehen haben.

Die Illustrationen dieses Buches sind einfach, klar und plakativ. In den klar umrissenen Bildern wurde auf ausschmückende Elemente verzichtet. Die zweizeiligen Textunterschriften sind leicht verständlich. Schon jüngere Kinder können auch deshalb die eindeutige Aussage erfassen.

↟↟ Gerade mit älteren Kindern ergeben sich im Anschluss an die Bilderbuchbetrachtung Gespräche über das Recht-behalten-wollen, den Gebrauch von Schimpfwörten, die Zerstörung von Lebensraum. Der Inhalt der Geschichte kann gut mit einfachen Requisiten in einem Rollenspiel nachgearbeitet und verinnerlicht werden. Die beiden Kerle und der Berg eignen sich gut als Vorlage für Umrissbilder. Wenn den Kindern dann noch ein Overheadprojektor zur Verfügung steht, können sie aus den Figurvorlagen auch ein eigenes Schattenspiel als Fortsetzung der Geschichte entwickeln.

Impulse:

1. Erinnern Sie sich an Ihre erste Kindheitsfreundin/Ihren ersten Kindheitsfreund? Beschreiben Sie ein gemeinsames Erlebnis.

2. Welche Bedeutung haben Freunde und Freundschaften für Sie persönlich? Fassen Sie Ihre Überlegungen schriftlich in einer kleinen Geschichte zusammen.

3. Finden Sie Lieder und Spiele, die sich mit Aspekten des Themas Freundschaft befassen.

4. Beobachten Sie eine Konfliktsituation in der Kindergruppe. Beschreiben Sie den Ablauf dieses Streites.

5. Beobachten Sie, wie neue Kinder im Kindergarten Kontakt zueinander aufnehmen. Beschreiben Sie die unterschiedlichen Formen dieser Kontaktaufnahme.

Methodische Hinweise

Situationsbeobachtung

- **Welcher Anlass besteht für den Streit bzw. die Kontaktaufnahme?**
- **Eigene Haltung/Beteiligung?**
- **Wer ist an der Situation beteiligt?**
- **Beschreibung des Verlaufs/der Dialoge**
- **Welche Auswirkungen haben der Streit/die Kontaktaufnahme?**
- **Welche Konsequenzen ziehen die Beteiligten?**

---

6. Diskutieren (s. S. 52) Sie die folgenden Fragestellungen in der Lerngruppe. Veranschaulichen Sie mit gestalterischen Mitteln die Argumente *pro* und *contra:*

- *Sollen sich Eltern in die Freundschaften ihrer Kinder einmischen?*
- *Können Tiere echte Freunde eines Kindes sein?*

Verwendete Bilderbücher:

Erlbruch: **Die fürchterlichen Fünf,** *Peter Hammer, Wuppertal 1990; Heine:* **Freunde,** *Gertrud Middelhauve, München 1982; Kerr:* **Mein Mog,** *Ravensburger Buchverlag Otto Maier, Ravensburg 1984; McKee:* **Du hast angefangen. Nein du.** *Sauerländer, Frankfurt 1985; Rosen/Graham:* **Unser Haus,** *Sauerländer, Frankfurt 1996; Waechter:* **Wir können noch viel zusammen machen,** *Parabel, München 1973; Walbrecker/Eisenburger:* **Der Geisterbaum,** *Annette Betz, Wien 1991*

Weitere Bilderbücher:

Boddin: **Meins und Deins,** *Gertrud Middelhauve, München 1996; Cave/Riddell:* **Irgendwie Anders,** *Friedrich Oetinger, Hamburg 1994; Elzbieta:* **Floris & Maja,** *Moritz, Frankfurt 1994; Heine:* **Na warte, sagte Schwarte,** *Gertrud Middelhauve, München 1985; Horse:* **Ich brauch dich,** *Sauerländer, Frankfurt 1997; Hughes:* **Macker,** *Alibaba, Frankfurt 1993; Janosch:* **Das große Panama-Album,** *Beltz & Gelberg, Weinheim 1996 '9; Kirchberg:* **Selim und Susanne,** *Ellermann, München 1978; Lionni:* **Frederic,** *Gertrud Middelhauve, München o. O.; Lionni:* **Swimmy,** *Gertrud Middelhauve, München 1964; Michl/Korschunow:* **Wuschelbär,** *Friedrich Oetinger, Hamburg 1991; Neumayer/Gerhard:* **Fred und Marie,** *Lappan, Oldenburg 1997; Nilsson/Eriksson:* **Kleine Schwester, Kaninchen,** *Jungbrunnen, A-Wien 1994; Rascal/Ramos:* **Samson findet einen Freund,** *Coppenrath, Münster 1994; Raschka:* **Hey! Ja?,** *Carl Hanser, München 1996; Schreiber-Wicke:* **Als die Raben noch bunt waren,** *Thienemanns, K., Stuttgart 1990; Schubert:* **Irma hat so große Füße,** *Sauerländer, Frankfurt 1986; Sodtke:* **Gibt es eigentlich Brummer, die nach Möhren schmecken?,** *Lappan, Oldenburg 1994; Soltareff:* **Wenn der Wolf kommt,** *Moritz, Frankfurt 1995; Walbrecker/Eisenburger:* **Der Geisterbaum,** *Annette Betz, A-Wien 1991; Wiemers/Uhlenberg:* **Die Freunde vom Hafen,** *Edition Albarello, Wuppertal 1995; Wilkon/Rodero:* **Zwei Freunde,** *Bohem Press, CH-Zürich 1995*

Zum Weiterlesen:

Bachmann: **Kinderfreundschaften – Start ins Leben,** *Herder, Freiburg 1996; Wagner:* **Kinderfreundschaften,** *Springer, Berlin 1994*

Starke Mädchen und starke Jungen

- Werden Kinder durch die Erziehung zu Jungen und Mädchen?
- Geschichten von Emma, Willi und anderen

Werden Kinder durch die Erziehung zu Jungen und Mädchen?

Praktische Erziehungsarbeit, im privaten wie im öffentlichen Bereich, wird immer noch überwiegend von Frauen geleistet. Sie hat immer noch keine ausreichende gesellschaftliche Anerkennung gefunden. Nur bei der Bestimmung und Wertung von Erziehungszielen und Erziehungsmitteln wirken Männer maßgebend mit. Kinder orientieren sich in ihrem Verhalten und ihren Wertvorstellungen zunächst an den Bezugspersonen, die eine erzieherische Vorbildfunktion haben.

Die Festlegung durch Rollenklischees (beispielsweise durch geschlechtstypisches Spielzeug oder Haltungen wie z. B. „Jungen dürfen raufen, aber nicht weinen" und „Mädchen dürfen weinen, aber nicht raufen") verhindert die Ausbildung emanzipatorischer Entwicklung.

Obwohl Jungen und Mädchen im *Kindergartenalter* noch in der Entwicklung ihrer Geschlechtsidentität sind, kann im Kindergarten beispielsweise beobachtet werden, dass Spielecken und Spielräume von Jungen und Mädchen unterschiedlich genutzt werden. Bilderbücher werden eher von Mädchen als von Jungen angeschaut. Deswegen brauchen Jungen und Mädchen auch Bilderbücher, die keine festgefügten Rollenbilder vermitteln, da auch Medien einen großen Einfluss auf Einstellungen haben können.

Geschichten von Emma, Willi und anderen

Bilderbücher, in denen Menschen nicht einseitig auf eine angeblich geschlechtstypische Rolle festgelegt werden, kommen zunehmend mehr auf den Markt. Realistische wie fantastische Bilderbücher können inzwischen als *heimliche Miterzieher* zur Stärkung der Persönlichkeit von Jungen und Mädchen beitragen, ohne geschlechtsspezifische Verhaltensweisen zu festigen. Besonders, wenn sich die Bezugspersonen des Kindes ihres enormen Einflusses bei der Interpretation von Bildergeschichten bewusst sind.

Bis in die achtziger Jahre waren Handlungsträger und Identifikationsfiguren der Bilderbücher meist männlich bzw. die Gestalten waren mit traditionellen männlichen oder weiblichen Verhaltensmustern ausgestattet. Bis heute finden sich Buchtitel, z. B. *Pinguin Pit; Kleiner Eisbär, kennst du den Weg? Der Regenbogenfisch; Kannst du nicht schlafen, kleiner Bär?* usw.

Im Zuge der neuen Frauenbewegung und dank engagierter Bilderbuchmacherinnen und Bilderbuchmacher werden zunehmend selbstbewusste weibliche Figuren als Handlungsträgerinnen im Bilderbuch geschaffen, wie z. B. *Klara sagt nein; Anna Andersrum; Prinzessin Pfiffigunde*. Exemplarische Spiegelgeschichten und weibliche wie männliche mit eigenwilligen Handlungsweisen Bilderbuchgestalten ohne Rollenklischees unterstützen die Entwicklung der Geschlechtsidentität.

Das Bilderbuch **Die Buntstiftprinzessin** von Brigitte Minne (Text)/Anne Westerduin (Illustration) erzählt die Geschichte von Emma, die gerne und sehr ausgiebig malt. Eines Tages malt Emma eine Prinzessin mit allen Merkmalen einer *richtigen* Prinzessin. Doch plötzlich spricht die Prinzessin und möchte genauso aussehen wie Emma. Emma versteht zwar nicht, was an ihren kurzen Stoppelhaaren (geschmückt mit einer Schleife!), gewöhnlichen Jeans und T-Shirt so prächtig sein soll, aber sie erfüllt der Prinzessin den Wunsch. Am Ende haben beide eine Menge Spaß. Das Schlussbild zeigt zwei fröhlich radelnde Mädchen. Es kann nicht mehr unterschieden werden, wer Emma und wer Prinzessin ist.

Gekonnt vermischen sich in dieser Geschichte Wunschvorstellungen und Wirklichkeit. Emmas selbstsichere Haltung wird durch die kräftigen Farben der flächigen Illustrationen hervorgehoben, wobei der Text die Bildaussagen ergänzt.

↟↟ Die Kinder, Mädchen wie Jungen, brauchen bei der Rezeption keine Hilfestellungen. Die überraschende Wendung von der realen zur fantastischen Situation der Geschichte können sie nachvollziehen. Gerne ahmen sie die Handlung nach. Ältere Kinder stellen rasch Verbindungen zu eigenen Mal-/Spielerlebnissen her. Sie diskutieren gerne darüber, wie Prinzen oder Prinzessinen sich aufführen sollten. Ebenso spannend finden es die Kinder, für die Prinzessin oder Emma eine Lebensgeschichte zu erfinden (z. B.: Bildnerisch oder im Rollenspiel). Im Anschluss daran können die Kinder Fotos von sich mitbringen. Von den Fotos können z. B. Fotokopien angefertigt und anschließend mit diversen Maltechniken verwandelt werden.

Realistische Bildergeschichten, die mit Vorurteilen aufräumen, geschlechtstypisches Verhalten in Frage stellen und Kinder stärken wollen, sind in der Bilderbuchreihe **Willi Wiberg** von Gunilla Bergström enthalten. Jedes Buch hat einen anderen thematischen Schwerpunkt, z. B. **Willi Wiberg spielt doch nicht mit Mädchen; Bist du feige Willi Wiberg** u. a. m. Plakative, klare Bilder in gedeckten Farben werden durch einen erzählenden, mit Dialogen versetzten Text unterstützt. Die jeweilige pädagogische Botschaft wird durch die Hauptakteure einsichtig kommentiert.

👫 Diese wirklichkeitsnahen Geschichten eignen sich in erster Linie zum Vorlesen in einer kleinen Gruppe, da die entstehenden Gespräche eine hohe Intensität erlangen können. Im Verlauf des Gesprächs stehen aktuelle Erfahrungen und Ereignisse der Kinder zunehmend im Mittelpunkt. Mögliche Lösungen werden diskutiert.

Imitations- und Rollenspiele verhelfen dem Kind dazu, sich in seiner Welt zurechtzufinden. Im Rollenspiel können Kinder eigene Ideen und Vorstellungen erproben, Erlebnisse und Erfahrungen in spielerischer Weise neu erleben. Gezeigt wird, in diesem wirklichkeitsnahen Bilderbuch **Vater, Mutter, Kind** von Peter Knorr (Illustration) und Kirsten Boie (Text), dass Jungen wie Mädchen sich sehr wohl der Geschlechtsrollen bewusst sind, diese aber nicht immer akzeptieren. Die Geschichte handelt davon, dass Daniel beim *Vater-Mutter-Kind-Spiel* den arbeitslosen Hausmann spielen möchte. Line kann deshalb endlich der Cowboy sein. Beide spielen ein intensives Rollenspiel.
Hier wird auf ein anderes, neues Rollenverständnis hingewiesen: Jeder darf das tun, was ihm Spaß macht, egal ob Junge oder Mädchen.

👫 Im Anschluss an eine Bilderbuchbetrachtung können Kinder gemeinsam überlegen, ob und welchen Rollentausch sie bei künftigen Rollenspielen vornehmen können. Sie können Situationen erfinden, in denen Rollenklischees aufgebrochen werden, indem sie in gegensätzliche Rollen schlüpfen.

Das Extrabuch

Feuerland ist viel zu heiß

von Anna Höglund, Carlsen Verlag 1995
Stina Stenstrup möchte mal wieder verreisen. Über das Reiseziel ist sie sich noch nicht im Klaren. Nordpol? Viel zu kalt! Feuerland? Viel zu heiß! Aber die Sierra Madre ist verlockend! In ihren weiteren Fantasien reist Stina per Wirbelsturm, Kamel und anderen Transportmitteln um die Welt. Wieder zu Hause angekommen, klappt sie den Weltatlas zu und erholt sich bei einer Tasse Tee.
Obwohl Stina sich keinen Schritt aus ihrer Wohnung fortbewegt hat, war sie sehr weit weg. Die Aufmachung der Titelseite erinnert an einen alten Schulatlas und in der Mitte des Bildes steht Stina mit dem Fernrohr.
Dem Handlungsverlauf angepasst, zeigen die teilweise doppelseitigen Illustrationen in sich geschlossene Szenen oder eine Reihung einzelner Bildsequenzen. In ungewohnter Perspektive werden hinterlistig auch touristische Klischees aufgezeigt. In kurzen, gegenwartsorientierten Texten (Ich-Form) wird auf jeder Seite der Verlauf dieser ungewöhnlichen Reise dokumentiert. Der Text ist harmonisch in die Illustrationen eingefügt. Viele Bilddetails und die klare Symbolsprache werden von Kindern als witzig empfunden. Gerne kommentieren sie das Geschehen. Solch eine „Weltreise im Kopf" kann von Jungen wie Mädchen gleichermaßen angetreten werden. Auf diese Weise können eigene Grenzvorstellungen überschritten werden.

Impulse:

1. Analysieren Sie Bilderbücher (z. B. **Kein Tag für Juli** von Kirsten Boie/Jutta Bauer, a. a. O., **Prinzessin Pfiffigunde** von Babette Cole, a. a. O.), anhand folgender Kriterien:

   ● Sind im Mittelpunkt des Geschehens männliche oder weibliche Wesen?
   ● Wer spielt die Nebenrollen?
   ● In Gruppenszenen: Wie viele Figuren sind weiblich/männlich?
   ● Welche Eigenschaften haben die dargestellten Mädchen/Frauen, welche die Jungen/Männer?
   ● Wo, was, womit spielen, arbeiten, beschäftigen sich Jungen/Mädchen?
   ● Wer hat die Ideen, von wem gehen Initiativen aus und wer setzt sich durch?
   ● Sind weibliche und männliche Figuren gleichermaßen sach- und lebewesenbezogen dargestellt?
   ● In welchem persönlichen Bezugsrahmen stehen männliche und weibliche Gestalten?
   ● Treten Mädchen und Jungen gleichermaßen alleine, in gleichgeschlechtlicher und andersgeschlechtlicher Begleitung auf?
   ● Welche Familienformen und sonstigen Formen des Zusammenlebens werden dargestellt?
   ● Erscheinen weibliche und männliche Figuren gleichermaßen als Persönlichkeit?
   ● Bei Bilderbüchern mit sexualkundlichem Aspekt: Werden weibliche und männliche Geschlechtsorgane gleichermaßen offen und positiv dargestellt?
   ● Bedeutet dieses Bilderbuch für Mädchen eine Ermutigung?
   ● Erleichtert es Jungen den Abschied von der Rolle des „ewigen Helden"?

   (nach Matthiae, a. a. O.)

2. Fotokopieren Sie ein Bilderbuch und verändern Sie die männlichen und weiblichen Gestalten, z. B. durch Ausschneiden und Montieren der Köpfe auf den gegengeschlechtlichen Körper. Kommentieren Sie die Rollenumkehrung.

3. Wählen Sie ein Bilderbuch, z. B. **Was machen die Mädchen** von Nikolaus Heidelbach, **Das schönste Ei der Welt** von Helme Heine, (beide a. a. O.) und schreiben Sie einen neuen Text aus der jeweils andersgeschlechtlichen Perspektive.

4. Beobachten Sie während Ihres Praktikums ein Rollenspiel, an dem Jungen wie Mädchen gleichermaßen beteiligt sind. Erstellen Sie einen Handlungsbericht (Gewusst wie, s. S. 51). Achten Sie besonders auf die verbalen sowie nonverbalen Spieläußerungen.

5. Veranschaulichen Sie mit gestalterischen Techniken/Materialien den folgenden Satz:
   Mein Bild von starken Mädchen bzw. starken Jungen …

Verwendete Bilderbücher:
Bergström: *Willi Wiberg spielt doch nicht mit Mädchen,* Friedrich Oetinger, Hamburg 1986; ders.: *Bist du feige, Willi Wiberg?* Friedrich Oetinger, Hamburg 1986; Boie/Knorr: *Mutter, Vater, Kind,* Friedrich Oetinger, Hamburg 1994; Höglund: *Feuerland ist viel zu heiß,* Carlsen, Hamburg 1995; Minne/Westerduin: *Tante Nudel, Onkel Ruhe und Herr Schlau,* München 1983; Minne: *Die Buntstiftprinzessin,* Kerle, Freiburg 1998

Weitere Bilderbücher:
Boie/Bauer: *Kein Tag für Juli,* Beltz & Gelberg, Weinheim 1991; Boujou: *Arme Grünelia,* Moritz, Frankfurt 1995; Browne: *Das Schweinebuch zum Abgewöhnen,* Alibaba, Frankfurt 1986; Carmi/Eco: *Die drei Kosmonauten,* K. Thienemanns, Stuttgart 1989; Cole: *Prinzessin Pfiffigunde,* Carlsen, Hamburg 1987; ders.: *Prinz Pfifferling,* Carlsen, Hamburg 1989; Currey: *Hannibal,* Aare, CH-Aarau 1996; Dietl: *Rudi, Papa und die Fische,* Friedrich Oetinger, Hamburg 1996; Erlbruch: *Frau Meier, die Amsel,* Peter Hammer, Wuppertal 1995; Fromm/Wagener: *Die Mondin,* Ellermann, München 1988; Heidelbach: *Was machen die Mädchen,* Beltz & Gelberg, Weinheim 1993; Heidelbach: *Ein Buch für Bruno,* Beltz & Gelberg, Weinheim 1997; Heine: *Das schönste Ei der Welt,* Gertrud Middelhauve, München 1983; Heine: *Tante Nudel, Onkel Ruhe und Herr Schlau,* Gertrud Middelhauve, München 1986; Hoelleyman: *Mona die Haarkünstlerin,* Parabel, München 1992; Jeram: *Anna Andersrum,* Sauerländer, Frankfurt 1996; Lepp/Stenberg: *Billy und die böse Lotta,* Carlsen, Hamburg 1993; Maar/Heidelbach: *Der Aufzug,* Beltz & Gelberg, Weinheim 1993; Nöstlinger/Heine: *Das Leben der Tomanis,* Gertrud Middelhauve, München 1976; Nöstlinger/Nöstlinger: *Anna und die Wut,* Jugend und Volk, A-Wien 1990; Preußler/Lentz: *Die dumme Augustine,* K. Thienemanns, Stuttgart 1988; Schubert: *Irma hat so große Füße,* Sauerländer, Frankfurt 1986; Shook/Ros: *Vom Ritter, der sich im Finstern fürchtete,* Carlsen, Hamburg 1990; Steig: *Egbert und die Mundharmonika,* Gerstenberg, Hildesheim 1997; Stops/Gliori: *Dulcie Dando,* Alibaba, Frankfurt 1990; Widerberg/Torudd: *Das Mädchen, das nicht in den Kindergarten wollte,* Friedrich Oetinger, Hamburg 1987; Willhoite: *Papas Freund,* magnusbuch, Berlin 1994; Wilsdorf: *M'Toto,* Lappan, Oldenburg 1995

Zum Weiterlesen:
Arbeitskreis für Jugendliteratur (Hrsg.): *Ich Tarzan – Du Jane?,* Geschlechtsspezifisches Rollenverhalten in Kinderbüchern – Empfehlungsliste, München 1995; Rohlfs: *„Bei uns kocht Mama!",* Männliches und weibliches Rollenverhalten in Bilderbüchern, in: Thiele (Hrsg.): Bilderbücher entdecken, a. a. O.; Matthiae: *Vom pfiffigen Peter und der faden Anna,* Fischer Taschenbuch, Frankfurt 1986

3.5 Familienbilder

- Vom Zusammenleben in der Familie
- Von Geschwistern, Eltern, Großeltern und …

Vom Zusammenleben in der Familie

Familien bedeuten für den Einzelnen Geborgenheit, Schutz, emotionale Zuwendung, soziale Sicherheit und materielle Versorgung. Kinder sind auf intakte Beziehungen innerhalb der Familie oder der Wohn-/Lebensgemeinschaft angewiesen. Nur wenn diese nicht dauerhaft gestört sind, können Kinder sich positiv und ganzheitlich entwickeln. Da das Zusammenleben aber nicht immer konfliktfrei verläuft, müssen Strategien für Lösungen von Erziehungs- und Beziehungsschwierigkeiten gemeinsam überlegt und gefunden werden. Bei der Suche nach Hilfestellungen und neuen Lösungswegen erscheint es manchmal sinnvoll, Denkanstöße aus Bilderbüchern zu nehmen. Die Situation von Familien sowie verschiedene Modelle des familiären Zusammenlebens spiegeln sich in Bilderbüchern wieder. Mit breitgefächerten Gestaltungsmöglichkeiten werden in Bilderbüchern Themen wie Arbeits-/Aufgabenteilung, Freizeitgestaltung oder Regeln des Zusammenlebens aufgegriffen und ebenso sensibel wie fantasievoll gestaltet. Dynamische Überzeichnungen können zu neuen Sehweisen verhelfen.

Von Geschwistern, Eltern, Großeltern und ...

Wenn ein Kind geboren wird, müssen sich alle Familienangehörigen auf die neue Situation einstellen. Schon Erwachsenen fällt die Umstellung ihres gewohnten Alltags und der Beziehungen nicht leicht und auch Geschwisterkinder empfinden neben Freude auch Unsicherheit. In der Regel stellen sich bei Geschwistern auch Eifersuchtsgefühle ein. Für die jüngeren wie für ältere Bilderbuchkinder gibt es Bilderbücher, die sich mit dem Thema Familienzuwachs in realistischer oder auch fantastischer Weise auseinandersetzen.

Das quadratische, handliche Bilderbuch **Das Baby** von John Burningham zeigt aus der Perspektive eines Kleinkindes, wie es sein Geschwisterbaby durch den Tag begleitet. In der Art eines Elementarbilderbuches wird auf jeder Seite eine andere Situation gestaltet, z. B. das Baby wird gebadet; es schläft im Gitterbett. Leider kann es noch nicht spielen. *„Manchmal mag ich das Baby!"* sagt das kleine Kind und auf dem dazugehörigen Bild gibt es dem Baby die Flasche; *„Manchmal nicht!"* meint es und auf diesem Bild wiegt die Mutter das Baby auf dem Arm. Mit dem Wunsch *„Hoffentlich wird das Baby schnell größer!"* endet diese kleine Geschichte. Jeweils ein kurzer erläuternder Satz aus der Ich-Erzählerperspektive des Kleinkindes steht auf jeder Seite neben den Illustrationen, diese sind freigestellt und mit warmen, natürlichen Buntstiftfarben vor weißen Hintergrund gesetzt. Nur auf den letzten zwei Seiten ist der Hintergrund voll ausgemalt, vielleicht ein Hinweis auf künftiges, erlebnisreiches Zusammensein?

Mit jüngeren Kindern kann das Bilderbuch schrittweise angeschaut und über die einzelnen Szenen gesprochen werden. Mit älteren Kindern kann nach der Vermittlung überlegt werden: *Wie war das, als ich klein war?* In der Art des vorgestellten Bilderbuches können eigene Babyfotos zu einer neuen, eigenen Geschichte verbunden werden.

Andere Geschwister-Geschichten sind in dem Sammelband **Geschichten von Max und Mia** von Gunilla Hansson zusammengefasst. Die vier unterschiedlichen Episoden erzählen von einer Geburtstagsüberraschung für die Oma, von einem spannenden Ausflug mit Papa ans Meer, vom Unglücklichsein nach dem Haareschneiden und von einer Guten-Nacht-Geschichte. Der Text ist knapp und reich an Dialogen. Die zugehörigen Illustrationen sind in klaren und kräftigen Farben gehalten. Geschichten wie Illustrationen vermitteln auf freundliche, humorvolle Weise die Gefühle und Beziehungen der Eltern und Geschwister, ohne banal oder oberflächlich zu wirken. Jede Geschichte lässt ausreichend Raum für die eigene Fantasie. Ein geeignetes kleines Symbol auf jeder Buchseite erleichtert das Auffinden jeder Geschichte. Eine Frage bleibt allerdings für den Betrachter unbeantwortet: Warum lässt Gunilla Hansson in jeder Geschichte nur jeweils einen Elternteil mitwirken?

†‡ Dieser Sammelband eignet sich gut als Lektüre für *Bilderbuchkinder* sowie für Leseanfänger, etwa während des Urlaubs, an langweiligen Tagen, in der Genesungsphase. Außerdem bekommen die Kinder reizvolle Spielideen für ihre eigenen Rollenspiele geliefert, z. B. für Modenschauspiele.

Es gibt Situationen, da sind Kinder unzufrieden. Scheinbar ohne Grund fühlen sie sich von allen Menschen missverstanden. Nichts gelingt an solchen Tagen. Am liebsten möchten Kinder dann ganz weit weg sein, um mit niemandem mehr reden zu müssen.

Von solch einer Gemütsverfassung berichtet die Bildergeschichte **Spinki zieht aus** von William Steig. Spinki ist so wütend, dass er aus dem Haus rennt, sich lang ins Gras wirft und die Kuhblumen anstarrt. Trotz vorgebrachter Entschuldigungen und Einlenkungsversuche seiner Geschwister ist er nicht zu bewegen, wieder ins Haus zu kommen. Als die Mutter ihm später das Abendessen bringt, rührt er sich nicht in seiner Hängematte. Auch am nächsten Tag widersteht Spinki allen Bemühungen. Selbst ein heftiger Regenschauer am übernächsten Tag bewegt ihn zu keiner Reaktion. Aus ernsthafter Besorgnis tagt der Familienrat. Spinki beginnt nun darüber nachzudenken, wie er nachgeben könnte, ohne sein Gesicht zu verlieren. Am nächsten Morgen überrascht er seine Familie als grell geschminkter Clown an einem großartig gedeckten Frühstückstisch.

Die farbigen Bilder beschränken sich auf die Darstellung der Hauptpersonen. Die wirklichkeitsnahen, ganzseitigen Illustrationen vermitteln sehr gut Spinkis angespannte Gefühlslage. Seine Mimik und Körperhaltung unterstreichen dabei seine eindeutige, konsequente Verweigerungshaltung (vor der Brust verschränkte Arme, die Beine in Grätschstellung, nach oben gerichteter Blick). Die Übereinstimmung von Text und Illustrationen sowie der überraschende Schluss der Geschichte zeigen hintergründigen Humor, der auch von jüngeren Kindern sofort verstanden wird.

†‡ Nach der Vermittlung des Buches werden die älteren Kindergarten-Kinder darüber nachdenken, wann oder warum sie auch schon einmal von zu Hause ausziehen oder nicht in den Kindergarten gehen wollten. Sie entwickeln alleine oder mit Erwachsenen mögliche Verhaltensstrategien für künftige Konfliktsituationen. Im Rollen- oder Handpuppenspiel können sie die Situation ausprobieren.

Erst einen Fuß ... dann den anderen

Tomie de Paola, ars Edition 1996

Obwohl Großeltern in der Regel nicht mit den Enkelkindern zusammenleben, ist die Beziehung zwischen zwei Generationen etwas Besonderes. Sie kann von echter Zuneigung, großer Geduld und gegenseitigem Verständnis geprägt sein, wie es in dieser Geschichte von Tomie de Paola dargestellt wird.

Bobby und sein Großvater Bob sind die besten Freunde und unternehmen viel zusammen. Nach einem Schlaganfall kann der Großvater sich nicht mehr bewegen und auch nicht sprechen. Er erkennt seinen Enkel nicht mehr. Zunächst reagiert Bobby verängstigt und verwirrt. Eines Tages stellt er aber fest, dass Bob doch einiges von dem versteht, was um ihn herum geschieht und nun bringt Bobby seinem Großvater bei, was er damals von ihm gelernt hat, nämlich zu sprechen, selbstständig zu essen und zu gehen. Die klar umrissenen Illustrationen beschränken sich auf die Darstellung der Handlungsträger.

Gefühle werden durch Mimik und Gestik nur angedeutet. Die wenigen dezenten Farbtöne verstärken die Bildaussage. Der einfache, einfühlsame Text unterstützt erzählend die Bildaussagen. Trotz der ausdrucksstarken, eindeutigen Illustrationen lassen Bilder und Text viel Raum für eigene Gedanken und Interpretationen. Kinder reagieren mit der ihnen eigenen Offenheit auf diese sanfte Bildergeschichte über Mitmenschlichkeit.

Um diese Geschichte sinnvoll vermitteln zu können, sollte ein aktueller Anlass vorhanden sein. Sobald Kinder für diese Thematik sensibilisiert sind, gelingt es ihnen, vom Kranksein der eigenen Großeltern und Eltern oder gar vom Tod der eigenen Großeltern zu erzählen. Auch berichten sie von aktiver Hilfsbereitschaft und Rücksichtnahme, die sie schon bei Nachbarn oder Bekannten geleistet haben. Im Rollenspiel könnten diese Erfahrungen und Hilfestellungen nachgeahmt werden.

Nachtrag: Unter dem Titel *Karl hilft Kalle, Kalle hilft Karl* ist dieses Bilderbuch 1982 das erste Mal im Carlsen Verlag in deutscher Übersetzung erschienen. Diese Tatsache verdeutlicht u. a., dass Bilderbücher auch über Zeitströmungen hinweg Aussagekraft besitzen.

Besondere Konfliktsituationen innerhalb der Familie stürzen das Kind oft in tiefe Erschütterung. Dies geschieht beispielsweise, wenn die Eltern sich trennen oder scheiden lassen; nach dem Umzug in eine andere Stadt, in der die geliebten Freunde fehlen; ein neuer Lebenspartner/eine neue Lebenspartnerin in die gemeinsame Wohnung einzieht; ein Familienangehöriger oder enger Freund stirbt (s. S. 90). Infolge der eigenen Betroffenheit fällt es den Eltern dann schwer, angemessen auf ihr Kind zu reagieren und mit ihm den Ausnahmezustand zu besprechen.

Bilder und Geschichten, die das jeweilige Problem thematisieren, können zu diesem oder auch einem späteren Zeitpunkt die Basis für ein erstes Gespräch bilden und somit bei der Bewältigung hilfreich sein. Außerdem können auch die Erzieherinnen oder Kinderpflegerinnen im Kindergarten mit Hilfe eines Bilderbuches Zugang zu Kindern mit Problemen in außergewöhnlichen Belastungssituationen finden.

Neben stillen und ruhig erzählten Bildergeschichten, die mit eher symbolhaften Bildern den seelischen Zustand des Kindes spiegeln, gibt es auch Bilderbücher, wie z. B. das folgende Buch, das auf eine andere einfühlende Art die Trennung der Eltern behandelt. In dieser Phase haben Kinder immer zu Unrecht mit Schuldgefühlen zu kämpfen. Sie müssen einen Elternteil verlassen, obwohl sie sich gar nicht von ihm trennen wollen.

In der Bildergeschichte **Paul trennt sich** von Martin Baltscheit wird Pauls Gemütszustand während der Trennungsphase seiner Eltern ebenso gezeigt wie seine Zerrissenheit nach dem Auszug des Vaters. Aber Paul gibt nicht auf. Entschlossen macht er einen Plan nach dem anderen und überlegt, wie er seine Eltern wieder zusammenbringen kann. Er versucht es mit einer Wiedervereinigungsmaschine, er verdoppelt sich, um bei beiden gleichzeitig sein zu können. Zum Schluss will er sich trennen, damit ihn die Eltern gemeinsam wieder zusammensetzen sollen. Aber dann ist er vor lauter Erschöpfung im Umzugskarton eingeschlafen. Fast wird er vergessen. Als die Eltern ihn finden, lächeln sie, Paul ebenso. Am nächsten Tag fahren er und seine Mutter in die neue Stadt.

In den grellen, lauten, plakativen, scharf konturierten und manchmal freigestellten Bildsequenzen, die teilweise comicartig über die ganze Seite verteilt sind, vor weißem, manchmal schwarzem Hintergrund illustriert Martin Baltscheit Pauls Ohnmacht. Auch die knappen Sätze, die Anordnung des Textes und das starre Schriftbild machen auf Pauls Trennungsschmerz aufmerksam. Pauls Versuche, sich in die Situation der Eltern einzumischen, obwohl er nicht gefragt wurde, wirken komisch und rührend zugleich.

Diese Geschichte, die ein offenes Ende hat, lässt die Bilderbuchbetrachter ahnen, dass dieser energiegeladene, selbstbewusste Paul sich in seiner neuen Lebenssituation bald zurechtfinden wird.

👫 Die Vermittlung dieses Bilderbuches durch einen kompetenten Erwachsenen ist sicherlich in Verbindung mit einem konkreten Anlass sinnvoll. Aber auch Kinder, die von der Situation (noch) nicht betroffen sind, zeigen starkes Interesse an dieser unverkrampften Geschichte. Sie fühlen mit Paul, möchten ihm (sich) bei seinen Wiedervereinigungsplänen helfen. Für interessierte Bilderbuchbetrachter ist dem Buch ein Ausschneidebogen beigegeben. Einzelne Körperteile können ausgeschnitten und zu einer Paul-Figur zusammengefügt werden. Reizvoll ist es, wenn die Kinder Paul auch noch anmalen. Als Ergänzung kann Paul auch aus Knete oder anderem formbaren Material modelliert und angemalt werden. Im Rahmen einer Elternveranstaltung können die Werke der Kinder präsentiert werden.

1. Schreiben Sie eine Inhaltsangabe (s. Gewusst wie S. 94) zu dem Bilder-buch **Alles wird anders** von Anthony Browne. Finden und interpretieren Sie codierte (verschüsselte) Bildaussagen, z. B.:
   - Welche Informationen über Zeit, Ort und Personen enthält der Text?
   - Welche gegenständlichen Veränderungen stellen Sie fest?
   - Wie wird die Hauptperson dargestellt, wie reagiert sie?
   - Welchen Eindruck hinterlässt das Schlussbild, zeigt es auch Veränderungen?
   - Welche Bedeutung haben die Bildveränderungen?

Impulse:

2. Stellen Sie anhand des Bilderbuches **Meine Oma hat schwarze Haare** von Hoffman/Burroughes fest, in welcher Weise sich im Verlauf der letzten fünf-zig Jahre *das Bild der Großeltern* gewandelt hat.

3. Analysieren (s. S. 45) Sie das Bilderbuch **Kinder, Krach und große Ohren** von Kehr/Stiemert. Schreiben Sie eine fiktive Hausordnung für das Zusam-menleben in einem Mehrfamilienhaus.

4. Erfinden Sie in Ihrer Lerngruppe eine fiktive *Ahnengalerie*. Statten Sie die Personen mit erfundenen Lebensgeschichten aus.

5. Welchen Sinn haben Feiertage wie „Mutter-" bzw. „Vatertag"? Was hielten Sie von einem Kindertag oder einem Familien-Feiertag?

6. Nehmen Sie Stellung zu der These:
   Der Trend nimmt zu: Immer mehr Jugendliche wohnen immer länger bei ihren Eltern.

Verwendete Bilderbücher:
Baltscheit: **Paul trennt sich,** Alibaba, Frankfurt 1996; Burningham: **Das Baby,** Sauerländer, Frankfurt 1997; Hansson: **Geschichten von Max und Mia,** Ravensburger Buchverlag Otto Maier, Ravensburg 1995; Steig: **Spinki zieht aus,** Gerstenberg, Hildesheim 1991; de Paola: **Erst einen Fuß ... dann den anderen,** ars Edition, München 1996

Weitere Bilderbücher:
Allan: **Benimmbuch für kleine Ferkel,** Gerstenberg, Hildesheim 1996; Auer/Klages: **Bimbo und sein Vogel,** Beltz & Gelberg, Weinheim 1988; Balt-scheit: **Papa, kuck mal,** Alibaba, Frankfurt 1995; Bauer: **Papa Schweinauer und Sohn,** Leiv, Leipzig 1993; Blake: **Komm, Tom!,** Aare 1994; Boie/Brix-Henker: **Klar daß Mama Ole/Anna lieber hat,** Friedrich Oetinger, Hamburg

1995; Bröger/Schlüter: **Der rote Sessel,** K. Thienemanns, Stuttgart 1989; Browne, J./Leach: **Ein Kuß für Anna,** Sauerländer, Frankfurt 1994; Browne: **Das Schweinebuch zum Abgewöhnen,** Alibaba, Frankfurt 1986; Burningham: **Wo ist denn Julius?** Parabel, München 1987; Burningham: **Albert kommt,** Sauerländer, Frankfurt 1994; Cooke/Oxenbury: **Ganz toll!** Sauerländer, Frankfurt 1995; Cousins: **Zazas kleiner Bruder,** Sauerländer, Frankfurt 1996; Engelbert: **Ich bin König,** Moritz, Frankfurt 1996; Erlbruch: **Leonhard,** Peter Hammer, Wuppertal 1991; Erlbruch/Schami: **Das ist kein Papagei!,** Carl Hanser, München 1994; Erikson/Lindgren-Enskog: **Große Schwester und kleiner Bruder gehen in die große Welt,** Friedrich Oetinger, Hamburg 1994; Geister/Frey: **Streiten gehört dazu, auch wenn man sich lieb hat,** Ravensburger Buchverlag Otto Maier, Ravensburg 1996; Hansson: **Klara sagt nein,** Ravensburger Buchverlag Otto Maier, Ravensburg 1992; Herfurtner/Michl: **Papa, du sollst kommen,** Friedrich Oetinger, Hamburg 1995; Hoffman/Burroughes: **Meine Oma hat schwarze Haare,** Carlsen, Hamburg 1988; Kehr/Stiemert: **Kinder, Krach und große Ohren,** Gerstenberg, Hildesheim 1996; Kulot-Frisch: **Nasebohren ist schön,** K. Thienemanns, Stuttgart 1997; Moore: **Die Gemüsediebe,** Hoch, Stuttgart 1984; Nöstlinger/Nöstlinger: **Klaus zieht aus,** Dachs, A-Wien 1997; Rowe: **Raben-Baby,** Neugebauer, CH-Gossau 1994; Schössow/Hamann: **Alles Familie,** K. Thienemanns, Stuttgart 1997; Verbeck: **Noch einen Kuß, Mami!,** K. Thienemanns, Stuttgart 1993; Waechter/Nahrgang: **Papa in Panik,** Ellermann, München 1995; Wadell: **Kannst du nicht schlafen kleiner Bär?,** Annette Betz, A-Wien 1989; Weck: **Zoro zieht um,** Pro Juventute, CH-Zürich 1996; Wolter/Braun: **Familie Schmidt im Riesenland,** anrich, Weinheim 1996

Geburt:

Browne: **Alles wird anders,** Lappan, Oldenburg 1990; Forslind: **Kleine große Schwester,** Friedrich Oetinger, Hamburg 1997; Mayne/Blech: **Pandorra,** Carl Hanser, München 1995; Russel/Cottringer: **Ella und der böse Löwe,** Sauerländer, Frankfurt 1996; Unenge/Gahrton: **Ronny und Julia,** Carlsen, Hamburg 1995

Trennung:

Browne: **Mein Papi nur meiner!,** Alibaba, Frankfurt 1984; Ballhaus/Maar: **Papa wohnt jetzt in der Heinrichstraße,** Modus Vivendi, CH-Zürich 1988; Bröger: **Mama, ich hol Papa ab,** Nagel & Kimche, CH-Zürich 1988; Kirchberg: **Rike und Matti,** Ellermann, München 1986; Sendak: **Als Papa fort war,** Diogenes, CH-Zürich 1984; Waldschütz/Nöstlinger: **Klicketick,** Dachs-Verlag, A-Wien 1990
Themenüberschneidungen befinden sich in den Literaturangaben der folgenden Kapitel: Starke Mädchen und starke Jungen; Aufklärung; Tod; Krankheit; Freunde und Freundschaften.

Zum Weiterlesen:

Cottmann-Becnel: **Die zweite Entbindung,** Patmos, Düsseldorf 1993; Härtling/Ruprecht: **Und das ist die ganze Familie,** Beltz & Gelberg, Weinheim 1984; Krasny-Brown/Brown: **Scheidung auf dinosaurisch,** Ein Ratgeber für Kinder und Eltern, Carlsen, Hamburg 1995

Aufklärung schützt auch vor Missbrauch

- Kinder und Sexualität
- Aufklärung durch Bilderbücher?

Kinder und Sexualität

Schon in einer sehr frühen Entwicklungsphase wächst die Fähigkeit des Kindes, zu anderen Menschen emotionellen Kontakt herzustellen. Im Verlauf seiner psychosexuellen Entwicklung entdeckt das Kind Lustempfinden und die eigene Körperlichkeit. Es erlebt und unterscheidet dabei angenehme von unangenehmen Gefühlen. Es entwickelt Geschlechtsidentität. Dabei beantwortet die Bezugsperson, entsprechend dem kindlichen Verständnisvermögen die Fragen des Kindes mit verantwortungsbewusster Offenheit. Besonders notwendig ist dabei die Haltung von gegenseitigem Respekt, Toleranz und die absolute Ablehnung sexueller Gewalt. Im Gegensatz zu den jüngeren Kindern wollen und benötigen die älteren Kinder im Kindergartenalter naturalistische Antworten auf ihre Fragen. Ein Zuviel an Sachwissen kann allerdings überfordernd oder irritierend wirken.

Aufklärung durch Bilderbücher?

Aufklärungsliteratur für Kinder weist unterschiedliche Schwerpunkte und Ansprüche auf. Die Sachinformationen sind entweder faktisch-sachbezogen, auf biologische Kenntnisse beschränkt abgefasst, oder in eine erzählende Handlungsgeschichte eingebunden. In der Regel sind die Abbildungen gezeichnet und mit erklärendem Text versehen. Fotobilderbücher sind eher selten.

Aufklärungsbilderbücher erleichtern es möglicherweise Erwachsenen, die geeignete Sprache und vertrautes Vokabular zu finden, um die Fragen der Kinder zu beantworten und dabei über Gefühle, Geschlechtlichkeit, Sexualthemen zu reden. Geeignet sind besonders die Bilderbücher, die einen ganzheitlichen, umfassenden Ansatz verfolgen. Solche Bilderbücher vermitteln nicht nur Sachwissen sondern helfen, Sexualität als einen Bereich der Persönlichkeit des Menschen zu verstehen, der sehr viel mit Liebe, Zuneigung, Freude, Sinnlichkeit, Zärtlichkeit und auch mit Achtung zu tun hat.

Schon 1977 erschien in Schweden das Bilderbuch **Peter, Ida und Minimum** von Grethe Fagerström/Gunilla Hansson. In deutscher Übersetzung wurde es später mit dem Deutschen Jugendbuchpreis ausgezeichnet und auch heute gilt es noch als geeignetes, gutes Aufklärungsbilderbuch für Kinder im Kindergartenalter.

Familie Lindström bekommt ein Baby. Die Geschwister Ida und Peter freuen sich und nennen das ungeborene Geschwister „Minimum". Sie erleben die Zeit der Schwangerschaft, stellen Fragen über die Zeugung und lassen sich vom Vater den Geburtsvorgang erzählen. Peter und Ida erfahren aber auch, dass ein Baby viel Zeit und Zuwendung braucht, der Alltag und das Zusammenleben der Familie sich ändern. Nach anfänglichen Schwierigkeiten gewöhnen sich alle an die neue Situation, bringen Verständnis füreinander auf, und Peter und Ida sind stolz auf Minimum.

Die Handlung wird in Dialogen erzählt, sie ist in zehn Kapiteln unterteilt und geht neben der aufklärerischen Funktion auf das gefühlsmäßige Zusammenleben in der Familie genauso ein, wie auf das soziale Umfeld. Die Zeichnungen sind naturalistisch, sie beschränken sich in ihrer Ausgestaltung auf die wesentlichen Aussagen. Die comicartig angelegten Kapitel der Bildergeschichten ermöglichen Erstlesern und auch leseunkundigen Kindern den selbstständigen Umgang mit dem Bilderbuch.

Das Sexualaufklärung unverkrampft, komisch, ja auch frech verlaufen kann, außerdem sehr gesprächsfördernd für Erwachsene und Kinder, das zeigt das Bilderbuch **Mami hat ein Ei gelegt** von Babette Cole.

Papi und Mami finden, dass es an der Zeit ist, ihre beiden Kinder aufzuklären. Aber wie? Abwechselnd bieten sie absurde Erklärungen an, wie z. B.: Kinder werden in Blumentöpfen aus Babysamen gezogen oder man drückt sie aus Babypastatuben oder Mami legt ein Babyei. Bis es den Kindern zu viel wird und sie nun die Eltern aufklären, indem sie Mami und Papi bei verschiedenen Möglichkeiten des Zeugungsvorgangs aufzeichnen, erklären, wie das Baby im Bauch der Mami wächst und *„wenn es fertig ist, kommt das Baby raus".* Am Ende der Geschichte schauen die Eltern etwas verschämt und ratlos drein. Sie sind liebevoll karikiert und wirken auf den Bildern unsicher und verlegen. Dagegen werden die beiden Kinder als selbstbewusste Persönlichkeiten dargestellt. Die farbenfrohen, fröhlich wirkenden Illustrationen sind mit vielen witzigen Details ausgestattet. Die kurzen, prägnanten Dialoge sind in die Zeichnungen eingebunden. Der biologische Sachverhalt wird zwar stark vereinfacht, aber korrekt wiedergegeben.

Infolge des Aufdeckens des sexuellen Missbrauchs von Kindern sowie dessen öffentlicher Ächtung gibt es nun vermehrt auch Bilderbücher, die sich speziell um dieses schwierige Thema bemühen. Ziel ist es, nicht betroffenen sowie betroffenen Kindern eine vielleicht entlastende Sprechmöglichkeit zu bieten.

Kinder nehmen Geheimnisse wichtig und gehen sorgfältig damit um, besonders wenn vertraute Erwachsene sie mit ihnen teilen, indem sie das Kind zur ausdrücklichen Geheimhaltung auffordern. Für Kinder kann es sehr hilfreich sein, wenn sie zwischen guten und schlechten Geheimnissen unterscheiden können: Dem Kind sollte vermittelt werden, dass durch das Wahren eines schlechten Geheimnisses jemand geschädigt wird.

Um ein schlechtes Geheimnis geht es in der Bildergeschichte **Gut, dass ich es gesagt habe** von Mandy Nelson/Jenny Hessell. Gleich auf der ersten Seite wird das Problem aufgezeigt *„Mein Onkel Peter hat ein Problem mit seinem Po …"* Onkel Peter wohnt seit langem in der Familie und ist ein guter Freund, bis er sich eines Tages seinem Neffen exhibitionistisch nähert und ihm das Versprechen der Geheimhaltung abverlangt. Der Junge hält sich an sein Versprechen, bis es ihm beim nächsten Mal doch zu weit geht. Er erzählt seiner Mutter alles. Sie hört zu, bleibt ruhig, bezieht aber eine klare Haltung und trifft notwendige Entscheidungen, die den Jungen entlasten: Onkel Peter zieht aus, dahin, wo andere ihm helfen, sich zu ändern.

Sparsam ausgestaltete, meist freigestellte Bilder in gedeckten Farben illustrieren einfühlsam die Geschichte. Die statisch wirkenden Figuren vermitteln durch eindeutige Körperhaltungen Offenheit und Zuwendung. Konsequent und aus der Sicht des betroffenen Jungen ist die Geschichte in Ich-Form geschrieben und auch bei den Illustrationen steht der Junge im Bildvordergrund. Text und Bilder stimmen überein und bieten Freiraum und Anregungen für die weitere Auseinandersetzung. Schade nur, dass der Junge zwar eine Individualität, aber keinen Namen hat. Die Geschichte könnte von Kindergartenkindern dann leichter angenommen werden.

⚎ Alle Bilderbuchbeispiele können natürlich in der Familie ebenso angeschaut und besprochen werden wie im Kindergarten oder in der Grundschule. Wichtig ist nur, dass beim erstmaligen Anschauen oder Lesen eine Bezugsperson als Vermittler zugegen ist. Die Reaktionen des Kindes im Anschluss an die Vermittlung dieser Bilderbücher entsprechen dem Entwicklungsstand und den persönlichen Erfahrungen. Da der Erwachsene auf die Äußerungen und kindlichen Fragestellungen individuell eingeht, wird an dieser Stelle auf spezielle Vertiefungsmöglichkeiten der besprochenen Bilderbücher verzichtet. Stattdessen werden einige allgemeine Spielanregungen aufgeführt, die das Kind in seiner Körperwahrnehmung und seinem Selbstbewusstsein ganzheitlich stärken können: Lebensgroße Körperumrissbilder aufmalen und ausgestalten; gemeinsam ein großes Puzzle von Mädchen-/Jungenkörper herstellen; die Kinder duschen/baden gemeinsam; Fühl-, Tast-, Hör-, Schmeck- und Riechspiele herstellen bzw. durchführen; Yoga- und Entspannungsübungen anbieten; Körper-, Bewegungs- und Kontaktspiele im Rahmen einer Fantasie-Geschichte erleben (Methodischer Hinweis: s. S. 58).

Impulse:

1. Wählen Sie ein Fachbuch aus der Rubrik: *Zum Weiterlesen*. Fassen Sie wichtige oder provokante Aussagen zusammen und diskutieren Sie den Inhalt in der Lerngruppe.

2. Welche Haltung haben Erzieherinnen/Kinderpflegerinnen zu den *„Doktorspielen"* der Kinder in sozialpädagogischen Einrichtungen? Führen Sie im Kindergarten eine Befragung durch.

3. Ermitteln Sie, welche Bilderbücher zum Thema Sexualität und Aufklärung von Erzieherinnen, Kinderpflegerinnen, Eltern oder anderen Personen empfohlen werden.

4. Beantworten Sie die folgenden Fragestellungen; betrachten Sie die Anregungen als Möglichkeit, sich mit den eigenen Erfahrungen, Gefühlen und Einstellungen zur Sexualität auseinanderzusetzen. Schreiben oder visualisieren Sie Ihre Gedanken, nehmen Sie sich zur Beantwortung ausreichend Zeit.
   - *Was verstehen Sie unter Sexualität?*
   - *Welche Bereiche der Sexualität machen Ihnen Spaß, welche nicht?*
   - *Versetzen Sie sich in Ihrer Lebensgeschichte so weit zurück, wie es Ihnen möglich ist.*
   - *Welche Menschen waren für Sie im Hinblick auf Sexualität – im positiven und/oder negativen Sinne – wichtig: in der Familie (wer)? im Kindergarten? in der Schule? im Freundeskreis?*
   - *Fassen Sie bitte in einem kurzen Satz zusammen, was jeder dieser Menschen Ihnen vermittelt hat.*
   - *Können Sie sich an Situationen in Ihrer Kindheit erinnern, in denen Sie Lust körperlich empfunden haben?*
   - *Wer hat Sie aufgeklärt? Wie alt waren Sie da?*
   - *Gibt es sexuelle Verbote aus Ihrer Kindheit, die Sie gegenüber Ihren Kindern nicht aussprechen würden?*

   Für Mutige: Wenn Sie sich mit der praktizierten Sexualerziehung in Ihrer Herkunftsfamilie auseinandersetzen möchten, suchen Sie das persönliche Gespräch? Ggf. mit den Eltern? (Haben Ihre Eltern Sie als Kind als sexuelles Wesen wahrgenommen? Wenn ja, wie sind Ihre Eltern damit umgegangen? Was ist Ihren Eltern schwergefallen? (Haben Ihre Geschwister die Sexualerziehung Ihrer Eltern ähnlich erlebt wie Sie? Haben Sie mit Ihren Geschwistern zärtliche Körperkontakte gehabt? Wie hat sich das damals angefühlt, wie fühlt es sich heute an?)

   (aus: lieben kuscheln schmusen, a. a. O.)

Verwendete Bilderbücher:
Cole: **Mami hat ein Ei gelegt,** Sauerländer, Frankfurt 1994; Fagerström/Hansson: **Peter, Ida und Minimum,** Ravensburger Buchverlag Otto Maier, Ravensburg 1979; Nelson/Hessel: **Gut, dass ich es gesagt habe ...,** Ellermann, München 1993

Weitere Bilderbücher:

Aufklärung:

Collins/Merrifield: **Mama, was ist Aids,** *Donna Vita Marion Mebes, Ruhnmark 1994 '2; Härdin/Geisler:* **Wo kommst du her,** *Loewe, Bindlach 1995; Janosch:* **Mutter sag, wer macht die Kinder,** *Mosaik, München 1992; Mai/Geisler:* **Vom Schmusen und Liebhaben,** *Loewe, Bindlach 1991; Moller:* **Kinderma-chen geht so,** *Altberliner Verlag, München o. O.; Labrose/Hebert:* **Auf die Welt kommen,** *Lappan, Oldenburg 1989; Rettich:* **Wir kriegen ein Baby,** *Loewe, Bindlach 1994; Ruprecht/Herrath/Sielert:* **Lisa und Jan,** *Beltz & Gel-berg, Weinheim 1991; Schneider/Rieger:* **Woher die kleinen Kinder kom-men,** *Ravensburger Buchverlag Otto Maier, Ravensburg 1995; Schweigert:* **Das Badewannenbuch,** *Schneider, München 1990*

Missbrauch:

Baumann/del Monte: **Lena hat Angst,** *Donna Vita Marion Mebes, Ruhnmark 1994; Bley/Meyer:* **Das kummervolle Kuscheltier,** *ars Edition, München 1996; Boljahn/Deinert:* **Das Familienalbum,** *Lappan 1993; Braun/Wolters:* **Das große und das kleine Nein,** *Verlag an der Ruhr, Mülheim 1991; Enders/ Wolters:* **Schön & blöd;** *anrich, Weinheim 1991; Krömer/Pressler:* **Nora ist mal so, mal so,** *Alibaba, Frankfurt 1996; Geisler/PRO FAMILIA:* **Mein Körper gehört mir,** *Loewe, Bindlach 1994*

Zum Weiterlesen:

Haug-Schnabel: **Sexualität ist kein Tabu,** *Herder, Freiburg 1997; Kleinschmidt/ Martin/Seibel:* **lieben kuscheln schmusen,** *Ökotopia, Münster 1994 '2; Meckel:* **Die Rechte des Kindes,** *Ravensburger Buchverlag Otto Maier, Ravensburg 1994; Mönkemeier:* **Kindliche Sexualität heute,** *Beltz Quadriga, Weinheim 1993; Müller/Geisler:* **Ganz schön aufgeklärt!,** *Loewe, Bindlach 1993; Sanders /Swinden:* **Lieben, Lernen, Lachen,** *Verlag an der Ruhr, Mül-heim 1992*

3.7 Von der Angst und anderen Gefühlen

- Geschichten von Gefühlen
- Gefühle kann man zeigen, … zum Beispiel: Angst, Liebe, Trauer

Geschichten von Gefühlen

Bilderbücher können Kindern helfen, diffuse Gefühle klarer zu erkennen und sie zu benennen: Beim Betrachten von Bilderbüchern erkennen Kinder die dargestellten und beschriebenen Gefühle wieder. Die Kinder können sich oftmals in die Gefühle der handelnden Figuren hineinversetzen. Dabei vergleichen sie ihre persönlichen Reaktionen mit denen der anderen Kinder oder der Erwachsenen. Auf die Frage, welche Gründe bestimmte Verhaltensweisen haben, versuchen die Kinder Antwort zu geben.

Ihre Eindrücke geben sie im Anschluss an die Bilderbuchbetrachtung gerne in späteren Rollenspielen wieder.

Wie ist es, wenn man sich freut? Wenn man so eine richtige dicke Wut im Bauch hat, wenn man einsam, traurig oder verliebt ist? Auf diese und ähnliche Fragestellungen versucht das Bilderbuch **Gefühle sind wie Farben** von Aliki vielseitige Antworten zu geben. Es wird keine in sich abgeschlossene Geschichte erzählt. Vielmehr setzt sich das Geschehen aus vielen kleinen Handlungssequenzen zusammen. Kurze, realistische Situationen, die unterschiedliche Gefühle hervorrufen, werden mit unterschiedlichen Gefühlen veranschaulicht: Gefühle wie z. B. Wut, weil jemand die Lieblingsbuntstifte geklaut hat; Eifersucht, weil Alice die schönsten Locken hat etc. Die jeweiligen Handlungsträger der in sich abgeschlossenen Szenen sind Kinder. Die Darstellungen entsprechen der kindlichen Perspektive, die einfachen, ausdrucksstarken Kreidezeichnungen in gedeckten Farben lassen Raum für Anteilnahme und andere eigene Gefühle. Kurze Sprechblasentexte, erklärende Bildunterschriften, Dialoge oder Erzähltexte erleichtern das Verstehen der Illustrationen. Leseunkundige Kinder brauchen dabei den Erwachsenen oder ältere Kinder zum Vorlesen, ggf. auch für eventuell vertiefende Gespräche.

🏃 Eine durchgehende, in sich geschlossene Buchrezeption bietet sich in diesem Fall nicht an, sinnvoll ist eher eine sukzessive, zeitversetzte Erarbeitung. Zu den teils comicartigen Episoden können Geschichten erzählt oder neue, eigene Bildergeschichten gezeichnet werden. Schon der Buchtitel verleitet die Betrachter zum Fabulieren darüber, wie Farben wirken, welche Eigenschaften sie symbolisieren, welche Farbe welches Gefühl ausdrückt. Selbst eingefärbte Tücher aus leichten Stoffen können passend zum subjektiven Grundgefühl getragen oder unter Einbeziehung weiterer Utensilien in ein Rollenspiel: *„Farbberatung im Kindergarten"* einbezogen werden. Oder eine Spielgeschichte (s. S. 58) wird entwickelt, z. B.: *Die Reise durch das Land der Farben.*

Das Extrabuch

Olala ..., Ojemine!

Elzbieta, Moritz 1995
Olala und Ojemine sind zwei kleine Kerle, die im Harlekinkostüm und mit Narrenkappe und dicker roter Nase ausgerüstet, ähnliche Situationen erleben, diese aber gegensätzlich empfinden.
Schon jüngere Kinder erkennen am Wortklang der beiden Namen, wer Olala und wer Ojemine ist. Sichtbar wird der Unterschied am Gesichtsausdruck. Während Olala optimistisch lächelnd viel Unternehmungslust ausstrahlt, jeder neuen Situation etwas Positives abgewinnen kann, findet Ojemine mit herabgezogenem Mundwinkel sowie pessimistischem Gesichtsausdruck alles fürchterlich.
Die Bildersprache ist leicht zu erfassen, sie wird durch die Wahl der Farben wirkungsvoll unterstützt. Olala ist vor einem warmen, rot-gelben Hintergrund abgebildet, Ojemine vor kühlem blaugrünem Hintergrund. Die flächigen Bilder sind von einem schwarzen Rahmen umgeben, in den der weiße, doppelzeilige, gereimte Text gedruckt ist. Das Bilderbuch kann von zwei Seiten betrachtet werden, wozu man es nur umdrehen muss.

🏃 Im Anschluss an die Buchrezeption können aus Styroporkugeln und Stoffresten einfache Fingerpuppen hergestellt werden. Oder auf die eigenen Fingerkuppen werden mit Fingerfarben Gesichter gemalt. Als Finger- oder Handpuppenspiel im Kartontheater können so Gefühle, Eigenschaften oder Charaktere auch sprachlich lebendig werden.

Gefühle kann man zeigen,
... zum Beispiel: Angst

Angst ist eine Grundbefindlichkeit des Menschen. Sie begleitet ihn in vielfältigen Ausprägungen von der Geburt bis zum Tod. Das Problem besteht darin, ein Leben lang zu lernen, mit den eigenen Ängsten umzugehen. Ängste sind manchmal lebenswichtig, da sie vor drohenden Gefahren, z. B. im Straßenverkehr, warnen können. Manchmal bauen Kinder auch Ängste auf, die aus Sicht der Erwachsenen unbegründet sind. Konkrete Informationen über angstauslösende Phänomene (wie z. B. Schatten in der Dunkelheit) können helfen, kindliche Ängste abzubauen. Sachbilderbücher haben deshalb in der Kinderliteratur eine besondere Bedeutung.

Wenn Kinder sich verstanden und angenommen fühlen und Vertrauen in sich selbst haben, können sie leichter mit ihren realen und irrealen Ängsten umgehen. Bilderbücher zum Thema Angst können dabei Anlass sein, über eigene Ängste zu sprechen. Viele Bilderbuchmacher versuchen, den Umgang mit Situationen, die Angst machen aufzugreifen und zu visualisieren, z. B.: Angst vor dem Alleinsein; Angst vor Tieren; Angst vor Liebesverlust; Angst vor Räubern, Angst vor Monstern, Hexen & Co.

Im Bilderbuch werden kindliche Ängste auf unterschiedlichste Weise visualisiert:

- Ängste werden durch den Gesichtsausdruck bzw. die Physiognomie der Identifikationsfiguren veranschaulicht; wie z. B. in Schubert: **Ein Krokodil unterm Bett;** Ottley: **Was Faust sah.**

- Angstsituationen, die in der Fantasie existieren, werden durch Vorstellungsbilder/-welten gezeigt; wie z. B. in Sendak: **Wo die wilden Kerle wohnen;** Emberley: **Hau ab, du großes grünes Monster.**

- Angstauslösende Situationen/Objekte/Figuren werden überdimensional dargestellt; wie z. B. in Bohdal: **Selina, Pumpernickel und die Katze Flora;** Erlbruch: **Leonhard.**

Wirklichkeitsnahe wie fantastische Bilderbücher bieten keine Patentrezepte gegen Angstgefühle; sie beinhalten vielmehr alternative Lösungsmodelle und berücksichtigen, dass Angstbewältigung ein länger dauernder Prozess sein kann. Es hängt allerdings auch von der Atmosphäre der Buchrezeption ab, inwieweit die in Bilderbüchern visualisierte Angst aktivierend oder lähmend auf die Kinder wirkt.

Stellvertretend für die vielen anderen Bilderbücher gegen Angst wird hier das Bilderbuch **Hau ab, du großes grünes Monster** von Ed Emberly vorgestellt. Es zeigt die erfolgreiche Kontrolle über ein Monster. Beim Anschauen dieses Bilderbuches haben es die Kinder selber in der Hand, ein fürchterlich aussehendes Monstergesicht langsam erscheinen und wieder verschwinden zu lassen. Ausstanzungen, die mit jeder Buchseite das Bild verändern, machen diese Veränderungen möglich.

Die kurzen formelhaften Bildunterschriften auf jeder Bildseite beschreiben die Veränderungen des Monsters. Nachdem das Gesicht in voller gruseliger Pracht zu sehen ist, erfolgt die Aufforderung, dass zuerst Augen, Nase, Mund, schließlich das Monster selbst, *abhauen* sollen, um sich nie wieder blicken zu lassen. Durch diesen Schluss wird das Kind animiert, sich immer wieder in diese nervenkitzelnde Atmosphäre zu begeben.

🏃🏃 Durch die Stanztechnik wird das Buch zu einem Spielobjekt. Die Kinder schneiden selber Fratzen und erzählen weitere Geschichten von gruseligen Monstern & Co. Schattenspiele mit den Händen, Menschenschattenspiel sowie selbst hergestellte Schattenspielfiguren eignen sich vorzüglich zur Ausgestaltung erfundener Monster- und Spukgeschichten. Bei einer Wanderung mit Taschenlampen in der Dämmerung können gerade die älteren Bilderbuchkinder ihren Mut entwickeln; die jüngeren Kinder sollten von ihren Eltern begleitet werden. Im Weiteren können dann gemeinsam mit Eltern und Kindern *„Rezepturen gegen Angst"* entwickelt werden.

🏃🏃 Angst kann auch im folgenden Bewegungsspiel besiegt werden:

Wer hat Angst vor'm schwarzen Tier? (überliefert)

Ein Kind und die Kindergruppe stehen sich mit einem Abstand gegenüber und rufen sich die Fragen und Antworten zu. Danach läuft die Kindergruppe auseinander, und das erste Kind fängt als großer Bär ein anderes und verwandelt es in einen zweiten Bären, bis alle Kinder zu Bären geworden sind.

Liebe

Liebe und Zuwendung braucht ein Kind so notwendig wie Essen und Trinken. Nur so können sich positive Gefühle in ihm entwickeln, die sein wachsendes Selbstwertgefühl stärken. Das Kind lernt, Empfindungen und Gefühle angemessen zu äußern.

In vielen Massenbilderbüchern werden vornehmlich die äußeren Erscheinungsweisen positiver Gefühle visualisiert, häufig aber in einer süßlichen, auf oberflächliche Wirkung bedachten Darstellungsweise. Diese Abbildungen, meist verniedlichende Tierkinderfiguren, vermitteln dann keine wirklichen kindlichen Gefühle. Vielmehr begeben sich die Hersteller aus ihrer zwangsweise überheblichen, erwachsenen Position auf eine kindische Ebene. Dabei unterschätzen sie kindliche Gefühlstiefe und Emotionsmöglichkeiten, indem sie kindliche Empfindungen nicht ernst nehmen. Sie beziehen sich vielmehr auf eigene Wunschvorstellungen einer verherrlichten Kindheit.

Qualitativ gute, wirklichkeitsnahe sowie fantastische Bildergeschichten zeigen auch Ursachen und Konsequenzen von Gefühlsäußerungen auf. Sie weisen auch auf die alltäglichen Unebenheiten, Verwirrungen und deren Bewältigung hin.

Das Lächeln von Rahn/Kühner; **Der Spatz in der Hand** von A. Fuchshuber; **Mein Freund der glückliche Löwe** von Duvoisin/Fatio (alle a. a. O.) werden hier nur stellvertretend für gute Bilderbücher genannt.

Die Bildergeschichte **Ganz toll!** von Trish Cooke/Helen Oxenbury handelt vom Liebhaben, Geborgensein und von purer Lebensfreude. Schon auf der Titelseite wird vor himmelblauem Hintergrund ein strahlendes Kleinkind auf dem Arm seines glücklich tanzenden Vaters gezeigt. Der Kleine, so wird er im Verlauf der Geschichte nur genannt, hat vielerlei Gründe für sein glückliches Strahlen. Mit der Mutter wartet er, und immer wenn es läutet, kommt ein Verwandter zu Besuch. Alle herzen und spielen mit ihm, alle warten auf den Vater, der Geburtstag hat. *„Überraschung!"* rufen sie dann, als dieser endlich kommt und feiern ein schönes Fest. Der Vater knuddelt, tanzt und rauft mit dem Kleinen. Später beim Einschlafen weiß der Kleine, dass ihn alle *„Ganz toll"* liebhaben.

Die überwiegend großflächigen, ganzseitigen Bilder vermitteln durch die klar konturierte Farbgebung den Wechsel zwischen der Gelassenheit während des gemeinsamen Wartens und der fröhlichen, familiären Zuneigung. Erst im letzten Drittel der Handlung wird der Anlass für das Familientreffen deutlich. Der begleitende Text steht den Bildseiten gegenüber. Er ist jeweils angereichert mit einer kleinen Zeichnung des Kleinen, der quietschvergnügt die ganze Situation genießt. Die unpersönliche Bezeichnung, *der Kleine,* überlässt es den kindlichen Betrachtern, wie weit sie sich auf die Hauptperson dieser wirklichkeitsnahen Handlung einlassen wollen. Der Kleine und seine Familie haben übrigens eine braune Hautfarbe.

👫 Nachdem die Kinder von eigenen lang- oder kurzweilig verlaufenden Wartezeiten oder der letzten Familienfeier erzählt haben, werden sie gerne und mit viel Engagement diese Bildergeschichte pantomimisch nachspielen oder andere Wartesituationen im Rollenspiel dramatisieren. Vielleicht stellen die Kinder auch fest, dass sie in ihrem Gruppenraum/Zimmer einen Platz zum Knuddeln oder Raufen haben möchten. Nach gemeinsamen Überlegungen, Absprachen über eine neue Raumgestaltung kann diesem Wunsch dann sicher entsprochen werden.

Trauer

Verluste und Trennungen, sei es von Familienangehörigen, Freunden, Haustieren, aber auch von Lieblingsspielzeugen oder gewohnten vertrauten Lebenssituationen erzeugen Gefühle. Traurigkeit, Zorn, Wut, Schmerz oder Verzweiflung äußern sich besonders stark, wenn die Zeit des Abschiednehmens nicht ausgereicht hat und auf diese Weise Verlustängste sowie Schuldgefühle hervorgerufen worden sind. Durch ihr Verhalten machen Kinder dann auf sich aufmerksam, sie zeigen ihr Verlangen nach Schutz und völliger Annahme.

In Zeiten ihres Kummers sollten Kinder ausreichend Möglichkeiten haben, ihre Gedanken und Gefühle nach außen richten zu können, z. B. durch Gespräche, Geschichten oder auf schöpferische Weise. Dabei können Bilderbücher in allen Phasen der Trauerarbeit eine Basis für Gespräche sein.

Wie in Bilderbuchgeschichten, in denen andere Problemsituationen dargestellt werden, bieten sich auch hier für das Kind symbolhafte, verständliche Vergleiche als Orientierung an, die ggf. auch religiösen Ursprungs sein können. Transzendentale Erklärungen können dem Kind Hoffnung vermitteln, indem sie verhindern, dass es übermäßige Verlustängste oder sogar starke Angst vor dem eigenen Tod entwickelt. Sterbenskranke Kinder benötigen neben der emotionellen Zuwendung, kompetenten Beistand, psychische Hilfe von professionellen Fachleuten.

Eine wirklichkeitsnahe, kindgerechte Darstellung von Tod und Trauer wird einfühlsam, jedoch unsentimental in der Bildergeschichte **Abschied von Rune** von Wencke Øyen/Marit Kaldhold erzählt.

Das Mädchen Sarah erlebt, wie sein Freund Rune beim Spielen am See ertrinkt. Im weiteren Handlungsverlauf wird das unfassbare Geschehen sowohl durch die Riten einer kirchlichen Beerdigung als auch die helfenden Gespräche mit der Mutter verarbeitet. Wobei die letzte Bildseite tröstend zeigt, wie Sarah nach bewältigter Trauerarbeit einen Frühlingsblumenstrauß auf Runes Grabstein legt.

Dieses Bilderbuch eignet sich aufgrund seiner wirklichkeitsnahen Darstellungs- und Erzählweise eher für ältere Bilderbuchkinder/Schulkinder oder für eine situative Aufarbeitung mit einem betroffenen Kind. Weitergehende, existentielle Fragen älterer Kinder, z. B. *Wann, warum muss jemand sterben?* sollten ehrlich beantwortet werden, ggf. mit vorsichtigen, ruhigen Gegenfragen wie etwa: *„Was stellst du dir denn vor?" „Was denkst du denn?"*

Auch Erwachsenen eröffnet sich, wenn sie es zulassen, durch Bilderbücher eine andere Möglichkeit persönlicher Verarbeitung des Themas. Einerseits können Erklärungen, Gespräche und Riten für betroffene Kinder eine sichere Ebene bei der Bewältigung der Trauerarbeit sein. Andererseits gelingt es manchmal leichter mit Geschichten, deren Inhalt sich verschlüsselt präsentiert, z. B. in fantastischen Tiergeschichten, eine innere Distanz zu erhalten. Kinder verfügen bei der Entschlüsselung über eigene, subjektive Arten des Verstehens.

Wenn Kinder Haustiere halten, sollten die Erwachsenen, auch Erzieherinnen in Kindertageseinrichtungen, die Haustiere nach deren Tod nicht einfach verschwinden lassen, sondern den Kindern eine Gelegenheit zum Abschiednehmen einräumen und gemeinsam mit ihnen eine passende Möglichkeit finden, um von dem Tier Abschied zu nehmen. Erst dann können sich Kinder, ohne Schuldgefühle zu entwickeln, wieder ihrem Leben oder anderen Tieren zuwenden.

Max Velthuijs
«Was ist das?»
fragt der Frosch
Verlag Sauerländer

Ähnliches zeigt die Bildergeschichte „**Was ist das?" fragt der Frosch** von Max Velthuijs. An einem freundlichen Herbsttag entdeckt der Frosch eine bewegungslose Amsel im Gras. Nachdenklich zeigt er sie nacheinander seinen Freunden. Der Hase weiß, dass die Amsel tot ist und dass alle einmal sterben müssen. Traurig begraben sie die Amsel an einem schönen Platz. Später spielen sie noch miteinander und bevor sich die Gemeinschaft trennt, hören sie einer Amsel zu, die ihr Abendlied singt.

Diese Geschichte entspricht durch den einfühlsamen, einfachen Text wie auch durch die plakativen Abbildungen in freundlichen, natürlichen Grundfarben dem Erlebnisbereich des Kindes. Sie vermittelt auf behutsame, fast harmonische Weise, dass der Tod und das Leben zusammengehören und erinnert daran, mit welcher Anteilnahme Kinder tote Tiere beerdigen.

Dass Verstorbene in guter Erinnerung bleiben können, und dass mit der Zeit auch Schmerz und Traurigkeit vergehen, wird auf sehr einfühlsame, kindgerechte Art sowohl in der fantastischen Tierbildergeschichte **Leb wohl, lieber Dachs** von Susan Varley als auch in der wirklichkeitsnahen Bildergeschichte **Grosspapa** von John Burningham in warmen Farben, mit nachdenklichen Texten vermittelt.

↟↟ Während sich das Bilderbuch *Abschied von Rune* nicht für eine spontane Rezeption in einer beliebigen Kindergruppe eignet, können die weiteren besprochenen Bilderbücher in einer vertrauensvollen Umgebung bei der Beantwortung von Fragen nach dem Tod eine wirkungsvolle Unterstützung sein. Doch auch hier wäre ein aktueller Situationsbezug angebracht und die Rezeption sollte nicht von Effekthascherei oder Sensation bestimmt sein. Mit älteren Kindern kann auch ggf. zu einem späteren Zeitpunkt ein Spaziergang zum Friedhof geplant und durchgeführt werden.

↟↟ In Verbindung mit dem Erlebten und zur weiteren Vertiefung des angeschauten Bilderbuches stellen die Kinder farbige Gefühlsbuttons her, mit denen sie auch ohne Worte ihre Stimmung oder Gefühle mitteilen. Mit Hilfe eines *Sprechsteins* (ein besonders handschmeichlerischer Stein; wer ihn im Kreis in seiner Hand hat, darf sprechen, während die anderen ihm zuhören) werden Begriffe für traurige/freudige Gefühle und Situationen gefunden.

Impulse:

1. Welche Informationen haben Sie über kindliche Ängste? Worin unterscheiden sich diese von den Ängsten Erwachsener? Führen Sie bei Kindern, beispielsweise bei 4–6-jährigen, eine Befragung durch, z. B.:
   – Welche Ängste haben Kinder heute?
   – Benennen die Kinder Anlässe/Auslöser für ihre Ängste? Welche?
   – Geben die Kinder Strategien zur Angstabwehr an?

2. Untersuchen Sie die angegebenen Bilderbücher zum Themenbereich Angst. Berücksichtigen Sie folgende Fragestellungen:

- *Welche Angstsituationen werden dargestellt? An welche Handlungen, Inhalte sind sie geknüpft?*
- *In welchem Zusammenhang steht die im Bilderbuch dargestellte Angst mit den realen Ängsten der Kinder? – Welchen Beitrag leisten die Illustrationen zur Darstellung und Bewältigung der Ängste?*
- *Auf welcher Realitätsebene werden kindliche Ängste dargestellt? (Wirklichkeitsnahe Darstellung, Fantasie, Märchen)*
- *Werden Lösungsmodelle zur Angstbewältigung angeboten? Wie sehen diese aus?*
- *Wird neben der Angstbewältigung (evtl. unbeabsichtigt) auch Angst erzeugt?*
- *Gibt das Buch Denkanlässe, die die emanzipatorische Entwicklung des Kindes fördern können?*

(nach A. Duck von Essen: „Man kann ruhig zugeben, dass man Angst hat!" Kindliche Ängste im Bilderbuch, Schwerter Kinderbuchtagung 1989.)

3. Stellen Sie in der Lerngruppe angenehme und unangenehme Gefühle in Form einer Scharade pantomimisch dar. Beschreiben Sie aus den Spielsequenzen typische Merkmale der allgemein verständlichen Gefühlsäußerungen.

4. Erstellen Sie in Ihrer Lerngruppe ein Gefühls-Memory. Erfinden Sie einen Spieltitel. Entwickeln und erstellen Sie eine Spielbeschreibung.

5. Wählen Sie einen Comic aus Alikis Buch **Gefühle sind wie Farben** (a. a. O.). Erfinden und schreiben Sie anschließend eine Bildergeschichte.

6. Vergleichen Sie den Handlungsablauf und Text/Illustration der Bilderbücher: **Still, ich denke an das Huhn** von Hagen/Geelen und **Meine Schwester ist ein Engel** von Stark/Höglund. Diskutieren Sie Möglichkeiten der Vermittlung in einer Kindergartengruppe.

> **Gewusst wie**
>
> **Eine Bildergeschichte schreiben**
> - Eine Erzählhandlung, die in Bildern dargestellt ist, wird in Sprache gefasst.
> - Der Ablauf der Handlung wird entsprechend der Bildvorlage erzählt.
> - Die Verbindung der Bildfolgen bzw. einzelne Erzählschritte können frei erfunden werden.
> - Eine Bildergeschichte soll anschaulich und ansprechend erzählt werden.
> - Hinweis: Eine Bildergeschichte ist nicht mit einer Bildbeschreibung zu verwechseln.

7. Vergleichen Sie die Aussagen der Bilderbuchgeschichten **Fall um** von Babette Cole und **Das Licht in den Blättern** von Margaret Wild, beide a. a. O. Welches Bilderbuch scheint Ihnen für Kinder geeigneter zu sein? Erstellen Sie Kriterien für die Beurteilung von Bilderbüchern.

8. Schreiben Sie zu dem Fachbuch **Ich will etwas vom Tod** wissen von Becker/Niggemeyer, a. a. O., eine Inhaltsangabe.

Gewusst wie

Inhaltsangabe
Vorbereitungen:
Das Buch aufmerksam anschauen/ lesen; wichtige Bildaussagen/Textstellen/Stichworte/Kernsätze herausschreiben; das Wesentliche (aus jedem Bild/Kapitel) zusammenfassen; sich Gedanken über die Hauptaussage machen.

Das Schreiben
1. Autor, Titel, Erscheinungsort, -jahr, Thema, Textart, Adressat angeben.
2. Kurz die Hauptaussage des Buches formulieren, Angaben über Ort, Zeit und ggf. Hauptpersonen machen.
3. Zusammenfassung der wichtigsten Aussagen mit eigenen Worten, ohne persönlichen Kommentar, unter Verwendung der Stichworte/Kernsätze. (Bei der schriftlichen Wiedergabe in der Zeitform Gegenwart (Präsens) schreiben; direkte in indirekte Rede umwandeln; in sachlichem Stil, sowie in kurzen, verständlichen Sätzen schreiben.)
4. Die mögliche Absicht des Autors aufzeigen; eine abschließende Aussage treffen und die Hauptaussage des Buches wiedergeben; ggf. hierzu eine persönliche Stellungnahme verfassen.

Verwendete Bilderbücher:
*Aliki: **Gefühle sind wie Farben**, Beltz & Gelberg, Weinheim 1997 '2; Cole: **Fall um**, Sauerländer, Frankfurt 1997; Cooke/Oxenbury: **Ganz toll!**, Sauerländer, Frankfurt 1995; Elzbieta: **Olala ..., Ojemine!**, Moritz, Frankfurt 1997; Emberly: **Hau ab, du großes grünes Monster**, Moritz, Frankfurt 1997; Øyen/Kaldhold: **Abschied von Rune**, Ellermann, München 1986; Stark/Höglund: **Meine Schwester ist ein Engel**, Carlsen, Hamburg 1997; Varley: **Leb wohl lieber Dachs**, Annette Betz, A-Wien 1984; Velthuijs: **„Was ist das?" fragt der Frosch**, Sauerländer, Frankfurt 1992; Wild: **Das Licht in den Blättern**, Moritz, Frankfurt 1997*

Weitere Bilderbücher:

Angst:

Bauer: **Abends wenn ich schlafen gehe,** *Carl Hanser, München 1996; Bauer/Boie:* **Juli und das Monster,** *Beltz & Gelberg, Weinheim 1995; Bohdal:* **Selina, Pumpernickel und die Katze Flora,** *Nord-Süd-Verlag, CH-Gossau; Briggs:* **Der Bär,** *Lappan, Oldenburg 1994; Buchholz:* **Schlaf gut kleiner Bär,** *Sauerländer, Frankfurt 1993; Cave/Ridell:* **Wer kann denn da nicht schlafen,** *Lentz, München 1992; Dranger/Cullberg:* **Traurig,** *anrich, Weinheim 1993; Enders/Wolter:* **Auf Wieder-Wiedersehn,** *anrich, Weinheim o. J.; Kirchberg/ Storm:* **Der kleine Häwelmann,** *Bertelsmann, München 1996; de Maeyer/van Mechelen:* **Juul,** *anrich, Weinheim 1997; Mayer:* **Da liegt ein Krokodil unter meinem Bett,** *Friedrich Oetinger, Hamburg 1988; Michl/Korschunow:* **Wuschelbär,** *Friedrich Oetinger, Hamburg 1991; Ottley:* **Was Faust sah,** *Lappan, Oldenburg 1996; Schubert:* **Ein Krokodil unterm Bett,** *Sauerländer, Frankfurt 1980; Sendak:* **Wo die wilden Kerle wohnen,** *Diogenes, CH-Zürich 1967; Steig:* **Doktor de Soto,** *Gerstenberg, Hildesheim 1992; Wadell:* **Kannst du nicht schlafen kleiner Bär?,** *Annette Betz, A-Wien 1989; Wensel:* **Hab keine Angst, kleiner Moritz,** *Ravensburger Buchverlag Otto Maier, Ravensburg 1997; Wittkamp:* **Armes kleines Schwein,** *Beltz & Gelberg, Weinheim 1997; Wittkamp/Merz:* **Abends wenn der Schlafzug kommt,** *Herder, Freiburg 1995; Zwerger/Storm:* **Der kleine Häwelmann,** *Neugebauer, CH-Gossau 1995*

Liebe:

Duvoisin/Fatio: **Mein Freund der glückliche Löwe,** *Herder, Freiburg 1983; Janosch/Wilkon:* **Die Löwenkinder,** *Ravensburger Buchverlag Otto Maier, Ravensburg 1980; Lavallee/Joosse:* **Mama, hast du mich lieb?,** *ars edition, München 1995; Mensing:* **Bruno ist brummig,** *Esslinger, Stuttgart 1992; Nadja:* **Blauer Hund,** *Moritz, Frankfurt 1994; Rahn/ Kühner:* **Das Lächeln,** *Peters o. O. 1991; Solotareff:* **Wenn der Wolf kommt,** *Moritz, Frankfurt 1995; Velthuijs:* **Was ist los, Frosch,** *Sauerländer, Frankfurt 1990*

Trauer/Tod:

Dale/Joos: **Felix,** *Carlsen, Hamburg 1995; Geelen/Dros:* **Das O von Opa,** *Gertrud Middelhauve, München 1992; Heinrichsdorf:* **Honiggelb und Steingrau,** *Gerstenberg, Hildesheim 1995; Cope/Godfrey:* **Opas Kirschbaum,** *Oncken, Haan 1996; Hagen/Geelen:* **Still, ich denke an das Huhn,** *Gertrud Middelhauve, München 1995; Heymans:* **Die Prinzessin vom Gemüsegarten,** *Sauerländer, Frankfurt 1993; Nicholas Allan:* **Gibt's im Himmel Schokolade?,** *Gerstenberg, Hildesheim 1996; Sommer-Bodenburg/The Tjong Khing:* **Julia bei den Lebenslichtern,** *Bertelsmann, München 1989; Tidholm/Tidholm:* **Die Reise nach Ugri-La-Brek,** *Beltz & Gelberg, Weinheim 1991*

Zum Weiterlesen:

Becker/Niggemeyer: **Ich will etwas vom Tod wissen,** Ravensburger Buchverlag Otto Maier, Ravensburg 1979; Brocher: **Wenn Kinder trauern,** Kreuz 1991; Doderer (ges.): **Nix bleibt wie es ist,** Zukunftsgeschichten, Roje & Buer, Geldern 1991; Duck von Essen: **Kindliche Ängste und ihre Darstellung im Bilderbuch,** in Thiele (Hrsg.): Bilderbücher entdecken, Isensee 1986; Friese: **Manchmal habe ich solche Angst, Mama – Wie Eltern helfen können,** Herder, Freiburg 1996; Jörg: **Per Knopfdruck durch die Kindheit,** Beltz Quadriga, Weinheim 1987; Kaufmann-Huber: **Kinder brauchen Rituale,** Herder, Freiburg 1995; Kübler/Kuntz/Melchers: **Angst wegspielen,** Leske u. Buderich, Leverkusen 1982; Rudolph: **Wie ist das, wenn man tot ist?,** Mit Kindern über das Sterben reden, Ravensburger Buchverlag Otto Maier, Ravensburg 1979; Rusch (Hrsg.): **So soll die Welt nicht werden,** Kinder schreiben über ihre Zukunft, anrich, Weinheim 1989

Ich bin Ich

- Selbstbehauptung
- Vorbilder und Modellsituationen
- Perspektiven

Selbstbehauptung

Um ihre Umwelt zu erobern, setzen Kinder ungeheuer viel Energie ein. Das Kind erlebt sich dabei als „Maß aller Dinge", es kann sich nur egozentrisch verhalten. Wegen seiner Ichbezogenheit in allen Lebensbereichen, kann es sich zunächst noch nicht in die Lage anderer Menschen versetzen, ein Zusammengehörigkeitsgefühl muss noch wachsen. Dieser Prozess wird auch in den Bilderbüchern **Spinki zieht aus** von William Steig und **Unser Haus** von Rosen/Graham (beide a. a. O.) veranschaulicht.

Wenn ein Kind ein gewünschtes Ziel nicht erreichen kann, wird es leicht ungeduldig und unzufrieden. Dies wird z. B. in dem Buch **Kein Tag für Juli** (a. a. O.) thematisiert. Mit der Zeit bildet sich beim Kind die Erkenntnis heraus, dass zum Erreichen eigener Ziele die Hilfe anderer nützlich sein kann. Zunehmend zeigt das Kind Bereitschaft, soziale Verantwortung zu übernehmen.

Dabei prägt sich selbst erfahrenes Wissen stärker ein als theoretisch Vermitteltes. Mit zunehmender Reife wächst beim Kind der Mut zur Bewältigung von Anforderungen. Das Vertrauen in die eigenen Fähigkeiten nimmt zu. (Vgl. hierzu das Buch **Elmar** von McKee.)

Vorbilder und Modellsituationen

Zuneigung, Freundschaft, Liebe sind kindliche Grundbedürfnisse und somit Grundthemen zahlreicher Bilderbücher. Beim Betrachten und in der anschließenden Vertiefungsarbeit lösen die Bilderbücher Gefühle und Denkprozesse aus, indem sie Handlungsimpulse geben. Das Wahrnehmen und Ausgleichen von Grundbedürfnissen wird in Bildergeschichten modellhaft aufgezeigt. Die Vorbilder und Modellsituationen in diesen Bilderbuchgeschichten zeigen, dass bei dem Lösungsweg große Anstrengungen zu bewältigen sind. Der errungene Sieg ruft bei Kindern dann ein echtes Glücksgefühl hervor. Einige Aspekte kindlicher Persönlichkeitsentwicklung werden in folgenden Bildergeschichten dargestellt:

- **Swimmy** von Leo Lionni (Erwerben von Sozialkompetenz)
- **Bertas Boote** von Wiebke Oeser (Erproben von Durchsetzungsfähigkeit)
- **Du groß, ich klein** von Grégoire Solotareff (Sich lösen aus der Geborgenheit der Familie)
- **Ein Buch für Bruno** von Nikolaus Heidelbach (Suche nach eigenen Erlebens- und Erfahrungsfeldern)

Kinder nehmen Literatur lange Zeit assoziativ (sich vorstellend) bzw. identifikativ (sich gleichsetzend) auf. Die Auseinandersetzung mit Bilderbuchinhalten und -gestalten sowie die anschließenden spielerischen Selbsterfahrungen können der Schlüssel zu einem offenen, liebevollen, toleranten Umgang mit sich selbst und anderen sein. Gerade Kinder sind auf der Suche nach Wahrheiten, auch wenn diese im Bilderbuch oft verschlüsselt gestaltet sind. Diese meist selbstständig durchgeführten Erfahrungsschritte stärken das kindliche Selbstwertgefühl und Selbstbewusstsein.

Perspektiven

Wenn dem Kind keine Situationen modellhaft zur Verfügung stehen, probiert es aus und übt. An den Wirkungen seiner Handlungsweisen orientiert es sich, indem es sie mit vorangegangenen ähnlichen Versuchen vergleicht. Gelingt ihm eine Problembewältigung oder Konfliktlösung, zeigt es Stolz und stellt sich neuen Herausforderungen. Es wendet künftig seine Erfahrungen an. Ungeduld zeigt das Kind, wenn ihm, z. B. durch Überforderung, vieles nicht gelingt und Erfolgserlebnisse ausbleiben. Je unsicherer ein Kind ist, um so mehr sucht es nach Vorbildern. Hier kann indirekte Hilfestellung durch ein geeignetes Buch sinnvolle Impulse setzen.

Blitzschnelle Entscheidungen mit spontaner Reaktion bringen manchmal auch die Lösung. Dies zeigt die fantastische Tier-Bildergeschichte **He Duda** von John Blake/Axel Scheffler. Hier weiß das Kaninchen *He Duda* nicht, was es ist, wie es wohnt, was es essen soll oder warum es so große Füße hat. Unschlüssig nach intensiven Überlegungen und einigen Experimenten beschließt es, auf einem Baum zu wohnen und sich von Eicheln zu ernähren. Als eines Tages die anderen Kaninchen ihn warnen, er soll sofort vom Baum herunterkommen, um sich vor der herannahenden *Lange Luda* zu verstecken, versteht *He Duda* zunächst die Aufregung nicht. Nachdem er das Wiesel erfolgreich abgewehrt hat, wird er von den anderen Kaninchen als ihr „Held" gefeiert.

Diese Bildergeschichte lebt von den freundlichen, lebhaften Farben der vielen, teilweise witzigen Bildsequenzen und dem dialogreichen, kurzen Text. Kinder schauen mit viel Begeisterung diese Bildergeschichte an, sie ahnen die Gefahren, die auf das unerfahrene Kaninchen lauern voraus, denn im Gegensatz zu He Duda setzen sie ihr Wissen und ihre Erfahrungen ein. Ihre individuellen Grenzen haben sie bereits ausgetestet.

🏃 Die einzelnen Szenen können ohne viel Aufwand, spontan in bewegungsreiche Rollenspiele umgesetzt werden, neue Szenen mit anderen Tierfiguren als Handlungsträgern dazu erfunden werden: z. B. wovor muss sich die Schnecke schützen, wo wohnt sie, was frisst sie? Selbst hergestellte Tiermasken bereichern dabei die Gestaltungs- und Spielmöglichkeiten. Außerdem kann gemeinsam die Frage erörtert werden: *„Wann ist jemand ein Held?"*

Manchmal erleben Kinder, dass sie von anderen benutzt oder dass Leistungen von ihnen erwartet werden, die sie noch nicht erbringen können. Meist versuchen Kinder dann durch überhöhten Eifer und Einsatzbereitschaft, ihre scheinbaren Defizite auszugleichen. Diese schwer erarbeiteten Erfolge vermitteln ihnen zwar Stolz und eine gewisse Zufriedenheit. Bleiben diese Situationen jedoch unreflektiert, besteht die Gefahr, dass Kinder sich jeder Gegebenheit gedankenlos anpassen. Deshalb brauchen Kinder Menschen, die sie einfach so annehmen wie sie sind.

Die fantastische Bildergeschichte **Schmutzfink** von John Rowe erzählt von den Erfahrungen einer kleinen Ratte auf der Suche nach ihrer Identität. Nach der Entführung durch einen großen Rabenvogel wird Schmutzfink zunächst von kahlköpfigen Vogelbabys als Schnabelpolierbürste benutzt. Trotzdem passt er sich der Vogelfamilie an, fühlt sich bald wohl. Eines Tages fliegt die Vogelfamilie fort und Schmutzfink bleibt allein zurück. Nacheinander landet er nun bei verschiedenen Tierfamilien. Jedesmal wird er nach dem Anpassungsprozess wieder alleine zurückgelassen. Bis er wieder auf seine Mutter trifft. Sie nimmt Schmutzfink, ohne Ansprüche zu stellen, liebevoll in ihre Arme.

Ganzseitige Text- und Bildseiten stehen sich gegenüber. Die kontrastreichen, gerahmten Bilder wirken fast fotorealistisch und erinnern an Bilder in einem Album. Die Bilder haben einen dunklen, fast monochromen Hintergrund, wodurch sie eine große Tiefe erreichen. Der relativ lange Text beschreibt die einzelnen Stationen, wobei sich textliche Wiederholungen beim Vorlesen zum Mitsprechen eignen.

⁂ Die unterschiedlichen Bildszenen der Geschichte wollen die älteren Bilderbuchkinder ganz einfach nachstellen und spielen. Dabei legen sie Rollen fest, weiten die inhaltlichen Bezüge aus und treffen neue Entscheidungen. Dem Einfallsreichtum für benötigte Spielutensilien sind keine Grenzen gesetzt. Wahrscheinlich bestimmt die große Spielbegeisterung den Ablauf der nächsten Tage, wobei gewohnte, alltägliche Dinge durch Rollentausch andere Dimensionen bekommen, ungewöhnliche Lösungen sich ergeben und mit viel Spaß neue Erfahrungen gesammelt werden. Technische Medien wie Fotoapparat, Videokamera, Kassettenrecorder eröffnen weitere Methoden zur Vertiefung.

 **Das Extrabuch**

Juul

G. de Maeyer/K. Vanmechelen, anrich, Weinheim 1997
Eine aufregende, schockierende, vielleicht sogar aufrüttelnde Geschichte über Grausamkeit und Quälerei wird hier beeindruckend visualisiert. Juul, dargestellt als grob zusammengesetzte Figur aus rauhen, behandelten Holzstücken, wird von anderen ausgelacht, verspottet, misshandelt und kaputtgequält. Es sind Äußerlichkeiten, die den Spott hervorrufen, die Spötter sind nie zu sehen. Juul wehrt sich nicht, keiner hilft ihm. Auf jeden Angriff reagiert Juul mit Selbstzerstörung, vernichtet seinen Körper, ein Teil nach dem anderen. Bis die anderen von ihm ablassen. Dann kommt Noortje, sie kümmert sich um Juul, fragt was ihm passiert ist. Sie schiebt ihm einen Stift zwischen die Lippen und lässt ihn seine Geschichte aufschreiben.
Außer der scharf kontrastierten, fotografierten Holzfigur vor weißem Hintergrund sind keine weiteren Figuren abgebildet. Der kurze ergänzende Text wirkt spröde. Es scheint, dass dieses Buch eher für Jugendliche und Erwachsene geeignet ist als für Kinder. Aber vielleicht löst dieses Buch auch eine lange Sprachlosigkeit bei betroffenen Kindern.

⁂ Wichtig und sinnvoll ist das beigelegte Informationsblatt im Anhang. Es bietet einerseits Interpretationshilfen für das Bilderbuch und informiert gleichzeitig über die Bundesarbeitsgemeinschaft Kinder- und Jugendtelefon mit der *„Nummer gegen Kummer",* bei der kostenlos angerufen werden kann. Obwohl sicher auch vertiefende Gespräche nach der Rezeption notwendig sind, eignen sich auch kreativ-gestalterische Methoden für die weitere Auseinandersetzung. So kann z. B. die eigene, individuelle Entwicklungsgeschichte als Collage oder Fotobilderbuch dargestellt werden, vielleicht unter der Fragestellung: *Was konnte ich früher? – Was kann ich heute?*

Wovon manche Kinderträume handeln, das versetzt Erwachsene oft in Erstaunen. Entgegen ihrer Annahme haben die kindlichen Träume oder Wünsche oft gar nichts mit spektakulären, materiellen Dingen zu tun, sondern sie betreffen seine Persönlichkeit und seine Ich-Identität. Es findet Gefallen an Vergleichen mit sich selbst und mit anderen, möchte anders aussehen, sich ausprobieren. Wie die geweckten Begehrlichkeiten befriedigt werden und ob deren Erfüllung mehr Zufriedenheit gibt, müssen die Kinder für sich selber herausfinden. Das folgende, nur optisch kleine, handliche Bilderbuch (es ist ökologisch-umweltfreundlich hergestellt) versucht, eine Antwort zu geben:

In seinem Buch **Es war einmal ein Zweimal** erzählt Rolf Vogt die Geschichte eines Zweimals, das unbedingt ein Dreimal sein will. Unglücklich, nach vielen vergeblichen Veränderungsversuchen trifft es ein Dreimal, das lieber ein Einmal sein möchte. (Hier geht es nicht um ein verbales Verwirrspiel, sondern um bärenhaft aussehende Figuren, die auf dem Kopf abnehmbare farbige Zackenhörner tragen.) Sie überlegen, probieren und tauschen ihre Hörner solange, bis sie endlich zufrieden sind. Doch dann begegnen sie dem Viermal, das sie beide übertrifft. An dieser Stelle endet die Geschichte. Die Gefühls- bzw. Stimmungslage dieser bärenstarken Wesen wird durch die cartoonähnlichen Buntstiftzeichnungen exakt getroffen, wobei der wortspielerische Text die Bildaussage verstärkt. Am Ende können Kinder wie Erwachsene diese Bildergeschichte beliebig fortsetzen, wieder von vorne beginnen oder darüber gar ins Philosophieren geraten.

👬 Nach der vertiefenden verbalen Auseinandersetzung wollen die Kinder die Geschichte unbedingt im spontanen Rollenspiel nachahmen. Zackenhörner sind schnell aus Papprollen hergestellt. So kann unter Einbeziehung von Farbfolien, Folienstiften, eines Overheadprojektors die Bildergeschichte als Schattenrollenspiel inszeniert und anderen Kindern vorgeführt werden.

👬 Reizvoll kann auch ein Spiegel-Bilderbuch sein. Dazu werden zwei oder mehrere Spiegelkacheln (aus dem Baumarkt) an den Seiten auf beiden Flächen mit Textilklebeband verbunden (Leporellofaltung). Durch Ausprobieren finden Kinder vielseitige Stellungen und Perspektiven (*Wie oft gibt es mich?*). Das Verkleiden vor und auf Spiegelflächen oder Zerrspiegeln bietet ebenfalls großen Anreiz für eine neue Wahrnehmung von gewohnten Bewegungsmustern.

1. Eine gute Fee bietet Ihnen an, von drei Wünschen einen zu erfüllen. Stellen Sie diesen Wunsch in Ihrer Lerngruppe pantomimisch vor, z. B.:
  – *Sie wollen Ihr Aussehen/Auftreten verändern, wer/was möchten Sie sein?*
  – *Sie wollen eine Heldin/ein Held werden, mit welcher Tat?*
  – *Sie wollen lernen, Ihre Meinung zu vertreten, welche, wie?*

Impulse:

2. Wählen und bestimmen Sie gemeinsam (Lerngruppe/Lehrerin) die Inhalte des Unterrichtsfaches Deutsch/Kinderliteratur. Verfahren Sie dabei nach den Prinzipien von Mitbestimmungsprozessen:

- *Bedürfnisse bewusst machen; z. B. Vier-Ecken-Spiel (jede Ecke diskutiert ein zugeordnetes Statement)*
- *Informationen einholen; z. B. Literatur-/Materialsammlung erstellen, Fragebogen und Gespräche auswerten*
- *Meinungen bilden; z. B. Wandzeitung anfertigen, Dikussionen führen*
- *Entscheidungen treffen; z. B. Meinungspunkte verteilen, Meinungsfelder markieren und besetzen*

3. Diskutieren Sie in der Lerngruppe das Bilderbuch **Juul** von de Maeyer/Vanmechelen. Setzen Sie inhaltliche Schwerpunkte. (z. B.: Wer ist das Opfer? Wer sind die Täter? Was ist Mobbing? Welche Intention verfolgt die künstlerische Gestaltung? Welche Rezeptionsmöglichkeiten kommen in Betracht?)

4. Analysieren Sie das Bilderbuch **Flix** von Tomi Ungerer. Welche Auswirkungen hat die Heldentat eines Außenseiters auf gesellschaftliche Werthaltungen?

5. Das Bilderbuch **Was ist dir lieber?** von John Burningham wurde 1980 mit dem Deutschen Bilderbuchpreis ausgezeichnet und erschien 1992 in fünfter Auflage. Warum kann dieses beliebte Bilderbuch als positives Beispiel für die Förderung der kindlichen Persönlichkeitsentwicklung beurteilt werden?

6. Werben Sie für sich selbst:
- Antworten Sie auf ein Stellenangebot.
- Schreiben Sie einen Lebenslauf.
- Verfassen Sie eine Stellenanzeige.

> **Kindergartengruppe sucht:**
> **1 Erzieherin/Erzieher**
> **als Gruppenleitung**
> **1 Kinderpflegerin/Kinderpfleger**
> **als Gruppenzweitkraft**
> (Berufsanfänger/Berufsanfängerinnen bevorzugt)
> **bietet:**
> Konzept der offenen Arbeit;
> kooperative Teamarbeit;
> flexible Öffnungszeiten; Tariflohn
> **Bewerbungen bis zum 30.02.2000**
> **an:**
> Kindergarten X-beliebig,
> Überraschungsstr. 1,
> 23456 Glückstadt.

Gewusst wie

Stellenanzeige

1. In welcher Zeitung soll die Anzeige erscheinen? (Tages-, Wochen-, periodische Fachzeitung; in welchem Verbreitungsgebiet; in welcher Auflagenstärke; wie ist der Anzeigenteil der Zeitung gegliedert; wann ist der nächste Erscheinungstermin; welche Kosten entstehen; Vergleichsangebote einholen)

2. Platzierung der Stellenanzeige: An welcher Stelle; mit/ohne Schlagzeile; mit Formeln oder Gags; in welcher Größe?

3. Gestaltung der Anzeige: Welche Angaben sind notwendig; Reihenfolge der Informationen; besonders wichtige Aussagen hervorheben; gefälliges Schriftbild wählen; ggf. gebräuchliche Abkürzungen verwenden

Bewerbung	2. Januar ....
1. Vor-/Zuname, Anschrift, Telefonnummer 2. Ort, Datum des Schreibens	Sonja Sonnenschein Himmelstraße 1 65432 Überall Tel.: (10 00 01) 20 00 02
3. Name/Anschrift des Empfängers	Kindergarten X-beliebig Überraschungsstr. 1 23456 Glückstadt
4. Betreff (stichwortartige Angabe zum Anlass des Schreibens)	Bewerbung um Einstellung als Kinderpflegerin (Gruppenzweitkraft) Ihre Anzeige im Glücksboten vom 10. Dezember ....
5. Anredeformel (ggf. persönliche Anrede, wenn einem der Empfänger bekannt ist)	Sehr geehrte Damen und Herren,
6. Text/Inhalt: Bewerbungsformel	hiermit möchte ich mich auf die von Ihnen ausgeschriebene Stelle als Kinderpflegerin (Gruppenzweitkraft) im Kindergarten X-beliebig bewerben.
Hinweis auf Gründe für die Bewerbung geben; Hinweise auf Ausbildung, Berufstätigkeit,	Die zweijährige Ausbildung zur staatlich geprüften Kinderpflegerin habe ich im Juli 1998 am Berufskolleg Überall mit Erfolg abgeschlossen. Die Ausbildungspraktika habe ich in einer Familie mit fünf Kindern und einer Kindertagesstätte mit 75 Kindern erfolgreich absolviert.
	Im August 1998 habe ich als Betreuerin an einer vierwöchigen Ferienmaßnahme für Kinder (6–10 Jahre) teilgenommen. Seit September 1998 arbeite ich ehrenamtlich als Kinderbetreuerin in einer Familienbildungsstätte.
besondere Kenntnisse sowie berufliche Fähigkeiten formulieren; eventuell Erwartungen an die neue Stelle wie Arbeitsklima, Gehalt, Arbeitszeitwunsch, Tätigkeit etc.; einen Vorstellungstermin erbitten,	Während meiner Ausbildung hatte ich Gelegenheit, mich mit dem Konzept der offenen Arbeit vertraut zu machen. Ich interessiere mich außerdem für eine kooperative Arbeit im Team.
	Über eine Einladung zu einem persönlichen Gespräch würde ich mich sehr freuen.
7. Grußformel 8. Unterschrift mit Vor- und Zuname	Mit freundlichen Grüßen *Sonja Sonnenschein*
9. Anlagen: (konkret benennen, einzeln auflisten, niemals Originalzeugnisse einsenden)	Anlagen: 1 Zeugniskopie 1 Lebenslauf 2 Praktikumsbescheinigungen 2 Bescheinigungen über Betreuungstätigkeiten

(Hinweis: *Das Bewerbungsschreiben vermittelt dem Empfänger einen ersten Eindruck. Meist liegen mehrere Bewerbungen vor, die miteinander verglichen werden. Deshalb: sachlich, klar, knapp formulieren; fehlerfrei in Rechtschreibung und Zeichensetzung sein; ggf. die Bewerbung jemandem zur Korrektur vorlegen*)

Tabellarischer Lebenslauf

Persönliche Daten	**Name**	Sonja Sonnenschein
(freiwillig: Angaben zu Eltern und	**Adresse**	Himmelstraße 1
Geschwistern)		65432 Überall
	geboren am/in	11. November 1980, Überall
	Familienstand	ledig
Schulbildung:	**schulischer Werdegang**	
Zeit, Ort des Schulbesuches, Schulart,		August 1986 bis 1990
abgelegte Prüfungen		Grundschule Überall
		August 1990 bis 1995
		Hauptschule Überall
	Qualifikation	Hauptschulabschluss
Berufsbildung:	**beruflicher Werdegang**	
Zeit, Ort, abgelegte Prüfungen (bei		August 1996 bis Juli 1998
der Berufsausbildung)		Berufsfachschule
		Fachrichtung Kinderpflege
		Berufskolleg Überall
	Qualifikation	Fachoberschulreife, Sekundarabschluss I
		staatlich geprüfte Kinderpflegerin
Berufstätigkeiten:		August 1998
lückenlose Übersicht, genaue Angaben		Gruppenbetreuerin bei der
zu Zeiten, Tätigkeiten und Arbeit-		Stadtranderholung der Stadt Überall
gebern		
		seit September 1998
		Kinderbetreuerin der Familienbildungs-
		stätte der Stadt Überall
Fortbildungen:	**weitere Fortbildungen**	
besondere Kurse, Lehrgänge, Kennt-		Grundkurs „Umgang mit dem
nisse, Qualifikationen, Fertigkeiten etc.		Computer", Volkshochschule Überall
Interessen, Neigungen, Hobbies,	**persönliche Interessen**	
Berufswunsch etc.		Gitarre spielen, Schwimmen
Datum, Unterschrift	Überall, den 2. Januar 19 ..	*Sonja Sonnenschein*

Verwendete Bilderbücher:
Burningham: **Was ist dir lieber,** Sauerländer, Frankfurt 1992 '5; Heidelbach: **Ein Buch für Bruno,** Beltz & Gelberg, Weinheim 1997; Lionni: **Swimmy,** Gertrud Middelhauve, München 1964; de Maeyer/Vanmechelen: **Juul,** anrich, Weinheim 1997; Oeser: **Bertas Boote,** Peter Hammer, Wuppertal 1997; Scheffler/Blake: **He Duda,** Beltz & Gelberg, Weinheim 1992; Rowe: **Schmutzfink,** Neugebauer, CH-Gossau 1997; Solotareff: **Du groß, ich klein,** Moritz, Frankfurt 1996; Vogt: **Es war einmal ein Zweimal,** Garbe, Nürnberg 1995

Weitere Bilderbücher:

Allan: **Benimmbuch für kleine Ferkel,** *Gerstenberg, Hildesheim 1995; Auer:* **Der dreckige Prinz,** *K. Thienemanns, Stuttgart 1996; Boddin:* **Fritz,** *Gertrud Middelhauve, München 1996; Bauer/Boie:* **Kein Tag für Juli,** *Beltz & Gelberg, Weinheim 1998; Bauer/Boie:* **Juli der Finder,** *Beltz & Gelberg, Weinheim 1992; Bauer/Boie:* **Juli wird Erster,** *Beltz & Gelberg, Weinheim 1993; Boujou:* **Schmeckt's Herr Hase?,** *Moritz, Frankfurt 1996; Braun/Wolters:* **Das große und das kleine NEIN,** *Verlag an der Ruhr, Mülheim 1991; Buchholz/Mebs:* **Die Sara, die zum Circus will,** *Sauerländer, Frankfurt 1990; Cannon:* **Stella Luna,** *Carlsen, Hamburg 1994; Cannon:* **Verdi,** *Carlsen, Hamburg 1998; Corentin:* **Die kleine Rette-sich-wer-kann,** *Moritz, Frankfurt 1997; Cutler/ Munoz:* **Doris,** *Sauerländer, Frankfurt 1995; Ellwand:* **Baby strahlt, Baby weint,** *Moritz, Frankfurt 1997; Enders/Wolters:* **Schön blöd,** *anrich, Weinheim 1988; Enders/Wolters:* **LiLoLe Eigensinn,** *anrich, Weinheim 1987; Enders/ Wolters:* **Wir können was, was ihr nicht könnt,** *anrich, Weinheim 1987; Engelbert:* **Ich bin König,** *Moritz, Frankfurt 1996; Heine:* **Der Superhase,** *Gertrud Middelhauve, München 1978; James:* **Sally und die Napfschnecke,** *Beltz & Gelberg, Weinheim 1995; Laurence/Baronian:* **Du wirst König, basta!,** *ars edition, München 1996; Lionni:* **Das kleine Gelb und das kleine Blau,** *Friedrich Oetinger, Hamburg 1982; McKee:* **Elmar,** *K. Thienemanns, Stuttgart 1993; Moost/Rudolph:* **Alles meins,** *Esslinger, Esslingen 1996; Muggenthaler:* **Der Schäfer Raul,** *Peter Hammer, Wuppertal 1997; Oomen:* **Sami kann das selbst,** *Carlsen, Hamburg 1996; Rascal:* **Tinka,** *Moritz, Frankfurt 1995; Rowe:* **Raben-Baby,** *Michael Neugebauer, 1994; Ruprecht:* **Der Gelbschnabelrabenaffennasenzauber,** *K. Thienemanns, Stuttgart 1997; Schami:* **Der Schnabelsteher,** *Nord-Süd-Verlag, CH-Gossau 1997; Schami/Erlbruch:* **Das ist kein Papagei,** *Carl Hanser, München 1994; Schmidt:* **Ich bin schon ein großer Hase,** *Stalling, o. O. 1986; Schössow:* **Ich, Kater Robinson,** *Carlsen, Hamburg 1995; Schubert:* **Irma hat so große Füße,** *Sauerländer, Frankfurt 1986; Sodtke:* **Wer baut denn hier 'nen falschen Schneemann?,** *Lappan, Oldenburg 1997; Teuter/Krömer:* **Alicia und Emanuel,** *alibaba, Frankfurt 1997; Ungerer:* **Flix,** *Diogenes, CH-Zürich 1997; de Vreis/Spetter:* **Hoch soll ich leben,** *Esslinger, Esslingen 1996; Widerberg/Tidholm:* **Heute schlafe ich bei Frederik,** *Ravensburger Buchverlag Otto Maier, Ravensburg 1993*

Zum Weiterlesen:

Baum: **Messer, Gabel, Schere, Licht – warum denn nicht?,** *Kinder lernen spielerisch die Gefahr einschätzen, Herder, Freiburg 1997; Anne Oehm:* **Vorbilder und Modellsituationen in Kinderbüchern,** *Leitartikel des Buchbesprechungsdienstes, Hrsg. Deutsches Jugendmedienwerk e. V. Mainz, o. J.; Walther:* **Ich,** *Kinder werden selbstbewusst und tolerant, Herder, Freiburg 1997*

3.9 Kannte Noah den Nikolaus? Religiöses im Bilderbuch

- Wo wohnt der liebe Gott?
- Bilderbücher erzählen Geschichten aus der Bibel
- Bibeln für Kinder

Wo wohnt der liebe Gott?

Oder: *„Hat der liebe Gott auch eine Mama?"* Hinter diesen philosophisch wirkenden Fragen, die meist im Kindergartenalter beginnen, steckt häufig mehr kindliche Denkarbeit als vermutet. Bei dem Versuch, Fragen zu beantworten, reagieren Erwachsene häufig verlegen, unsicher oder ausweichend. Dabei schadet es nicht, wenn Kinder spüren, dass es auf Fragen nach dem Sinn, den Zusammenhängen und Hintergründen des Lebens keine eindeutigen und beweisbaren Antworten gibt. Kinder brauchen in diesem Fall keine fertigen Antworten, sondern vielmehr einen erwachsenen Zuhörer, der sie bereitwillig auf dem Weg des Nachdenkens begleitet.

Mit Fragen wie: *„Müssen wir sterben, wenn das Atomkraftwerk in Tschernobyl in die Luft fliegt?"* oder *„Warum tut ihr nichts gegen das Ozonloch?"* drücken ältere Kinder einerseits ihre Betroffenheit, Angst, Trauer oder Wut aus. Zum anderen wollen sie die Einstellungen und Haltungen des Erwachsenen herausfinden. Auch auf diese elementaren oder existentiellen Fragen erwartet das Kind nicht unbedingt sachlich logische Erklärungen, sondern den teilnahmsvollen Erwachsenen, der durch sein vorbildhaftes, glaubwürdiges Verhalten im Alltag dem Kind ein verständnisvolles Vorbild ist und Perspektiven aufzeigt.

Religiöse Erziehung sollte auf Glaubens- und Existenzfragen so eingehen, dass sie die Persönlichkeitsentwicklung des Kindes unterstützt. Das Vertrauen zum Leben soll geweckt, begründet und gefördert werden. Mit dieser Sicherheit können Kinder ermutigt werden, emotionale Beziehungen zu entwickeln und freundschaftliche Bindungen aufzubauen. Gott als Basis dieses Vertrauens zu vermitteln, darf nicht in Form von moralisierender Belehrung oder dem Zitieren von frommen Glaubenssätzen geschehen, sondern nur durch eine vorgelebte Glaubwürdigkeit des Erwachsenen. Eine so verstandene religiöse Erziehung ist lebens- und situationsorientiert und kann mit Hilfe von Bildern, Geschichten, Spielen, Festen und Feiern Neugierde wecken und Kinder auf Gott hinweisen.

Bilderbücher erzählen Geschichten aus der Bibel

Aus der Bibel leitet sich die christliche Glaubensbotschaft ab, die eine Orientierung für die religiös-christliche Erziehung darstellt. Die Bibel ist eine Sammlung von unterschiedlichsten Textarten und aufgrund dieser Tatsache für Kinder nur bedingt geeignet.

Unter den vielen Geschichten der Bibel eignen sich nur wenige für Kinder. Viele Geschichten sind voller Symbolik, z. B. Himmelfahrt, Paradies, Wunder. Diese Symbolik wird völlig missverstanden, wenn sie, wie Kinder es im magischen Alter tun, als äußere Beschreibung realer Gegebenheiten wahrgenommen wird. Bei der Auswahl und Vermittlung von Geschichten sollte deshalb darauf geachtet werden, dass die biblische Überlieferung und die heutige Lebenssituation des Kindes in einen sinnvollen Bezug gesetzt werden. Mit eher abstrakten oder symbolischen Vorstellungen wie z. B. „Himmel" oder „Hölle" sind jüngere Kinder in der Regel überfordert. Biblische Geschichten sind vielmehr als Vorgabe zu verstehen, dem Kind Motive und Impulse zu geben, die als Orientierung bei der Bewältigung von eigenen Erfahrungen helfen, neue Lebensperspektiven zu erschließen und christliche Werte zu vermitteln.

Um Kinder mit biblischen Texten vertraut zu machen, sollte der erwachsene Vermittler die Bild- und Textaussagen mit ihrer christlichen Botschaft vertreten können.

In Anlehnung an den biblischen Schöpfungsbericht (1. Mose 1–2) gestalteten Nick Butterworth/Mick Inkpen das Spiel-Bilderbuch **Wunderbare Welt.** Das Bilderbuch beginnt zunächst mit einer großen schwarzen Doppelseite, denn der Bibeltext sagt: *Die Erde war wüst und leer und es war finster auf der Tiefe.* Gestanzte Öffnungen, Türen zum Aufklappen, Zieh- und Drehvorrichtungen führen im weiteren Verlauf der Geschichte zu verblüffenden Veränderungen, die aus dem dunklen Nichts eine schöpferische Vielfalt entstehen lassen: Pflanzen, Fische, Vögel und mittendrin ein Löwe mit seinem dreidimensionalen, weit aufgerissenen Maul. Die Tierdarstellungen der Autoren sind lustig, humorvoll, teilweise überzogen. Die lockere Sprache mit ihren bildhaften Vergleichen passt sich dem comicähnlichen Stil an. Da wird z. B. der Schnabel des Pelikans mit einer Einkaufstasche verglichen oder der Wechsel der Jahreszeiten durch das Zur-Seite-Schubsen des Nordpols erklärt. Am Ende der Schöpfungsgeschichte *schuf Gott der Herr den Menschen* – eine Spiegelfolie macht den Betrachter des Buches sichtbar und bindet ihn so auf indirekte Weise in die Schöpfungsgeschichte mit ein. Es folgt eine kleine Bildreihe, die durch Aufklappen von Öffnungen das verantwortungslose Handeln des Menschen gegenüber seiner Umwelt verdeutlicht und gleichzeitig dazu auffordert, sich selbst zu ändern, um die Welt vor ihrer Zerstörung zu bewahren.

Die spielerischen Effekte fordern Kinder nicht nur visuell zum Mitmachen auf. Sie kommen vielmehr auch ihrer Entdeckerfreude sehr entgegen. Auf diese originelle Weise wird besonders jüngeren Kindern die Schöpfungsgeschichte lebendig vermittelt. Durch seinen zeitnahen Bezug fordert dieses Buch Kinder dazu auf, selbst einen Beitrag zum Schutz der Umwelt zu leisten.

↟↟ Im Gespräch werden Kinder für die Verantwortung gegenüber der Natur zunächst sensibilisiert. Es folgen weitere praktische Maßnahmen, z. B. Anlegen eines Teiches, Gartenbau, Vogelfütterung, Baumpatenschaft etc.

↟↟ Gemeinsam kann die Schöpfungsgeschichte durch „Szenarien-Kästen" (s. S. 204) bildnerisch dargestellt werden: In senkrecht aufgestellten Kartons wird aus unterschiedlichen Materialien jeweils ein Schöpfungstag gestaltet.

Jane Ray wendet sich mit ihrem Bilderbuch **Noahs Arche** an ältere Kindergartenkinder. Leuchtende Bilder umrahmen und begleiten den vereinfachten Text, der in starker Anlehnung an die biblischen Worte, märchenhaft wirkt: *Gott sah, dass die Menschen auf der Erde böse waren und es tat seinem Herzen weh. Und Gott sagte: Ich will die Menschen, die Tiere, das Gewürm und die Vögel des Himmels von der Erde vertilgen, denn es reut mich, dass ich sie gemacht habe …*

Die Illustrationen entsprechen dieser märchenhaften Ausdrucksweise, stellen aber gleichzeitig durch ihre authentische Darstellung einen aktuellen Bezug her: Brandrodung der Wälder, Streit der Menschen, Luftverschmutzung, Ausrottung der Tierwelt. Jane Ray verleiht Gott in ihrer Darstellung ein menschliches Gesicht, umgeben von gelbroten Sonnenstrahlen und agierenden Händen. Jane Rays menschliche Figuren und Tiere sind stark stilisiert und ornamental angeordnet, eingerahmt in folkloristische Muster, die an italienische Fresken oder arabische Webkunst erinnern. Die Sintflutgeschichte endet friedlich und harmonisch mit einem archaischen Bild des Lebenskreislaufs und dem entsprechenden Bibeltext: *Und solange die Erde besteht, sollen nicht aufhören Saat und Ernte, Kälte und Hitze, Sommer und Winter, Tag und Nacht.* Indirekt werden mit dieser hoffnungsweisenden Aussage Kinder und Erwachsene dazu aufgerufen, das Leben zu achten und die Schöpfung zu bewahren.

🚶🚶 In Partnerarbeit entwerfen die Kinder ein Tierpaar. Die Entwürfe werden als Pappschablonen ausgeschnitten und mehrfach aufgedruckt. Viele Tierformen lassen ein großes Gemeinschaftsbild von Noahs Arche entstehen.

🚶🚶 Als weiterführende Bildbetrachtung (s. S. 156) kann mit den Kindern das Bild *Die Arche Noah* des berühmten Malers Marc Chagall erarbeitet werden.

Das Extrabuch

Der Krieg und sein Bruder

von Antoni Boratynski/Irmela Wendt, Patmos, 1991

Der Krieg als personifizierter Ritter mit unbeweglicher Miene, in stählerner Rüstung, der seit tausenden von Jahren Tod, Elend und Schrecken verbreitet, sucht seine Erlösung. Er nimmt Urlaub, lässt die Zeituhr rückwärts laufen, um seinen Ursprung zu finden: *...und immer wusste er noch nicht, wer er eigentlich gewesen war, bevor er der Krieg wurde.* Er begegnet einem Mann und erkennt sich selbst in ihm als Kain wieder. Als er seinen erschlagenen Bruder Abel findet, kann er endlich seine kriegerische Identität ablegen. Mit dem Tod des Krieges und der gleichzeitigen Wiedergeburt Kains als Mensch beschließen die Mächtigen eine weltweite Abrüstung, dargestellt als Sarg, in dem alle Waffen versenkt werden. Die Geschichte endet mit einer hoffnungsvollen Vision: *Am Ende scharten sich die Menschen um einen Mann, der nannte sich Bruder, der erzählte, wie der Krieg erlöst wurde.*

Die faszinierenden Illustrationen Boratynskis verdeutlichen die zeitlose Gültigkeit der alttestamentlichen Kain und Abel-Geschichte. Mit dieser verbildlichten Biografie des Krieges erhalten Kinder und Erwachsene Gefühls- und Denkanstöße, die ihnen die Sinnlosigkeit von Krieg und Zerstörung verdeutlichen. Der begleitende Text ist in seiner literarischen Aussage für jüngere Kinder nicht leicht verständlich. Er wirkt ernst, stellenweise poetisch und verleiht der Geschichte einen mythischen Charakter.

🚶🚶 Die gegensätzliche Verbindung von Kain und Abel bzw. Krieg und Frieden ist auch im Bewusstsein von Kindern, die mit dieser brutalen Realität fast täglich medial konfrontiert werden. Zu aktuellen Ereignissen können „Krieg" und „Frieden" mit Hilfe von Zeitungsausschnitten als Personen plastisch dargestellt werden. Im anschließenden Rollenspiel und gemeinsamen Gespräch können sich die Kinder mit diesem sensiblen Thema auseinandersetzen.

Immer wieder sind die christlichen Feste, insbesondere das Weihnachtsfest, Anlass, Bilderbücher mit ungewöhnlichen Gestaltungstechniken und in neuen Stilrichtungen auf den Markt zu bringen. Gerade bei religiösen Themen ist hier allerdings besondere Vorsicht geboten, da der biblische Inhalt im Mittelpunkt stehen sollte und auf bildnerisch-technische Raffinesse mit Effekthascherei verzichtet werden sollte.

Eine leise, nachdenklich stimmende Weihnachtsgeschichte erzählt Renate Schupp mit Bildern von Ivan Gantschev: **Das Weihnachtsschiff.**

Milena und ihr Großvater, die wegen des Krieges ihre Heimat verlassen mussten, leben mit anderen Heimatlosen in einer fremden Stadt. Es ist kurz vor Weihnachten und der Großvater möchte seiner Enkelin eine Freude machen. Sie wandern durch die Stadt und gelangen zu einem Bootsanleger, wo ein Ausflugsdampfer zum Jahresende seine letzte Fahrt anbietet. Diese Fahrt auf dem *Weihnachtsschiff* wird für Milena zum schönsten Geschenk. In der Abenddämmerung erzählt der Großvater die Weihnachtsgeschichte. Die zarten Aquarelle Gantschevs lassen Traumbilder von der Geburt Jesus wie eine Fata Morgana aus blaugetöntem Wasser, Eis und Nebel am Ufer des Sees vorüberziehen.. Sie vermitteln eine intensive Stimmung und verleihen der Weihnachtsbotschaft auf indirekte Weise aktuelle Bezüge. Das Ende der Geschichte bleibt offen, aber nicht ohne Hoffnung: ... *denn wer in der heiligen Nacht eine Sternschnuppe sieht, der darf sich etwas wünschen.* Eine gefühlvolle Geschichte, die Kindern durch die Identifikation mit Milena einen Zugang zum Weihnachtserleben öffnet.

†‡ Im Anschluss an diese Bilderbuchgeschichte können die Kinder über mögliche Wünsche von Milena und ihrem Großvater sprechen, aber auch ihren eigenen Weihnachtswunsch nennen. Es können „Wunschbilderzettel", „Wunschbilderbriefe" oder „Wunschbilderbücher" gemeinsam angefertigt oder verschickt werden.

Auf unkonventionelle Weise erzählen Philipp Wegenast/Martin Baltscheit das biblische Gleichnis vom verlorenen Sohn in der Bilderbuchgeschichte **Lukas haut ab.** Die umgangssprachliche Aussage im Titel weist bereits auf den Handlungsverlauf hin, der den immerwährenden Generationskonflikt in die heutige Zeit überträgt: *Lukas hat die Nase voll. Jeden Tag dasselbe: Aufstehen, anziehen, Schule, Hausaufgaben, aufräumen, in der Küche helfen. Lukas tu dies! Lukas tu das!* Er packt seine Sachen und geht weg. Er will sich nicht länger herumkommandieren lassen. Mit dem gestohlenen Geld der Mutter kann er sich nun alles kaufen: Hamburger, Karusselfahren und Freunde. Doch das Vergnügen ist kurz. Mit dem Geld verschwinden auch seine neuen Freunde. Er fühlt sich einsam und beginnt nachzudenken. Er beschließt, nach Hause zurückzukehren, wo er wieder freudig aufgenommen wird. Nur seine Schwester Lisa begegnet seiner Heimkehr mit anderen Gefühlen.

Die exzentrischen Illustrationen Baltscheits machen die Geschichte des verlorenen Sohnes zu einer zeitgenössischen Parabel (= lehrhaftes Gleichnis). Kantig-verzerrte Comicfiguren mit Denk- und Sprechblasen in schrägen Perspektiven zeigen den emotionalen und sozialen Konflikt, in dem sich Lukas befindet. Die Verwendung von stark plakativen Farbkontrasten mit schwarz konturierten Bilderfolgen verstärkt den Eindruck dieser ungewöhnlichen Darstellung, von der eine explosiv aggressive Wirkung ausgeht. Der Text ordnet sich den Bildern unter, passt sich aber stilistisch der Sprache junger Ausreißer an.

Nur im Nachwort für den erwachsenen Leser, vom Religionspädagogen Wegenast geschrieben, wird das biblische Gleichnis mit der aktuellen Lukas-Bildergeschichte in einen situativen Kontext gestellt.

⚐ Bei der Bearbeitung des Bilderbuches mit jüngeren Schulkindern sollte das letzte Bild der Geschichte (Lukas und Lisa essen gemeinsam Kekse) zunächst nicht gezeigt werden. Die Kinder erzählen, schreiben oder malen ihre eigene Fortsetzung der Heimkehrgeschichte.

Bibeln für Kinder

Die Bibel spricht viele Sprachen. Sie hat viele Verfasser aus ganz verschiedenen Zeiten, die mit ihren Aussagen unterschiedliche Ziele und Absichten verfolgten. Die Verfasser der Bibel haben sich vielfältiger Ausdrucksmittel und Stilformen bedient.

Zeitgemäße Bibelbearbeitungen weisen unterschiedliche Ansätze auf, die einerseits bekenntnishafte, andererseits kritisch-intellektuelle Aspekte berücksichtigen. Um Manipulationen zu vermeiden, muss die Bearbeitung von Bibeln für Kinder verantwortungsbewusst vorgenommen werden. Die Auswahl und Adaption der biblischen Texte sollte den jeweiligen Entwicklungs- und Erfahrungsstand der Kinder berücksichtigen. Symbolisch verschlüsselte Inhalte sollten so gedeutet werden, dass ein Bezug zur Realität der Kinder deutlich wird. Dabei unterliegen Neubearbeitungen von Kinder- und Jugendbibeln der Beeinflussung steter gesellschaftlicher Veränderungsprozesse.

Die große Ravensburger Kinderbibel von Ulises Wensell/Thomas Erne/Marie-Hélène Delval macht schon durch ihre umfangreiche Illustration biblische Geschichte für Kinder lebendig. Die Auswahl der Texte aus dem Alten Testament beschränkt sich auf die Schöpfungsgeschichte, die Geschichte von der Sintflut, dem Turmbau zu Babel. Im Weiteren werden die bekannten Geschichten von Abraham, David und Goliath, Jona und Daniel in der Löwengrube erzählt. Ebenso erfolgt in chronologischer Reihenfolge eine Auswahl von Jesus-Geschichten aus dem Neuen Testament. Der Text lehnt sich stark an das biblische Vorbild an, wobei fremde Begriffe bzw. veraltete Formulierungen durch anschauliche Erklärungen bzw. durch kindgemäße bildhafte Ausdrücke ersetzt werden. Die Illustrationen des Spaniers Wensell zeugen von theologischem Sachverstand. In seinen stark farbakzentuierten Zeichnungen und Aquarellen drückt er die Gefühle und Stimmungen der Protagonisten aus und vermittelt Kindern damit eine gute Identifikationsmöglichkeit.

Diese kindgerecht gestaltete Kinderbibel spricht aufgrund ihrer Textauswahl und sprachlichen Klarheit bereits ältere Kindergartenkinder und Erstleser an.

👫 Bei der Rezeption sollte der Erwachsene eine situationsbezogene Auswahl der Texte aus dem Alten oder Neuen Testament vornehmen. Situative Anlässe können z. B. christliche Feste im Jahreslauf, Sozialisationskonflikte in der Gruppe, existentielle Fragen oder Probleme u. a. mehr sein. Durch gemeinsame Gespräche, Rollenspiele oder bildnerische Darstellungsformen können Kindern die religiösen Aussagen oder Deutungen erschlossen werden.

Mit Gott unterwegs von Regine Schindler/Stepan Zavrel richtet sich nicht nur an Kinder, sondern auch an Erwachsene. Äußerlich beeindruckt diese Kinderbibel durch ihre aufwendige kostbare Ausstattung: Großformatig (24 x 28 cm) in Leinen gebunden, mit farbig illustriertem Schuber, zwei Lesefäden, Vierfarbdruck auf edlem Papier. All dies unterstreicht die Besonderheit des Buches.

Die Schweizer Theologin und Autorin Regine Schindler hat bei der Auswahl der biblischen Texte darauf geachtet, dass der Umfang der exemplarischen Geschichten aus dem Alten Testament in etwa dem der Geschichten aus dem Neuen Testament entspricht. Bemerkenswert dabei ist, dass sie auch Lebensschicksale von Frauen aufgenommen hat, z. B. von Mirjam, Naomi und Rut, Rahel und Lea. Regine Schindler versteht es, die komplexen Geschichten auf das Wesentliche zu reduzieren, sie poetisch zu erzählen und in einer für Kinder fassbaren Sprache zu interpretieren. Dialoge tragen zur Lebendigkeit der Erzählungen bei. Verschiedene Erzählperspektiven bieten Kindern Möglichkeiten der Identifikation und übertragen das biblische Geschehen in einen aktuellen Kontext. Die ausdrucksstarken, doppelseitigen Gouache-Malereien (= französische Malerei mit Wasserdeckfarben) des tschechischen Künstlers Zavrel veranschaulichen die Erzählungen. Sie lassen aber auch Raum für eigene Vorstellungen. Darüber hinaus tragen eingeklinkte Vignetten von historischen Gegenständen, sowie Elemente aus der ägyptischen Kunst dazu bei, gesellschaftliches Leben der biblischen Zeit anschaulich zu machen. Auf diese Weise wird Kindern Kunst- und Kulturgeschichte vermittelt.

👫 Bei Schulkindern mit biblischen Grundkenntnissen können z. B. Rätselaufgaben helfen, Zusammenhänge zwischen einzelnen Geschichten leichter herzustellen, aber auch biblische Kenntnisse spielerisch zu erwerben, z. B.: Jeweils zwei der folgenden Personen gehören in der Bibel zusammen. Welche sind es: Abraham, Adam, Elisabeth, Eva, Lea, Maria, Noomi, Rahel, Rut, Sara?

1. Definieren Sie anhand der Geschichte: **Nikolaus von Myra** charakteristische Merkmale der Textarten: Biblische Geschichte, Märchen, Legende.

Impulse:

> In den Tagen, da Nikolaus Bischof von Myra war, trug es sich zu, dass eine Hungersnot über das Land Lyzien kam. Drei Jahre war kein Regen gefallen; die Kühe fanden kein Gras und gaben keine Milch mehr, und sie starben auf den trockenen Wiesen dahin. Auf den Äckern verdorrte das Getreide, so dass man kein Brot mehr backen konnte. Die Menschen wurden mager und matt vor Hunger; nur mühselig schleppten sie sich abends zur Kirche, um zusammen mit Bischof Nikolaus Gott um Hilfe anzurufen.
>
> Da lief eines Tages ein Kornschiff aus Ägypten in den Hafen von Myra ein. Die Leute freuten sich und wollten den Schiffern Korn abkaufen, um ihren Hunger zu stillen, der Kapitän aber sagte: „Ihr Leute von Myra! Das Korn ist nicht für euch bestimmt, sondern für den Markt von Konstantinopel. Gleich morgen früh, wenn wir unsere Segel ausgebessert haben, müssen wir wieder ablegen und nach Konstantinopel weiterfahren." Da weinten die Leute laut, gingen zu Bischof Nikolaus und erzählten, was sie im Hafen gesehen und gehört hatten.
>
> Nikolaus kam herunter zum Kai und rief den Kapitän zu sich. Der Kapitän sprach: „Es ist wie ich den Leuten gesagt habe: Das Korn ist nicht verkäuflich. Ich muss es abliefern, und wenn mein strenger Herr in Konstantinopel die Säcke zählt und das Getreide nachwiegt, und es fehlt auch nur ein einziges Lot, so wird er mich ohne zu zögern ins Meer werfen."
>
> Nikolaus antwortete: „Du brauchst nichts zu fürchten. Gib uns einige Säcke von deinem Getreide, und du wirst sehen, dass dir kein Haar gekrümmt wird!"
>
> Da erbarmte sich der Kapitän, sagte: „Ich will dir vertrauen", und gab den Matrosen ein Zeichen, sie sollten zwölf Säcke abladen und vor dem Bischof niederlegen. Nikolaus umarmte den Kapitän und dankte ihm. Dann ließ er elf Säcke in die Mühle tragen, damit die Leute Mehl hätten, Brot backen und sich satt essen könnten. Den zwölften Sack gab er den Bauern; schon bald fiel wieder Regen, und sie konnten das Korn auf ihre Felder säen für die Ernte im nächsten Jahr.
>
> Als der Kapitän mit seinem Schiff in Konstantinopel ankam, zählte der Handelsherr die Säcke und ließ das Getreide sorgfältig nachwiegen. Alles stimmte, und es fehlte nichts. Da berichtete der Kapitän, was in Myra geschehen war, und alle staunten über die Wundermacht des Bischofs Nikolaus.

2. Wählen Sie einen biblischen Text aus und bereiten Sie ihn sprachlich/bildlich kindgerecht auf, z. B.: 1 Samuel 16, 1–13 (David wird König), Lukas 19, 1–10 (Zachäus-Geschichte) oder Markus 10, 46–52 (Heilung des Bartimäus).

3. Beurteilen Sie die unterschiedlichen Illustrationen der Bilderbücher, die sich mit dem Bibeltext 1. Mose, 6–8 auseinandersetzen: Cousins: **Die Arche Noah;** Fährmann/Jammet: **Wie Noah gerettet wurde;** Fuchshuber/Fusseneger: **Die Arche Noah;** Lemoine: **Noah und der große Regen;** Zwerger/Janisch: **Die Arche Noah;** (s. Analysebogen S. 45).

4. Vergleichen Sie die Geschichte vom verlorenen Sohn (Lukas 15, 11 ff) mit den Bilderbüchern: Wegenast/Baltscheit: **Lukas haut ab** und Schindler/Schmid: **Der verlorene Sohn.** Schreiben Sie kurze Inhaltsangaben (s. Gewusst wie S. 94) zu den beiden Texten. Durch welche stilistischen Mittel erhalten die biblischen Erzählungen einen zeitgenössischen Charakter?

5. Untersuchen Sie eine Bibel für Kinder unter folgenden Kriterien:
   – Welche biblischen Texte wurden ausgewählt?
   – Welche Probleme werden in den biblischen Texten thematisiert?
   – Werden die biblischen Texte in ihrer sprachlichen und bildnerischen Aussage kindgerecht umgesetzt?
   – Entspricht die Auswahl der biblischen Texte der gesellschaftlichen Situation von Kindern in der heutigen Zeit?
   – Für welche Altersstufe ist die Kinderbibel Ihrer Meinung nach geeignet?
   Stellen Sie die von Ihnen ausgewählte Kinderbibel in Ihrer Lerngruppe vor.

6. Untersuchen Sie folgende oder weitere Bilderbücher hinsichtlich ihrer religiösen bzw. christlichen Botschaften, z. B. Erlbruch/Belli: **Die Werkstatt der Schmetterlinge;** Fuchshuber: **Karlinchen;** Meißner-Johannknecht/Plöger: **Die Geschichte vom Hasen;** Sormann/Auer: **Was die alte Maiasaura erzählt** – Ein Bilderbuch über die Evolution; Sodtke: **Gibt es eigentlich Brummer, die nach Möhren schmecken?;** Joos/Rascal: **Oregons Reise.**

7. Vertiefen Sie das Thema: Religiöses in der Kinderliteratur im Unterrichtsfach: Religion.

Verwendete Bilderbücher:
*Boratynski/Wendt: **Der Krieg und sein Bruder**, Patmos, Düsseldorf 1991; Butterworth/ Inkpen: **Wunderbare Welt**, Oncken, Haan 1990; Ray: **Noahs Arche**, Kerle im Verlag Herder, 1991; Schupp: **Das Weihnachtsschiff**, Kaufmann, Lahr 1995; Wegenast/Baltscheit: **Lukas haut ab**, Kaufmann, Lahr 1997*

Kinderbibeln:
*Schindler/Zavrel: **Mit Gott unterwegs**, bohem press, CH-Zürich 1996; Wensell/Delval/Erne: **Die große Ravensburger Kinderbibel** – Geschichten aus dem Alten und Neuen Testament, Ravensburger Buchverlag Otto Maier, Ravensburg 1995*

Weitere Bilderbücher:
*Berry/Brierley: **Alles jubelt und singt**, Verlag St. Gabriel, Mödling 1994; Bollinger: **Das Buch der Schöpfung**, Herder, Freiburg 1989; Butterworth/Inkpen: **Der reiche Bauer**, Oncken, Haan o. J.; Chapman: **Das Kind von Bethlehem,***

Herder, Freiburg 1995; Cousins: **Die Arche Noah,** Sauerländer, Frankfurt 1994; Dierks/Landmann: **Miriam sucht Weihnachten,** Patmos, Düsseldorf 1994; Fährmann/Hafermaas: **Paco baut eine Krippe,** Echter, Würzburg 1993; Fährmann/Jammet: **Wie Noah gerettet wurde,** Echter, Würzburg 1994; Fussenegger/Fuchshuber: **Jona,** Tyrolia, A-Innsbruck 1996; Fussenegger/Fuchshuber: **Die Arche Noah,** Annette Betz, A-Wien 1982; Krenzer/Euler: **Ihr Hirten lauft zum Stall,** Echter, Würzburg 1993; Lemoine: **Noah und der große Regen,** Kaufmann, Lahr 1997; Quadflieg/de Paola: **Die heiligen drei Könige,** Patmos, Düsseldorf o. J.; Pfeffer/Jahr/Musenberg: **David und Saul,** Deutsche Bibelgesellschaft, Stuttgart 1996; Ray: **Die Schöpfungsgeschichte,** Herder, Freiburg 1993; Schindler/Herrmann: **Aurelius und der Schafsdieb,** Kaufmann, Lahr 1996; Schindler/Schmid: **Der verlorene Sohn,** Kaufmann, Lahr 1994; Wildsmith: **Die Ostergeschichte,** Bohem Press, 1994; Zwerger/Janisch: **Die Arche Noah,** Michael Neugebauer, CH-Gossau 1997

Weitere Kinderbibeln:
Block/Röder: **Die große bunte Kinderbibel,** Loewe, Bindlach 1993; Butterworth/Inkpen: **Von Schafen, Perlen und Häusern. Jesus erzählt,** Oncken, Haan 1995; Cratzius: **Meine große Bilderbibel,** Herder, Freiburg o. J.; Laubi/Fuchshuber: **Kinderbibel,** Kaufmann, Lahr 1992; Pilling/Mac Donald Denton: **Gutenachtgeschichten aus der Bibel,** Delphin, Köln 1993; Quadflieg/Frind: **Die Bibel.** Für Kinder ausgewählt und erläutert von Josef Quadflieg, Patmos, Düsseldorf 1994

Zum Weiterlesen:
Deutsche Akademie für Kinder- und Jugendliteratur: **Christliche Kinder- und Jugendbücher** (Katalog), 1997/98; Gellmann/Hartmann: **Wie buchstabiert man Gott?,** Carlsen, Hamburg 1996; Hofmeier: **Religiöse Erziehung im Elementarbereich** – Ein Leitfaden, Kösel, München 1987; Haug-Zapp/Mühle (Hrsg.): **Wenn Kinder nach Gott fragen,** Rowohlt, Reinbek 1995; Jäggle/Mayer-Skumanz: **Mit Kindern über den Glauben reden,** Tyrolia, Innsbruck 1994; Jüntschke: **Im Kindergarten Weihnachten erleben** – Anregungen und Vorschläge für Erzieherinnen, Kaufmann, Lahr 1995; Leewe: **Kinder brauchen biblische Geschichten,** Beitrag in der Zeitschrift: PÄD Forum 4/96, S. 349–355; Theis: **Mit Kindern über Gott reden** – Anregungen zur religiösen Erziehung, Kaufmann, Lahr 1995; Utz: **Kinder brauchen Glauben,** Beitrag in der Zeitschrift: Kindergarten Heute 5/95, S. 3–6

3.10 Vom Kranksein und Gesundwerden

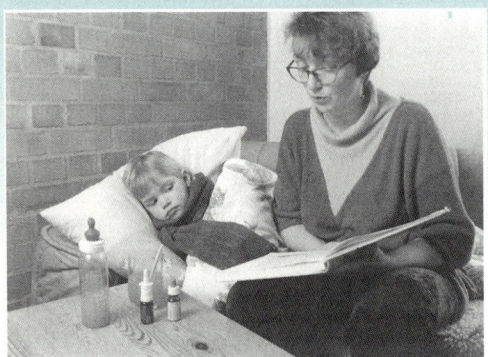

- Gesundheitserziehung im Kindesalter
- Von gesunden und kranken Tagen im Bilderbuch

Gesundheitserziehung im Kindesalter

Gesundheitserziehung umfasst einerseits die Vorsorge, z. B. Körperpflege, Kleidung, Ernährung, Bewegung, Sexualerziehung, Unfallverhütung, andererseits aber auch den Umgang mit Krankheiten. Diese gesundheitserzieherischen Schwerpunktthemen werden situationsorientiert im pädagogischen Alltag integriert. Kinder brauchen vor allem lebensnahe Lern- und Erfahrungsmöglichkeiten. Dem eigenen Handeln und Erleben und dem vorbildhaften Tun des Erwachsenen kommen bei allen gesundheitserzieherischen Bemühungen eine vorrangige Bedeutung zu.

Von gesunden und kranken Tagen im Bilderbuch

Bilderbücher zur Gesundheitserziehung werden schon für die Jüngsten als Elementarspielbuch, wirklichkeitsnahe und fantastische Erzählung oder informierende Sachgeschichte, altersentsprechend als Ratgeber und Nachschlagewerk mit gezeichneten Abbildungen, Fotos, Pop-Up-Effekten und ergänzenden Texten angeboten (in den Kapiteln *Aufklärung schützt auch vor Missbrauch/In der Bilderbuch-Küche/Bilderbücher bringen Bewegung ins Spiel* werden ebenso gesundheitserzieherische Aspekte berücksichtigt und sozialpädagogische Hinweise gegeben).

Diese Bilderbücher wollen Kinder auf kranke Tage zu Hause oder im Krankenhaus vorbereiten. Außerdem weisen sie auf besondere Erkrankungen hin, die Kinder möglicherweise in ihrem Umfeld erleben. Ausgegangen wird vom gesunden Kind, das seinen Körper mit seinen Funktionen erlebt und sich spielerisch mit Helfen und Pflegen, dem Arztbesuch und dem Krankenhausaufenthalt auseinandersetzt.

Bereits die jüngsten Kinder sollten notwendige Maßnahmen der Körperpflege als alltägliche Normalität erleben. Weniger durch Drohungen als vielmehr durch positive Erfahrungen kann das Kind motiviert werden, sich gesundheitsbewusst zu verhalten.

Dass dieser Weg für Erziehende nicht immer einfach ist, zeigt die Bildergeschichte **Der kleine Bär muss Zähne putzen** von Jutta Langreuter und Vera Sobat. Anfangs ist der kleine Bär von seiner Kinderzahnbürste und der Kinderzahnpasta ganz begeistert. Als er aber den schrecklichen Geschmack spürt, findet er immer neue Ausreden, um sich nicht die Zähne putzen zu müssen. Erst als Mama Bär sich eine spannende Geschichte einfallen lässt, beschließt der kleine Bär, den Kampf gegen die Bakterien aufzunehmen.

Auf liebenswerte Weise wird der Alltag in einer Familie mit seinen kleinen Problemen gezeigt. Durch die Anschaulichkeit können sich Kinder und Erwachsene wiedererkennen. Die eingerahmten großformatigen Aquarelle in Braun- und Blautönen sind eindeutig in ihrer Bildaussage und werden zum größten Teil nur mit wörtlicher Rede unterstützt. Ohne erhobenen Zeigefinger vermittelt diese harmonische Geschichte schon dem dreijährigen Kind modellhaft die Notwendigkeit der täglichen Körperpflege.

🏃🏃 Um die Zahnpflege auf spielerische Weise attraktiver zu machen, könnte:
– der Zahnbecher mit wasserfesten Stiften bemalt werden,
– beim Gurgeln eine Melodie erzeugt werden,
– mit einem Kaugummi im Mund *geturnt* werden, d. h. mit einem zuckerfreien Kaugummi ein Lied singen, ohne dass er aus seinem Versteck hinunterfällt.

Von einem nicht ganz ernst zu nehmenden Doktor mit durchaus ernst zu nehmenden Diagnosen erzählt die fantastische Geschichte **Dr. Hund** von Babette Cole. Familie Forunkels Hund ist Doktor. Als er gerade in Brasilien an einem Kongress teilnimmt, erkrankt zu Hause die ganze Familie. Dr. Hund kehrt umgehend zurück. Er erkennt sofort die Ursachen der unterschiedlichen Erkrankungen und leitet unverzüglich entsprechende Therapien ein.

Die Eltern Forunkel nehmen jedoch die guten Ratschläge von Dr. Hund nicht ernst. Als die starken Blähungen des Großvaters das Dach des Hauses zum Explodieren bringen, muss Dr. Hund eine Kur antreten, um sich von der anstrengenden Familie zu erholen.

Die durchaus realen Erkrankungen werden voller Komik durch aquarellierte, an Cartoons erinnernde Zeichnungen dargestellt und durch knappe Texte humorvoll ergänzt. Karikierend-witzige Schautafeln skizzieren treffend Dr. Hunds Diagnosen. Eine amüsante Bildgeschichte, die Kindern und Erwachsenen Spaß macht, die aber auch zum Nachdenken über den Umgang mit der eigenen Gesundheit anregt.

👫 Dr. Hund kann im Rollenspiel mit selbst hergestellten Requisiten nachgespielt werden: Ein leerer Schuhkarton wird zu einem Arztkoffer. Aus zwei kleinen Korken, die durch einen Bindfaden mit einer Filmdose verbunden sind, entsteht ein Stethoskop. Hinzu kommen Plastikspritzen, Mullbinden, ein Arztkittel etc.

Ein Krankenhausaufenthalt bedeutet für Kinder ebenso wie für Erwachsene eine einschneidende Veränderung der Lebensbedingungen. Der Trennungsschmerz und die z. T. fantasierten Vorstellungen verstärken die Angst vor der fremden Umgebung. Aus diesem Grund sollten Kinder in jedem Fall auf einen Krankenhausaufenthalt vorbereitet werden.

In der Sacherzählung **Im Krankenhaus** von Roswitha Uhlig/Karlheinz Straub wird gezeigt, dass ein Krankenhausaufenthalt jederzeit eintreten kann. Matthias und Simon haben mit ihren Fahrrädern einen Verkehrsunfall. Sofort bringt der Rettungswagen sie in das nächste Krankenhaus. Dort werden unterschiedliche Untersuchungen vorgenommen. Der Unfall hat zur Folge, dass beide Kinder stationär behandelt werden müssen.

Die rechtsseitigen Farbfotos werden durch einen einfach strukturierten Großdrucktext sinnvoll ergänzt. Der Sacherzählung geht es nicht um lückenlose Erklärung aller Details, sondern um die Darstellung der wesentlichen Untersuchungsmethoden in Folge eines Unfalls. Die beiden Handlungsträger Matthias und Simon werden zu Identifikationsfiguren, die helfen sollen, mögliche Ängste bei Kindern, besonders vor unbekannten medizinischen Geräten abzubauen. Das Buch kommt ohne beschönigende Informationen oder Bildeinstellungen aus. Die Szenen wirken nicht verharmlosend, vermitteln aber weitgehend eine freundliche Atmosphäre.

👫 Das Sachbilderbuch bietet Anlass zu vielerlei Rollenspielen:
– auf einem markierten Gelände kann mit Dreirädern, Rollern, Fahrrädern und Fußgängern ein Verkehrsunfall nachgespielt werden. Dabei können indirekt Verkehrsregeln, Sicherheitsbedingungen und Maßnahmen der Ersten Hilfe eingebracht werden
– Die Kinder bringen ihre *ersten Bilder* (Ultraschallaufnahmen) mit. Im gemeinsamen Gespräch können Fragen über Schwangerschaft, Geburt und Krankenhaus beantwortet werden.
– Besuch einer Unfallstation im Krankenhaus, der wiederum Anlass für ein Rollenspiel sein kann.

Mama, was ist Aids?

von Margaret Merrifield/Heather Collins
Donna Vita 1993

Die Geschichte erzählt von einer Krankheit, die ebenso ein gesellschaftliches wie medizinisches Problem ist und von der zunehmend Kinder betroffen sind.

Karin freundet sich im Kindergarten mit dem stillen Nikolas an. Als Nikolas nach längerer Krankheit wieder in den Kindergarten kommt, erfährt Karin, dass er Aids hat. Ihr ist dieses Wort fremd und sie fragt zu Hause nach. Ihre Mutter, eine Ärztin, erklärt ihr in ruhiger und verständnisvoller Weise, was diese Krankheit bedeutet. Die anderen Eltern reagieren dagegen sehr aufgebracht. Sie verbieten ihren Kindern, mit Nikolas zu spielen. Karins Eltern sind empört und laden zu einer Elternversammlung ein, um über Aids und das HIV-Virus zu informieren. Die Eltern verlieren ihre Ängste und sind bereit, ihre Kinder wieder mit Nikolas spielen zu lassen.

Im Anschluss an diese Geschichte folgen illustrierte Szenen, die mögliche Verhaltensweisen im Umgang mit Erkrankten vorstellen, sowie Informationen für den Erwachsenen mit Literatur- und Adressenliste.

In sachlich, aber kindgerechter Weise klärt dieses Bilderbuch über eine Krankheit auf, die Erwachsene am liebsten tabuisieren. Die farbkräftigen lebendigen Illustrationen mit Ölpastellkreide zeichnen harmonische Alltagssituationen eines Kindergartenkindes. Der hohe Anteil an wörtlicher Rede ergänzt locker und fließend die bildlichen Darstellungen. Nikolas Krankheit wird nicht dramatisiert, sondern wie eines von vielen Problemen im Kindergarten behandelt. Die dargestellte Konfliktlösung vermittelt Kindergartenkindern ein positives Handlungsmodell und stärkt die eigene Zivilcourage.

🕴 Das Bilderbuch sollte situationsbezogen in Begleitung eines Erwachsenen erarbeitet werden.

Impulse:

1. Nehmen Sie Kontakt zu einem Kinderkrankenhaus bzw. einer Kinderstation auf.
Organisieren Sie dort eine *Vorlesestunde*.
(s. Methodische Hinweise für eine Bilderbuchbetrachtung S. 49, zum Vorlesen von Geschichten S. 182 und zum Erzählen von Märchen und Geschichten S. 171)
Tauschen Sie Ihre Erfahrungen in der Lerngruppe aus.

2. Lesen Sie den *Klappentext* des unten abgebildeten Buches: **Mia, was ist ein Trip?** von Regine Schindler/Sita Jucker.
   – Was verrät Ihnen der Text über den Inhalt des Buches?
   – Für welches Alter ist Ihrer Meinung nach das Buch geeignet?
   – In welcher Situation würden Sie es einsetzen?
   – Verfassen Sie selbst einen Klappentext zu einem der angegebenen Bilderbücher.

> ### Gewusst wie
>
> **Der Klappentext (Waschzettel)**
> – vermittelt eine erste Information auf der Innenklappe des Schutzumschlages oder auf der Rückseite eines Buches
> – gibt einen kurzen Überblick über den Inhalt eines Buches, ohne aber die Spannung zu nehmen
> – ermöglicht ein schnelles, orientierendes Lesen
> – soll zum Lesen und damit zum Kauf anregen

Mia, was ist ein Trip?

Regine Schindler Sita Jucker   bohem press

An jedem Sommertag wartet Matz bei den alten Säulen auf die fast erwachsene Mia. Matz, Mia und der Hund Puck sind Freunde geworden. Sie haben ihre wunderbaren Geheimnisse. Doch plötzlich wird alles anders. Matz überrascht Mia, die sich eine Spritze in den Arm jagt – wie der Doktor beim Impfen. Er möchte Mia verstehen. Was ist ein Trip? Warum braucht sie das Gift? Aber Matz darf Mia nicht mehr sehen. Erst zur Zeit der Herbststürme trifft er sie zufällig wieder …

3. Die Bilderbücher **Christian** von Elisabeth Reuter und **Sadako** von Eleanor Coerr/Ed Young erzählen beide von krebskranken Kindern.
   – Welche Beiträge liefern die Illustrationen bei der Darstellung der Krankheit?
   – Beschreiben Sie mögliche Wirkungsweisen dieser Illustrationen auf Kinder.

4. Diskutieren Sie in Ihrer Lerngruppe die Frage:
   Sollten lebensbedrohende Krankheiten im Bilderbuch thematisiert werden?

Verwendete Bilderbücher:

Cole: **Dr. Hund,** Sauerländer, Frankfurt 1994; Collins/Merrifield: **Mama, was ist Aids?,** Donna Vita, Ruhnmark 1993; Langreuter/Sobat: **Der kleine Bär muss Zähne putzen,** ars edition, München 1995; Uhlig/Straub: **Im Krankenhaus,** aus der Reihe: Der Guckkasten, Saatkorn, Lüneburg 1993

Weitere Bilderbücher:

Andresen/Dietl: **Mein Körper,** Ravensburger Buchverlag Otto Maier, Ravensburg 1989; Bergman: **Jeden Tag leben,** Hanna und Fredrik haben Leukämie, Kinderbuchverlag Luzern, CH-Aarau 1989; Burggraf: **Alles für die Badewanne** (Elementarbilderbuch), Ravensburger Buchverlag Otto Maier, Ravensburg 1996; Dworzak/Höfling: „**... dann war ich wieder gesund,** Steffi erzählt vom Krankenhaus, Pestalozzi, Erlangen 1990; Fischer-Nagel: **Au Backe, mein Zahn hat Karies!,** Heiderose Fischer-Nagel, o. O. 1993; Gaes: **Mein Name ist Jason Gaes. Ich bin acht Jahre. Ich hatte Krebs.** Carlsen, Hamburg 1989; Gritz: **Frau Doktor Webers Handwerkszeug,** Schmidt-Römhild, o. O. 1994; Janosch: **Ich mach dich gesund, sagt der Bär,** Diogenes, CH-Zürich 1985; Örtengren/Wikander: **Ziegenmaserrötelpeter,** Ravensburger Buchverlag Otto Maier, Ravensburg 1996; Price/Dietl: **Jan und Daniel – Daniel ist krank,** K. Thienemanns, Stuttgart 1989; Reuter: **Christian** (Leukämie), Ellermann, München 1989; Schröder/Reuter: **Carla,** Ellermann, München 1996; Russelmann: **Neues aus der Milchzahnstraße,** Neugebauer, CH-Gossau 1993; Schindler/Jucker: **Mia, was ist ein Trip?,** bohem press, CH-Zürich 1994; Vincent: **Brumm ist krank,** Sauerländer, Frankfurt 1989; Young/Coerr: **Sadako** (Leukämie), Altberliner Verlag, Berlin 1995

Zum Weiterlesen:

Cratzius: **Gute Besserung** (Spiele, Rätsel, Spaßgeschichten, Zeitvertreib für kranke Kinder), aus der Reihe: Mit Kindern leben, rororo, Reinbek o. J.; Kleman: **Tränen im Regenbogen ...,** attempto, Tübingen 1991/6; Kriegisch/Sommer: **Das große Buch der Kinderkrankheiten,** Südwest, München 1996; Stöcklin-Meier: **Kranksein und Spielen,** Orell Füssli, CH-Zürich 1982: Hrsg. Sozialpäd. Institut NRW: **Materialien zur Gesundheitserziehung,** Köln 1996

3.11 In der Bilderbuch-Küche

- Essen und Trinken im Bilderbuch
- Bilderbücher für kleine Bäcker und Köche

Essen und Trinken im Bilderbuch

Bilderbücher können dazu beitragen, die Neugierde und das Interesse an Nahrungsmitteln, an der Küche und dem Zubereiten von Mahlzeiten bei Kindern zu wecken. Bilderbücher können sozusagen „Kinder auf den Geschmack bringen", ohne den pädagogischen Zeigefinger zu erheben. In einigen Bilderbüchern, in denen es vorrangig um ganz andere Inhalte geht, sind Botschaften und Informationen über Ernährung oft in versteckter Form zu finden. Auch diese Bilderbuchgeschichten können die gesundheitsfördernde Ernährungserziehung unterstützen.

Da ist zunächst ein Elementarbilderbuch (s. S. 44) – für das erste Anschauen, Entdecken und Erzählen, z. B. **Jetzt esse ich** von Angela Wiesner.

In stabiler, handlicher Pappausführung wird auf jeder Seite, mit einem kurzen, ergänzenden Satz ein Gegenstand abgebildet, den das Kind zum täglichen Essen braucht. Die Flasche Milch, Löffel und Gabel oder die Banane werden in den charakteristischen Formen, dreidimensional dargestellt und heben sich vor einem weißen Hintergrund deutlich ab.

👫 Das Kind entdeckt Bekanntes, wartet aber zunächst auf die erzählenden Worte des Erwachsenen. Beim gemeinsamen Betrachten kann das Kind die Gegenstände auf den Bildern benennen und den realen Gegenständen zuordnen.

In dem textfreien Szenenbilderbuch (s. S. 44): **Wir gehen zum Markt** von Doris Rübel können Kinder viele Details wiedererkennen, Szenen mit eigenen Worten kommentieren, aber auch Neues entdecken. Das formgestanzte Leporello mit mehreren Öffnungen fordert durch seine lebendige, farbenfrohe Gestaltung besonders jüngere Kinder zum Betrachten, aber auch zum Spielen auf.

✖✖ Durch das Suchspiel: *Ich seh' etwas, was du nicht siehst* kann das genaue Beobachten bei Kindern gefördert werden und unbekannte Begriffe erfahrbar gemacht werden.

✖✖ Im Kindergarten wird ein Marktstand mit Kindern errichtet und mit selbsthergestelltem Obst und Gemüse aus Pappmaschee ausgestattet. Im Rollenspiel erproben die Kinder das Kaufen und Verkaufen.

✖✖ Die Kindergruppe besucht den Wochenmarkt in der Stadt und kauft dort für eine zu erstellende Mahlzeit die Nahrungsmittel ein.

Aus kleinen aufeinander folgenden Handlungen entstehen Bilderbucherzählungen, die sich an der Wirklichkeit von Kindern orientieren. Im Mittelpunkt dieser Alltagsereignisse stehen manchmal besondere Speisen – häufig Lieblingsgerichte von Kindern. Ein solches Buch ist: **Spaghetti für Susi** von Petra Coplans. (zur Zeit vergriffen)
Susi mag viele Dinge, aber am allerliebsten mag sie Spaghetti. Bald isst Susi nichts anderes mehr. Die Geschichte wird in leuchtenden Farben, mit plakativen, ganzseitigen Illustrationen erzählt. In einfachen Sätzen werden witzige Ideen bezüglich der Verwendbarkeit von Spaghettis gezeigt. Kurze Dialoge, in einer bildlichen Sprache (… Kirschen schmecken nach Picknick im Grünen) machen die fantasievolle Handlung schon für jüngere Kinder verständlich.

✖✖ Dieses Bilderbuch fordert die Kinder auf, die entdeckte Speise mit einem passenden Rezept auszuprobieren. Um den Kindern eine anschauliche Vermittlung zu gewährleisten, sollte zuvor ein *Bildrezept* (s. Kinderkochbücher S. 127) angefertigt werden.

Bilderbücher können eine Anregung sein, Freunde einzuladen und ein kleines Fest zu feiern.
Dies trifft z. B. für das Buch: Eine **Geburtstagstorte für die Katze** von Sven Nordqvist zu.
In ländlicher Idylle lebt der alte Bauer Pettersson zusammen mit seinem Kater Findus. Immer wenn Findus Geburtstag hat, und das gleich dreimal im Jahr, backt Pettersson ihm eine Pfannkuchentorte. Mit viel Fantasie und Ausdauer müssen dabei Hindernisse überwunden werden, bis die beiden Freunde schließlich endlich die Feier gemeinsam genießen können.

> **Pfannkuchen**
>
> 250 g Mehl,
> 4 Eier (Eigelb und -weiß getrennt),
> 1/4 l Milch,
> 1/2 Teel. Salz,
> 2 Essl. Honig.
>
> Mehl mit Eigelb, Milch, Salz und Honig verrühren. Das steifgeschlagene Eiweiß unterziehen. Butter in der Pfanne erhitzen. Je einen Schöpflöffel voll Teig hineingeben und von beiden Seiten goldgelb backen.

Mit dem Kater Findus, der immer voller verrückter Ideen steckt, werden sich Kinder sehr schnell identifizieren, da er jede Situation selbstbewusst meistert. Durch die schwungvollen, aquarellierten Federzeichnungen Nordqvists, die voller witziger Details stecken, treten die zum Teil längeren Textpassagen in den Hintergrund, da die Entdeckerfreude des Betrachters immer wieder neu geweckt wird.

👫 Ein Fest, wie bei Pettersson und Findus, dafür sind alle Kinder zu begeistern. Gemeinsam wird geplant: Welches Essen und Trinken muss vorbereitet werden? Wo findet das Fest statt? Was wird gespielt? Als gemeinsame Aktion könnte eine Pfannkuchentorte gebacken werden. Dafür backt jedes Kind einen eigenen Pfannkuchen. Anschließend werden die Pfannkuchen zu einer Torte aufeinandergestapelt und mit Puderzucker oder Sahne und Früchten garniert.

Das Extrabuch

Karl-Michael und der hungrige Wolf

Tony Blundell, Alibaba 1991

Es erzählt die Geschichte von Karl-Michael, der im Wald von einem Wolf gefangen wird und von ihm verspeist werden soll. Durch pfiffige Rezeptideen und Vorschläge, wie ein Knabe zubereitet werden kann, verhindert Karl-Michael, dass er von dem Wolf gefressen wird. Nachdem der Wolf alle Zutaten für eine Knabentorte zusammengetragen hat, bricht er vollkommen erschöpft zusammen. Karl-Michael kehrt nach Hause zurück, wo seine Mutter mit dem Abendessen noch auf ihn wartet. Lebhafte Illustrationen ergänzen den einfallsreichen Text. Kinder ab 5 Jahren werden sicherlich Spaß an dieser witzigen, makabren Geschichte haben, die ein klein wenig an Rotkäppchen erinnert.

Das Buch verfolgt natürlich keine ernährungserzieherischen Absichten, kommt aber der fantasievollen Fabulierlust von Kindern entgegen, die sich hierbei andere lustige, übertriebene Rezepte ausdenken können.

So hat Alicia (6 J.) z. B. die Idee, dem Wolf eine Torte mit Kanonenkugeln zu backen, an denen er sich alle Zähne ausbeißt. David (5 J.) würde ihm ganz scharfe Oliven zu essen geben und Judith (6 J.) sagt: „Ich hätte ein' Baum in sein Maul gesteckt, der wär hinten wieder rausgekommen und dann hätte ich den Wolf wie'n Hähnchen gegrillt!"

Auch in Märchenbilderbüchern (s. S. 44) lernen Kinder manchmal wunderliche Kochrezepte kennen.

König Leckermaul von Jindra Capek führt den Betrachter in das mittelalterliche Spanien. Der König verlangt von seinen 365 Köchen, dass jeder ihm eine Speise zubereiten solle, die er noch nie gegessen hat. Die überforderten Köche wandern alle ins Gefängnis. Am Ende der Geschichte reicht ein flüchtender Koch dem König unterwegs seinen einfachen Proviant. Diese Köstlichkeit wird zum Lieblingsmahl des Königs.

Die Illustrationen zeigen, Stilleben, düstere Landschaften und detailgetreu gestaltete Figuren, die an historische Gemälde erinnern. Ergänzt werden diese prachtvollen Bilder von einer Märchensprache, die für jüngere Kinder nicht leicht zugänglich ist.

⁇ Bei einer Bearbeitung mit einer Kindergartengruppe wäre eine Gesprächsrunde über Lieblingsgerichte der Kinder eine aufschlussreiche Einleitung. Diese Lieblingsgerichte könnten mit bildnerischen Mitteln umgesetzt werden, z. B. auf einer Papiertischdecke malen Kinder ihren *Kinderteller* und abschließend kommt die Gruppe zusammen, um eine der Lieblingsspeisen gemeinsam herzustellen.

In einigen Märchen steht einerseits das Essen, aber andererseits auch der Hunger im Mittelpunkt der Erzählung. Zu den Zeiten der Brüder Grimm war auch in Deutschland für viele Menschen eine üppige Speise ein Wunschtraum. Im Märchenbilderbuch **Hänsel und Gretel** von den Brüdern Grimm/Lisbeth Zwerger dreht sich ebenfalls alles um das Essen und Gegessen werden. Nach dem großen Hunger infolge einer *Teuerung* werden die Köstlichkeiten am Lebkuchenhaus genüsslich beschrieben: „*... da sahen sie, dass das Häuslein aus Brot gebaut war und mit Kuchen gedeckt; aber die Fenster waren von hellem Zucker.*" Lisbeth Zwerger erzeugt durch ihre zarten ganzseitigen Aquarellbilder eine märchenhafte Stimmung. Die Illustrationen beschränken sich auf die wichtigsten Szenen des Märchens. Sie ergänzen den beinahe originalen Text der Brüder Grimm. Dem kindlichen Betrachter bleibt genug Raum, eigene Bilder und Vorstellungen in seiner Fantasie zu entwickeln.

⁇ In der Weihnachtszeit kann mit einer Kindergruppe ein begehbares *Hexenhaus* hergestellt werden an dem alle Kinder selbstgebackene Leckereien befestigen. Dieses *Hexenhaus* bildet den Mittelpunkt für ein weiteres Bewegungsspiel: Die *Hexe* sitzt im Hexenhaus. Alle Kinder laufen umher und rufen: „Knusper, knusper knäuschen, wir knuspern an deinem Häuschen!" Nach diesem Ruf kommt die *Hexe* heraus und versucht, den *Hänsel* zu fangen. Die Kinder können sich nur vor der *Hexe* retten, indem sie sich zu zweit anfassen. Das gefangene Kind ist die nächste *Hexe*.

Viele Märchen sind nur zum Teil in bebilderten Ausgaben im Handel erhältlich. Der Erwachsene sollte sie dann frei erzählen (s. Methodische Hinweise zum Erzählen von Märchen und Geschichten, S. 172) und damit die Kinder spielerisch auf die Herstellung der vorkommenden Speisen aufmerksam machen, wie z. B. im Märchen **Der süße Brei** der Brüder Grimm oder dem **Märchen vom Schlaraffenland** von Ludwig Bechstein.

Auf die Fragen von Kindern, woher einzelne Nahrungsmittel des täglichen Lebens stammen, bieten einige Sachbilderbücher (s. S. 44) anschauliche Informationen. Da werden z. B. bei der Obst- und Honigernte Vorgänge aus der Natur beschrieben, darüber hinaus wird aber auch die industrielle Verarbeitung unterschiedlicher Nahrungsmittel bildlich dargestellt.

Alle Sachbilderbücher zu diesem Thema sind als eine Informationsquelle zu verstehen, die einzelnen interessierten Kindern im Kindergarten oder in der Grundschule erste visuelle Möglichkeiten liefern, komplizierte Natur- bzw. Sachzusammenhänge zu verstehen. Diese Bücher liegen im Gruppenraum oder in der Leseecke gut sichtbar und für jedes Kind erreichbar aus. Die Kinder haben so die Möglichkeit, allein, zu mehreren oder mit dem Erwachsenen die Darstellungen zu betrachten und im Gespräch zu erarbeiten.

So erklärt zum Beispiel der Illustrator Ali Mitgutsch die zum Teil komplizierten Natur- bzw. Produktionsvorgänge mit klaren, manchmal witzigen Bildern und einfachen Sätzen in folgenden Büchern: **Vom Ei zum Pfannkuchen, Von der Milch zum Speiseeis, Vom Obst zur Marmelade** u. a.

In dem Sachbilderbuch **Milch kommt aus der Tüte, oder?** von Uwe Klindworth geht es nicht nur um Milch oder Milchprodukte, sondern auch um andere Nahrungsmittel, wie z. B. Reis, Kakao oder Kartoffeln. Auf doppelseitigen „Wimmelbildern" werden Anbau, Ernte, Transport, Verarbeitung und Konsum dieser Produkte gezeigt. Der Text ist in klare, übersichtliche Sätze gegliedert und unterstützt die Bildaussage. Für ältere Kindergartenkinder sind die jeweiligen Informationen zu den Nahrungsmitteln leicht verständlich, so dass auch Erstleser sich bereits an ihr erstes Sachbuch heranwagen können.

🏃🏃 Die Kindergruppe besucht einen Bauernhof oder eine Molkerei.

🏃🏃 Auch hier eignet sich das Ratespiel *Ich seh etwas, was du nicht siehst*, um Kinder auf bestimmte Geräte, z. B. Kühltank, Melkmaschine u. a. aufmerksam zu machen.

Bilderbücher für kleine Bäcker und Köche

Aus der großen Anzahl von Kinderkochbüchern, die zur Zeit auf dem Markt sind, wird hier eine kleine Auswahl vorgestellt. Sie sind besonders für Kinder geeignet, die noch nicht lesen können. Damit die Speisen von den Kindern selbstständig oder unter Anleitung zubereitet werden können, ist eine gute Ausstattung der Kochbücher, wie z. B. Ringheftung sehr hilfreich. Die Rezepte sollten möglichst ohne Umblättern durchführbar sein, da klebrige oder fettige Hände das Buch schnell unbrauchbar machen würden. Das Layout, die Titelseite, die Illustrationen und Fotos sollten die entsprechende Altersstufe ansprechen und den Text sinnvoll ergänzen. Wichtige Tipps, Hinweise und Erklärungen von Fachausdrücken müssen gleich zu Anfang des Kochbuches gegeben werden, um Fehler zu vermeiden und Gefahrenquellen zu beseitigen. Die Rezeptvorschläge, die den gesundheitlichen Aspekt berücksichtigen, müssen inhaltlich richtig und übersichtlich angeordnet sein. Wichtig ist z. B. die Angabe der Personenzahl, der benötigten Zutaten und Geräte. Ungeübte Köche finden sich dadurch leichter zurecht. Außerdem werden durch eine besondere Kennzeichnung die unterschiedlichen Schwierigkeitsgrade zusätzlich markiert.

Ein gutes Kinderkochbuch macht durch einfache bildhafte Erklärungen Kinder ohne Zwang mit einer gesunden Ernährung vertraut.

Mein Kochbuch, von der Evangelischen Stiftung Alsterdorf herausgegeben, enthält weitgehend textfreie, farbiggestaltete Rezeptkarten in DIN A4 Ringbuchformat. In der oberen Hälfte der Rezeptkarten ist das fertige Gericht abgebildet, und die Strichmännchen symbolisieren die Anzahl der Personen, für die ein Rezept gedacht ist. Die Reihenfolge der Rezepte ist nach Schwierigkeitsstufen aufgebaut, so dass dieses Kochbuch einem Kursprogramm ähnelt. Bei der Zusammenstellung der Rezepte wurde auch die Gesundheitsförderung berücksichtigt. Die besondere Qualität dieses Kochbuchs liegt aber darin, dass Kinder oder behinderte Erwachsene, die nicht in der Lage sind, Texte zu erfassen, die Rezeptvorschläge selbsttätig umsetzen können.

🏃🏃 Die spielerische Vor- bzw. Nachbereitung der herzustellenden Speise ergänzt und vertieft das ganzheitliche Handlungsbedürfnis von Kindergartenkindern. So können z. B. Früchte für den Obstsalat vorher in einem Würfelspiel zugeordnet werden.

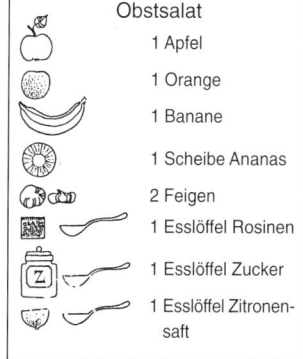

Obstsalat

1 Apfel

1 Orange

1 Banane

1 Scheibe Ananas

2 Feigen

1 Esslöffel Rosinen

1 Esslöffel Zucker

1 Esslöffel Zitronensaft

🏃🏃 Nach Fertigstellung wird die gemeinschaftliche Aktion durch das Bewegungsspiel *Der Obstkorb* abgerundet.

Die Kinder sitzen dabei im Kreis. Je nach Gruppengröße bekommen 1–5 Kinder jeweils die gleichen Obstnamen. Ein Kind steht in der Kreismitte und ruft nun zwei verschiedene Obstsorten auf, die ihre Plätze tauschen sollen. Bei diesem Plätzetausch muss das Kind in der Mitte versuchen, einen Sitzplatz zu bekommen, so dass ein anderes Kind beim nächsten Spieldurchgang in der Mitte steht. Bei dem Aufruf: „Der Obstkorb fällt um" müssen alle ihre Plätze tauschen.

Eine Reihe von Kinderkochbüchern bedient sich einer lustigen Rahmenhandlung oder einer Figur, von der sich Kinder sehr schnell angesprochen fühlen. Dies ist z. B. in dem Kinderkochbuch **Kochen mit Cocolino** von Oskar Marti/Oskar Weiss der Fall.

Die Katzenkinder Pomo und Dora dürfen die Ferien bei dem singenden Meisterkoch Kater Cocolino, dargestellt mit Spiegelei-Augenklappe, verbringen. Die Rezepte und Küchentipps werden begleitet von Rätseln, Festvorschlägen, zum Teil ganzseitigen Zeichnungen und gut lesbaren Texten. Dieses Kochbuch wird sicher auch Kinder ansprechen, die bislang wenig Begeisterung für hauswirtschaftliche Aktivitäten zeigten. Gemeinsam mit einem Erwachsenen werden sie dann, ähnlich wie Pomo und Dora, einige Rezepte ausprobieren wollen.

Impulse:

1. Untersuchen Sie die folgenden Bilderbücher nach versteckten Botschaften bezüglich der Ernährungserziehung:

   Burningham: **Wo ist Julius,** Bauer/Boie: **Kein Tag für Juli,** Röckener: **Mit Ludo zum Kap Mandelhorn**

2. Untersuchen Sie einige Märchenbilderbücher in Hinblick auf die dargestellten Ernährungsinhalte, z. B. **Frau Holle** u. a.

3. Entwickeln Sie, in Anlehnung an das Bilderbuch **Karl Michael und der hungrige Wolf** von Blundell, ein *wunderliches Kochrezept.*

4. Gehen Sie in die Bücherei und entleihen Sie ein Kinderkochbuch. Stellen Sie es im Unterricht vor.
   Berücksichtigen Sie folgende Kriterien:

   – Handhabung
   – Titelseitengestaltung
   – Illustration
   – Text
   – Rezeptvorschläge

   Beurteilen Sie gemeinsam, für welche Altersstufe die von Ihnen ausgewählten Kinderkochbücher geeignet sind.

5. Gestalten Sie ein *Bildrezept* für leseunkundige Kinder. Stellen Sie die angefertigten Bildrezepte in Ihrer Lerngruppe zu einer Rezeptsammlung zusammen. Überlegen Sie gemeinsam, wie Sie ein *Koch-Spiel-Buch* für den Kindergarten daraus entwickeln können.

Verwendete Bilderbücher:
*Bechstein: **Das Märchen vom Schlaraffenland,** o. O./o. J.; Blundell: **Karl-Michael und der hungrige Wolf,** Alibaba, Frankfurt 1991; Capek: **König Leckermaul,** Bohem Press, CH-Zürich; Coplans: **Spaghetti für Susi,** K. Thienemanns, Stuttgart 1993; Dietl/Gebr. Grimm: **Der süße Brei,** Michael Neugebauer, CH-Gossau o. J.; Gebr. Grimm/Zwerger: **Hänsel und Gretel,** Michael Neugebauer, CH-Gossau 1979; Nordqvist: **Eine Geburtstagtorte für die Katze,** Friedrich Oetinger, Hamburg 1984; Rübel: **Wir gehen zum Markt,** Ravensburger Buchverlag Otto Maier, Ravensburg 1995; Wiesner: **Jetzt esse ich,** Ravensburger Buchverlag Otto Maier, Ravensburg 1995*

Weitere Bilderbücher:

Baeten: **Nina hat Hunger,** *Friedrich Oetinger, Hamburg 1996; Buehner:* **Ein Job für Wittlida,** *Altberliner Verlag, Berlin 1996; Burningham:* **Wo ist Julius,** *Parabel, München 1987; Dietl/Stohner:* **Eine Pizza für Leo und Luzie,** *Ravensburger Buchverlag Otto Maier, Ravensburg o. J.; Klinting:* **Kasimir kocht,** *Friedrich Oetinger, Hamburg 1996; Miller:* **Aufessen, Baba!,** *Sauerländer, Frankfurt o. J.; Oxenbury:* **Heute hab ich Geburtstag,** *Sauerländer, Frankfurt 1995; Röckener:* **Mit Ludo zum Kap Mandelhorn,** *Carlsen, Hamburg 1992; Sodtke:* **Gibt es eigentlich Brummer, die nach Möhren schmecken?,** *Lappan, Oldenburg 1994; Watanabe/Ohtomo:* **Bruno der Bär – Ich kann schon ganz alleine essen,** *Carlsen, Hamburg 1986; Wittkamp:* **Max will kochen,** *Ravensburger Buchverlag Otto Maier, Ravensburg o. J.; Wilson:* **Das Rentier und die Lebkuchenfiguren,** *Boje, Erlangen 1996; Zuckowski/Ginsbach:* **In der Weihnachtsbäckerei,** *Gerstenberg, Hildesheim 1996*

Sachbilderbücher:

Andresen: **Wir essen,** *Ravensburger Buchverlag Otto Maier, Ravensburg 1992; Klindworth:* **Milch kommt aus der Tüte, oder?,** *Kinderbuchverlag Luzern, CH-Aarau 1996; Mitgutsch:* **Vom Ei zum Pfannkuchen,** *1986;* **Vom Kakao zur Schokolade,** *1975;* **Vom Korn zum Brot,** *1971;* **Vom Obst zur Marmelade,** *1976;* **Von der Blüte zum Honig,** *1975;* **Von der Milch zum Speiseeis,** *1979;* **Von der Zitrone zur Limonade,** *1976; alle Titel Sellier, München o. J.; Wolf-Krause/Meyer:* **Schau mal: Unser Essen,** *Kinderbuchverlag Luzern, CH-Aarau 1996; Kohwagner:* **Schau mal: Unser Brot,** *Kinderbuchverlag Luzern, CH-Aarau 1995*

Verwendete Kinderkochbücher:

Evangelische Stiftung Alsterdorf/Handwerk und Technik, Hamburg (Hrsg.): **Mein Kochbuch,** *1990, Rezeptkarten in Ringbuch; Märti/Weiss:* **Kochen mit Cocolino,** *Hallwag, o. O. 1995*

Weitere Kinderkochbücher:

Desmarowitz: **Vollwert Kinderkochbuch,** *Ravensburg; Fischer/Mehl/Schebler/Vollmuth/Vega:* **Mein Küchenbuch – Grundfertigkeiten, Mein Küchenbuch – Rezepte, Situationen,** *Vogel, o. O. 1981, Ringheftung; Grenert/ Lilliér:* **Wir kochen,** *Carlsen, Hamburg 1985; Leeb:* **Von früh an fit mit Nico's Kinderküche,** *Kochbuch-Verlag Leeb, München 1985; Rieder/Kämpf:* **Lustige Kinder-Küche mit der Maus,** *Coppenrath, Münster 1989, Ringheftung*

Zum Weiterlesen:

Auswertungs- und Informationsdienst für Ernährung, Landwirtschaft u. Forsten (aid): **Ernährungserziehung bei Kindern,** *Bonn 1989; Bosche:* **Bremer Kindergartenkochbuch,** *Bremer Institut für Präventiv- und Sozialmedizin, Bremen; 1992; Müller/Schiffer:* **Auch Nudeln müssen erstmal wachsen,** *Burckhardt-Laetare, 1989; Scheffler/Timm:* **Leselöwen – Märchenküche,** *Loewes, Bindlach 1986; Schürmann-Mock:* **Nudeln, Pommes – und was sonst?,** *Kösel, München 1996; Mika:* **Spaghetti Bolognese – 16 leckere Lieder vom Essen und Trinken,** *MC, Aktive Musik Verlagsgesellschaft, Dortmund 1994*

3.12 Die Natur entdecken

- Mit Bilderbüchern die Natur erleben
- Spannende Bildergeschichten von Tieren, Bäumen und Menschen
- „Haben Schweine Streifen?"

Mit Bilderbüchern die Natur erleben

Bilderbücher zu naturkundlichen Themen werden zum größten Teil als Sachbücher oder Nachschlagewerke und zum geringeren Teil als informierende Erlebniserzählung angeboten.

Kinder haben ein natürliches Interesse an dem, was um sie herum geschieht. Daraus ergeben sich geeignete Themen, deren Auswahl sich aus den kindlichen Alltagserfahrungen ableitet: Wasser, Luft, Erde, Feuer, Wetter, Pflanzen, Tiere.

Bilderbücher können die eigene Anschauung und die handelnde Auseinandersetzung mit der Natur nicht ersetzen, aber vorhandene Erfahrungen vertiefen. Sie verstehen sich dabei als Vermittler, um Kindern die Natur mit ihren unterschiedlichen Erscheinungsformen und Auswirkungen anschaulich und bildhaft nahe zu bringen. Sie wollen zur genauen Beobachtung anregen, Sachkenntnisse vermitteln und für die wechselseitige Beziehung von Mensch und Natur sensibilisieren. Ein Ziel dieser Bücher ist es, Kinder zu verantwortungsbewusstem Handeln aufzufordern. Darüber hinaus wollen einige Bilderbücher gegenwärtige Situationen der Umweltzerstörung kritisch aufzeigen.

Zusammenfassend kann gesagt werden, dass Bilderbücher helfen können, Kindern eine positive Einstellung zur Natur zu vermitteln, denn was Kinder schätzen lernen, werden sie später auch schützen wollen.

Spannende Bildergeschichten von Tieren, Bäumen und Menschen

Naturbegegnung hat stets auch einen emotionalen Gehalt. Auch in eher realistischen Bilderbuchgeschichten spielt daher die Vermenschlichung der Handlungsträger eine wesentliche Rolle.

Tiere und Pflanzen, mit menschlicher Sprache ausgestattet, wecken beim kindlichen Betrachter bzw. Leser Mitgefühl und Verständnis und verstärken somit die emotionale Auseinandersetzung und Identifikation.

Doch selbst wenn Tiere und Pflanzen vermenschlicht dargestellt werden, muss deren biologische Lebensweise für Kinder klar erkennbar sein, da es sonst zu Missverständnissen kommen kann und der Zugang zum richtigen Verständnis für die Natur erschwert wird.

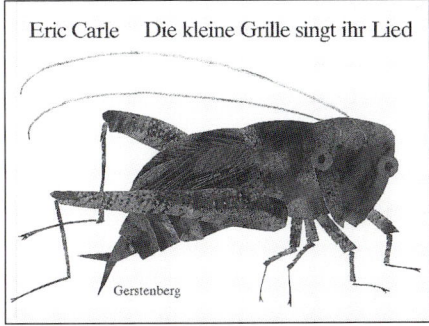

Bei dem Namen Eric Carle fällt Kindern und Erwachsenen sofort das Bilderbuch: **Die kleine Raupe Nimmersatt** ein, das bereits 1969 erschienen ist und mittlerweile zu den Bilderbuchklassikern gehört. In einem neueren Buch **Die kleine Grille singt ihr Lied** erzählt Carle die Geschichte von dem Grillenmännchen Varus. Bei jeder Begegnung mit anderen Insekten probiert Varus unermüdlich mit emsigem Flügelschlag, einen Ton herauszubekommen. Erst als er das Grillenweibchen Vera kennenlernt, singt er sein schönstes Lied. Beim Umblättern der letzten Seite werden die Leser überrascht, denn Varus' Lied ist mit Hilfe einer kleinen Batterie naturgetreu zu hören. Kurze, rhythmisierende Sätze ergänzen die farbenfrohen, collagierten Illustrationen. Naturkundliche Sachinhalte werden durch eine Identifikationsfigur kindgerecht vermittelt. Das Kind lernt die Namen unterschiedlicher Insekten kennen. Es erfährt außerdem, dass die Grille das Zirpen durch den Flügelschlag erzeugt und dass nur männliche Grillen zirpen können.

⚹⚹ Eric Carles Bilderbuch „Die kleine Grille singt ihr Lied" kann auch zur Förderung der akustischen Wahrnehmung eingesetzt werden: Die Kinder sitzen mit geschlossenen Augen im Kreis. Ein Kind versteckt das oben genannte Buch, aus dem das Grillenzirpen ertönt. Ein anderes Kind muss nun dem Geräusch nachgehen und das Versteck ausfindig machen.

⚹⚹ Weitere (Tier)geräusche können im Wald, auf der Wiese oder im Park bewusst gemacht werden. Die Kinder legen sich auf den Rücken und halten beide Arme nach oben. Jedesmal, wenn ein Kind ein neues Tiergeräusch hört, streckt es einen Finger aus. Wer hat das feinste Gehör?

In dem Bilderbuch **Das Picknick** von Ruth Brown erlebt der Betrachter ein sommerliches Familienpicknick aus der Sicht eines Kaninchens. Ausgerechnet über der Erdhöhle, in der die Mäuse, die Kaninchen und der blinde Maulwurf wohnen, breiten Menschen ihre mitgebrachten Sachen aus, so dass der Zugang versperrt wird. Als sich sogar noch der Hund der Familie in die Höhle hineinwühlt, geraten die Tiere in Panik. Ein plötzlicher Regenschauer, der die Familie vertreibt, rettet alle Höhlenbewohner. Der Tag endet für sie glücklich mit einem eigenen Picknick, das aus den Resten besteht, die die Menschen übrigließen.

Die Darstellung der Tiere und ihres Lebenraumes ist naturalistisch und keineswegs verniedlichend. Durch helle, sonnige Aquarellfarben erzielt Ruth Brown einerseits heitere Stimmungen. Andererseits verwendet sie extrem dunkle Farben, um die Bedrohung der Tiere zu veranschaulichen. Die in diesem Buch eingenommene ungewöhnliche Perspektive ermöglicht es Kindern, sich in die unterirdische Tierwelt hineinzuversetzen. Sie können nachvollziehen, welche Auswirkungen unbekümmertes Tun von Menschen für Tiere haben kann.

👫 Im Rollenspiel können Kinder diese Erdhöhlenatmosphäre nachempfinden. Aus schwarzer Plastikfolie wird ein Tasttunnel in *Kinderhöhe* errichtet. In diesem Tunnel liegen in mehreren Kästen, Kartons oder Schalen Naturmaterialien, z. B. Laub, Walderde, Sand, Zapfen, Steine. Dazwischen können artfremde Gegenstände versteckt sein, wie z. B. Dosen, Kronkorken, Plastikbecher. Bei diesem Tastspiel geht es nicht in erster Linie um das Erraten und Benennen der Materialien, sondern vielmehr darum, sinnliche Eindrücke zu ermöglichen.

In dem Buch **Die Kinder und der alte Baum** von Gaby van Emmerich/Matthias Karl steht ebenfalls der Naturschutz im Mittelpunkt. Seit vielen Jahren ist der alte Baum ein beliebter Spielplatz für alle Kinder. Er regt im Jahresverlauf immer zu neuen Aktionen an. Die Beziehung zu dem alten Baum wird zu einer echten Partnerschaft, bei der jeder mitunter den Schutz des anderen braucht. Die großflächigen Aquarelle der Illustratorin vermitteln dem Betrachter eine fantastische, heitere Atmosphäre, ohne die Realität aus dem Auge zu verlieren. Ein positives Verhältnis zwischen Mensch und Natur wird Kindern auf diese Weise gefühlvoll vermittelt.

👫 Die Bilderbuchgeschichte veranlasst, sich mit den Bäumen in der näheren Umgebung näher zu beschäftigen. Jedes Kind sucht sich einen Baum aus. In jedem Monat oder in jeder Jahreszeit wird der Baum fotografiert und Materialien dazu gesammelt, z. B. Blüte, Blatt, Rinde. Diese können zusätzlich mit verschiedenen bildnerischen Techniken verarbeitet werden, z. B. mittels einer *Frottage*. Nach einiger Zeit findet eine kleine *Baum-Ausstellung* mit Liedern, Gedichten o. ä. statt, zu der die Eltern eingeladen werden.

Stellaluna

Janell Cannon
Carlsen 1994

Stellaluna, ein Flughundbaby, verliert bei einem Angriff durch eine Eule den Kontakt zu ihrer Mutter. Nach anfänglicher Trauer wird sie von einer Vogelfamilie adoptiert. Stellaluna passt sich den Verhaltensweisen ihrer Stiefgeschwister an, aber auch diese übernehmen Eigenarten von Flughunden. So probieren alle, kopfüber am Nest hängend zu schlafen. Bei einem Ausflug trifft Stellaluna auf ihre Artgenossen, unter denen sich auch ihre Mutter befindet. Sie kehrt zu ihrer eigenen typischen Lebensweise zurück. Mit der Vogelfamilie verbindet sie weiterhin eine echte Freundschaft.

Stellaluna erzählt nicht die Geschichte eines niedlichen Kätzchens oder Häschens, sondern eines Flughundbabys, das von Kindern als Identifikationsfigur nicht so leicht gewählt wird. Durch die zartweiße Farbgebung der Flughunde und Vögel auf einem leuchtend-blaugrünen Hintergrund schafft Cannon eine geheimnisvolle, warmherzige Atmosphäre. Mimik und Gestik der Tiere werden durch mitfühlende Kommentare ergänzt.

Beim Betrachten dieser Bilder reagierten die Kinder mit ehrlicher Anteilnahme: Nele (6 J.): *„Igitt, wie eklig, die muss Heuschrecken essen!"* Alexandra (5 J.): *„Die ist aber lieb. Die hilft den Vögeln im Dunkeln." „Ja, die hat es gut,* meinte Jan (6 J.) *die hat Scheinwerferaugen."*

Gerade der Vergleich der Verhaltensweisen unterschiedlicher Tierarten macht Kindern biologische Zusammenhänge noch deutlicher. Wenn dann die Sachinformationen noch mit einer Freundschaftsgeschichte verbunden werden, ist die Sympathie für den Handlungsträger sofort gegeben. Die abschließenden Informationen über die Lebensweise von Flughunden am Ende der Geschichte unterstützt das Anliegen der Autorin, Kindern Informationen über eine seltene Tierart zu vermitteln.

„Haben Schweine Streifen?"

Beginnen Kinder nach Zusammenhängen, Gründen oder Ursachen zu fragen, bieten Sachbilderbücher (s. S. 42) altersgerechte Möglichkeiten zur Information. Jüngere Kinder sind zunächst an ihnen bekannten Tieren und Pflanzen interessiert. Später wächst die Wissbegierde. Die Kinder interessieren sich zunehmend für Lebewesen, die nicht in ihrer Umgebung zu beobachten sind, wie z. B. Elefanten, Krokodile oder Dinosaurier.

Themen wie Umweltbedrohung und Umweltschutz werden in zahlreichen Sachbilderbüchern behandelt. Sie sollten Hintergrundinformationen zu den

Ursachen von Umweltschäden liefern und auf Umweltprobleme aufmerksam machen, aber nicht mit Katastrophen konfrontieren, was bei Kindern nur zu Mutlosigkeit und Resignation führen würde.

In dem Sachbilderbuch **Haben Schweine Streifen?** von Melanie Walsh bekommen auch jüngere Kinder durch spielerisches Handeln Antwort auf ihre Fragen. Tier-Details in leuchtenden Farben, großflächig und in vereinfachten Formen werden zu Bilderrätseln, die durch Umblättern der stabilen Pappseiten ihre Auflösung finden. Die ergänzenden Fragen nach den Eigenschaften der Tiere, wie z. B. *Hat der Igel so ein Fell?* oder *Hat die Maus einen grünen gezackten Schwanz?* fordern Kinder dazu auf, Zusammenhänge herzustellen und ihre Kombinationsfähigkeit zu trainieren.

Unter der Erde von Daniéle Bour/Pascale de Bourgoing ist in der Sachbilderbuchreihe Meyers Kleine Kinderbibliothek erschienen, die durch ihre lebendige Gestaltung besonders den Bedürfnissen jüngerer Kinder gerecht wird. Die klaren Abbildungen bringen bereits bekannte Dinge in Zusammenhänge. Auf einer Doppelseite mit kurzem Text wird z. B. eine Wiese mit einem Igel gezeigt. Durch das Umblättern von bedruckter Transparentfolie, zwischen den Seiten, werden immer wieder überraschende Einblicke gewährt, hier z. B. Kleinstlebewesen unter der Erde, Käfer, Insektenlarven, Regenwürmer usw. Diese Folienbilder ermöglichen es dem Kind, die Bilder in mehreren *Verständnisschritten,* sozusagen von *außen nach innen* zu betrachten. Diese Bilder regen besonders zu spielerischer Auseinandersetzung mit Sachthemen an.

👫 Angeregt durch das Bilderbuch untersuchen Kinder unterschiedliche Erde, z. B. Walderde, Gartenerde usw. Mit Hilfe eines Vergrößerungsglases können sie Kleinstlebewesen darin entdecken.

👫 **Lied von den Regenwürmern**

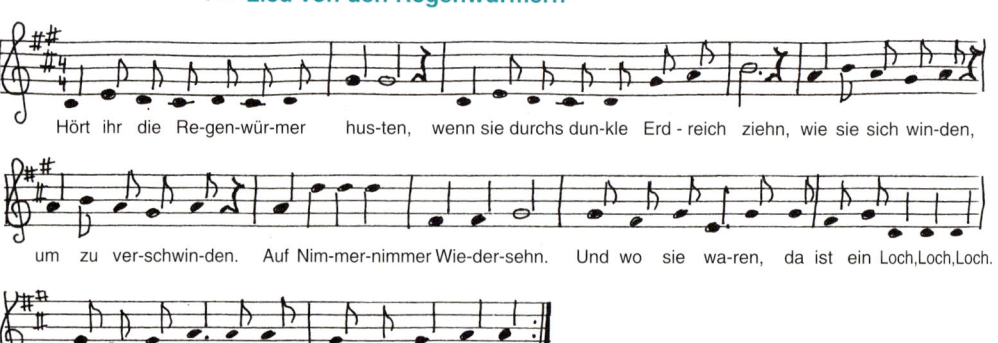

Hört ihr die Re-gen-wür-mer hus-ten, wenn sie durchs dun-kle Erd - reich ziehn, wie sie sich win-den, um zu ver-schwin-den. Auf Nim-mer-nimmer Wie-der-sehn. Und wo sie wa-ren, da ist ein Loch,Loch,Loch. und wenn sie wiederkehrn, dann ist es noch,noch,noch.

Kinder führen Bewegungen zum Text aus.

Viele Kinder wünschen sich ein eigenes Haustier. In dem **Katzenbuch für Kinder** von Colin und Jacqui Hawkins erhalten Kinder wichtige Hinweise über die artgerechte Haltung.

Die vielen karikierten Katzen geben in Sprechblasen nützliche Tipps, auf welche Weise sie gesund und zufrieden bleiben. Unterstützt wird dies durch erklärende Sätze und witzige Darstellungen, z. B. eine Katze wird zur Sauberkeit durch ein *rollendes Katzenklo* erzogen oder das Revier einer Katze stellt sich als Frauchens Bett heraus.

Ältere Kinder haben sicherlich Spaß an dieser comicähnlichen Art der Informationsvermittlung.

ⵜ Die Kinder malen ein Bild von ihrem Haustier oder Wunschtier. Im gemeinsamen Gespräch werden die Bilder betrachtet und Erfahrungen ausgetauscht.

ⵜ Die Kinder sitzen im Kreis. In der Mitte sitzt *die Katze* (Kind mit geschlossenen Augen) vor *ihrer Maus* (Schlüsselbund). Ein Kind aus dem Kreis hebt möglichst geräuschlos *die Maus* auf und setzt sich wieder auf seinen Platz. Alle Kinder nehmen die Hände auf den Rücken und rufen: *Katze Schleck, deine Maus ist weg!* Nun versucht *die Katze,* den *Mäusedieb* herauszufinden.

In dem Bilderbuch **Der Fluss erzählt** von Ivan Gantschev/Gerd Lobin geht es um die Geschichte eines Flusses.

Naturfarbene *Nass-in-Nass-Malereien* zeichnen stimmungsvolle Szenen: eine Wassermühle, brütende Störche, Pelikane am Flusslauf. Selbst als aus dem Rinnsal ein breiter Strom geworden ist und seine Ufer von Fabriken, Hochhäusern und Industrie gesäumt werden, vermitteln die zarten Aquarelle Gantschevs noch harmonische Bilder. Allein der Text weist auf das drohende Umweltproblem der Wasserverschmutzung hin. Die Geschichte kommt ohne appellative Belehrung aus, denn der Handlungsträger ist der Fluss selbst. Am Ende seiner Reise stellt er fest: *Eigentlich müsste ich auf das, was ich nach langer Reise geworden bin, recht stolz sein. Und doch wäre ich am liebsten immer nur ein kleiner, klarer Bergbach. Könnt ihr das verstehen?*

Dieses stimmungsvolle und zugleich kritische Sachbilderbuch macht bereits jüngere Kinder auf ökologische Umweltprobleme aufmerksam.

ⵜ Um die Wasserreise sinnlich zu erfahren, wird eine transparente Plastikfolie schlangenförmig auf den Boden gelegt. Zur Musik *Die Moldau* von Smetana bewegen die Kinder die Folie und versuchen die verschiedenen Stationen des Flusses nachzuspielen. Nach einem anschließenden Gespräch kann eine Gestaltung mit Naturmaterialien das Erlebnis der Flussreise vertiefen.

Impulse:

1. Entwickeln Sie Kriterien zur Beurteilung von Sachbilderbüchern, die naturkundliche Themen behandeln. Berücksichtigen Sie dabei den Entwicklungs- und Erfahrungsstand, die Bedürfnisse und Interessen des Kindes. Stellen Sie fest, welche Sachbilderbücher für die Altersstufe 3–6 Jahre geeignet sind.

2. Versetzen Sie sich in die Lage eines Tieres. Schreiben Sie einen nicht ganz ernst zu nehmenden Lebenslauf und stellen Sie ihn Ihren Mitschülern vor (s. S. 104 Gewusst wie: Lebenslauf).

3. Führen Sie eine Diskussion zum Thema: Darstellung von Umweltzerstörung im Bilderbuch (s. S. 52 Gewusst wie: Pro und Kontra Diskussion)

4. Planen Sie mit einer Kindergruppe ein Naturprojekt, z. B. Anlage eines Teiches, Kräutergartens, Aquariums, Komposthaufens.
Erstellen Sie dazu eine Reportage, die nach Beendigung des Projektes in der sozialpädagogischen Einrichtung oder in Ihrer Klasse präsentiert wird.

> ## Gewusst wie
> **Reportage**
> – ein aus der unmittelbaren Situation gegebener Augenzeugenbericht über ein Ereignis
> – Vermittlung der Atmosphäre, die am Schauplatz eines Ereignisses herrscht
> – verwendete Zeitform: Präsens oder Perfekt
> – Aufbau: Benennung des Ereignisses, um das es geht, Beschreibung der beteiligten Personen, Meinungen, Äußerungen und Eindrücke der Beteiligten werden festgehalten
> – Durchführung von Interviews
> – Einzelheiten und Hintergrundinformationen werden angeboten
> – Je nach Medium (Fernsehen, Zeitung etc.) Unterstützung der Reportage durch Bild- und Tonmaterial, wie z. B. Fotos, Tonbandaufnahmen etc.

Verwendete Sachbilderbücher:
Bour/de Bourgoing: **Unter der Erde,** *aus der Reihe „Meyers kleine Kinderbibliothek" Bibliographisches Institut, Mannheim 1991; Brown:* **Das Picknick,** *Gerstenberg, Hildesheim 1994; Carle:* **Die kleine Grille singt ihr Lied,** *Gerstenberg, Hildesheim 1990; Carle:* **Die kleine Raupe Nimmersatt,** *Gerstenberg, Hildesheim 1969; Cannon:* **Stellaluna,** *Carlsen, Hamburg 1994; Gantschev/ Lobin:* **Der Fluss erzählt,** *Peters, Hanau 1992; Hawkins:* **Katzenbuch für Kinder,** *Kinderbuch Verlag Luzern, CH-Aarau 1996; van Emmerich/Karl:* **Die Kinder und der alte Baum,** *K. Thienemanns, Stuttgart; Walsh:* **Haben Schweine Streifen?**, *Benziger, CH-Zürich 1996*

Weitere Bilderbuchgeschichten:
Baker: **Der Wald, die Zeit und das Meer,** Verlag St. Gabriel, A-Mödling 1995; Boujon: **Schmeckt's Herr Hase?,** Moritz, Frankfurt 1996; Brown/Thomas: **Balthasar und der Bär,** Peters, o. O. 1995; Cannon: **Verdi,** Carlsen, Hamburg 1998; Cherry: **Der große Kapokbaum,** ars edition, München 1991; Corfield/Doherty: **Unsere Wiese,** Verlag Freies Geistesleben, Stuttgart 1996; Erlbruch/Holzwarth: **Vom kleinen Maulwurf, der wissen wollte, wer ihm auf den Kopf gemacht hat,** Peter Hammer, Wuppertal 1989; Harranth/Opgenorth: **Das ist eine wunderschöne Wiese,** Jungbrunnen, Wien 1993; Muller: **Ich bin der kleine Igel,** Ravensburger Buchverlag Otto Maier, Ravensburg 1995; Muller: **Ich bin der kleine Spatz,** Ravensburger Buchverlag Otto Maier, Ravensburg o. J.; Murschetz: **Der Maulwurf Grabowski,** Diogenes, CH-Zürich 1972; La Porta/Garilli: **Paula, das Huhn,** Bohem Press, CH-Zürich 1997; van Emmerich/Karl: **Die Kinder und der alte Baum,** K. Thinemanns, Stuttgart 1995; Wilkon/Wilkon: **Katzenausflug,** Nord-Süd Verlag 1991; Young/Olaleye: **Bittere Bananen,** Altberliner Verlag, Berlin 1996

Weitere Sachbilderbücher:
Reihe: **Meyers kleine Kinderbibliothek,** Bibliographisches Institut, Mannheim 1991; Reihe: **Wir erleben die Natur,** Hans Peters, Hanau 1991; Reihe: **Sehen, Staunen, Wissen,** Die Junior Bibliothek, Gerstenberg, Hildesheim o. J.; Baker: **Wo ist die Maus,** Lentz, München 1992; Brettner/Wertheime: **Crüsch, die Schleiereule,** Franckh-Kosmos, Stuttgart 1996; Hawkins: **Das Hundebuch für Kinder,** Kinderbuch Verlag Luzern, CH-Aarau 1996; Ling: **Das Wildtier-Karussell,** Kerle Verlag, Freiburg 1996; Lucht: **Roter Mohn,** Gerstenberg, Hildesheim 1994; Lucht: **Das Raupenabenteuer,** Ravensburger Buchverlag Otto Maier, Ravensburg 1997; Morris: **Das Tierkinderkarussell,** Herder, Freiburg 1994

Zum Weiterlesen:
Cornell: **Mit Kindern die Natur erleben,** Verlag an der Ruhr, Mülheim 1991; Deutsche Akademie für Kinder und Jugendliteratur (Hrsg.): **Sachbücher für Kinder 1997/98** (Katalog); Knauer/Brandt: **Ich schütze nur was ich liebe,** Herder, Freiburg 1995; Lutz/Netscher: **Handbuch ökologischer Kindergarten – Kindliche Erfahrungsräume neu gestalten,** Herder, Freiburg 1996; Wagner: **Naturspielräume gestalten und erleben,** Ökotopia, Münster 1995; Walter: **Wasser/Luft/Erde/Feuer** (4 Bände), Herder, Freiburg 1991–93; Minister für Arbeit, Gesundheit und Soziales: **Natur und Umwelt im Kindergarten,** Düsseldorf 1989; Naturschutzzentrum NRW: **Naturkindergarten,** Recklinghausen 1990

3.13 Der Technik auf der Spur

● Technische Erziehung?
● Wie funktioniert das?

Technische Erziehung?

In der heutigen Zeit gehört für viele Kinder der Umgang mit technischen Maschinen oder Apparaten zum täglichen Leben. Die Einsicht in deren Funktionsweisen kann jedoch durch die Bedienung dieser Geräte, die meist per Knopfdruck erfolgt, nicht vermittelt werden. Zurück bleiben ungeklärte Fragen, die selbst Erwachsene nicht immer beantworten können, da auch ihnen die komplizierten technischen Prozesse nicht immer verständlich sind oder sie keine kindgerechte Erklärung finden. So versucht das Kind, eigene Erklärungen zu finden, die aufgrund von mangelndem Wissen oft falsch sind. Manche Zusammenhänge erschließt sich das Kind auch durch magisches Denken. Eine solche im Kindesalter erworbene distanzierte Haltung gegenüber der Technik bewahren sich manche bis ins Erwachsenenalter.

Die kindlichen und neugierigen Verhaltensweisen wie Suchen, Fragen, Forschen sollten jedoch genutzt werden, um Sinnzusammenhänge, Ursachen und Folgen erkennbar und die technische Welt durchschaubar zu machen. Ein alter Wecker und ein Schraubenzieher verlocken zum Zerlegen und Nachschauen. Die ersten technischen Erfindungen der Menschheit, wie z. B. Hebel, Rolle, Rad sind für jüngere Kinder am geeignetsten, um grundlegende Kenntnisse zu erwerben. Solche elementaren und konkreten Erfahrungen machen Antworten auf Fragen über Technik für Kinder nachvollziehbar.

Wie funktioniert das?

Sachbilderbücher unterstützen die Klärung von Sachverhalten und Sachzusammenhängen, unter Berücksichtigung des kindlichen Bedürfnisses nach anschaulicher Vermittlung. Die Themenwahl ist altersspezifisch. Zielgruppen sind ältere Kindergartenkinder und Grundschulkinder, denen das Sachbilderbuch Zugang zu naturwissenschaftlich-technischen Umweltbereichen verschaffen möchte. Sachkenntnisse sollten exakt, aber auch unterhaltend vermittelt werden. Aus diesem Grunde spricht das erlebnisorientierte Sachbilderbuch besonders die jüngeren Kinder an, da es eine emotionale Identifikation ermöglicht. Die Sachinformationen werden durch Bilder, Bildfolgen, Zeichnungen, Fotos, gemalten Szenerien bzw. durch Experimente oder Anleitungen veranschaulicht. Der Grad der Wissenschaftlichkeit ist in der bildlichen Darstellung und in den erklärenden Texten auf ein kindgerechtes Maß reduziert.

Die hier ausgewählten Sachbilderbücher mit technischen Inhalten eignen sich vorwiegend für Kinder ab fünf Jahren.

In **Rainer Brand erzählt von der Eisenbahn** aus der Kindersachbuch-Reihe: Erde-Wasser-Feuer-Luft wird geschildert, wie Christoph zum ersten Mal eine Fahrt mit einer Dampflokomotive unternimmt. Er ist ein richtiger Eisenbahn-Fan und die Reise ins Verkehrsmuseum nach Nürnberg wird für ihn zu einem einmaligen Erlebnis.

In kurzen Kapiteln erlebt der Leser mit Christoph eine spannende und zugleich informative Reise durch die Geschichte der Eisenbahn. Einfache typisierte Farbzeichnungen veranschaulichen eine Eisenbahnanlage und spezielle Eisenbahntypen von der Dampflok bis zum Intercityexpress. Die Sachinformationen, die geschickt in Form von Dialogen in eine Erlebnishandlung eingebaut sind, wecken somit insbesondere das Leseinteresse von Grundschulkindern.

↟↟ Ähnlich wie *Christoph* in dem Sachbilderbuch unternimmt eine Kindergruppe in Begleitung eines Erwachsenen eine Bahnreise. Unterwegs werden Fotos zum Thema „Eisenbahn" gemacht, die später zu einem Foto-Reise-Bilderbuch zusammengestellt werden können.

Die Sachbuchreihe: **Alles Klar!** des Ravensburger Buchverlags kommt schon durch ihr großes Format und ihre stabile Ausführung jüngeren Lesern entgegen. Die Titel geben nüchtern feststellend die Themenbereiche an, z. B. **Sonne, Mond und Sterne** oder **Unter dem Mikroskop,** wobei die leuchtenden kräftigen Farben hingegen einladend wirken.

In dem Titel **Wie geht das?** von Widmar Puhl/Reinhard Fluri sind auf jeder Doppelseite gemalte Szenen aus der Umwelt des Kindes überschaubar dargestellt, z. B. in der Küche, im Badezimmer, auf der Baustelle. Durch Öffnen von Papptüren oder Umblättern bemalter Zwischenfolien erweitern sich die Szenen dreidimensional. Die Kinder erhalten so Einblicke in das Innenleben von technischen Geräten, z. B. in die Wasserspülung der Toilette. Kurze, einfache Sätze erläutern zusätzlich den jeweiligen Vorgang. Ein Minilexikon gibt am Ende Auskunft über ausgewählte Themen aus der Welt der Technik. Der *Pop-up-Effekt* (s. S. 44) motiviert Kinder, im Bilderbuch auf Entdeckungsreisen zu gehen, um auf spielerische Weise elementare technische Kenntnisse zu erwerben, ohne theoretische Belehrung.

🏃 Brettspiel: Autowerkstatt (für vier Mitspieler)

Auf vier Plakaten werden jeweils die Umrisse vier verschiedener Fahrzeuge aufgezeichnet. Alle wichtigen Fahrzeugteile werden ebenfalls auf Karton gezeichnet, ausgeschnitten und mit Zahlen von 1–6 versehen. Durch Würfeln werden nun die einzelnen Fahrzeugteile in die Umrisszeichnung plaziert. Wer als Erster sein Fahrzeug „fahrbereit" erwürfelt, hat gewonnen.

Das Extrabuch

> ## Kasimir tischlert
>
> *Lars Klinting, Oetinger 1996*
> Biber sind bekannterweise Spezialisten der Holzverarbeitung. Aus diesem Grunde wählte Lars Klinting vermutlich den Biber Kasimir als Protagonisten für sein Sachbilderbuch. Schritt für Schritt, akkurat und meisterlich trägt Kasimir die notwendigen Materialien und Werkzeuge zusammen, um einen Werkzeugkasten zu tischlern. Der Werkvorgang wird auf der rechten Bildseite durch den aktiven Biber in Szene gesetzt und durch einen kurzen Erläuterungstext ergänzt, während auf der linken Bildseite die Werkzeuge, freigestellt auf weißem Grund, mit spezifischen Fachbegriffen vorgestellt werden. Betrachter und Betrachterinnen können Kasimirs Ausführung des geplanten Werkstückes mit Spannung folgen, da das Ergebnis erst zum Schluss der Geschichte sichtbar wird. Die knappe Sacherzählung regt Lesekundige zur selbstständigen Texterfassung an und motiviert zur Herstellung eines eigenen Werkzeugkastens.
> Schade nur, dass wieder eine männliche Figur für dieses ansonsten gelungene Sachbilderbuch gewählt wurde! Können Biberfrauen nicht ebenso gut mit Holz umgehen?

Die Buch-Aktiv-Box: **Kino** von Jean-Louis Malroux (Hrsg.) verbindet Sachinformationen mit Vorschlägen und Materialien zum selbstständigen Experimentieren. Der vordere Buchteil veranschaulicht mit Fotos, Grafiken und Illustrationen die Pionierzeit des Kinos, während sich in der hinteren Box alle notwendigen Materialien zum Ausprobieren eines *Praxinoskops* befinden. Alle Experimente werden Schritt für Schritt erklärt und sind für Kinder im Grundschulalter einfach durchzuführen.

Grundlegendes Wissen im naturwissenschaftlichen Bereich wird jüngeren Kindern durch die handlungsorientierte Auseinandersetzung auf verständliche und lebendige Weise vermittelt.

In der gleichen Reihe sind weitere Ausgaben zu technischen bzw. naturwissenschaftlichen Themen erschienen, z. B. **Planeten, Kompass, Elektromotor, Optische Täuschungen** etc.

↖↗ Die Kinder bauen jeweils aus einem Schuhkarton eine „Lochkamera". Dazu schneiden sie an einem Ende des Kartons eine Öffnung hinein, die mit klarem Transparentpapier beklebt wird. Auf der gegenüberliegenden Seite wird ein kleines Loch von ca. einem halben Zentimeter gebohrt. Schauen die Kinder durch diese Öffnung, sehen sie die auf dem Kopf stehende, verkleinerte und seitenverkehrte Ansicht.

↖↗ Im Gruppenraum eines Kindergartens kann ein Tisch für die Naturwissenschaften eingerichtet werden. In zeitlichen Abständen wechseln die Gegenstände: Mal ein Magnet, ein Prisma, ein Vergrößerungsglas, eine Batterie-Draht-Klingel usw.

Kinder, die ein Experiment durchgeführt haben, können ihre Erfahrungen an die anderen weitergeben und in ihre experimentellen Spiele einfließen lassen.

1. Schreiben Sie zu einem Gegenstand Ihrer Wahl eine Bauanleitung mit Materialangabe. Stellen Sie einzelne Schritte der Bauanleitung für Leseunkundige bildlich dar. (s. Gewusst wie, Gegenstandsbeschreibung)

2. Entwickeln Sie ein Würfelspiel, das ein technisches Gerät aus dem Alltag eines Kindes zum Thema hat, z. B. Fahrrad. Schreiben Sie die dazu erforderliche Spielanleitung. (s. Gewusst wie, Vorgangsbeschreibung)

Impulse:

Gewusst wie

Gegenstandsbeschreibung
– Eigenschaften und Beschaffenheit des Gegenstandes sachlich darstellen
– Sinnvoll ist die Erstellung einer Gliederung: Auffällige oder wesentliche Teile des Gegenstandes werden zuerst beschrieben, dann die weniger wichtigen Merkmale
– Fachausdrücke, veranschaulichende Verben (Zeitwörter) und Adjektive (Eigenschaftswörter) verwenden
– Tipp: manchmal ist die Beschreibung eines Gegenstandes genauer, wenn er in Aktion beschrieben wird
– Zeitform: Präsens (Gegenwart)

Gewusst wie

Vorgangsbeschreibung
– Vorgänge genau beobachten, alle Einzelheiten berücksichtigen und die zeitliche Abfolge beachten
– mit richtigen Fachbegriffen einzelne Arbeitsschritte beschreiben
– den zu beschreibenden Vorgang in einzelne Abschnitte gliedern, damit der Leser den Ablauf nachvollziehen kann
– als Zeitformen können das Präsens (Gegenwart) oder das Passiv (Leideform) gewählt werden
(Das Passiv wird häufig in Regeln, Spielanleitungen, Gebrauchsanweisungen oder Rezepten verwendet. Das Passiv mit *sein* oder *werden* bilden.
Zum Beispiel: *Das Spiel ist für Kinder ab fünf Jahren geeignet.*
Das Spiel wird mit vier Personen gespielt.)

Verwendete Sachbilderbücher:

Brand: **Rainer Brand erzählt von der Eisenbahn,** aus der Reihe: Erde–Wasser–Feuer–Luft, Friedrich Oetinger, Hamburg o. J.; Klinting: **Kasimir tischlert,** Friedrich Oetinger, Hamburg 1996; Malroux (Hrsg.): **Kino (Buch-Aktiv-Box),** ars edition, München 1996; Puhl/Flur: **Wie geht das?,** aus der Reihe: Alles Klar!, Ravensburger Buchverlag Otto Maier, Ravensburg 1996

Weitere Sachbilderbücher:

Blanchard/Wells: **Große Maschinen – wie sie funktionieren,** Südwest, München 1993; Dunning/Kerrod: **Flugmaschinen,** aus der Reihe: Sehen Staunen Wissen, Gerstenberg, Hildesheim 1992; Färber/Klindworth: **Werner Färber erzählt vom Ballonfahren,** aus der Reihe: Erde-Wasser-Feuer-Luft, Friedrich Oetinger, Hamburg 1992; Golluch/Thiemeyer: **Sonne, Mond und Sterne,** aus der Reihe: Alles klar! Ravensburger Buchverlag Otto Maier, Ravensburg 1996; Kniffke/Delafosse: **Meine Kamera ist immer dabei – ein Fotospielbuch für Kinder ab 7 Jahren,** Ravensburger Buchverlag Otto Maier, Ravensburg 1987; Llewellyn: **Mein erstes großes Buch von der Zeit,** Tessloff, Nürnberg 1996; Lucht: **Wie kommt der Wald ins Buch,** Ellermann, München 1989; Royston: **Autos,** aus der Reihe: Schau mal hier, Tessloff, Nürnberg 1991; Taylor: **Licht,** aus der Reihe: Start in die Wissenschaft, Karl Müller, o. O. 1991; Wolfrum/Haywood: **Unter dem Mikroskop,** aus der Reihe: Alles klar! Ravensburger Buchverlag Otto Maier, Ravensburg 1996

Zum Weiterlesen:

Dröschel: **Kinder, Umwelt, Zukunft,** Votum, Münster o. J.; Grefe: **Ende der Spielzeit – Wie wir unsere Kinder verplanen,** Rowohlt, Reinbek o. J.; Gloor: **Kinderwerkstatt Holz,** Ravensburger Buchverlag Otto Maier, Ravensburg 1983; Richards/Pang: **101 Experimente und Tricks,** Pawlak, o. O. 1991

Als Großvater noch ein Ritter war – Geschichtliches im Bilderbuch 3.14

- Erzähl mal, wie es früher war!
- Mit Bilderbüchern in die Vergangenheit reisen

Erzähl mal, wie es früher war!

Das Kleinkind hat noch keine zeitlichen Vorstellungen. Zeitperspektiven und Zeiträume erfasst es nur durch emotionale Markierungen, z. B. *noch dreimal schlafen, dann hab ich Geburtstag.* Erst mit zunehmendem Alter, etwa ab sechs Jahren, zeigt das Kind eine größere Distanz zum eigenen Ich-Erleben. Es will mehr über Dinge, Menschen, Orte und Phänomene erfahren, die außerhalb seiner unmittelbaren Erlebniswelt liegen. Das Kind möchte seine Individualgeschichte in den historischen Ablauf einordnen können, hat aber noch keine Vorstellung von zeitlichen Distanzen vergangener Ereignisse. Dies wird an folgendem Beispiel deutlich: *Der Großvater erzählt seinem achtjährigen Enkel sehr anschaulich über das Leben in der Ritterzeit. Dieser hört gespannt zu und fragt dann: „Wie alt warst du damals?"*

Im Gespräch mit älteren Generationen hört das Kind von früheren Zeiten und stellt Vergleiche mit seinem gegenwärtigen Leben an. Es ist fasziniert von den vergangenen Ereignissen und Erlebnissen, merkt aber auch, dass es unterschiedliche Sichtweisen gibt, die von verklärten Rückblicken bis zu verbitterten Erinnerungen reichen. Mahnende oder verurteilende Sätze wie: *Das hätte es früher niemals gegeben ...* oder *Damals war alles besser ...* verhindern den Austausch zwischen den Generationen und führen häufig zur Opposition und Ablehnung. Wie wertvoll gerade dieser Erfahrungsaustausch für die gesellschafts-politische Bildung und Erziehung junger Menschen sein kann, bringt der Gedanke *Ortega y Gassets* zum Ausdruck: *Die Vergangenheit kann uns nicht sagen, was wir tun, wohl aber was wir lassen müssen.*

Mit Bilderbüchern in die Vergangenheit reisen

Bei den geschichtlichen Sacherzählungen für Kinder und Jugendliche reicht das aktuelle Themenangebot von der Steinzeit über die Antike bis zur jüngsten

Vergangenheit. Auffallend ist, dass sich in der bebilderten Sacherzählung für jüngere Kinder die Zeit des Mittelalters und des Zweiten Weltkrieges besonders herauskristallisiert haben.

Bei den Erzählungen wecken spannende erlebnishafte Handlungen mit abenteuerlichen Motiven die Neugierde und das Interesse bei Kindern am schnellsten. Dabei treten Einzelfiguren, z. B. der Ritter Fabian oder die Schneiderin Lisa aus der anonymen Masse heraus und werden durch die Darstellung ihrer Probleme und Taten zu Repräsentanten der jeweiligen Epoche. Diese Identifikationsfiguren eröffnen am leichtesten den Zugang zur Geschichte. Dabei kommt es nicht so sehr darauf an, dass etwas genauso abgelaufen ist, wie es die Erzählung schildert, sondern dass der historische Hintergrund sachlich einwandfrei angelegt ist.

Informierende Sachbücher und Nachschlagewerke zu geschichtlichen Themen setzen meist einen speziellen Sachwissensstand voraus und dienen vorrangig der ergänzenden bzw. vertiefenden Weiterbeschäftigung geschichtlich interessierter Schulkinder.

Einen besonders großen Reiz übt besonders auf jüngere Leser und Leserinnen die Ritterzeit aus. **Damals in der Ritterzeit** von Thomas Thiemeyer/Patricia Theisen erzählt von gefahrvollen Tagen auf Burg Rechtenstein und von dem elfjährigen Fabian, der zum Fürstenhof reist, um Ritter zu werden. Die Geschichte besteht aus zwei Teilen. Der erste Teil berichtet von einem Überfall auf die Burg durch Raubritter. Der Angriff wird erfolgreich abgewehrt. Durch die tapfere Entschlossenheit Fabians können alle Bewohner gerettet werden. Im zweiten Teil begibt Fabian sich mit seinem Vater und dessen Gefolge auf die Reise zur Fürstenburg. Dort soll seine Ausbildung vom Knappen zum Ritter vollzogen werden. Auf seinem Weg erlebt er die Stadt, das Kloster und letztlich den Fürstenhof.

In die realistische Geschichte, die ohne falsche Romantik spannend erzählt wird, fließen viele Sachinformationen ein. Ein Glossar (= Wörterverzeichnis mit Erklärungen) im Anhang des Buches verdeutlicht noch einmal Spezialausdrücke, z. B. *Katapult, Pechnase, Schwertleite* durch einfache Texte und Skizzen. Der umfangreiche Text wird auf jeder Seite durch naturalistisch gestaltete Farbillustrationen aufgelockert. Durch Vorlesen oder gemeinsames Lesen kann die bebilderte Sacherzählung bereits von Grundschulkindern verstanden werden.

⚔ Die Vorbereitung durch das Bilderbuch macht den Besuch einer Burg zu einer interessanten Begegnung mit dem Mittelalter.

⚔ Aus Vierkanthölzern und Schraubösen werden Webrahmen als Raumteiler gebaut und zu einer Burg zusammengestellt. In Zusammenarbeit von Kindern und Erwachsenen können danach vielerlei Materialien verwebt werden, z. B. Wolle, Stoffstreifen, Papier, Zweige, Gräser usw. Darüber hinaus kommt dem alten Handwerk „Weben", in enger Verbindung zum Thema: „Mittelalter" noch eine kommunikative Bedeutung zu.

⚔ Die Abenteuer Fabians können Kinder auch in Form einer Fantasiereise (s. Methodische Hinweise S. 58) nacherleben:

Wir steigen auf unsere Pferde und reiten aus der Stadt. Auf der Straße klappern die Hufe. Wir galoppieren über die Felder. Der Wind rauscht. Wir kommen durch einen Wald und sind endlich auf dem Weg, der zur Burg Altena führt. Wir reiten über die Zugbrücke und werden vom Burgherren empfangen. Als Erkennungszeichen muss jeder Ritter dem Burgherren sein Wappen zeigen (eigene Gestaltung). *Zur Begrüßung schließt sich der Kreis und nach einer höfischen Musik wird getanzt …*

Eine leise Geschichte, die ohne spektakuläre Ereignisse auskommt und sich vor ca. hundert Jahren ereignet haben könnte, erzählen Anna-Clara und Thomas Tidholm in ihrem Bilderbuch **Als Natan klein war.**

Der Urgroßvater Natan sitzt in seiner Küche und erinnert sich an den Ort seiner Kindheit. Er wuchs in einer kleinen Hütte im schwedischen Wald mit Elchen und Bären auf. Sein Leben ist geprägt von harter Arbeit und leiblicher Not. Eines Tages hört er, dass alle Kinder zur Schule sollen. Gegen den Willen seines Vaters setzt Natan den Schulbesuch durch und lernt schreiben und lesen. Auch als die Schule abbrennt und die Lehrerin das Dorf wieder verlässt, hat sich Natans Leben verändert. Er macht sich auf zu neuen Ufern, geht fort und arbeitet auf einem Schiff, das nach Hamburg fährt.

Die Geschichte rührt an. Sie wird in klaren schlichten Sätzen aus der Sicht des kleinen Natan erzählt. Der Text wird durch Kohleskizzen ergänzt. Die gegenübergestellten ganzseitigen Illustrationen in abgetönten Farben auf vergilbt wirkendem Papier runden das Bild der vergangenen Zeit ab. Die Bilderbuchgeschichte macht deutlich, dass für jeden Menschen in jeder Zeit Lernen eine hoffnungsvolle Perspektive sein kann.

⚘ Angeregt durch Natans Geschichte werden die Groß- oder Urgroßeltern der Kinder in den Kindergarten eingeladen. Dabei können Lieder und Spiele im Mittelpunkt stehen, die die älteren Menschen aus ihrer Kindheit in Erinnerung haben.

Den Lebensweg einer 90-jährigen Frau erzählen Klaus Kordon/Peter Schimmel in dem Bilderbuch **Die Lisa – Ein Leben.** Die Leser und Leserinnen begleiten Lisas Leben, das im kaiserlichen Berlin beginnt und alle historischen Stationen der jüngeren Vergangenheit einschließt: die Zeit Wilhelms des Zweiten, den Ersten Weltkrieg, die Inflation, die Nazizeit und den Zweiten Weltkrieg, die Teilung Berlins mit dem Mauerbau und schließlich die Wiedervereinigung beider deutscher Staaten.

Die großformatigen aquarellierten Illustrationen kennzeichnen einprägsam den jeweiligen historischen Zeitabschnitt. Realistische Darstellungen, die an Plakatgestaltung der zwanziger Jahre erinnern, werden durch kurze prägnante Texte beispielhaft erläutert. Jüngere Schulkinder erhalten durch dieses Sachbilder-buch einen lebendigen Überblick über die jüngere deutsche Geschichte.

👫 Ausgehend von Lisas Leben führt der Erwachsene mit einer Kindergruppe ein Gespräch über ältere Menschen. Die Kinder bringen Fotos von ihren Groß- bzw. Urgroßeltern mit und versuchen, die auf den Fotos dargestellten Situa-tionen im Rollenspiel zu rekonstruieren. Die daraus entstehenden Geschich-ten können aufgeschrieben werden, um die entsprechenden Fotos zu ergän-zen. Anschließend laden die Kinder die älteren Menschen zu der Fotoausstel-lung ein, lassen sich die authentische Geschichte passend zum Foto erzählen und schreiben diese auf.

Das Extrabuch

Esterhazy – eine Hasengeschichte

von Irene Dische/Magnus Enzensberger/ Michael Sowa; Sauerländer 1993 Prinz Esterhazy aus Österreich, der jüngs-te Enkel der kleinwüchsigen Esterhazy-Ha-sen-Dynastie sucht eine Frau. Je größer, um so besser. Also fährt er nach Berlin, um dort im Großstadtgetriebe die Hasen zu fin-den, die hinter der großen Mauer leben. Auf seiner Suche gerät er in gefährliche Situa-tionen, findet schließlich die Mauer und seine Frau fürs Leben. Als die Mauer fällt, ist es jedoch mit der Idylle vorbei. Ester-hazys Geschichte endet märchenhaft: *Und wenn sie nicht gestorben sind, dann leben die Esterhazys vielleicht heute noch, ohne Mauer, aber mit vie-len schönen großen braun-weiß gescheckten Hasenkindern, irgendwo am Waldrand, wo es keine Autos, keine Kaufhäuser und keine Restaurants gibt, in denen man Hasen isst.*
Irene Dische und der bedeutende Lyriker Hans Magnus Enzensberger machen den Mauerfall als Ereignis der jüngsten Zeitgeschichte bereits für Kinder auf fantasievolle Weise lebendig. Sie erzählen nicht kindlich, aber spannend mit viel Humor, der stellenweise zur Groteske (= übertriebene, verzerrte Darstellung) wird. Die Winzigkeit des kleinen Esterhazys in sei-nem Trachtenmäntelchen hebt sich durch die perspektivische Gegen-überstellung von realen Gegenständen und Menschen deutlich hervor und macht ihn zum Sympathieträger. Dunkle, düster wirkende Bilder des bekannten Künstlers Michael Sowa, in Öl auf Leinwand gemalt, erinnern an Gemälde alter Meister. Die realistischen Hintergrundpanoramen ver-mitteln Berliner-Luft-Atmosphäre und verstärken die doppeldeutige Erzäh-lung, von der auch der vorlesende Erwachsene angesprochen wird.

👫 Wie geht das Leben der Esterhazys weiter? Mit Kindern im Grund-schulalter können Fortsetzungsgeschichten entwickelt werden. Vielleicht entstehen dabei Begegnungen zwischen Ost(hasen) und West(hasen)?

1. Diskutieren Sie folgende Aussage: *Es wäre für uns Deutsche an der Zeit, uns von der Vergangenheit zu lösen.*
Ist die Auseinandersetzung mit geschichtlichen Themen für Kinder in der heutigen Zeit von besonderem Nutzen?

Impulse:

2. **Die Häschenschule** von 1924 gehört zu den meist gekauften Bilderbüchern in Deutschland.
   – Welcher gesellschaftspolitische Zeitgeist wird in Fritz Koch-Gothas Hasengeschichte deutlich?
   – Versuchen Sie, durch eine Befragung unterschiedlicher Menschen aus verschiedenen Generationen herauszufinden, warum das Buch gefällt bzw. missfällt.
   – Gestalten Sie nach der literarischen Vorlage eine *moderne* Häschenschule. Verändern Sie gegebenenfalls den Titel.

3. Das Bilderbuch **Esterhazy** gehört zu den zeitgenössischen Hasengeschichten.
   – Wie stellen Dische/Enzensberger/Sowa die gesellschaftspolitische Situation dar?
   – Wie unterscheiden sich beide Hasengeschichten in der sprachlichen und bildlichen Darstellung?
   – Die Tendenz, vermenschlichte Tiere zu Hauptakteuren zu machen, bleibt im Bilderbuch bis heute ein bestimmendes Merkmal. Warum bevorzugen die Autoren diese Sichtweise?

4. Lesen Sie die zwei folgenden Rezensionen (= Kritik, Besprechung) zu dem Sachbilderbuch **Auf der Gasse und hinter dem Ofen. Eine Stadt im Mittelalter** von Jörg Müller/Jürg Schneider/Anita Siegfried.
   – Welche sachlichen Informationen können Sie den Kritiken entnehmen?
   – Wie unterscheiden sich die Texte in der sprachlichen Darstellung?
   – Erläutern Sie mögliche Fachausdrücke, die im Text vorkommen.
   – Welche Rezension halten Sie für die zutreffendste? Warum?
   – Schreiben Sie selbst eine Rezension (s. Gewusst wie S. 51) zu einem Sachbilderbuch mit geschichtlichem Inhalt.

1) Müller, Jörg (Illustr.)
Siegfried, Anita und Jürg E. Schneider (Text)
Auf der Gasse und hinter dem Ofen
Eine Stadt im Spätmittelalter
Aarau, Sauerländer, 1995
ISBN: 3-7941-3890-2, DM 38,–

Vier großformatige Einzelblätter von Jörg Müller zeigen eine mittelalterliche Stadt zu Beginn des 14. Jahrhunderts. Anhand unzähliger Details erschließen sich dem Betrachter die bergende Einbettung der Stadt in die umgebende feindliche Natur; die Anlage der Stadt innerhalb der Stadtmauer; die äußere und innere Architektur der verschiedenen Gebäudetypen; die Wohn-, Lebens- und Arbeitsweise der Stadtbewohner. Das beiliegende Buch erläutert die Illustrationen anhand von Ausschnitten und beleuchtet Einzelthemen wie Stadtverwaltung und Ständeordnung, Klosterleben und Frauenrolle, Bauhandwerk und Umweltprobleme, Märkte und Messen, Ess- und Trinkgewohnheiten, Glauben und Aberglauben. Jedoch damit noch nicht genug – hervorragend ergänzt werden die dokumentarischen „Wimmelbilder" und die nüchtern-sachlichen Wort-Infos durch vier kurze Erzählungen von Anita Siegfried. Darin werden Hannes, Lena, Berthe und Stephan vorgestellt, vier junge Menschen, die in der mittelalterlichen Stadt wohnen, ihr Tagesablauf, ihr Lebensgefühl und ihre Lebensperspektiven. In solch gelungener „Kombination der Lehrmethoden" gelingt es dieser grandiosen Materialsammlung, nicht nur Wissen zu vermitteln, sondern auch ein Gefühl für Geschichte, für historische Kontinuität und historische Differenz.

2) Jörg Müller, Jürg E. Schneider, Anita Siegfried:
„**Auf der Gasse und hinter dem Ofen.** Eine Stadt im Spätmittelalter".
Verlag Sauerländer, Aarau: Mappe mit vier Bilderbögen und Broschur von 48 Seiten; 38,80 DM.

Auf riesigen Postern prangerte der Schweizer Illustrator Jörg Müller in den siebziger Jahren den Verfall ländlicher Idylle und die Betonierung der Umwelt an; Adressaten waren nicht die Verursacher, sondern die Betroffenen. „Bewusstseinsbomben" wollte er in den Kinderzimmern zünden. Inzwischen ist er für sein Gesamtwerk zu Ehren gekommen und hat 1994 den renommierten Hans-Christian-Andersen-Preis erhalten. Seine jüngste Publikation rückt Bader, Bettelmönche und Henker aus dem 15. Jahrhundert ins Blickfeld: Vier großformatige, detailfreudige Schaubilder bringen Farbe in die Zeit des Spätmittelalters. Aus der Vogelperspektive nähert sich der Betrachter der idealtypischen Stadt inmitten turmbewehrter Mauern. Mit den Augen wandert er über den Marktplatz, vorbei an fliegenden Händlern und blökenden Schafen. Hinter den Kulissen der Fachwerkhäuser wird er Zeuge von Minnesang und Tafelfreuden nach Brueghelscher Manier. Vier unterhaltsame Erzählungen und eine sachkundige Darstellung des historischen Hintergrundes ergänzen Müllers virtuose Illustrationen und lassen das angeblich finstere Mittelalter leuchten.

Verwendete Bilderbücher:
Dische/Enzensberger/Sowa: **Esterhazy,** Sauerländer, Frankfurt 1996; Kordon/Schimmel: **Die Lisa,** ars edition, München 1991; Müller/Siegfried/Schneider: **Auf der Gasse und hinter dem Ofen – Eine Stadt im Spätmittelalter,** Sauerländer, Frankfurt 1995; Tidholm/Tidholm: **Als Natan klein war,** Beltz & Gelberg, Weinheim 1994; Thiemeyer/Theisen: **Damals in der Ritterzeit,** Ravensburger Buchverlag Otto Maier, Ravensburg 1994

Weitere Bilderbücher:
Corning Stone Spedden/McGaw: **Polar, der Titanic Bär,** Tessloff, Nürnberg 1995; Bartos-Höppner/Hölle: **Das Friedensfest,** Annette Betz, A-Wien 1989; Delafosse/Millet: **Die Ritterburg,** aus der Reihe: Mexers kleine Kinderbiblio-

---

1) aus: Das Bilderbuch, Arbeitskreis f. Jugendliteratur, 1996
2) aus: Spiegel special Nr. 9/1995, Spiegel Augstein

thek, Bibliographisches Institut, Mannheim 1992; Duc de Berry: **Der Herzog und die Bauern,** Prestel, München 1997; Foreman: **Kriegskinder – Erinnerungen,** Alibaba, Frankfurt 1989; Günther/Rettich: **Herbert Günther erzählt von Großvaters Kindheit,** aus der Reihe: Erde-Wasser-Feuer-Luft, Friedrich Oetinger, Hamburg 1994; Innocenti: **Rosa Weiss,** Alibaba, Frankfurt 1986; Langen/Droop: **Neue Briefe von Felix – ein kleiner Hase reist durch die Vergangenheit,** Coppenrath, Münster 1995; Mitgutsch: **Ritterbuch,** Ravensburger Buchverlag Otto Maier, Ravensburg 1990; National Geographic Society, Washington (Hrsg.): **Schätze alter Kulturen,** ars edition, München 1994; Reuter: **Judith und Lisa,** Ellermann, München 1988; Stephan-Kühn/Kock: **Die Ritter,** Arena, Würzburg 1995; Ventura: **Wie wir früher lebten,** Südwest Verlag, München 1994; Wallbrecker/Sartin: **Philipp, der auszog ein Ritter zu werden,** Annette Betz, A-Wien 1994

Zum Weiterlesen:
Abram/Heyl: **Thema Holocaust – Ein Buch für die Schule,** Rowohlt Reinbek o. J.; Baum: **Spiele aus Großmutters Zeit,** Herder, Freiburg 1995; Baumann: **Mit Mammut nach Neandertal** – Kinder spielen Steinzeit, Ökotopia, Münster 1995; Deutsche Akademie für Kinder- und Jugendliteratur (Hrsg.): **Geschichte** (Katalog, 1997/98, erscheint alle zwei Jahre) – Ausgewählte Bilderbücher, erzählende Kinder- und Jugendbücher, Romane und Sachbücher zu historischen Themen und Epochen; Langosch-Fabri: **Alte Kinderspiele neu entdecken,** Rowohlt, Reinbek 1990; Schäffer: **Wir werden wieder glücklich sein, und alles war ein schlimmer Traum,** – Kinder im Krieg – Bilder und Texte, Herder/Spektrum, Freiburg 1994

3.15 Farben, Formen, Fantasien – Kunst im Bilderbuch

● Wie Kinder Bilder sehen
● Ich sehe was, was du nicht siehst …
● Kunstsachbücher für Kinder?

Wie Kinder Bilder sehen

Die Bildwahrnehmung von Kindern und Erwachsenen unterscheidet sich grundsätzlich. Der Erwachsene kann auf ein Repertoire an Bildzeichen und ihre Bedeutungen zurückgreifen. Er versteht auch abstrakte Bilder und eine symbolhafte Bildsprache. Kinder erkennen zunächst nur die konkrete naturgetreue Abbildung der Wirklichkeit und eignen sich die Bilder und ihre Deutung erst nach und nach an, indem Bildeindrücke im Gedächtnis haften bleiben. Immer mehr bedeutungsvolle Bilderzeichen speichert das Kind im Gedächtnis, vergleicht sie miteinander, versteht sie und wendet sie an.

Dieser Bereich der Wahrnehmungsentwicklung kann durch Bilderbetrachtungen wie Bilderbücher wirkungsvoll unterstützt werden. Ausgesuchte künstlerische Gestaltungstechniken bereichern kindliche Sinneseindrücke, wobei von fähigen Illustratoren/Illustratorinnen alle Lebensbereiche kindgerecht visualisiert werden können (vgl. Kap. 3.1). Durch Reduktion und Konzentration der Bildinhalte auf das Wesentliche wird dabei der speziellen Art kindlicher Bilderfassung entsprochen.

In der Bewertung von Bildern besteht ebenfalls ein Unterschied zwischen Erwachsenen und Kindern. So kommt es, dass Kindern Bilder gefallen, über die sich Erwachsene gegenteilig äußern. Die individuelle Wahrnehmung und Interpretation von Bildergeschichten resultiert außerdem aus den entwicklungsmäßigen und sozialen Erfahrungsmöglichkeiten sowie der persönlichen Lebenssituation des jeweiligen Kindes.

Kinder, die mit Bildern sehen gelernt haben, finden schneller einen Zugang zu den Kulturtechniken wie Rechnen, Schreiben und Lesen, da sie die abstrakte Symbolsprache der Zahlen und Buchstaben erkennen können. Zu Beginn des 21. Jahrhunderts gibt es auch in westlichen Kulturen noch viele Erwachsene, die nicht lesen und schreiben können, aber Symbole und ritualisierte Bildzeichen verstehen.

Das Extrabuch

ah! – Ein überraschendes Kunst-Bilderbuch

von Josse Goffin, ars edition 1991

Auf der Titelseite ist ein farbkräftiges, überdimensionales *ah!* mit Ausrufezeichen zu lesen, und das ist auch schon der ganze Text des Bilderbuches.

Schlägt der Betrachter die erste Seite auf, so ist ein hellbrauner Herrenhut auf weißem Hintergrund zu sehen, die Seite kann noch einmal aufgeklappt werden und jetzt ist ein einfach gezeichneter Pelikan zu sehen. Dieser trägt in seinem geöffneten Schnabel die Abbildung von *Der Angelus* von Jean-François Millet.

Der blaue Holzschuh auf der nächsten Doppelseite wird aufgeklappt und eine Statue, *Nike von Samothrake,* steht stark verkleinert wie eine Gallionsfigur auf der Kühlerhaube eines großen, blauen Rennautos. Eine ausgequetschte Tube liegt unter dem Auto. Sie bildet das Eingangsmotiv zu dem Bild auf der nächsten Doppelseite. Ein Strang Paste wird zu einem Hund mit Brille, der verliebt auf die Abbildung von *Mona Lisa* von Leonardo da Vinci schaut.

In gleicher Weise folgen neun weitere Bilder von Josse Goffin. Auf der Umschlagrückseite sind alle Kunstwerke zusammenfassend mit Titel, Namen des Künstlers und Entstehungsdaten abgebildet. Die starken, klaren Bilder sprechen für sich. Der Betrachter kann sie einfach genießen und seiner Fantasie freien Lauf lassen. Kindern gelingt dieser Ausflug schnell. Später möchten sie dann mehr über *alte* Kunstwerke wissen. Museumsbesuche werden geplant und Kunstpostkarten angeschafft. Diese können von den Kindern nun ebenso dekorativ wie experimentell in *eigene* Kunstwerke verwandelt werden.

Ich sehe was, was du nicht siehst ...

Form- und Farbgebungen künstlerischer Bildgestaltungen setzen beim Betrachter bestimmte Eindrücke und Gefühle frei. Beabsichtigte Bildaussagen werden so wirkungsvoll unterstrichen und ihre manchmal symbolhaft codierte Bedeutung erschließt sich dem Betrachter erst allmählich.

In künstlerisch-hochwertigen Bilderbüchern sind Bildgestaltungen manchmal komplex angelegt und in ihrer Aussage vordergründig nicht immer eindeutig verständlich. Doch mit der kindgemäßen Logik wird diese Botschaft von Bilderbuchkindern meistens richtig erfasst. Auch der begleitende Text kann Klarheit vermitteln. Ihre Eindrücke transformieren (= umwandeln) Kinder dann durch gestisch-mimische oder verbale Nachahmungen in ihre eigenen Ausdrucksformen. Diese Kommunikationsmöglichkeiten reizen die Sprech- und Fabulierlust des Kindes ebenso, wie sie seine kreativen Spiel- und Gestaltungsbedürfnisse wecken. Obwohl das Kind doppeldeutige Bildaussagen zunächst noch nicht erkennt, sind unterschiedliche Interpretationsmöglichkeiten eines Bildes oft vom Künstler beabsichtigt.

Zur Verdeutlichung dieser Aussage eignet sich vorzüglich die fantastische Bildergeschichte **7 Blinde Mäuse** von Ed Young. Hier wird mit kräftigen Bildern und in kindgerechter Weise erzählt, wie sieben blinde Mäuse in der Nähe ihrer Wohnung etwas Seltsames entdecken. Es wird nun dargestellt, wie eine Maus nach der anderen versucht, das Geheimnis zu lüften. Aber bei all ihren Bemühungen stimmen ihre Wahrnehmungen nicht überein. Die Meinungen gehen auseinander, die Mäuse streiten sich. Bis am siebten Tag die letzte Maus sich auf den Weg macht. Da sie ihre Eindrücke mit denen der anderen Mäuse vergleicht, kommt sie zu dem Ergebnis: *„Es ist ein Elefant!"* Die Mäuse hatten ihn nur in seinen Teilen erfasst, nicht als Ganzes.

Diese, in ihrer Grundaussage sehr moralische Geschichte, hat Ed Young beeindruckend illustriert. Auf dem Einband sind die Mäuse, schwarz vor hellem Hintergrund abgebildet. Zu Beginn der Geschichte sind die Mäuse in sechs verschiedenen monochromen, kräftigen Farben zu sehen, wobei die siebte Maus weiß ist. Der Hintergrund ist durchgehend pechschwarz. Der plakative Charakter der farbintensiven Illustrationen spricht nicht nur kindliche Betrachter direkt an.

🚶🚶 Schattenspielfiguren und eine kleine Bühne sind sicher schnell hergerichtet, um mit Kindergartenkindern die Geschichte nachzuspielen. Mit älteren Kindern kann eine Taststraße aus farbig gestalteten Kartons hergestellt werden. Analog zur Bildergeschichte werden verschiedene Teile ertastet. Entsprechend der Interessen und des Entwicklungsstandes der Kinder kann das Bilderbuch Anlass für themenzentrierte Gespräche oder Projekte sein, wie z. B. Teamarbeit; Blindheit als Behinderung; Umgang und Akzeptanz mit anderen Meinungen; usw.

Wenn Kinder Bilder malen, wählen sie zunächst spontan und später gezielt die Farben aus, mit denen sie ihr Werk gestalten wollen. Dabei entstehen erst zufällige Farbmischungen, die später zum gezielten Einsatz von Mischfarben führen. Entscheidend hierfür ist die Materialwahl wie pudrige Kreidestifte, fette Wachsmalblöcke, zarte Buntstiftfarben, farbkräftige Filzstifte bis hin zu Plakatfarben, Wasser- oder Ölfarben.

Entsprechend ihrer Entwicklung beginnen Kinder irgendwann, eigene Fantasiegeschichten in sichtbaren Bildern auszudrücken. Dabei gehen Bilderbuchkinder spontan vor. Sie setzen die Figuren und Ereignisse flächig nebeneinander. Schulkinder hingegen planen ihre Bildaussagen, zeichnen die Motive logisch-perspektivisch richtig. Je nach Eigenart legen einige Kinder mit Begeisterung geometrische Formen oder labyrinthartige Muster an, die sie anschließend, genau an den Linien orientiert, ausmalen. Oft sind die Formen, Muster und Linien gleichmäßig rhythmisiert oder labyrinthartig über das ganze Zeichenblatt angeordnet.

Die tschechische Bilderbuchkünstlerin Kveta Pacovská illustriert ihre Bücher in kräftigen Farben und klaren Formen, die meistens rot, grün oder weiß ausgemalt sind. Geometrische Muster sind oft auf weißen Hintergrund gesetzt oder je nach Stimmung bzw. Aussage der Geschichte, vor dunklen Farbflächen kontrastreich angeordnet. Sie sind durchsetzt mit Farbklecksen, Zahlen, Spiralen, stilisierten Bildformen wie Herzen, Blumen, Tieren und Zeitungsfetzen. Assoziationen an Bilder des spanischen Surralisten Joan Miró werden wach. Die kantigen Figuren, langgezogene oder quadratische, fast alle mit langnasigem Gesicht, einer Zipfelmütze, großen, freundlichen oder oft geschlossenen Augen, die ausdrucksstark von Wimpern umrandet sind, verfügen über einen hohen Wiedererkennungswert. Exemplarisch sollen hier zwei dieser Bilderbücher vorgestellt werden.

Die Bildergeschichte **Das Tier mit den Funkelaugen** erzählt die Geschichte von Rikki, der sich ein ganz besonderes Tier wünscht. Seine Eltern behaupten, dass es ein solches Tier gar nicht gibt. Aber Rikki weiß es besser. Eines Abends ist das Tier einfach da, spielt mit Rikki und beide erleben eine Menge Abenteuer. Als sie schließlich müde zurück in Rikkis Zimmer sind, hält es die ganze Nacht Wache.

In dem Bilderbuch **eins, fünf, viele** erzählt Kveta Pacovská keine Geschichte, sondern visualisiert die Zahlenreihe 1–10. Hier können ältere Bilderbuchkinder die Zahlenreihe nach Herzenslust ertasten und aufklappen. Auf jeder Seite gibt es eine neue Überraschung zu entdecken.

🏃 Beide Bilderbücher regen durch ihre ungewöhnliche Farb- und Formgestaltung nicht nur die Fantasie der Kinder an, sondern verführen sie gleichzeitig zur Umsetzung eigener Gestaltungsideen, aus denen wiederum neue Bildergeschichten wachsen. Vielleicht möchten die Kinder gemeinsam das Tier mit den Funkelaugen aus feinmaschigem Draht, Kleisterpapier, Plüsch und anderen Stoffresten plastisch gestalten. Mit diesem Tier können sie sich dann in eine gemütliche Ecke zurückziehen, Unterhaltungen führen oder auch mit ihm auf eine Abenteuerreise gehen.

🏃 Oder die Kinder möchten ihre Finger mit Fingerfarben in besondere Figuren verwandeln oder aus Filz Fingerpuppen herstellen, die dann Fingergeschichten erzählen. Darüber hinaus werden die Kinder angeregt, eine selbst erdachte Geschichte auf Overhead-Folien zu malen bzw. aus mehreren farbigen Folien eine Collage herzustellen, die anschließend mittels Overheadprojektor den anderen Kindern vorgeführt wird.

Kunstsachbücher für Kinder?

Ob die Auseinandersetzung mit einem Kunstwerk gelingt, hängt von der Bereitschaft des Betrachters ab, sich auf ungewohnte Darstellungsformen und Sichtweisen einzulassen. Dies erfordert unter Umständen die kritische Auseinandersetzung mit persönlichen Haltungen. Dieser Vorgang ist mit gedanklicher Arbeit verbunden, aber Kunstwerke mit allen Sinnen zu erfahren bedeutet Faszination und Bereicherung.

Die Bildergeschichte **Der Maler, die Stadt und das Meer** von Monika Feth/Antoni Boratynski erzählt die Geschichte eines Malers, der alles gemalt hat, was es in einer großen Stadt zu sehen gibt. Darüber alt und grau geworden, will er jetzt nur noch das Meer malen. Er betrachtet sein Bild vom Meer oft und auf einmal geschehen wunderbare Dinge. Eine Tür im Bild öffnet sich und gibt den Blick frei auf eine Staffelei. Jeden Nachmittag geht der alte Maler nun durch diese Tür in das Bild, um dort am Meer entlang zu spazieren. Und eines Tages beschließt er, nicht mehr in seine Wohnung zurück zu gehen.

Mit eindringlichen, ganzseitigen Bildern, begleitet von einem umfangreichen Text, der auch für jüngere Schulkinder durchaus geeignet ist, ermöglicht diese gleichnishafte Erzählung aufschlussreiche Einblicke in ein ausgefülltes, unsentimentales Künstlerleben.

⋏⋏ Die Geschichte und die Bilder sollten einmal nur genossen werden. In der Fantasie öffnen sich dann weitere Türen, hinter denen neue Bilder entstehen. Wer seine eigenen Bilder festhalten will, kann in einem Schuhkarton Miniaturlandschaften entstehen lassen.

Informationen über die Entstehung von Kunstwerken, die historischen Zusammenhänge und geistigen Hintergründe, die Biografie des Künstlers, Stilrichtungen und Gestaltungstechniken finden sich in Kunstsachbüchern. Kindgerechte Kunstsachbücher sind besonders anschaulich gestaltet und beinhalten oft spielerische Anregungen zum Erschließen und Verstehen von Kunstwerken.

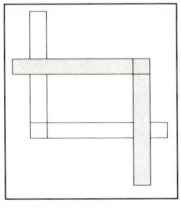

⋏⋏ Mit einem selbst hergestellten **Bildersucher** macht es dabei doppelt soviel Spaß, sich auf Einzelheiten der Bilder zu konzentrieren. Dazu werden zweimal zwei Pappstreifen (ca. 4 x 30 cm) benötigt und winkelförmig aufeinander geklebt (s. Abb.). Durch gegenseitiges Verschieben der Winkel werden Teile des Gesamtbildes fokussiert.

In der heutigen Zeit der Massenmedien und der damit verbundenen Bilderflut, der auch Kinder ausgesetzt sind, bestimmen oft eine verwirrende Unüberschaubarkeit und Oberflächlichkeit unsere begrifflichen und bildhaften Wahrnehmungen.

Dem entgegen wirkt **Das kleine Museum** von Alain Le Saux/Gregoire Solotareff. Im Format ist dieses Buch dick und klein, in seinem ansprechenden Layout erinnert es an ein Elementarbilderbuch. Auf jeder Seite wird ein Ausschnitt aus einem Gemälde gezeigt. Dem abgebildeten Gegenstand oder Szenenausschnitt sind alphabetische Begriffe zugeordnet, von A wie *Adler* bis Z wie *Zylinder,* wie in einem Lexikon. Alle wichtigen Stilrichtungen sind vertreten.

Obwohl das gesamte Gemälde nie zu sehen ist, kann der losgelöste Bildausschnitt erschlossen werden. Dabei bringt das betrachtende Kind sein Wissen und seine Erfahrungen mit dem Gegenstand oder der Szene ein. Entwickelt Neugierde auf das ganze Bild. Beim Durchblättern der Bildseiten gewinnt das Buch an Reiz, z. B. beim Bestimmen der Farbzusammenstellung, Pinselführung, Malweise usw.

🏃🏃 Der Bildausschnitt kann Auslöser für die Entstehung einer Geschichte sein. Kinder, auch jüngere Bilderbuchkinder, Eltern und Erzieher betrachten beispielsweise gleiche Bildausschnitte und geben eigene Eindrücke wieder. Oder sie erstellen eigene Kunstwerke, indem sie Fotokopien von Bildausschnitten anfertigen, ausschneiden, aufkleben und mit eigenen Einfällen weitergestalten. Die Werke werden anschließend im Rahmen einer Vernissage vorgestellt.

Viele Sachbilderbücher für jüngere Kinder beschäftigen sich mit Farben und Formen. Sie versuchen, auf sachliche wie auch auf spielerische Weise Kinder mit Farbkenntnissen auszustatten, sie zur experimentellen Nachahmung zu animieren. Eva Hellers Bilderbuch **Die wahre Geschichte von allen Farben** vermittelt auf leicht verständliche Weise die Farbenlehre. Dabei sind die einzelnen Farben mit Eigenschaften ausgestattet und zueinander in Beziehung gesetzt, z. B.: Blau ist ruhig und friedfertig, Rot dagegen laut und selbstbewusst. Diese Charakterisierung bildet den Ausgangspunkt für einen Streit der Farben, der mit harmlosen Farbmischungen beginnt und in einer schwarzbraunen „Farbschlacht" endet. Bis das ausgleichende Weiß einen Ausweg findet, nämlich den Farbenkreis.

Der bildergänzende, dialogreiche Text wirkt auch ohne die Abbildungen. Er kann, losgelöst von den einfachen Farbflächen und Farbformen, gut als fantastische Erzählung zum spielerischen Einstieg in den Farbenkreis dienen. Nachdem die Zuhörer eigene Bilder zu der Farbgeschichte im Kopf haben, betrachten sie die Bilder im Buch. Ähnlichkeiten sind dann meistens festzustellen.

🏃🏃 **Für Kinder, die gern malen,** so lautet der Untertitel dieses Bilderbuches. Mit Hilfe unterschiedlicher Farben und Malflächen können Kinder nun experimentieren, eine Fortsetzung der Geschichte malen oder auch eine neue Geschichte erfinden und aufmalen, z. B. eine Geschichte vom Regenbogen.

Impulse:

1. Haben Sie ein Lieblingsbild eines berühmten Malers/einer Malerin? Verfassen Sie eine Bildbeschreibung und erstellen Sie seine/ ihre Biografie.

2. Organisieren Sie mit Ihrer Lerngruppe einen Besuch in einem nahe gelegenen Museum. Werten Sie die durchgeführte Exkursion schriftlich aus. Überlegen Sie, welche Vorbereitungen Sie treffen müssen, um nun mit *Ihrer* Kindergruppe eine Ausstellung zu besuchen.

3. Stellen Sie selber Malfarben her. Experimentieren Sie mit diesen Farben, finden Sie deren Vorzüge heraus. Erstellen Sie anschließend eine kindgerechte Herstellungsanleitung.

Rezept für Ölfarbe
1 Stück Tafelkreide (weiß/farbig)
2 Teelöffel Speiseöl
1 feste Unterlage
1 Metalllöffel
Die Kreide zerbröseln, mit dem Löffel auf der Unterlage zermahlen und das Kreidepulver mit dem Öl zu einer Paste verrühren.

Rezept für Fingerfarbe
1 Tütchen Farbpigment
1 Tütchen Tapetenkleister
(beides aus dem Farbhandel)
Das Farbpigment mit etwas Wasser zu einem dicken Brei verrühren und mit dem Tapetenkleister vermischen.

4. Analysieren Sie das Bilderbuch **Rot, Blau und ein bisschen Gelb** von Sortland/Elling. Wie könnte dieses Buch älteren Kindern vermittelt werden?

5. Erstellen Sie eine Inhaltsangabe oder ein Thesenpapier zu dem Fachbuch **„Was hast du denn da gemalt?"** von Rudolf Seitz. Gestalten Sie eine Übersicht über die Malentwicklungsstufen.

6. Erfassen Sie die **Werk- und Bastelbücher** für Kinder nach unterschiedlichen Bereichen und beurteilen Sie diese nach Kriterien, wie z. B.:

- Verständlichkeit der Anleitungen in Wort und Bild
- Favorisierung von Schablonenarbeiten oder fantasieanregender Techniken
- Hinweise auf alternative Materialien, ökologische Werkstoffe u. ä.
- Übersichtlichkeit der Anordnung/Gliederung der Themen
- Motivationsgeber zum selbstständigen Experimentieren und kreativem Tätigsein

7. Was sind *Mandalas?* Sind sie für Kinder geeignet?
   Beschaffen Sie sich, z. B. in der Stadtbücherei, Informationen zu dieser Fragestellung und fassen Sie Ihre Ergebnisse zusammen.

8. *Kunst kommt von Können!*
   Bilden Sie sich zu dieser gängigen Redewendung eine Meinung. Diskutieren Sie über diese Behauptung in Ihrer Lerngruppe.

9. Stellen Sie mit Kindern zu dem Bilderbuch **Wolkenland** von John Burningham ein Bilderbuchkino (s. S. 203) her. Dokumentieren Sie Ihre Vorgehensweise.

10. Stellen Sie Kontakt zu einer Bilderbuch-Künstlerin/einem Künstler her. Ermitteln Sie, z. B. durch ein Interview, Arbeitsweise und Themenschwerpunkte.

Verwendete Bilderbücher:
Feth/Boratynski: **Der Maler, die Stadt und das Meer,** Patmos, Düsseldorf 1996; Goffin: **ah!,** Ein überraschendes Kunst-Bilderbuch, ars edition, München 1991; Heller: **Die wahre Geschichte von allen Farben,** Lappan, Oldenburg 1995; Young: **7 Blinde Mäuse,** Altberliner Verlag, Berlin 1995; Pacovská/Schwarz: **Das Tier mit den Funkelaugen,** Beltz & Gelberg, Weinheim 1990; Pacovská: **eins, fünf, viele,** Ravensburger Buchverlag Otto Maier, Ravensburg 1990; Saux/Solotareff: **Das kleine Museum,** Moritz, Frankfurt 1994

Weitere Bilderbücher:
Abenteuer Kunst, Prestel, München 1996; Agee: **Die erstaunlichen Bilder des Felix Clousseau,** Gerstenberg, Hildesheim 1997; van Allsburg: **Nur ein Traum,** Ravensburger Buchverlag Otto Maier, Ravensburg 1990; Blake: **Clown,** Gerstenberg, Hildesheim 1997; Björk/Anderson: **Linnea im Garten des Malers,** Bertelsmann, München 1987; Buchholz: **Der Sammler der Augenblicke,** Carl Hanser, München 1997; Burningham: **Wolkenland,** Sauerländer, Frankfurt 1997; Ekker/Heyduch-Huth: **Und was ist hinter dem Hügel?,** K. Thienemanns, Stuttgart 1985; Erlbruch: **Die Werkstatt der Schmetterlinge,** Peter Hammer, Wuppertal 1994; Goodman/Fox: **Was meinst du?,** Lappan, Oldenburg 1991; Goffin: **oh!, Ein Überraschungsbilderbuch,** ars edition, München 1991; Hacks/Slupetzki: **Das musikalische Nashorn,** Gertrud Middelhauve, München 1998; Heidelbach: **Der Aufzug,** Beltz & Gelberg, Weinheim 1993; Lionni: **Das kleine Gelb und das kleine Blau,** Friedrich Oetinger, Hamburg 1982; Lionni: **Swimmy,** Gertrud Middel-

hauve, München 1964; Micklethwait: **Erste Wörter, berühmte Bilder,** *ars edition, München 1994; Murken:* **Barfuß durch die Kunst,** *Coppenrath, Münster 1993 '3; Rubin:* **Klipp-Klapp-Theater,** *Neugebauer, CH-Gossau 1996; Sens/Johnson/Bume:* **Jeder Tag hat eine Farbe,** *Bertelsmann, München 1997; Sis:* **Die unglaubliche Geschichte des Jan Welzl,** *Carl Hanser, München 1997; Sortland/Elling:* **Rot, Blau und ein bisschen Gelb,** *Kerle Verlag, Freiburg 1995; Turnbull/Foreman:* **Das Sandpferd,** *Sauerländer, Frankfurt 1989*

Zum Weiterlesen:

Blaich/Runge: **Die Hülsenbeckschen Kinder,** *rotfuchs tabu, Reinbek 1995; Hieber:* **Das Geheimnis der Hände.** *Das Camille-Claudel-Bilderbuch, Schreiber, o. O. 1992; Kennet/Measham:* **Unser erstes Kunstbuch,** *Ravensburger Buchverlag Otto Maier, Ravensburg 1982 '5; Manes:* **„Mama ist ein Schmetterling, Papa ein Delphin",** *Piper, München 1995; Seitz:* **„Was hast du denn da gemalt?",** *Don Bosco, München 1995; Wüst:* **Arbeiten mit Kunst in Kindergarten und Grundschule,** *Calwer, Stuttgart 1996*

Es war einmal – Märchen für Kinder

4.1 Wissenswertes über Märchen

- Die Brüder Grimm und andere Märchensammler
- Das Volksmärchen
- Das Kunstmärchen und einige bekannte Dichter
- Märchenverwandte Erzählungen

Märchen (Verkleinerungsform des mittelhochdeutschen Wortes *maere* = Kunde, Bericht, Erzählung, Gerücht) sind fantastische kurze Prosaerzählungen. Inhaltlich sind Märchen dadurch gekennzeichnet, dass die Naturgesetze aufgehoben sind und Wunder als überraschende Lösungen auftreten können. Obwohl Märchen als Urform des Erzählens bezeichnet werden können und zu allen Zeiten und bei allen Völkern zu finden sind, konnte erst durch die Brüder Jacob und Wilhelm Grimm der Begriff Märchen als literarischer Gattungsbegriff definiert werden.

Die Brüder Grimm und andere Märchensammler

Wilhelm und Jacob Grimm

Als 1812 die Brüder Grimm ihre erste Sammlung *Kinder- und Hausmärchen* veröffentlichten, ahnte niemand, dass mit dieser Jahreszahl eine neue Phase in der Geschichte des Märchens und der Beginn der Märchenforschung verbunden werden sollte.

Die beiden Brüder waren Sprachwissenschaftler. Angeregt durch ihren Lehrer Friedrich Karl von Savigny begannen sie Volksüberlieferungen zu sammeln, vor allem Lieder und Märchen. Diese Lieder stellten sie den Freunden Clemens Brentano und Achim von Arnim zur Verfügung, die 1806 die Volksliedsammlung *Des Knaben Wunderhorn* herausgaben. Wilhelm Grimm war der Hauptsammler und Redakteur der Märchen. Da sich in der damaligen Zeit das Sammeln der Märchen als recht mühsam erwies, waren die Brüder auf Helfer angewiesen. Jacob Grimm betonte immer wieder, die Märchen wörtlich und *buchstabentreu* aufzuzeichnen, während Wilhelm zwar auf die Beibehaltung der Motive, Inhalte und Sinnbilder achtete, aber die Texte gerne auf seine Weise bearbeitete. Mitunter vermischte er sogar zwei oder mehrere Märchenvarianten miteinander. Wilhelm bevorzugte eine einfache, anschauliche Prosa, die durch direkte Rede, Sprichwörter und Redensarten ihre Lebendigkeit erhielt. Fremdwörter wurden vermieden, Anstößiges gestrichen, dafür wurden aber Moralisierungen und pädagogische Weisheiten ergänzt, so dass der Weg des Märchens in die bürgerliche Kinderstube geebnet wurde. Das Volksmärchen entwickelte sich auf diese Weise immer mehr zum Kindermärchen. Wilhelm Grimm meinte dazu: „Das Märchenbuch ist mir gar nicht für Kinder geschrieben, aber es kommt ihnen recht erwünscht und das freut mich sehr."

Der Erfolg der *Kinder- und Hausmärchen* gab den Anstoß zu weiteren Sammlungen.

In Deutschland fand das *Deutsche Märchenbuch* (1845) des Thüringer Germanisten Ludwig Bechstein großen Anklang. Mit Illustrationen des Dresdner Malers Ludwig Richter stellte diese Sammlung zeitweilig sogar die Grimmsche Märchenausgabe in den Schatten. Bechstein schöpfte ebenso aus mündlicher Überlieferung, aber hauptsächlich aus den *Kinder- und Hausmärchen* der Brüder Grimm. Mit entsprechenden pädagogisch-moralischen Botschaften konzipierte er seine Märchen von Anfang an für Kinder. Obwohl seine Sprache ausschweifender (z. B. *Das Märchen vom Schlaraffenland*), mitunter ironisch, steif und weniger klar wirkt als bei Grimm, sind seine Märcheneditionen bis heute recht beliebt und verbreitet (z. B. *Goldmarie und Pechmarie; Das Märchen vom Mann im Mond*).

Mit der zunehmenden Veröffentlichung der Märchen in Buchform setzte ein Rückgang der Erzähltradition ein. Dies hatte das Ende der mündlichen Überlieferung zur Folge.

Das Volksmärchen

Im 19. Jahrhundert konnte der größte Teil der einfachen Bevölkerung nicht lesen. Märchen und Geschichten wurden erzählt, um eintönige Arbeitsvorgänge angenehmer zu gestalten. Diese Erzählungen waren für die unteren Schichten meist die einzige Möglichkeit, mit Literatur in Berührung zu kommen. In dörflichen Gemeinschaften wurden hin und wieder Erzähler eingeladen, die es verstanden, die jeweiligen Zuhörer und Situationen immer wieder neu in ihre Märchen und Geschichten einzubinden, um Aufmerksamkeit und Gefallen zu erregen. Die Reaktionen der Zuhörer beeinflussten auf diese Weise die Märchengestaltung.

Märchenerzähler benutzten häufig rhetorische Hilfsmittel, die ihnen das freie Erzählen erleichterten. Hierzu gehörten z. B. die *Eingangs- und Schlussformeln.* Viele Märchen beginnen mit: „Es war einmal ..." und enden „und wenn sie nicht gestorben sind, dann leben sie noch heute." Durch diese typischen Formeln wurden die Zuhörer in eine Märchenwelt hineingeführt und am Ende wieder in die Wirklichkeit zurück. Zu den weiteren Formeln, die Märchenerzähler benutzten, gehörten die traditionellen *Verse* die über Jahrhunderte ihre Form behalten haben, z. B.: „Spieglein, Spieglein an der Wand, wer ist die Schönste im ganzen Land?" oder „Knusper, knusper, knäuschen, wer knuspert an meinem Häuschen?". Im selbst erdachten Singsang wurden diese Verse vorgetragen, von den Zuhörern mitgesprochen und als Höhepunkte einer Märchenstunde erlebt.

Die meisten Märchenhandlungen weisen einen *Dreier-Rhythmus* auf, der dem Märchenerzähler half, den roten Faden nicht zu verlieren: z. B. drei Brüder ziehen nacheinander aus, um eine Aufgabe zu lösen, der Held muss drei Aufgaben bewältigen oder die Fee besitzt drei Zaubergaben, die zu einer Erlösung führen. Diese Wiederholungen, die den Handlungsverlauf strukturierten, sind auch für das Verständnis der Zuhörer wichtig.

Zentrale Themen des Volksmärchens sind Trennung Verstoßung, Verwandlung und Vereinigung, Themen, die den Lebensweg des Menschen symbolisieren. Die Ausgangslage ist gekennzeichnet durch existentielle Probleme (z. B. in „Hänsel und Gretel"), eine Aufgabe (z. B. in „Rotkäppchen"), ein Bedürfnis (z. B. in „Hans im Glück") oder Schwierigkeiten, die bewältigt werden müssen (z. B. in „Schneewittchen").

Charakteristisch für das Volksmärchen ist die Darstellung einer natürlichen Ordnung, die erst gestört und dann wiederhergestellt wird. Dies ist auch ein Grund für die sogenannte *Polarisation,* die Darstellung von Gegensätzlichkeiten: Armut – Reichtum, Gut – Böse, Glück – Pech, Freud – Leid. Armut und Fleiß werden belohnt, Untaten werden bestraft, die Gerechtigkeit siegt immer und überall.

Die Welt des Volksmärchens ist eine Wunderwelt, in der alle Wesen und Figuren wie selbstverständlich miteinander kommunizieren. Diese *eindimensionale Sichtweise* (s. Lüthi) macht keinen Unterschied zwischen der realen und der fantastischen Welt. Hinzu kommt die *Flächenhaftigkeit* (s. Lüthi): Figuren und Handlungen stehen isoliert nebeneinander oder nacheinander und entwickeln sich weitgehend aus sich selbst. Komplexe Verhältnisse werden aufgelöst und durchschaubarer gemacht. Anstelle ausführlicher Schilderungen und präziser Beschreibungen erhalten Figuren und Dinge oft bloße Benennungen, die zwar durch den Handlungsablauf an Bedeutung gewinnen, sich aber klar und einstrangig auf ein Ziel hin orientieren.

Unterstützt wird diese Handlungsorientierung des Volksmärchens durch die *Isolation* (s. Lüthi) der Handlungsträger. Isoliert von ihren ursprünglichen Lebenszusammenhängen sind die Helden/Heldinnen ohne feste Bindung, gehen aber zugleich Bindungen ein, die in der jeweiligen Situation erforderlich sind, um ein Ziel zu erreichen. Den Märchenhelden können dabei auch bestimmte Requisiten von Nutzen sein, wie z. B. ein goldenes Spinnrad, der Knüppel aus dem Sack oder der Apfel vom Lebensbaum. Die weiteren Figuren im Volksmärchen beziehen sich immer auf den Helden, entweder als Helfer oder als Gegenspieler. Auch hier werden die Eigenschaften durch die *Polarisation* deutlich hervorgehoben.

Das Kunstmärchen und einige bekannte Dichter

Unter Kunstmärchen sind Märchen zu verstehen, die im Gegensatz zum Volksmärchen nicht mündlich überliefert, sondern von einem namentlich bekannten Dichter geschrieben wurden. Der Autor eines Kunstmärchens hält sich dabei an das Schema des Volksmärchens. Er verwendet charakteristische Merkmale oder verknüpft tradierte Motive mit selbst erdachten, fantastischen Elementen. Die Struktur des Kunstmärchens ist vielschichtiger, der Handlungsverlauf komplexer als im Volksmärchen. Im Mittelpunkt stehen häufig existentielle und gesellschaftspolitische Probleme.

Die meisten Kunstmärchen entstanden in der Zeit der Romantik und in der ersten Hälfte des 19. Jahrhunderts. Sie wurden wie das Volksmärchen durch den Zeitgeist und das Stilempfinden der jeweiligen Autoren/Erzähler/Sammler geprägt. Durch Veröffentlichungen von Volksmärchensammlungen drang das Märchen zunehmend stärker in das Bewusstsein zeitgenössischer Dichter, die angeregt wurden, das Märchen in Form der Allegorie (= Sinnbild, Gleichnis) nachzuempfinden.

Wilhelm Hauff

Wilhelm Hauff gehört bis heute zu den beliebtesten deutschen Märchendichtern. In seinen Rahmenerzählungen *Die Karawane* (1825), *Der Scheik von Alexandria und seine Sklaven* (1826) und *Das Wirtshaus im Spessart* (1827) bindet Hauff tradierte Motive und Gestalten in einen von ihm erdachten Handlungsablauf ein. Die Geschichten spielen zum größten Teil im Orient, wo z. B. der kleine Muck, Kalif Storch oder der Schneidergeselle Labakan sich in gefährlichen und aufregenden Situationen bewähren müssen. Die geschickt eingebaute pädagogische Moral der Hauffschen Märchen „Bleibe im Lande und nähre dich redlich" trug möglicherweise zu ihrer Beliebtheit bei. Aus diesen märchenhaften Abenteuergeschichten entwickelte sich später der beliebte Abenteuerroman.

Hans Christian Andersen

Hans Christian Andersen erzählte und schrieb von Anfang an seine Märchen für Kinder. 1835 brachte er sie erstmals in einzelnen Heften heraus. Der größte Teil seiner Geschichten sind eigentlich keine Märchen, sondern gleichnishafte Erzählungen, die sich mit dem Sinn des Lebens befassen. Nur in wenigen Geschichten bearbeitet Andersen Volksmärchenmotive. Diese Bearbeitungen können tatsächlich als Kunstmärchen bezeichnet werden, z. B. *Das Feuerzeug* (KHM[1] 116 *Das blaue Licht*), *Der Schweinehirt* (KHM 52 *König Drosselbart*), *Die wilden Schwäne* (KHM 49 *Die sechs Schwäne*).

Im Gegensatz zum Volksmärchen schildert Andersen viele seiner Märchenschauplätze sehr genau. Mit Hilfe von Beispielen und Parabeln, die häufig märchenhafte Elemente aufgreifen, weist er auf soziale Ungerechtigkeiten und Missstände in seiner Zeit hin. Auch die Märchengestalten selbst werden von Andersen ausführlich dargestellt, vorwiegend handelt es sich dabei um Zeitgenossen. So wurde Andersen durch die königliche Schlosswache angeregt, das Märchen *Der standhafte Zinnsoldat* (s. Kunstmärchen im Bilderbuch S. 174) zu schreiben. Andersens Märchen beschreiben differenzierte Gefühlslagen. Häufig stimmen sie traurig, melancholisch und nehmen ein tragisches Ende, z. B. *Das kleine Mädchen mit den Schwefelhölzern*. Im Gegensatz zu den meisten seiner Erzählungen findet die Geschichte *Das hässliche junge Entlein* einen glücklichen, märchenhaften Ausgang. Der äußere Handlungsablauf der Andersen-Märchen ist meist für Kinder verständlich, der tiefere Sinn bleibt ihnen jedoch noch verborgen und erschließt sich erst dem erwachsenen Leser.

Im 19. Jahrhundert wurden viele weitere Kunstmärchen von bedeutenden Dichtern geschaffen. Einige sollen hier nur noch kurz genannt werden, da sie wie die meisten Kunstmärchen durch Umfang, Inhalt, Struktur und Symbolhaltigkeit hauptsächlich den jugendlichen und erwachsenen Leser ansprechen:

Charles Dickens *A Christmas Carol in Prose* (1843); Theodor Storm: *Der kleine Häwelmann* (1849); Eduard Mörike: *Das Stuttgarter Hutzelmännlein* (1853); Lewis Caroll (eigentlich C. L. Dodgson): *Alice's Adventures in Wonderland* (1865); Carlo Collodi (eigentlich Lorenzini): *Le Avventure di Pinocchio* (1884); Oscar Wilde: *The Happy Prince* (1888).

Märchenverwandte Erzählungen

Ebenso wie Märchen erzählen Sagen, Legenden, Mythen, Fabeln und Schwänke von übernatürlichen oder wundersamen Geschehnissen. Allerdings haben Märchen eine eigene besondere Sprache und Bedeutung, die sich von den genannten literarischen Gattungen abhebt.

---

[1] KHM = Kinder- und Hausmärchen

Sage, Heldensage, Volkssage, Lokalsage	kann auch als historisches Märchen bezeichnet werden. Sie ist ursprünglich ein mündlicher Bericht von Helden oder geheimnisvollen Dingen, Gestalten oder Vorgängen. Die meisten Sagen haben einen historischen Hintergrund. Die Handlung selbst ist jedoch frei erfunden und wird ins Wunderbare gesteigert. Was den Helden der Sage besonders auszeichnet, sind entweder übernatürliche Kräfte, Tapferkeit und Mut oder außergewöhnliche Weisheit. Manche Sagen werden durch eine poetische Gestaltung in gereimte Sprache umgeformt, so dass sie ihren typischen einfachen Prosastil verlieren.
Legende Personallegende Kultlegende	unterscheidet sich vom Märchen durch ihren religiösen Inhalt, berichtet über das irdische Leben von Heiligen oder über Ursprünge und Herkünfte bestimmter religiöser Brauchtümer. Legenden sind nicht auf das Christentum beschränkt. Sie wollen das Göttliche näher rücken und behandeln wunderbare Ereignisse, in denen oft historische Begebenheiten, teilweise volkstümlich und fantastisch erzählt werden.
Mythos	erzählt von göttlichen Figuren, die in Gestalt von Tieren oder Menschen bzw. als gottähnlichen Helden erscheinen, während im Märchen Menschen als Handlungsträger fungieren und Wunder erleben. Das Handlungsgeschehen vollzieht sich im außerirdischen Raum, weist aber natürliche bzw. menschliche Strukturen auf.
Fabel	wird im Gegensatz zum Märchen mit einer moralischen Lehre in Verbindung gebracht. In der Fabel treten Tiere, aber auch Pflanzen oder Gegenstände auf, die wie Menschen reden und handeln. Das Ziel der Fabel liegt darin, dem Menschen ein Spiegelbild seines ethischen und gesellschaftlichen Verhaltens vor Augen zu führen.
Schwank	steht dem Märchen sehr nahe, da er im Gegensatz zur realistischen Erzählung gerne von Unmöglichem berichtet. Er erzählt witzig und humorvoll von der Eitelkeit, Gier, Dummheit oder Unzulänglichkeit des Menschen. Der Schwank will im Gegensatz zum Märchen die Zuhörer zum Lachen bringen. Alle Geschehnisse und Gestalten werden durch Parodie, Satire oder Überzeichnung dargestellt und zu Typen stilisiert, die bestimmte Menschengruppen oder Lebensarten vertreten.

1. Als Einstieg in das Thema empfiehlt es sich, mit einem *Clustering* zu beginnen. Die Phase des Assoziierens sollte nicht länger als sieben Minuten dauern. Für das anschließende Schreiben eines Fließtextes sind etwa 10 Minuten vorzusehen. Anschließend sollten die Texte nacheinander vorgelesen werden, wobei keine Kommentare und Bewertungen zu den Texten gegeben werden. Das *Clustering* dient dazu, den eigenen Zugang zu einem **Impulse:** Thema zu finden.

   Cluster (Beispiel):

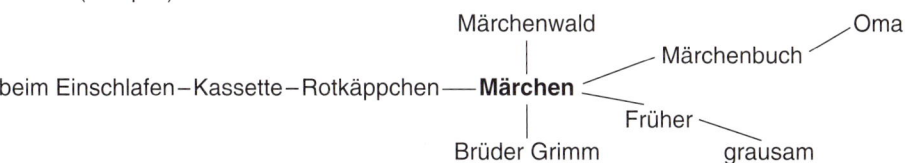

2. Viele Volksmärchen beginnen und enden mit einer bestimmten Formulierung. Tragen Sie unterschiedliche Eingangs- und Schlussformeln zusammen.

   Inwiefern beeinflussen diese formelhaften Sprüche die inhaltliche Aussage des Märchens?

3. Wie ist das grimmsche Märchen „Schneewittchen" aufgebaut? Zeigen Sie die einzelnen Handlungsschritte auf.
Welche Bedeutung bzw. Wirkung hat in diesem Märchen die Dreier-Struktur?

4. Wählen Sie einige Hauptpersonen von Volksmärchen aus. Erstellen Sie für jede einen Steckbrief.

Steckbrief

Name: _____

Alter: _____

Wohnort: _____

Soziale Stellung: _____

Aussehen: _____

Eigenschaften: _____

Fähigkeiten: _____

Schreiben Sie eine kurze Rahmengeschichte und binden Sie die gewählten Hauptpersonen darin ein. Stellen Sie die märchenhafte Geschichte im Rollenspiel dar. Reflektieren Sie anschließend die Darstellungsweise: Welche Besonderheiten zeigen sich im Handlungsverlauf?

5. Das Schwankmärchen *Hans im Glück* der Brüder Grimm erzählt die Geschichte eines jungen Mannes, der nach sieben Jahren mit seinem Arbeitslohn nach Hause zurückkehrt und durch sonderbare Tauschaktionen seinen ganzen Verdienst wieder verliert.
Verdeutlichen Sie die charakteristischen Merkmale eines Schwankmärchens.
Wählen Sie ein weiteres Schwankmärchen aus und schreiben Sie die Dialoge in einen Spieltext um.

6. Die Volksmärchen *Frau Holle* der Brüder Grimm und *Die Goldmarie und die Pechmarie* von Ludwig Bechstein sind themengleiche Märchen. Analysieren Sie die beiden Märchen unter Berücksichtigung folgender Fragestellungen:
Wie werden die Handlungsträger dargestellt?
Welche Aufgaben haben sie zu bewältigen?
Welche Rollen übernehmen die Tiere?
Wie enden die Märchen?
Welche pädagogischen Tendenzen bzw. Botschaften sind erkennbar?
Stellen Sie bei Ihrer Analyse den Unterschied zwischen „Märchenthema" und „Märchenmotiv" heraus.

7. Vergleichen Sie das grimmsche Märchen *König Drosselbart* mit Andersens Märchen *Der Schweinehirt*.
Warum wirkt Andersens Märchen wie eine „Satire"[1]?
Die Erklärung dafür finden Sie in seiner Biografie.

---

[1] Satire = Bezeichnung für eine literarische Gattung, die durch Spott, Ironie, Übertreibung bestimmte Personen, Anschauungen, Ereignisse oder Zustände kritisiert oder verächtlich machen will.

Märchen für Kinder von heute

- Welche Bedeutung haben Märchen für Kinder?
- Märchen als Lebenshilfe?
- Welches Märchen für welches Alter?
- Wie werden Märchen vermittelt?
- Märchen im Bilderbuch

Welche Bedeutung haben Märchen für Kinder?

„Es war einmal …", mit diesem Satz führen die meisten Märchen in eine geheimnisvolle Wunderwelt, von der sich aber heute mehr Kinder als Erwachsene faszinieren und verzaubern lassen. Das Märchen ist fast ausschließlich zur Literatur des Kindes geworden, obwohl in den 60er Jahren, vorrangig Pädagogen der antiautoritären Richtung die Inhalte der Märchen als unrealistisch und grausam ansahen und ihnen eine schädigende Wirkung für Kinder zuschrieben. Mit der Forderung „Kinder brauchen Märchen" trat 1975 der amerikanische Kinderpsychologe Bruno Bettelheim diesen misstrauischen Vorbehalten entschieden entgegen. Märchen beschreiben zwar fantastische Welten, in denen Wünsche und Träume wahr werden, sie erzählen aber auch von grundlegenden realen Lebenssituationen, mit denen jeder Mensch zu jeder Zeit konfrontiert werden kann.

Gerade dieses Nebeneinander von Wunder und Wirklichkeit macht das Märchen für Kinder so interessant. Es entspricht ihrer geistigen Entwicklungsstufe. Kinder leben bis zum sechsten Lebensjahr im *magischen Realismus,* der Fantasie und Realität gleichermaßen zulässt. Im Spiel schlüpfen Kinder in andere Rollen, lassen Puppen und Stofftiere lebendig werden und geben alltäglichen Gegenständen symbolische Bedeutungen. Nicht begreifbare Ereignisse oder Geschehnisse werden aus der magischen Sicht des Kindes erklärt. So donnert es z. B. „weil der liebe Gott im Himmel laut schimpft" oder die Sonne geht unter, „weil sie müde geworden ist". Diese Vorstellungen dienen dem Kind als

Selbstschutz und helfen ihm, sich in seiner eigenen Realität zurechtzufinden. Die symbolhaltige und formelhafte Sprache des Märchens kommt dieser kindlichen Wahrnehmung der Realität entgegen.

Für Kinder werden Märchen jedoch erst eingängig durch ihre formale Struktur und besonderen Stilmittel, die ihnen helfen, bildhafte Vorstellungen zu entwickeln. Märchen sind meist einsträngig und klar gegliedert. Sie beginnen mit einer kurzen Situationsbeschreibung einer Figur oder Person, die zum Handlungsträger wird. Figuren, Zeiten und Orte werden nicht individuell gekennzeichnet. Durch diese bloße Nennung gelingen Identifikation und Projektion des Kindes leichter. Es kann das Geschehen für sich selbst besser einordnen. Darüber hinaus herrscht ein ausgewogenes Gleichgewicht von bekannten und unbekannten Figuren: Kinder, Eltern, Geschwister, Tiere, aber auch fantastische Wesen treten wiederholt auf. Sie werden vom Kind schnell wiedererkannt und stellen im Handlungsverlauf eine Orientierungshilfe dar.

Die Märchenhelden müssen verschiedene Handlungsmöglichkeiten ausprobieren, abenteuerliche Situationen überwinden, Aufgaben wiederholen oder Prüfungen bestehen, um schließlich ans Ziel zu kommen. Das Kind verfolgt das Geschehen mit innerer Spannung, kann sich aber auch wieder entspannen und beruhigen: Es weiß, am Ende geht alles gut aus. Um dieses „Happy-End" zu erreichen, benutzt das Märchen das polarisierende *Oben-Unten-Schema*, z. B. der einfache Müllersohn wird König; Aschenputtel heiratet den Prinzen; das arme Mädchen wird mit goldenen Sterntalern belohnt. Dieses zweigeteilte Weltbild steht analog zum kindlichen Weltbild. Darüber hinaus entspricht diese schematische Darstellung dem kindlichen Wunsch- und Gerechtigkeitsbedürfnis: Das Gute muss belohnt und das Böse muss bestraft werden. Die Wiederholungsstrukturen im Märchen kommen dem kindlichen Bedürfnis entgegen, sich an Bekanntem zu erfreuen. In spannender Erwartung wollen Kinder immer wieder die gleiche Textstelle hören und kein Wort soll dabei verändert werden. Diese Wiederholungen, die für das Kind zu Ritualen werden, sind vorhersehbar. Sie bedeuten für das Kind Sicherheit und die Möglichkeit der Identifikation.

Märchen als Lebenshilfe?

Märchen befassen sich mit menschlichen Grunderfahrungen, die zu jeder Zeit gemacht werden. Oft sind Gefühle durch Symbole verschlüsselt. Es gibt Liebessymbole, z. B. den Apfel oder Gürtel, Machtsymbole wie Krone und Zauberstab und Symbole der Angst, z. B. die Hexe, die Höhle oder den Wolf. Sinnbilder wie die Brücke als Symbol des Übergangs, die Treppe oder den Berg als Symbol des Strebens, das Verzaubern von Gestalten oder das Erwachen aus dem Schlaf als Symbol für Reifung oder Wandlung gehören zu den typischen Symbolen, die bei den meisten Völkern mit derselben Bedeutung, sozusagen als *kollektive Bildsprache* (nach Christa Meves) benutzt werden. Auch wenn Kindern diese märchenhafte Symbolik nicht so bewusst wird wie Erwachsenen, erfassen sie aber die Bildsprache und erkennen die Gefühle der Handlungsträger.

Fast jedes Märchen enthält eine Entwicklungsgeschichte, die die Grundfragen des Lebens aufspürt und auf Lebenszusammenhänge hinweist. Kinder fühlen sich von diesem Bedeutungsgehalt der Märchen besonders angesprochen. Sie können sich noch mitten in das Märchengeschehen hineinversetzen, entschlüsseln intuitiv die symbolhafte Bildsprache und beziehen diese auf ihre Umwelt.

Welches Märchen für welches Alter?

Beim Zuhören und Lesen von Märchen werden bei Kindern insbesondere soziale Gefühlsregungen hervorgerufen, da sie die Abenteuer ihrer Märchenhelden mit innerer Anteilnahme durchleben. Auf indirektem Weg, über Bilder und Symbole konfrontieren Märchen Kinder mit menschlichen Ängsten und Nöten. Sie lassen den Kindern jedoch genügend Spielraum, eigene Lösungen zu finden. Mit Hilfe der Fantasie bauen sie die Märchen, die für ihre Entwicklungsphase wichtig sind, in ihr Alltagshandeln ein. Sie können die Angstgefühle von Hänsel und Gretel nachvollziehen, als diese von ihren Eltern im Wald ausgesetzt werden, aber durch eigene Kraft und Initiative ihr Leben retten.

Eine kritische Auseinandersetzung mit Märchen ist dennoch wichtig, denn nicht jedes Märchen ist für jedes Kind geeignet. Es ist erwiesen, dass sog. *Erst-Bilder*, d. h. jede Art der Literaturbegegnung in frühester Kindheit die Entwicklung positiv oder negativ beeinflussen kann. Entscheidend ist vor allem eine sorgfältige Auswahl der Märchen, wobei je nach Alter und Entwicklungsstand, Interesse, Geschlecht, seelischer Befindlichkeit und Lebenssituation ein bestimmtes Märchen für das Kind wichtig sein kann.

Wir können nicht wissen, in welchem Alter ein bestimmtes Märchen für ein bestimmtes Kind am wichtigsten ist, deshalb können wir nicht von uns aus bestimmen, wann und aus welchen Gründen ihm eines der vielen Märchen erzählt werden soll. Dies kann nur das Kind selbst entscheiden und offenbaren mit der Stärke seiner emotionalen Reaktion auf das, was ein Märchen in seinem Bewussten und Unbewussten wachruft. Eltern werden normalerweise damit anfangen, dass sie ihrem Kind ein Märchen, das ihnen als Kindern gefallen hat oder jetzt gefällt, erzählen oder vorlesen. Wenn das Kind keinen Geschmack an dieser Geschichte findet, bedeutet dies, dass deren Motive oder Themen in diesem gegebenen Augenblick seines Lebens keine sinnvolle Reaktion weckt. Dann ist es am besten, ihm am nächsten Abend ein anderes Märchen zu erzählen. Bald wird das Kind zu erkennen geben, dass eine bestimmte Geschichte wichtig geworden ist; es reagiert unmittelbar darauf oder bittet immer um dieses Märchen. ... Schließlich hat das Kind dem Lieblingsmärchen alles, was es kann, entnommen, oder die Probleme, die es darauf reagieren ließ, sind durch andere ersetzt worden, die in einem anderen Märchen besseren Ausdruck finden. Dann verliert es zeitweilig das Interesse an diesem Märchen und zieht ein anderes vor.[1]

---

[1] Bruno Bettelheim: Kinder brauchen Märchen, Deutsche Verlagsanstalt, S. 25

Bei der Wahl eines Märchens sollten solche Märchen ausgeklammert werden, in denen Grausamkeiten genau beschrieben werden. Erst gegen Ende des Kindergartenalters können Märchen erzählt werden, die zwar Grausames beinhalten, gleichzeitig aber unrealistisch und fantastisch wirken.

Hinsichtlich formaler und inhaltlicher Unterschiede im Märchen sollten folgende Kriterien bei der Auswahl berücksichtigt werden:

Altersangabe	Form und Inhalt der Märchen
ab 3/4 Jahre	**Ein-Motiv-Märchen** Aus einem Märchenmotiv entwickelt sich eine schlichte Handlung, die oft linear verläuft. Das Geschehen wird ohne Umschweife klar erzählt, z. B. KHM[1] 153 *Die Sterntaler*, KHM 153 *Der süße Brei*, KHM 200 *Der goldene Schlüssel*.
ab 4/5 Jahre	**Ketten-Märchen** Einzelne Szenen werden im Sinne einer *Und-dann-Erzählung* kettenförmig aneinandergereiht, sie stehen aber in direktem Zusammenhang mit dem Grundgeschehen. Die meisten dieser Märchen beinhalten Themen aus dem Erlebensbereich des Kindes, z. B. KHM 15 *Hänsel und Gretel*, KHM 83 *Hans im Glück*, KHM 26 *Rotkäppchen*. Oder sie erzählen Geschichten aus der Tierwelt, z. B. KHM 5 *Der Wolf und die sieben jungen Geißlein*, KHM 180 *Die Bremer Stadtmusikanten*, KHM 10 *Das Lumpengesindel*. Außerdem handeln Märchen oft von personifizierten leblosen Gegenständen, z. B. KHM 18 *Strohhalm, Kohle und Bohne* oder das norwegische Märchen *Der dicke, fette Pfannkuchen*.
ab 5/6 Jahre	**Schachtel-Märchen** Diese Märchen verfügen über mehrere Hauptmotive, die ineinander verschachtelt sind oder zeitlich parallel nebeneinander herlaufen und sich an unterschiedlichen Schauplätzen ereignen. Zu ihnen gehören hauptsächlich die so genannten *Wunder-Märchen*. Diese meist recht komplexen Märchen erzählen von seltsamen Wundergaben, z. B. KHM 36 *Tischchen deck dich, Goldesel und Knüppel aus dem Sack*; von außerirdischen Welten, z. B. KHM 24 *Frau Holle* und von wunderbaren Verwandlungen, z. B. KHM 1 *Der Froschkönig oder der eiserne Heinrich*. Jüngere Kinder können den plötzlichen Gestaltwandel, wie er im Wundermärchen thematisiert wird, noch nicht erfassen und nachvollziehen.
ab 6/7 Jahre	**Helden-Märchen** mit heiterem oder ernstem Charakter, einer Vielzahl von Geschehnissen und Ereignissen sowie abenteuerlichen Schauplätzen, z. B. KHM 20 *Das tapfere Schneiderlein*; KHM 136 *Der Eisenhans*; oder KHM 116 *Das blaue Licht*. *Fabel-Märchen*: z. B. KHM 102 *Der Zaunkönig und der Bär* *Legenden-Märchen*: z. B. KHM 194 *Die Kornähre* *Schwank-Märchen*: z. B. KHM 34 *Die kluge Else* Erst Kinder in der realistischen Entwicklungsphase können die vielen Vorgänge dieser umfangreichen Märchen erfassen, behalten, überschauen und in einen Zusammenhang bringen.

---

[1] KHM = Kinder- und Hausmärchen

Wie werden Märchen vermittelt?

Die Art der Begegnung mit Märchen ist für Kinder von großer Bedeutung. Neben der inhaltlichen, hat die atmosphärische Vermittlung einen ebenso hohen Stellenwert. Märchen sollten möglichst frei erzählt werden, da Erzählen eine intensivere Beziehung zwischen Kind und Erwachsenem herstellt als Vorlesen. Durch den ständigen Blickkontakt kann der Erzähler auf aktuelle Reaktionen flexibler reagieren und sich dem zuhörenden Kind stärker zuwenden. Wird eine mündliche Erzählung zusätzlich mit Mimik und Gestik unterstrichen, erhöhen sich Aufmerksamkeit, Konzentration und Spannung. Ein lebendig vorgetragenes Märchen kann so die eigene Begeisterung des Erzählers auf den Zuhörer übertragen. Das Kind wird zu persönlichen Bildern und Vorstellungen angeregt und aktiviert seine Schaffensfreude.

Methodische Hinweise

Erzählen von Märchen und Geschichten

- **vor dem Erzählen eine gute Atmosphäre herstellen, eine Situation der Geborgenheit schaffen**
- **Text nur als Gedächtnisstütze benutzen**
- **die Geschichte nicht einfach auswendig lernen**
- **das Märchen vielmehr mit eigenen Worten wiedergeben, seinen Inhalt dabei aber nicht verändern**
- **wörtliche Rede sollte im Originaltext gesprochen werden: Kinder haben Freude an dieser Wiederholung und sprechen gerne ihnen bekannte Stellen mit**
- **auf richtige Aussprache, Tempo und Pausen achten, dies ist wichtig für die Atmosphäre einer Geschichte**
- **zusätzlicher Einsatz von Mimik, Gestik und stimmliche Veränderung erhöhen die Spannung, diese Mittel sollten aber bei jüngeren Kindern sparsam eingesetzt werden, um Schock- oder Gruselerlebnisse zu vermeiden**
- **Blickkontakt mit den Kindern herstellen, auf diese Weise können Reaktionen besser bemerkt werden**
- **den Kindern Raum für Äußerungen lassen, damit sich mögliche Spannungen lösen können**
- **wichtig: Das Miteinander von Erzähler und Zuhörern schafft ein Gefühl der Zusammengehörigkeit, das durch Medien nicht vermittelt werden kann**

Die Bedeutung der Erzählsituation wird darüber hinaus auch noch von äußeren Bedingungen bestimmt. Der Körperkontakt zwischen Kind und Erwachsenem, die vertraute Sprechweise und die gewohnte gemütliche Umgebung stellen eine stimmungsvolle „Märchenatmosphäre" her, die durch mehrfache Wiederholung ritualisiert werden kann. Das Kind drückt seine Wiederholungslust durch den Wunsch aus, immer wieder das gleiche Märchen oder die gleiche

Geschichte zu hören. Es erwartet eine geborgene Atmosphäre, die ihm Sicherheit und Vertrauen vermittelt.

Für Kinder im Kindergarten und in der Grundschule ist die Begegnung mit Märchen ebenso wichtig. Auch die vertraute Erzieherin kann in einer ruhigen Ecke des Raumes eine geeignete Atmosphäre schaffen und durch ihre aktive Anteilnahme dazu beitragen, dass die „Märchenstunde" zu einem ritualisierten Bestandteil der pädagogischen Arbeit im Kindergarten wird. Möglich wäre auch die Einrichtung eines „Märchen-und-Geschichten-Raumes", beispielsweise in Form eines Nomadenzeltes, in der ein geheimnisvolles Licht vorherrscht. Durch Tücher, Kissen, Teppiche und herabhängende Objekte (z. B. Sterne, Sonnen) entsteht eine wundersame Märchenatmosphäre. Interessierte Kinder gruppieren sich um die Erzieherin, die ohne Umschweife zu erzählen beginnt. Ein Kind, das eins der Märchen nicht hören möchte, kann sich dabei problemlos zurückziehen. Durch diese offene Methode entscheiden die Kinder selbst, welches Märchen für sie momentan wichtig ist.

Nach dem passiven Hören von Märchen sollte den Kindern Zeit zur aktiven spielerischen Auseinandersetzung gegeben werden. Die Bildersprache des Märchens beflügelt die Fantasie der Kinder und lässt ihnen einen großen Spielraum, um Fragen, Gefühle und Eindrücke zu äußern. Märchen sind ganz besonders geeignet, um im anschließenden gemeinsamen Gespräch Aufschluss über Wünsche, Ängste und Probleme der Kinder zu erhalten.

Einzelne Märchenszenen können auch im Rollen- oder Puppenspiel aufgegriffen werden. Im freien improvisierten Spiel ist es den Kindern möglich, den Märchenfiguren einen ganz anderen Charakter zu verleihen und nach eigenen Wunschvorstellungen zu handeln. Lebhafte Kinder können hierbei angestaute Energien beispielsweise als „mutige Drachenkämpfer" zum Einsatz bringen, während schüchterne Kinder durch rhythmisches Sprechen einzelner Märchenverse möglicherweise ihre Sprechhemmung verlieren.

Die bildnerische Gestaltung bietet Kindern eine weitere Möglichkeit, sich mit Märchen auseinanderzusetzen. Auch hierbei sollten sich die Kinder auf die Darstellungen derjenigen Figuren bzw. Szenen beschränken, die sie am stärksten beeindruckt haben.

Märchen im Bilderbuch

Im Märchenbilderbuch drücken Illustratoren ihre individuellen Vorstellungen der fantastischen Märchenwelt aus. Durch die Illustration eines Märchens wird deshalb eine ganz bestimmte Interpretation des Märchenstoffs vermittelt. Durch die Fülle von Symbolen und bildhaften Vergleichen bietet das Märchen aber, wie keine andere literarische Gattung, Kindern die Möglichkeit, eigene Bilder in ihrer Vorstellung zu entwickeln, die ihre Fantasie anregen. Aus diesem Grunde ist das Märchenbilderbuch als erste Begegnung mit dem Märchen für Kinder nicht geeignet, da es die kindliche Vorstellungskraft beeinflusst oder auf eine bestimmte Richtung festlegt.

Märchen geben Kindern Einblicke in verschiedene Sozialisationsprobleme, mit denen sie sich im täglichen Leben auseinandersetzen müssen. Projektionen und Identifikationen sind aber nur dann möglich, wenn die Abbildungen noch genügend Raum für eigene Sichtweisen lassen. Darstellungen im Märchenbilderbuch sollten sich auf das Wesentliche beschränken oder Farben, Formen und Hintergründe abstrahieren, so dass die Vorstellungskraft des Kindes nicht eingeschränkt, sondern möglichst erweitert werden kann.

Der Märchentext kann sich gegebenenfalls dem heutigen Sprachgebrauch annähern, ohne seine Originalität zu verlieren. Bild und Text müssen allerdings in jeder Hinsicht immer aufeinander abgestimmt sein.

Aus der großen Anzahl von Märchenbilderbüchern sollen hier nur einige Beispiele genannt sein, die den oben genannten Kriterien standhalten.

Eines der ältesten grimmschen Märchen, der Froschkönig, ist von der bekannten Illustratorin Binette Schroeder gestaltet worden. Binette Schroeders Bilder sind inszenierte Kunstwelten in verschlüsselten Formen, in die der Betrachter nur durch die Kraft seiner Fantasie einen Zugang erhält. Die Künstlerin bevorzugt die Illustration von magischen Welten. (Dies wird bereits in ihren vorangegangenen Werken deutlich, wie z. B. **Lupinchen, Die Schöne und das Tier, Die Vollmondlegende.**) Im Froschkönig wechseln sich Bilder von geheimnisvollen Landschaften mit Darstellungen mythisch-venezianischer Architektur ab, in denen die Prinzessin und der Prinz zu schweben scheinen. Jede dargestellte Szene erinnert an ein Bühnenbild oder an eine virtuelle Cyberkulisse, die abwechselnd in ein fahles Teichgrün, leuchtendes Königsrot oder steinernes Schattengrau eingetaucht ist. Durch eine Aneinanderreihung von Bewegungsabläufen in Bildsequenzen wird die Verwandlung des Frosches in einen Prinzen sehr lebendig dargestellt. Die Menschwerdung, der Höhepunkt des Märchens, kann so von Kindern Schritt für Schritt nachvollzogen werden.

Der Text des Märchens ist der Originalausgabe der Brüder Grimm von 1857 entnommen.

Binette Schroeders extrem künstliche Märchenbilder ermöglichen es älteren Kindergartenkindern, die Realitätsebene zu verlassen und in die imaginäre Welt des Märchens einzutauchen.

🏃🏃 Nach der Bilderbuchbetrachtung können die Kinder auf bildnerische Weise zum Ausdruck bringen, in wen oder was sie sich gerne verwandeln würden.

🏃🏃 **Zauberfrosch**

Alle Kinder bewegen sich wie Frösche. Ein Frosch trägt eine Krone. Dieser muss versuchen, die Krone an einen anderen Frosch weiterzugeben, der sich daraufhin in ein anderes Lebewesen verwandelt. Alle führen dann die charakteristischen Bewegungen dieses Lebewesens aus.

Die meisten Märchen Wilhelm Hauffs (s. Kunstmärchen, S. 163) sind nur mit Einschränkungen für jüngere Kinder geeignet. Zu diesen wenigen Ausnahmen gehört unter anderem das Märchen **Zwerg Nase** aus dem zweiten Band *Der Scheich von Alexandrien*. Lisbeth Zwerger hat dieses Märchen illustriert. Das

Märchen im Originaltext erzählt die Geschichte des 12-jährigen Jakob, der an dem Marktstand seiner Mutter von einem alten Weib in einen verwachsenen Zwergenmenschen verzaubert wird. Zwerg Nase, wie der Junge später in dem Märchen genannt wird, begegnet dem Betrachter gleich auf der Titelseite. Dargestellt in einer ungewöhnlichen Perspektive wirkt er wie eine kleine Kasperpuppe, die verloren auf der Sofalehne eingeschlafen ist. Auf jeder zweiten Doppelseite stehen links der Text und rechts stimmungsvoll gestaltete Bildtafeln, die die Atmosphäre des vorigen Jahrhunderts wiedergeben. Die in den Text sparsam eingesprengten Miniaturen, wie z. B. ein Obstkorb, Küchenutensilien oder kostbare Kleider lockern den umfangreichen Märchentext auf und ergänzen ihn auf lebendige Weise. Die sorgfältigen Zeichnungen in zarten Aquarelltönen konzentrieren sich auf das Wesentliche, bleiben aber offen für persönliche Sichtweisen und ermöglichen es Kindern, ihre Vorstellungen und Fantasien zu erweitern.

👫 In Anlehnung an Lisbeth Zwergers Illustrationen fertigen Grundschulkinder unterschiedliche Nasen (Schnäbel) aus Pappmaschee an. Mit entsprechender Verkleidung gibt sich jedes Kind einen Namen und entwirft einen passenden Lebenslauf. Zu zweit oder mehreren können sich dann diese Fantasie-Wesen im szenischen Spiel begegnen (auch als Schattenspiel mit Musik möglich).

 **Das Extrabuch**

Der standhafte Zinnsoldat in Bildern frei nacherzählt nach dem gleichnamigen Märchen von H. C. Andersen

Jörg Müller
Sauerländer 1996
Mit seinen großformatigen, realistischen Bildern, ohne Text, erzählt Jörg Müller Andersens Märchen vom kleinen Zinnsoldaten, der sich in eine Barbiepuppe verliebt und mit ihr gemeinsam auf abenteuerliche Weise über die Kanalisation auf einer Müllkippe in Afrika landet. Dort werden sie von einem Slumbewohner aufgelesen und zur Freude des kleinen Sohnes in einen aus Abfällen gebastelten Jeep gesetzt. Weiße Touristen entdecken das Spielzeug, kaufen es als exotisches Souvenir, um es schließlich in einem ethnologischen Museum auszustellen.

Jörg Müller hat bereits mit seiner Version der Bremer Stadtmusikanten **(Aufstand der Tiere oder Die neuen Stadtmusikanten)** gezeigt, dass er Märchen auf seine Weise interpretiert und mit seinen technischen, aber auch atmosphärischen Bildern erzählen kann. Aus der unglücklichen Liebesgeschichte des standhaften Zinnsoldaten mit der kleinen Tänzerin, die nur durch das vernichtende Kaminfeuer im Tod vereint sind, ist eine Geschichte des Zivilisationsmülls geworden. Müllers typische Maltechnik, meist Airbrush, kombiniert mit aufgetragener Farbe, um die Objekte stärker hervortreten zu lassen, passt sich der aktuellen Thematik an. Die „Rinnstein-Perspektive" zieht den Betrachter förmlich nach unten, genau dahin, wo jeder Tag Kampf ums Überleben bedeutet. Passend zur Symbolsprache des Märchens verwendet Jörg Müller bildnerische Symbole, aber auch Selbstzeugnisse, die wie selbstverständlich im Szenario eingebaut sind. Auf den fotografisch genauen Bildern können Kinder und Erwachsene immer wieder Neues entdecken. In ihrer Doppeldeutigkeit sind diese Bilder auf mehreren Ebenen lesbar, machen nachdenklich und fordern auf, eigene Geschichten bzw. Märchen zu erfinden.

⚤ Das beigelegte Märchen von H. C. Andersen regt Grundschulkinder dazu an, den Originaltext mit der Bildadaption von Müller zu vergleichen und im weiteren Gespräch eigene Sichtweisen zu entwickeln. Je nach Alter und Interesse bieten sich unterschiedliche Schwerpunktthemen an: Spielzeugwünsche – Spielzeugkauf/Konsumverhalten/Wegwerfgesellschaft/Umgang mit Müll/Mülltourismus/Urlaubsparadiese in der Dritten Welt.

⚤ Grundschulkinder schreiben das Märchen von Andersen neu. Möglicherweise begegnet der standhafte Zinnsoldat jemand anderem und das Abenteuer nimmt einen anderen Verlauf.

1. Spielerischer Umgang mit Märchen

Märchenerinnerung

– In der Mitte des Raumes liegen verschiedene „märchenhafte" Gegenstände, z. B. Kamm, Spiegel, Apfel, Spindel, Brezel, Krone, Zwergenmütze, Stiefel, Ball usw. Die Spielteilnehmer suchen sich je einen Gegenstand aus, von dem sie meinen, dass er zu einem Märchen passt. Jeder erzählt sein Märchen. Eine märchenhafte Atmosphäre durch Kerzenlicht, Kissen und Tücher erhöht die Einstimmung.

– Können Sie sich mit der Aussage von Charles Dickens in ähnlicher Weise identifizieren:
„Rotkäppchen war meine erste Liebe. Ich wußte: Hätte ich Rotkäppchen heiraten können, so wäre mir vollkommene Glückseligkeit zuteil geworden."

– „Märchen-Lotterie": Die Namen bekannter Märchenhelden werden verlost. Jeder schreibt, was ihm zu seinem Märchen einfällt, z. B. Bedeutung des Märchens in der eigenen Kindheit/Identifikation mit der Märchengestalt/Die Erlebnisse des Tages als Märchen erzählen/Assoziationen zu der Märchenfigur

Märchenraten

Die Spieler bilden mehrere Kleingruppen und wählen gemeinsam ein Märchen aus, das sie in fünf Standbildern der Großgruppe ohne Sprache präsentieren. Die anderen müssen erraten, um welches Märchen es sich handelt.

Impulse:

Märchenspiel

Ein Märchen wird im szenischen Spiel umgestaltet (s. Gewusst wie). Die Gruppe trifft eine Auswahl der szenischen Darstellungsmöglichkeiten, z. B. Pantomime/Puppenspiel/Schattenspiel/Schwarz-Licht-Theater/Maskenspiel/Tanzperformance/Stegreif-Spiel/Fantasiereise.

Märchenvariationen

- Die Sätze eines bekannten Märchens werden zerschnitten und neu zusammengestellt.
- Ein bekanntes Märchen wird aus der Perspektive einer Nebenfigur erzählt, z. B. „Aschenputtel" aus der Sicht einer Stiefschwester.
- Ein Märchen wird umgeschrieben, indem ein Geschlechterrollentausch vorgenommen wird, z. B. in „Schneewittchen".
- Zu einem bekannten Märchen wird ein anderer Schluss gefunden: z. B. was wäre, wenn Hänsel und Gretel nicht zu ihrem Vater zurückgekehrt wären?
- Ein bekanntes Märchen, z. B. Rotkäppchen wird auf unterschiedliche Weise parodiert, z. B. als Science fiction, in der heutigen Umgangssprache von Jugendlichen, als juristische Abhandlung, Zeitungsbericht, Krimi, Werbeslogan, Rap.

Eigene Märchen erfinden

- das „Elfchen-Märchen":

1. Name einer Märchenfigur	(ein Wort)
2. Beschreibung der Figur	(zwei Wörter)
3. Ort des Geschehens	(drei Wörter)
4. Ereignis/Konflikt	(vier Wörter)
5. Ausgang	(ein Wort)

Aus diesen 11 erfundenen Wörtern wird ein Märchen erzählt oder geschrieben.
- „Märchen-Lotterie 2": Es werden drei Lostöpfe vorbereitet mit Zetteln, auf denen
  1. Märchenfiguren,
  2. Schicksalsschläge,
  3. Orte
  stehen.
  Jeder Spieler zieht aus jedem Topf ein Los und schreibt aus diesen Vorgaben ein Märchen.

2. Verdeutlichen Sie anhand der formalen Struktur und der Stilmittel des Volksmärchens dessen besondere Bedeutung für das Kind.

3. Führen Sie eine Pro-und-Kontra-Diskussion zu folgender Thematik durch: Sind Märchen für Kinder heute noch aktuell?

4. Binette Schroeder erhielt 1997 den Sonderpreis Illustration des Arbeitskreises für Jugendliteratur. Stellen Sie anhand mehrerer Veröffentlichungen ihre besondere Art der Bilderbuchillustration vor (nähere Angaben s. Register).

5. Vergleichen Sie die unterschiedlichen Illustrationen zu dem hauffschen Märchen **Zwerg Nase** von Lisbeth Zwerger, Fritz Hechelmann und Regine Heinecke (nähere Angaben s. Register). Erstellen Sie Kriterien für die Beurteilung von Märchenbilderbüchern für Kinder.
Welche Darstellungsweise entspricht den von Ihnen aufgestellten Kriterien?

Verwendete Bilderbücher:
Andersen/Müller: **Der standhafte Zinnsoldat,** *Sauerländer, Frankfurt 1996; Grimm/Schroeder:* **Der Froschkönig,** *Nord-Süd Verlag 1989; Hauff/Zwerger:* **Zwerg Nase,** *Neugebauer, CH-Gossau 1993*

Weitere Märchenbilderbücher:
Andersen/Barrett: **Des Kaisers neue Kleider,** *Sauerländer, Frankfurt 1998; Andersen/Heale:* **Das hässliche Entlein,** *Bertelsmann, München 1996; Andersen/Kaila:* **Das hässliche Entlein,** *Gerstenberg, Hildesheim 1996; Andersen/Zwerger:* **Die Nachtigall,** *Neugebauer, CH-Gossau 1984; Calvino/ Janssen:* **Die Wette, wer zuerst wütend wird,** *Carl Hanser, München 1994; Dickens/Zwerger:* **Ein Weihnachtsmärchen,** *Neugebauer, CH-Gossau 1988; Ende/Schroeder:* **Die Vollmondlegende,** *Weitbrecht Verlag im K. Thienemanns Verlag, Stuttgart; Grimm/Ensikat:* **Die Bremer Stadtmusikanten,** *Altberliner Verlag, Berlin 1994; Grimm/Ray:* **Hänsel und Gretel,** *Verlag Urachhaus, Stuttgart 1997; Grimm/Sauvant:* **Die sieben Raben,** *Nord-Süd Verlag, CH-Gossau 1995; Grimm/Steinecke:* **Frau Holle,** *Herder, Freiburg 1996; Grimm/Zelinsky:* **Rumpelstilzchen,** *Esslinger, Esslingen 1998; Grimm/Zwerger:* **Rotkäppchen,** *Neugebauer, CH-Gossau 1983; Hauff/Capek:* **Die Geschichte von Kalif Storch,** *Bohem Press, CH-Zürich 1994; Hauff/Hechelmann:* **Zwerg Nase,** *Nord-Süd Verlag, CH-Gossau 1982; Hauff/Heinecke:* **Der Zwerg Nase,** *Patmos, Düsseldorf 1996; Madame Leprince de Beaumont/ Schroeder:* **Die Schöne und das Tier,** *K. Thienemanns 1986; Nickl/Schroeder:* **Die wunderbaren Reisen und Abenteuer des Freiherrn von Münchhausen,** *Nord-Süd Verlag, CH-Gossau, o. J.; Nickl/Schroeder:* **Krokodil, Krokodil,** *Nord-Süd Verlag, CH-Gossau 1975; Pausewang/Steinecke:* **König Midas mit den Eselsohren,** *Herder, Freiburg 1995; Perrault/Eidrigevicius:*

Der gestiefelte Kater, Nord-Süd Verlag, CH-Gossau 1990; Schroeder: **Lupinchen,** Nord-Süd Verlag, CH-Gossau 1969; Steiner/Müller: **Aufstand der Tiere oder die neuen Bremer Stadtmusikanten,** Sauerländer, Frankfurt 1989; Schami/Knorr: **Der Wunderkasten,** Beltz & Gelberg, Weinheim 1990; Storm/ Zwerger: **Der kleine Häwelmann,** Neugebauer, CH-Gossau 1995; van Allsburg: **Der Hexenbesen,** Ravensburger Buchverlag Otto Maier, Ravensburg 1992

Märchensammlungen:

Andersen: **Mutter Holunder,** Beltz, Weinheim 1982; Andersen/Zwerger: **Andersen Märchen,** Neugebauer, CH-Gossau 1991/Beltz, Weinheim 1995; Calvino: **Die Braut, die von Luft lebte,** Carl Hanser, München 1993; Gebert (Hrsg./Illustr.): **Märchen von Ludwig Bechstein; Das Ebenholzpferd; Hasan und die Vogelfrau; Sindbad-Geschichten aus Tausendundeiner Nacht; Mutabor – Märchen der Verwandlung; Alte Märchen der Brüder Grimm; Märchen von Wilhelm Hauff,** Beltz, Weinheim o. J.; Grimm/Fridrichson: **Fundevogel und andere Lieblingsmärchen,** Beltz, Weinheim 1979; Grimm/Heidelbach: **Märchen der Brüder Grimm,** Beltz, Weinheim 1995; Mönckeberg-Kollmar/Fromm: **Die Märchentruhe – 110 Märchen aus aller Welt,** Ellermann, München 1990; Schami: **Erzähler der Nacht,** Beltz, Weinheim 1989; Strich (Hrsg.): **Das große Märchenbuch – Die schönsten Märchen aus ganz Europa,** Diogenes, CH-Zürich 1987; Uther (Hrsg.): **Grimms Kinder- und Hausmärchen** (4 Bde.), Diederichs, München 1996; Uther (Hrsg.): **Ludwig Bechstein Märchen,** Diederichs, München 1997

Märchenparodien:

Fetscher: **Wer hat Dornröschen wachgeküsst?** (Das Märchenverwirrbuch), Fischer, Frankfurt 1974; Gelberg (Hrsg.): **Daumesdick,** Beltz, Weinheim 1996; Innocenti: **Aschenputtel oder „Das gläserne Pantöffelchen",** Gertrud Middelhauve, München 1984; Janosch: **Janosch erzählt Grimms Märchen und zeichnet für Kinder von heute,** Beltz & Gelberg, Weinheim 1986; Konrad: **Hexen-Memoiren,** Eichborn, Frankfurt 1981; Kutschera: **Total tote Hose,** Eichborn, Frankfurt 1984; Langer: **Grimmige Märchen,** Hugendubel, München 1984; Traxler: **Die Wahrheit über Hänsel und Gretel,** Rowohlt, Reinbek 1983; Ungerer: **Märchenbuch,** Diogenes, CH-Zürich 1979

Zum Weiterlesen:

Betz: **Märchen als Schlüssel zur Welt,** Kaufmann, Lahr 1977; Bühler/Bilz: **Das Märchen und die Phantasie des Kindes,** Springer, 4. Aufl., Weinheim 1977; Diederichs: **Who's who im Märchen,** Deutscher Taschenbuchverlag, München 1995; Doderer (Hrsg.): **Über Märchen für Kinder von heute,** Beltz, Weinheim 1983; Domenego/Eskelund/Handsur: **Dieser Herr Andersen,** Herder, Freiburg 1985; Freund: **Deutsche Märchen,** Fink, o. O. 1996; Hoff: **Märchen erzählen und Märchen spielen** (Mehr Lebensfreude für Kinder und

Erzieher), Herder, Freiburg 1989; Lüthi: **Märchen,** Metzler, Stuttgart 1962; Meves: **Erziehen und Erzählen** (Über Kinder und Märchen), Kreuz, o. O. 1971; Pertler: **Kinder erleben Märchen,** Don Bosco, München 1995; Richter: **Märchen, Phantasie und soziales Lernen,** Basis, o. O. 1974; Schaufelberger: **Märchenkunde für Erzieher,** Herder, Freiburg 1987; Woeller/Woeller: **Es war einmal ...** (Illustrierte Geschichte des Märchens), Edition Leipzig, Berlin 1990; Zitzlsperger: **Kinder spielen Märchen** (Schöpferisches Ausgestalten und Nacherleben), Beltz, Weinheim 1980

Forschungsstätten und Sammlungen:
Europäische Märchengesellschaft, Rheine
Brüder Grimm-Gesellschaft, Kassel
Brüder Grimm Museum, Palais Bellevue, Kassel
Märchen-Stiftung Walter Kahn, Bayersoien

5 Allerhand Geschichten zum Vorlesen und zum Selberlesen

Vorlesen verbindet

- „Lies mir was vor!"
- Geschichten von zu Haus und anderswo
- Geschichtensammlungen

„Lies mir was vor!"

Viele Eltern und Erzieher beklagen sich heute darüber, dass Kinder auf Grund von Konzentrationsmängeln nicht mehr zuhören können. Heinz Dürr, der Vorsitzende der Stiftung Lesen befürchtet sogar eine neue Zweiklassengesellschaft, mit einer Wissenselite und einem Wissensproletariat. Er verweist dabei auf einen OECD[1] Bericht über Deutschland, demzufolge 40 % der Drittklässler behaupten, ihnen sei zu Hause noch nie vorgelesen worden. Für diese „neuartige" Zivilisationskrankheit macht Dürr die familiären Verhältnisse, aber auch die neuen Mediengewohnheiten und deren Qualität verantwortlich. (dpa vom 06.07.98) Der Kinder- und Jugendbuchautor Willi Fährmann meint dazu: „Das mit dem Vorlesen und dem Zuhören ist so wie mit dem Laufen. Laufen lernt ein Kind nur durch Laufen. Zuhören eben nur durch Zuhören." Deshalb fordert Fährmann besonders die Familien auf, ihren Kindern bei vielen Gelegenheiten und in unterschiedlichen Situationen vorzulesen und das Erzählen und Vorlesen wieder als lebensbegleitendes Kulturgut zu entdecken und zu pflegen.

Der Alltag bietet viele Gelegenheiten und Situationen zum Vorlesen, z. B. im Wartezimmer des Arztes, beim Schein der Adventskerzen, unterwegs im Auto, im Urlaub am Strand, beim Picknick, vor dem Zubettgehen, am Krankenbett, in der Badewanne, im Kindergarten, in der Grundschule. Mit einer vertrauten Person können sich die Kinder in die bunte Welt der Geschichten hineinziehen lassen.

---

[1] OECD = Abk. für Organization for Economic Cooperation and Development (Organisation für wirtschaftliche Zusammenarbeit und Entwicklung)

Geschichten von zu Haus und anderswo

Vorlesetexte können einerseits passend zur Situation des Kindes bzw. der Kindergruppe ausgewählt werden, müssen sich aber in jedem Fall an dem Entwicklungs- und Erfahrungsstand als auch an den Interessen orientieren. Sie sind meist für die Altersstufe ab fünf Jahren geeignet, wenden sich aber auch an Kinder im Erstlesealter. Die Themen der Vorlesegeschichten sind der Welt der Kinder entnommen und handeln im Wesentlichen vom Alltagsleben, z. B. Familiengeschichten, Erlebnissen mit Tieren, Konflikten mit sich selbst und anderen, Freundschaftsgeschichten. Sie entstammen einerseits der realen Umwelt, zeugen andererseits aber auch von Projektionen, Träumen, Wün-

Methodische Hinweise

Vorlesen von Geschichten

- Der Vorlesende muss sich vor Beginn den Inhalt, den Aufbau und die wichtigsten Schwerpunkte der Geschichte erarbeiten.
- Erst beginnen, wenn der Kreis der Zuhörer ruhig ist.
- Eigene Freude an der Geschichte spürbar werden lassen.
- Der Vorlesende sollte sich nicht selbst darstellen, sondern Mimik und Gestik sparsam einsetzen.
- Viel Blickkontakt halten, um die Reaktionen der Zuhörer beachten zu können.
- Die für den Sinn des Textes wichtigen Wörter (= sinntragende Wörter) durch Betonung hervorheben, z. B. können Aussagen einzelner Personen, Verhalten oder Stimmungen durch lautes und leises, hohes und tiefes, schnelles oder langsames Sprechen verdeutlicht werden. Stärkere und schwächere Betonung kann als Lesehilfe im Text eingetragen werden.
- Die richtige Aussprache und das Tempo des Vorlesens tragen dazu bei, dem Zuhörer die Atmosphäre der Geschichte zu vermitteln. Monotones Vorlesen wirkt langweilig und sollte daher vermieden werden.
- Sinnvolle Pausen erhöhen die Spannung der Geschichte.

  Kurze Pausen können durch Einzelstrich (I), längere Pausen durch Doppelstrich (II) gekennzeichnet werden.
- Die Geschichte nicht in einem Stück vorlesen. Dem Zuhörer Zeit zum Nachdenken geben. Er sollte Gelegenheit haben, Zusammenhänge herzustellen, Fragen zu stellen und Antworten zu finden.
- Den Lesevortrag der Situation anpassen. Sind die Zuhörer unruhig und unkonzentriert, Verständnisschwierigkeiten durch kurze Zusammenfassungen oder Wiederholungen beheben, die Geschichte kürzen, Passagen überschlagen (ohne die Grundaussage oder die Rahmenhandlung zu verändern), einen eigenen Schluss finden oder eine Fortsetzung anbieten.

schen und Erwartungen, die in fantastischen Geschichten zum Ausdruck gebracht werden. Kinder dieser Altersstufe wissen, dass die Geschichten erfunden sind. Sie erkennen sehr wohl, dass sich das Außergewöhnliche innerhalb normaler Verhältnisse abspielt und Wirkliches und Unwirkliches deutlich abgegrenzt gegenüber stehen. Sie glauben aber trotz allem an die Authentizität der Geschehnisse. Durch die Identifikation mit den Hauptfiguren der Geschichten werden Probleme und Konflikte gelöst, schwierige Aufgaben bewältigt und Wünsche und Träume wahr. Aus diesem Grunde muss der Erwachsene die Vorlesetexte verantwortungsbewusst auswählen und darauf achten, welche Normen und Verhaltensweisen des gesellschaftlichen Zusammenlebens, welche Konfliktlösungsmuster und welches Weltbild angeboten werden sollen. Es sollte allderdings vermieden werden, die Geschichten als moralisierende Erziehungsmittel zu missbrauchen.

Vorlesegeschichten müssen immer ein gutes Ende haben, nur so erfährt das Kind Sicherheit und Vertrauen. Gefühle wie Angst und Aufregung können abgebaut werden, dies trägt zur Entspannung bei. Vorlesegeschichten können auf diese Weise befriedigend und befreiend wirken. Mit der Forderung: „Lies noch mal!" bringen Kinder ihr Bedürfnis nach Wiederholung zum Ausdruck, dass ihnen hilft, bestimmte stilistische Formen literarischer Texte besser zu verstehen und Inhalte von Geschichten zu verinnerlichen. Es entstehen Vorlieben, die den Weg zum Buch bzw. zum späteren Selber lesen ebnen.

Kurze und lange Geschichten brauchen Bilder, die zur Verstärkung der Textaussage beitragen. Illustrationen erleichtern das Verständnis und fördern vor allem bei jüngeren Kindern das Zuhörenkönnen. Die Geschichten sollten aber auch noch Raum für eigene Vorstellungen lassen. Vorlesegeschichten regen zur kreativen Auseinandersetzung an. Die Geschichten können mit unterschiedlichen Materialien bildnerisch und plastisch umgesetzt, mit selbst hergestellten Instrumenten rhythmisiert oder zu einem Stegreif- oder Figurentheater dramatisiert werden. Darüber hinaus bieten Vorlesegeschichten inhaltliche und sprachliche Variationsmöglichkeiten, aus denen neue Geschichten entstehen können.

Geschichtensammlungen

Mit seiner Sammlung sehr kurzer Geschichten, nämlich: **33 Dreiminutengeschichten** bietet Manfred Mai ebenso wie mit seinen vorangegangenen Ausgaben: **11 Minutengeschichten** und **44 Zweiminutengeschichten** eine unterhaltsame Auswahl zum Vorlesen. In diesen Geschichten geht es z. B. um zwei Freundinnen, die einen Frosch finden und in Streit geraten, wer von ihnen wohl die zukünftige Prinzessin sein wird oder um den fünfjährigen Jonas, der sich in seine neue Erzieherin verliebt. Alltägliches und Ungewöhnliches, Spaßiges, mitunter auch Nachdenkliches wechseln sich ab und entsprechen in der Empfindungsebene dem älteren Kindergartenkind. Die mit fröhlichen, bunten Farben detailliert ausgestatteten Illustrationen von Katrin Engelking bereichern die heiteren Texte und vermitteln einen harmonischen Eindruck. Die 33

Geschichten sind besonders für das abendliche Vorleseritual geeignet. Da sie so kurz sind, lassen sie auch noch Zeit zu einem kleinen Gespräch, Anstöße dafür gibt es sicher genug.

👫 Im Kindergarten bekommen die Kinder zum Geburtstag eine *Drei-Minuten-Geschichte* geschenkt, die entweder den oben genannten Sammlungen entnommen oder selbst erfunden wurde. Sie kann auf besonderem Papier geschrieben, gedruckt oder von den Kindern bebildert sein. Für Eltern bedeutet dieses Geschenk darüber hinaus eine Anregung, ihren Kindern zu Hause wieder einmal etwas vorzulesen.

Allerlei vergnügliche, hintersinnige Geschichten und Gedichte von dem Herrn Taschenbier, den Ganoven Fix und Federkiel, sowie der Mücke Pieks und dem Bäckermeister Sauerbrot, die viele Kinder aus anderen Geschichten bereits vertraut geworden sind, erzählt Heinrich Hannover in dem Sammelband: **Als der Clown die Grippe hatte.** In dieser Sammlung kurzer Geschichten und Gedichte werden reale und fantastische Erzählelemente auf amüsante Weise miteinander verknüpft. Der kreative Umgang mit Lautmalereien, Wortspielen und Dialogen vermittelt Freude am Unsinn und an komischen Situationen, z. B. *Im Wartezimmer des Löwenzahnarztes saßen viele Löwen, kleine und große Löwen, und alle hatten Zahnschmerzen. Und wenn Löwen Zahnschmerzen haben, dann sind das Löwenzahnschmerzen, und die tun löwenmäßig weh. Das war ein großes Gejammer im Löwenwartezimmer. Na, wie hört sich das an? Auuuu – auuuu – auuuu! Ouuuu – ouuuu – ouuuu! Ab und zu kam der Löwenzahnarzt herein, fletschte seine Zähne und brüllte freundlich: Der nächste bitte! …*

Mit den eingestreuten Schwarz-weiß-Zeichnungen von Hansjörg Langenfass werden die Vorlesegeschichten für Kindergartenkinder zum Vergnügen.

👫 Einige Geschichten eignen sich als Mitmachgeschichten, bei denen die Kinder Menschen-, Tier- bzw. Gegenstandsgeräusche aktiv einbringen können, z. B. in: *Die Mücke Pieks im Zirkus/Beim Löwenzahnarzt/Die Gitarre des Herrn Hatunoglu.* Ebenso können die Zuhörer bei den *O-bibbele-Gedichten* mitdichten, indem sie immer das letzte Wort jeder zweiten Zeile im Chor sprechen.

Oder die Entdeckung der Welt

herausgegeben von Hans-Joachim Gelberg, Beltz & Gelberg, 1997

Mit dem zehnten Jahrbuch der Kinderliteratur unter dem geheimnisvollen Titel **Oder die Entdeckung der Welt** hat Gelberg seine Tradition fortgesetzt, Geschichten, Gedichte, Märchen, Rätsel, Bilder und Comics zusammenzutragen und in fast regelmäßigen Zeitabständen herauszubringen. Bereits 1971 wurde sein erstes Jahrbuch der Kinderliteratur **Geh und spiel mit dem Riesen** mit dem Deutschen Jugendbuchpreis ausgezeichnet, für weitere Jahrbücher folgten ebenfalls besondere Prämierungen. Gelbergs Anthologien präsentieren auf lebendige und vielfältige Weise einen wahren Schatz an heutiger Kinderliteratur, der stellenweise die Grenze zur Erwachsenenliteratur überschreitet und Menschen aller Altersgruppen ansprechen will. Humorvolles, Witziges und Fantastisches wechseln einander ab. Ernstes und Heiteres stehen dicht beieinander, ebenso wie im wirklichen Leben.

In diesem zehnten Jahrbuch gilt es, die Welt zu entdecken. In fünf wegweisenden Kapiteln empfiehlt Gelberg die Vorgehensweise zur Entdeckung der Welt, zu der Mut und Neugierde notwendige Voraussetzungen sind: *1. Zur Welt kommen, 2. Wolkenkratzen, 3. Von den Wünschen, 4. Du lieber Himmel, 5. Rätsel und Geheimnisse.*

Über 150 Autoren begleiten die Entdeckungsreise, darunter bekannte Kinderbuchautoren und -autorinnen wie Paul Maar, Erwin Moser, Christine Nöstlinger und Illustratoren wie Rotraud Susanne Berner, Klaus Ensikat, Nikolaus Heidelbach, aber auch gänzlich Unbekannte, deren Beiträge erstmals in dieser Anthologie veröffentlicht wurden. Diese einzigartigen, oft gegensätzlich angeordneten Texte und Bilder versuchen Vergangenes, Gegenwärtiges und Zukünftiges vorstellbar zu machen. Ausgewählt wurden nicht immer heitere, aber hoffnungsvolle Geschichten. Manche Geschichten wie z. B. die biographischen Porträts von Karl Valentin oder Henry David Thoreau werden Kindern vielleicht erst später verständlich. Wer sich unterhalten will, braucht nur zu blättern – das Jahrbuch ist eine Fundgrube zum Vorlesen, Selberlesen und Anschauen.

🏃 Stellvertretend für die vielen Anregungen und Ideen, die dieses Buch bietet, soll hier die Geschichte von Uwe Kant stehen, die zeigt, wie jeder zum Geschichtenmacher werden kann:

Die Geschichten liegen doch auf der Straße

Jeden Morgen geht der Geschichtenmacher ein bisschen spazieren. So sieht es aus. In Wirklichkeit geht er Geschichten suchen. Die Leute haben gesagt: Die Geschichten liegen doch auf der Straße. Der Geschichtenmacher möchte sie finden und einsammeln. Er nimmt auch immer eine große Tüte mit. Ach, was, sagt der Geschichtenmacher, die Tüte ist für die frischen Brötchen da. Einmal hat der Geschichtenmacher wahrhaftig ein ganzes Fünfmarkstück gefunden – aber eine ganze Geschichte noch nie. Einmal haben ihn eine uralte Frau und ein uralter Mann nach dem Weg zum Hochzeits-Büro gefragt. Er hat gesehen, wie vier Feuerwehrleute einen angefrorenen Schwan vom Fluss geholt haben. Er hat einen großen starken Mann auf einer Bank sitzen und weinen sehen. Zu Hause jedoch waren jedesmal nur Brötchen in Geschichtenmachers Tüte. Aber im Kopf hat er überlegt: Wer hat das Geld verloren? Was wollten die Uralten auf dem Hochzeits-Büro? Haben vier Feuerwehrleute nichts Wichtigeres zu tun? Warum hat der Mann geweint? Manchmal bekommt er etwas heraus und schreibt es auf. So machen es die Geschichtenmacher schon lange und überall. Deshalb gibt es so viele Geschichten auf der Welt. Und eben – hast du gehört – ist vielleicht eine neue dazugekommen. (aus: Gelberg (Hrsg.): Oder die Entdeckung der Welt, Beltz & Gelberg, Weinheim S. 8)

Heitere und nachdenkliche Geschichten mit Bildern aus der Welt der Tiere hat der Autor und Illustrator Erwin Moser in dem fantasievollen Vorleseband: **Das große Fabulierbuch** versammelt. Das Titelbild zeigt einen Raben auf einem großen Felsen, von dem Moser behauptet, dass er kraft seiner Fantasie fliegen könne, wenn er wolle. Der Willkommensgruß über einem verwunschenen Burgtor fordert auf der folgenden Seite den Leser und Betrachter auf, sich in eine geheimnisvolle Welt zu wagen, wo Tiere, Pflanzen, Gegenstände und Menschen eng miteinander verbunden und von Gefühlen beseelt sind. „Alles beginnt mit Bildern", schreibt Moser. „Ich sitze am Schreibtisch und stelle mir Bilder vor … Ich sehe zum Beispiel rasch hintereinander: eine Windmühle, einen Nadelwald, dichten Regen, eine Dschunke, einen Suppentopf, einen winzigen Koffer …" Aus fertigen Bildern zaubert Moser blitzschnell neue und präsentiert dem Betrachter seine bildnerische Fabulierkunst: Aus einer Wolke wird ein Pferd, aus Käse und Flaschen entsteht ein Schloss oder ein Kaktus ist plötzlich ein Uhu. Zu all seinen Bildern fallen ihm Geschichten ein. In einem ruhigen Erzählton berichtet er von fantastischen Ereignissen: Farbdosen verlieben sich ineinander, Wassermänner betätigen sich als Schwimmlehrer, Hasen retten Füchsen das Leben. Mosers Sprache ist schlicht und sachlich. Er verwendet kein Wort zuviel. Er fabuliert auf kindgemäße Weise, ohne dabei zu verniedlichen. Die von Hans-Joachim Gelberg zusammengestellten, ansprechend illustrierten Geschichten machen Kindern aller Altersstufen Spaß.

👫 Zu dem Titelbild des Fabulierbuches oder zu einem anderen Titel erfinden die Kinder selber Geschichten, die sie frei erzählen oder aufschreiben, um sie den anderen später vorzulesen.

1. Lesen Sie den Zeitungsartikel und nehmen Sie Stellung zu der Experten-Aussage: *Vorlesen fördert die Entwicklung des Gehirns schon bei Babys.*

Impulse:

Vorlesen fördert die Entwicklung schon bei Babys

Kinder sind besser in der Schule

(AP) Schon wenige Wochen nach der Geburt lasen die Eltern von Alexander Abrego ihrem Söhnchen Abend für Abend etwas vor. 15 Monate später vergeht kaum ein Tag, an dem er nicht ein Buch in die Hand nimmt und ruft: „Mama, Mama! Buch, Buch!"

Vorlesen fördert die Entwicklung des Gehirns, behaupten Fachleute. Die Kinder lernen früher sprechen und sind besser in der Schule.

Alexanders Eltern gehören einer Gruppe in den USA an, die das Vorlesen fördert. Sie glauben, dass das Erzählen von Geschichten sich günstig auf die Entwicklung der Kleinen auswirkt.

Studien haben gezeigt, dass die Stimulierung durch Vorlesen schon bei Babys den Aufbau von Gehirnmasse unterstützt. Untersuchungen legen nahe, dass die emotionale und soziale Entwicklung der Kinder gefördert wird. Ihr Vokabular und ihre späteren schulischen Leistungen werden positiv beeinflusst. Zudem tut es dem Baby gut, die Stimme der Eltern zu hören.

„Wichtig ist die Liebe zu Wörtern, der Klang Ihrer Stimme, die Begeisterung, die sich überträgt", sagt die Amerikanerin Susan Roman, die ein staatliches Förderprogramm mit dem Namen „Born to Read" (zu deutsch: Zum Lesen geboren) entwickelt hat. Die wenigsten Eltern wüssten, dass man mit dem Vorlesen am besten schon im Babyalter anfangen sollte, sagt Roman. Nur die Hälfte aller Eltern in den USA lesen ihren Kindern täglich etwas vor.

Eine Studie der US-Universität Pittsburgh zeigt, dass Babys, die regelmäßig Geschichten hören, später in der Schule besser abschneiden. Dana Madison, ehrenamtlich als Vorleserin im Einsatz: Kinder, denen regelmäßig vorgelesen werde, könnten besser stillsitzen und sich besser konzentrieren.

In einer Lesegruppe lernte Alexanders Mutter, während des Vorlesens auf Bilder und Wörter zu zeigen, damit ihr Sohn die Verbindung herstellen kann. Die Gruppenleiter empfahlen besonders geeignete Bücher wie „Die kleine Raupe Nimmersatt" von Eric Carle. Als Alexander vier Monate alt war, lächelte er bei einigen Wörtern. Mit neun Monaten konnte er Vogel und Eis sagen und Bilder in Beziehung zu den wirklichen Gegenständen setzen.

Und wann soll mit dem Vorlesen begonnen werden? „Es gibt kein Alter, in dem nicht vorgelesen werden sollte", sagt eine Expertin. Auch in der

2. Unter dem Motto „*Lesen macht Spaß*" wird seit 1959 alljährlich der Vorlese-wettbewerb des deutschen Buchhandels durchgeführt. Er möchte Kinder anregen, sich mit Büchern zu beschäftigen, die Lust am gemeinsamen Lesen und Vorlesen fördern und auf die Vielfalt der Kinder- und Jugend-bücher aufmerksam machen. Da Fachschulen sich an diesen Wettbewer-ben nicht mehr beteiligen können, veranstalten Sie in Ihrer Fachschule einen eigenen Vorlese-Wettbewerb. Erstellen Sie zuvor die Teilnahmebe-dingungen, wählen Sie eine Jury und planen Sie die Preisverleihung.

3. Spielerisches Erfinden von Geschichten:

● **Klatschen**
Jeder hat ein Papier vor sich liegen und schreibt auf ein Klatschen hin das Wort auf, das ihm gerade durch den Kopf geht. Ca. 10-mal wieder-holen. Aus einer so entstandenen Wortkette schreibt dann jeder eine kleine Geschichte.

● **Löcher-Geschichte**
Zu einem vorgegebenen Stichwort (z. B. Dinosaurier, Fahrrad, Regen, Opa, Kaffeetrinken) schreibt jeder assoziativ 5–10 Wörter und knickt das Blatt dann so um, dass lediglich das letzte Wort zu lesen ist. Dieses wird eingekreist. Das Blatt wird weitergegeben und Assoziationen zu dem neu erschienenen Wort werden aufgeschrieben. Das Spiel wird fortgesetzt, bis jeder seinen Zettel wieder hat. Die eingekreisten Wörter werden nun zu einer Geschichte verarbeitet.

● **Reihum-Geschichte**
Vorgegeben werden für alle: die Überschrift (z. B. Die Maus im Kartoffel-brei), Zeit und Ort der Handlung sowie zwei Handlungsfiguren. Jeder schreibt vier Sätze und reicht seinen Zettel weiter. Zum Schluss hat jeder Mitspieler (s)eine Geschichte.

● **Hörgeschichte**
10 verschiedene Geräusche von ca. 15 Sekunden werden vorgespielt. Jeder assoziiert nun kurz zu den Einzelgeräuschen. In Kleingruppen von vier Mitspielern wird dazu eine Handlung entworfen. Im Anschluss wird eine kleine Geschichte geschrieben.

● **Möglichkeiten-Geschichte**
Jeder Spieler schildert in drei Sätzen eine alltägliche Situation/Handlung. Danach gibt er fünf Möglichkeiten an, wie die Geschichte weitergehen könnte. Dabei sollen sowohl realistische als auch fantastische Möglich-keiten vorkommen. Die Ergebnisse werden vorgelesen. Die Gruppe wählt jeweils eine Variante. Dieser Variante entsprechend schreibt jeder seine Geschichte zu Ende.

4. Richten Sie ein *Geschichten-Café* ein und lesen Sie Ihre Lieblingsge-schichten vor. Stellen Sie durch entsprechende Requisiten eine den Ge-schichten adäquate Atmosphäre her.

5. Bauen Sie aus Holz, Maschendraht und Pappmaschee eine *Lies-was-Säule,* auf der ihre selbst geschriebenen Geschichten evtl. zu einem bestimmten Thema mit Bildern oder anderen Materialien den Mitschülern auf dem Schulflur präsentiert werden. Nach der Ausstellung kann die nächste Klasse mit einer neuen Thematik wieder alles überkleben.

Verwendete Bücher:

Gelberg (Hrsg.): **Oder die Entdeckung der Welt,** *Beltz & Gelberg, Weinheim 1997; Hannover:* **Als der Clown die Grippe hatte – Neue Geschichten und Gedichte,** *Rowohlt, Reinbek 1992; Mai:* **33 Minutengeschichten,** *Ravensburger Buchverlag Otto Maier, Ravensburg 1996; Moser:* **Das große Fabulierbuch,** *Beltz & Gelberg, Weinheim 1995*

Weitere Geschichtensammlungen zum Vorlesen:

Auer: **Der bunte Himmel – 23 Wunschgeschichten zum Lachen und Wundern, zum Nachdenken und Nachträumen,** *Verlag St. Gabriel, A-Mödling 1995; Auer:* **Von Pechvögeln und Unglücksraben,** *Beltz & Gelberg, Weinheim 1989; Engelsberger:* **Der Luftballon im Kaktusgarten,** *Kreuz Verlag, Stuttgart o. J.; Feth:* **Der Windpockentag – Vorlesegeschichten ab 5,** *Rowohlt, Reinbek 1996; Gelberg (Hrsg.):* **Geh und spiel mit dem Riesen,** *1971;* **Am Montag fängt die Woche an,** *1973;* **Menschengeschichten,** *1975;* **Das achte Weltwunder,** *1979;* **Wie man Berge versetzt,** *1981;* **Augenaufmachen,** *1984;* **Die Erde ist mein Haus,** *1988;* **Was für ein Glück,** *1993; alle Titel bei Beltz & Gelberg, Weinheim; Hannover:* **Das Pferd Huppdiwupp und andere lustige Geschichten,** *1972;* **Der müde Polizist und andere Geschichten,** *1975;* **Der vergessliche Cowboy,** *1980, alle Titel bei Rowohlt, Reinbek; Heckel (Hrsg.):* **Ohrenbär – 11 Achtminutengeschichten zum Vor- und Selberlesen,** *Carlsen, Hamburg 1989; Hohenester:* **Die beleidigte Kokosnuss,** *Lentz, München o. J.; Hohler:* **Der Riese und die Erdbeerkonfitüre und andere Geschichten,** *Ravensburger Buchverlag Otto Maier, Ravensburg 1993; Jatzek:* **Der Rückwärtstiger und andere Traumgeschichten,** *Verlag St. Gabriel, A-Mödling o. J.; Janosch:* **Das große Janosch-Buch,** *Beltz & Gelberg, Weinheim o. J.; Kutsch (Hrsg.):* **Erzähl mal wie ich früher war – 19 Großelterngeschichten namhafter Kinder- und Jugendbuchautoren,** *Friedrich Oetinger, Hamburg; Mayer-Skumanz:* **Glockenspiel und Schneckenhäuser – Geschichten aus dem Kindergarten,** *Verlag St. Gabriel, A-Mödling 1995; Lindgren:* **Erzählungen,** *Friedrich Oetinger, Hamburg o. J.; Maar:* **Der Tag, an dem Tante Marga verschwand,** *o. J.;* **Der tätowierte Hund,** *Friedrich Oetinger, Hamburg 1988; Mai:* **44 Zweiminutengeschichten,** *1995;* **1,2,3 Minutengeschichten zum Kuscheln,** *1997, beide Titel bei Ravensburger Buchverlag Otto Maier, Ravensburg; Moser:* **Großvaters Geschichten oder Das Bett mit den fliegenden Bäumen,** *1981;* **Der Rabe im Schnee – Gute-Nacht-Geschichten,** *o. J.;* **Mario der Bär,** *1996, alle Titel bei Beltz & Gelberg, Weinheim; Nöstlinger:* **Das große Nöstlinger Lesebuch,** *Beltz & Gelberg, Weinheim 1996;*

Prokop: **Gute-Nacht-Geschichten für verträumte Kinder,** *Benziger Edition, Würzburg 1992; Schüler:* **Weißnäschens Klassenreise und andere Geschichten ab 6,** *Rowohlt, Reinbek 1985; Schuler (Hrsg.):* **Das Ravensburger Buch der Gute-Nacht-Geschichten,** *Ravensburger Buchverlag Otto Maier, Ravensburg 1994*

Zum Weiterlesen:
Kohl: **Spielzeug Sprache** *– Ein Werkstattbuch, Luchterhand, München 1995; Stiftung Lesen (Hrsg.):* **Vorlesen und Erzählen** *– Anregungen, Beispiele, Tips, 6. Aufl., Mainz 1991; Landesarbeitsgemeinschaft Jugend und Literatur NRW e. V., Von Werthstr.159, 50259 Pulheim-Brauweiler (Hrsg.):* **Was soll ich lesen?** *Geschichten zum Vorlesen, Band 8–9*

Selberlesen macht stark

- Auf dem Weg zum Lesenlernen
- Bücher für Leseanfänger

Auf dem Weg zum Lesenlernen

Lesen ist ein ganzheitlicher Prozess, bei dem kognitive, psychomotorische und emotionale Fähigkeiten flexibel zusammenwirken. Zu Anfang der Entwicklung nimmt das Kind seine Umwelt mit all seinen Sinnen, d. h. durch Sehen, Hören, Tasten, Riechen und Schmecken wahr. Die vertraute Bezugsperson singt es z. B. mit Wiegenliedern in den Schlaf, tröstet es mit Fingerspielen oder muntert es durch ein Kniereiterspiel wieder auf. Solche *literarischen Urerlebnisse* schaffen beim Kind emotionale Geborgenheit. Die Vermittlung dieser grundlegenden Lesemotivation beginnt folglich in einer Zeit, in der das Kind noch gar nicht in der Lage ist zu lesen. Durch Greifen, Krabbeln, Laufen und Klettern wird die weitere Umgebung erschlossen, wobei der Erwachsene das spielerische Probehandeln des Kindes begleitet und unterstützt. Neben anderen Materialien, die seine Neugierde wecken, entdeckt das Kind das Bilderbuch und erkennt erstmals Gegenstände wieder, die als gemalte Welt zweidimensional erscheinen. Sprachliche Begriffe werden erlernt und mit bildhaften Vorstellungen in Verbindung gebracht. Gemeinsames Betrachten und Vorlesen von Bilderbüchern regt die auditive und visuelle Wahrnehmung des Kindes an und fördert seine Neugierde. Es entdeckt Unbekanntes, stellt Fragen und erkennt Zusammenhänge. Gehörtes und Gesehenes erleichtern die Entwicklung seiner Vorstellungen und tragen zum späteren Erlernen des Lebens und Schreibens erfolgreich bei.

Lesenkönnen ist eng mit dem Lesenwollen verbunden, von daher ist es wichtig, so früh wie möglich Motivationen zu schaffen. Das Vorbild der Eltern spielt dabei eine wesentliche Rolle. Erlebt das Kind in der Familie den regelmäßigen

Umgang mit Büchern, wird es ihn spielend nachahmen und einen schnelleren Zugang bekommen. Nicht jedes Kind hat das Glück, mit Büchern aufzuwachsen. Viele Kinder kennen Literatur nur von technischen Medien (Fernsehen, Video, Computer, Kassette s. Kap. 7). Medien können jedoch kein Ersatz für das Vorlesen oder Selberlesen sein, da sie den kindlichen Bedürfnissen nach emotionaler Nähe und nachhaltiger Verinnerlichung nicht entsprechen.

Bücher für Leseanfänger

Mit der Einschulung beginnt für die meisten 6–7-jährigen Kinder der aktive Leselernprozess. Am Anfang erscheint alles Geschriebene oder Gedruckte noch wie ein Buch mit sieben Siegeln. Der folgende Text von Matthias Duderstadt macht deutlich, welche großen Schwierigkeiten es Leseanfängern bereitet, lange unbekannte Wörter zu buchstabieren:

Mit anderen Augen

KAR – ST – ADT
CA – FÉ – EN – GEL
MÖ – BEL – KLIN – GEN – BERG
FL – EI – SCH – KÖN – NEC – KE
CO – MET
HUM – BOLDT – BU – CH – HAND – LUNG
SP – ORT – STU – DIO
RE – AL – KA – UF
BAC – KE – REI – CHR – IST
SEL – BST – BAU – MAR – KT
FLEI – SCHE – REI – SAFT

(Meine Tochter lernt lesen)

Kinder, die schon vor der Schule den Umgang mit Büchern geübt haben, werden die Buchstaben leichter zu sinnvollen Wörtern zusammensetzen und gleichzeitig den Sinn der Texte schneller erfassen können. Für Kinder, denen nie zuvor vorgelesen wurde, wird das Lesenlernen hingegen mit großen Anstrengungen verbunden sein. Vom Erlernen des Alphabetes bis zum individuellen Lesen ist es ein langer Weg. Jedes Kind entwickelt hier seine eigene Methode und sein eigenes Tempo.

Gute Texte für Leseanfänger motivieren dabei, denn erste Erfolge können gewinnbringend sein. Angeboten werden sollten lesenswerte Geschichten, die in erster Linie Spaß machen. Leseanfänger mit geringer Schrifterfahrung brauchen große Buchstaben, einfach gebaute Wörter (möglichst wenig Konsonantenanhäufungen), keine Trennungen, kurze Sätze, die die Gedächtniskapazität nicht überfordern, sowie einen weiten Zeilenabstand. Kleine Sinneinheiten und übersichtliche Absätze erleichtern das Verstehen, ebenso wie Wiederholungen von bekannten Wörtern und Satzmustern. Viele textbegleitende, farbige Illustrationen unterstützen das Lesenlernen, bieten Orientierung und neue Motivation. Bereits die Illustrationen der Titelbilder von Erstlesebüchern, ob als Taschenbuch oder DIN A5-Hardcover, müssen die Neugierde wecken und einen Anreiz zum Selberlesen bieten. Für Leseanfänger ist es ein großes Erfolgserlebnis, wenn sie ein ganzes Buch gelesen haben. Die ersten Buchgeschichten müssen daher kurz, überschaubar und thematisch übersichtlich gegliedert sein. Die Inhalte der Geschichten spielen dabei eine wesentliche Rolle. Sie müssen für Kinder eindeutig sein und einen persönlichen Bezug ermöglichen. Sie sollten lustig und spannend, auf keinen Fall belanglos sein, denn nur eine gut erzählte Geschichte ist die Mühe des Lesens wert und schafft Lesebegeisterung. Leseanfänger brauchen ein vielfältiges Angebot von Büchern, das ihren unterschiedlichen Interessen entgegenkommt, aber auch neue Interessen weckt.

Einige Kinderbuchverlage haben spezielle Leselernkonzepte entwickelt, die vom Kindergartenalter bis zum fortgeschrittenen Lesealter der Grundschule reichen. Die Qualität dieser Erstlesebücher weist deutliche Unterschiede auf. Die zwingende Einfachheit der Struktur und die schematische Produktion der Titel führen häufig zu literarischer Trivialität und Stereotypie. Eine kritische Sichtung ist daher dringend zu empfehlen.

Die erste Stufe des Lesens mit Hilfe von Bildern greifen gleich drei Verlage auf: ars Edition, der Arena Verlag und der Loewe-Verlag. Unter dem Motto *„Mit Bildern lesen lernen"* werden Begriffe bildlich dargestellt. Im Unterschied zum Bilderbuch steht das Bild für ein Hauptwort, das in der Schriftzeile verwendet wird. Eine zusätzliche Ergänzung bieten die Erzählbilder, die nach jeder Geschichte das Geschehen noch einmal optisch zusammenfassen. Bei der Reihe *Buchstabenbär* (Arena) regt eine heraustrennbare Beschäftigungsseite zum aktiven Spiel an und übt Fähigkeiten wie Beobachten, Zuordnen, Zählen usw. Alle Bücher orientieren sich in ihrer Thematik an den Interessen der 6–7-jährigen. Die **Kunterbunten Hexengeschichten** von Sigrid Gregor erzählen von einer magischen Fantasiewelt, die **Kunterbunten Piratengeschichten,** von Niklas Buchner/Leopé, regen zum Nachspielen an, **Hugo Hase** von Volkmar Röhrig/Hildegard Müller berichtet von den Abenteuern des kleinsten und frechsten Hasenkindes. **Kitty kommt zu spät zur Schule** von Christa Zeuch/Christa Unzner schildert eine aufregende Begegnung eines Mädchens mit einem Hund.

👫 Lesespiele: Der Erwachsene liest den Text, das Kind nennt die Wörter für die Bilder. Beim Anschauen der Szenarien nennt der Erwachsene einen Begriff und das Kind sucht das passende Bild. Oder umgekehrt! Bei beiden Lesespielen wird das vorausschauende Mitdenken geübt, das den späteren Lesevorgang erleichtert und Anreiz schafft, die Geschichte selbst zu entziffern.

👫 Die Beschäftigungsseiten ermöglichen es Leseanfängern, sich über die Geschichte hinaus mit den thematischen Schwerpunkten handelnd auseinanderzusetzen und Inhalte zu vertiefen, so können sie z. B. durch ein Memory- oder Würfelspiel die wichtigsten Straßenverkehrsregeln kennenlernen.

Mit Comics lesen lernen – mit dieser Reihe hat der Verlag *ars Edition* spezielle Comicgeschichten für Erstleser entwickelt. Ähnlich wie bei den bereits berühmten Bildgeschichten *Vater und Sohn* von E. O. Plauen oder *Der kleine Herr Jakob* von Hans Jürgen Press vermitteln allein die Bilder, was in der Geschichte passiert. Durch ihre gebundene Ausführung ähneln die Titel dieser Reihe eher einem normalen Kinderbuch als der klassischen Comicbroschüre. Jede Comicgeschichte besteht aus einer Kombination von Bild und Text. Auf jeder Seite befinden sich nur wenige, überschaubare Bilder. Die Handlung wird Schritt für Schritt von wenigen Personen aufgebaut. Wörtliche Rede und Gedanken sind durch Sprech- und Denkblasen den jeweiligen Personen leicht zuzuordnen. Weitere comictypische Elemente wie Fragezeichen (= Nachdenken), Sterne (= Schmerzen) oder dunkle Wolken (= Wut) werden nur sparsam eingesetzt und verstärken lediglich die bereits erkennbare Handlung bzw. einen entsprechenden Gesichtsausdruck.

Von einer alltäglichen Kinderbeziehung erzählt Andrea Steinhöfel mit der Comicgeschichte **Herr Purps, die Klassenmaus.** Diese Geschichte wurde illustriert mit lockeren, pfiffigen Bildern von Kerstin Meyer. Jonas würde lieber zu Hause bleiben als in die Schule gehen, aber zum Glück trägt er die Verantwortung für Herrn Purps, die Klassenmaus. Eines Tages kommt Anna neu in die Klasse. Sie ist dick, aber schlauer als Jonas und macht ihm seinen Posten als Mäusetrainer streitig. Die lebensnahe Erzählweise der Geschichte trifft genau den Geschmack junger Grundschüler, die vielleicht eine ähnliche Konkurrenzsituation schon einmal erlebt haben.

👫 Leseanfänger und Erwachsene betrachten gemeinsam die Comicbilder und versuchen herauszubekommen, was da passiert. Ein Kind und ein Erwachsener lesen im Dialog, d. h. das Kind sucht sich eine Figur aus und liest, was diese sagt. Der Erwachsene übernimmt das Lesen des übrigen Textes.

⋏⋏ Die Sprechblasen können mit neuen Inhalten gefüllt werden, so dass möglicherweise die Geschichte einen anderen Handlungsverlauf bzw. Ausgang erhält.

Auch der Oetinger Verlag bietet eine Reihe für Leseanfänger an: die *Laternenbücher* mit großer Fibelschrift, großem Zeilenabstand und 32 Seiten Gesamtumfang sowie die Reihe *Sonne, Mond und Sterne,* deren Titel höhere Ansprüche stellen, da die Geschichten doppelt so lang sind. Der außergewöhnlich hohe Bildanteil gewährleistet jedoch, dass selbst Leseanfänger mit großen Startschwierigkeiten nicht mutlos werden.

Von dem weitverbreiteten Wunsch nach einem Haustier erzählt Kirsten Boie in ihrem Buch: **Ein Hund spricht doch nicht mit jedem.** Alle außer Lisa haben in ihrer Klasse ein Haustier. Eines Tages hat Lisa Glück. Sie bekommt einen Hund, wenn auch nur zur Pflege. Er heißt Törtel und ist dazu noch ein Wunderhund, der sprechen kann. Leider spricht er nicht mit jedem und schon gar nicht mit Lehrern. Er ist sehr an Sport interessiert, verachtet Hundefutter aus der Werbung mit dem Kommentar: „Werbung ist Scheiß" und bevorzugt Schnitzel, Gulasch und Filet. Zwangsläufig gibt es Ärger zu Hause. Aber zu guter Letzt kommt Lisa mit Törtel beim Schulfest ganz groß raus.

An dieser humorvollen, warmherzigen Geschichte werden sicher nicht nur Erstleser und Erstleserinnen Spaß haben. Die so echt und lebensnah geschilderten Probleme der Ich-Erzählerin Lisa können Kinder dieser Altersgruppe gut nachvollziehen. Sie machen nachdenklich, besonders über das Zusammenleben im Alltag. Törtel wird durch seine leicht ironisierenden, kritischen Bemerkungen zur wahren Hundepersönlichkeit und zum Sympathieträger der Geschichte. Die lockeren, pfiffigen Illustrationen von Silke Brix-Henker zeichnen die jeweilige Stimmungslage treffend und schaffen dadurch einen zusätzlichen Leseanreiz.

⋏⋏ Kann Törtel bei Lisa bleiben? Die Kinder schreiben eine Fortsetzungsgeschichte.

⋏⋏ Die Kinder stellen Lesezeichen in Tierform her.

⋏⋏ Die Kinder sprechen über ihre Haustiere und fertigen ein Haustier-Lexikon an.

Ein weiterer Sympathieträger und aus der oben genannten Kinderbuchreihe für Leseanfänger nicht mehr wegzudenken ist *Franz,* die pfiffige Hauptfigur in Christine Nöstlingers mehrbändigen Geschichten.
In **Weihnachtsgeschichten vom Franz** wird er regelrecht von der Eifersucht geplagt, denn Gaby, seine beste Freundin, fährt jedes Jahr in der Weihnachtszeit zu ihrer Tante, weil es da viel schöner ist und weil es da einen Jungen gibt,

der die tollsten Sachen kann. Außerdem weiß Franz nicht, was er Gaby zu Weihnachten schenken soll. Eigentlich schenkt sie ihm immer Sachen, die schon etwas kaputt sind oder die er gar nicht gebrauchen kann. Trotzdem mag er Gaby. Ihm wird schon noch etwas Passendes einfallen. Christine Nöstlinger erzählt in ihrer leicht wienerisch gefärbten Sprache aus der Perspektive des 6-jährigen Franz, von seinen alltäglichen Sorgen und Problemen mit den Eltern, der Schule und vor allem mit Gaby. Franz zeigt als Identifikationsfigur kein angepasstes, kindliches Wohlverhalten. Er überzeugt vielmehr durch originelle Ideen, pragmatische List und gesundes Selbstbewusstsein. Der lockere Stil und die herzerfrischende Ausdrucksweise machen es Leseanfängern leicht, am Text zu bleiben. Die stimmigen Farbillustrationen von Erhard Dietl entsprechen dieser beschwingten Leichtigkeit.

🏃🏃 Mit Kindern wird über das Thema: „Schenken und beschenkt werden" gesprochen.

🏃🏃 Die Kinder schreiben *Wunschgeschichten, Wunschbriefe* oder *Wunschzettel.*

🏃🏃 Die Kinder überlegen: „Welches Buch würdest Du Dir wünschen?" – „Welches Buch würdest Du Deinem Freund oder Deiner Freundin schenken?"

Höhere Anforderungen an Buchstabenkenntnisse stellt Paul Maar in seinem Kinderbuch: **Der Buchstabenfresser.**

Als Claudia im Garten ein himmelblaues Ei findet, das so groß ist wie ein Autoreifen, glaubt sie zunächst, es könnte einem Dinosaurier oder Krokodil gehören. Zum Entsetzen der ganzen Familie stammt es leider von einem Buchstabenfresser, im Frühstadium Buchstabentauscher, der in kurzer Zeit alles durcheinander bringt. Was sollen sie nur tun? Ein Glück, dass es Albrecht Dill gibt, den Experten mit mindestens 3000 Büchern. Er hat eine gute Idee.

Kinder, die über den ersten Leseanfang hinaus sind, werden Spaß an dieser witzigen Geschichte von Paul Maar haben, der hier auf fantasievolle Weise mit Buchstaben und Wörtern spielt. Wenn aus einer Fliege eine Liege oder aus einem Brett plötzlich ein Bett wird, dann regt dies nicht nur Erstleser an, Wortspiele dieser Art selbst zu produzieren. Die skurril wirkenden Bilder Manfred Bollingers illustrieren die Verwandlungskunst des Buchstabenfressers sehr treffend.

🏃🏃 **Buchstabentauscher-Spiel**
Aus einem Wort mit maximal vier Buchstaben wird ein Buchstabe verändert, so dass ein neues sinnvolles Wort entsteht, z. B.:

BALL – BALD – BAND – BUND – HUND
Wie wird nun DOSE zu HAUT; LAUS zu MIST oder SAFT zu HEXE?

🏃🏃 Buchstabenfresser-Lied

Auf der Mau-er, auf der Lau-er sitzt 'ne klei-ne Wan-ze. Auf der Mau-er, auf der Lau-er sitzt 'ne klei-ne Wan-ze. Seht euch mal die Wan-ze an. Wie die Wan-ze tan-zen kann. (von Anfang)

(Nach jeder Strophe wird der letzte Buchstabe von *Wanze* und *tanze* weggelassen.)

🏃🏃 Buchstabenfresser-Fangen

Jedes Kind trägt einen Buchstaben sichtbar auf dem Rücken. Zu einer Musik bewegen sich alle im Raum.
Bei Musik-Stopp kommt der *Buchstabenfresser* und zählt bis zu einer beliebigen Zahl. Die Buchstaben können sich nur vor ihm retten, indem sie sich zu einem Wort gruppieren. In der nächsten Runde werden die gefangenen Buchstaben zu *Buchstabenfressern.* Tipp: Mehr Vokale als Konsonanten verteilen.

🏃🏃 Buchstabenfresser-Spiel

3–4 Kinder denken sich ein Wort aus und schreiben dabei die Anzahl der Buchstaben in dieser Weise auf: _ _ _ _ _ _ _ _ _ Reihum werden nun von den anderen Kindern möglich vorkommende Buchstaben genannt. Sind diese Buchstaben nicht im Wort enthalten, wird der *Buchstabenfresser* nach und nach aus insgesamt 10 Strichen zusammengesetzt.

Ein besonders gelungenes Buch aus der Erstlese-Reihe *Leselöwen* des Loewe Verlages sind die **Opageschichten** von Klaus Kordon, der besonders durch seine Jugendromane und Biographien bekannt geworden ist. In sechs kurzen Geschichten erzählt er z. B. von Antjes Opa, der auf einmal wieder frisch verliebt ist und heiraten möchte oder von Siegfrieds Großvater, der seinen Enkel durch eine kleine Lüge zum sportlichen Durchbruch verhilft. Mit viel Sensibilität und Sympathie für die Eigenheiten von Großvätern schlägt Klaus Kordon eine Brücke zwischen den Generationen. Die Perspektive aus kindlicher Sicht bietet immer wieder Spannungsauflösungen und zeigt, dass auch Verständigung gelingen kann, wenn jeder dem anderen mit Toleranz begegnet. Die exemplarischen Geschichten, die nicht nur Erstlesern so manchen Denkanstoß geben, werden durch Farbillustrationen von Annette Swoboda einfühlsam ergänzt.

👫 Die Kinder schreiben Briefe an ihre Großeltern.

👫 Die Kinder erzählen über ein besonderes Erlebnis mit ihren Großeltern.

👫 Im Altenheim oder in der Schule wird eine Vorlesestunde veranstaltet. Möglich wäre, dass die ältere Generation aus alten Kinderbüchern vorliest und die Kinder aus ihren Lieblingsbüchern.

Impulse:

1. Bruno Bettelheim schreibt in seinem Buch: *Kinder brauchen Bücher:* „Wenn wir die Kinder zu gebildeten Menschen erziehen wollen, so müssen unsere Lehrmethoden dem reichen Wortschatz des Kindes, seiner Intelligenz, seiner natürlichen Neugier, seinem Eifer, Neues zu lernen, seinem Wunsch, seinen Verstand und seine Welterfahrung zu entwickeln und seinem leidenschaftlichen Verlangen nach Anregungen für seine Fantasie gerecht werden. Kurz, wir müssen das Lesen zu etwas machen, wofür es sich lebhaft interessiert. Das würde das Kind zum Lesen verführen. Gelingt uns das, dann werden Kinder zu begeisterten Lesern."

Gewusst wie

Personenbeschreibung (Charakteristik)

– Ziel der Charakteristik: Beschreibung des äußeren Erscheinungsbildes und des Verhaltens einer Person
– Einleitung: Biografische Angaben: Geschlecht der beschriebenen Person, Wohnort, Alter etc.
– Beschreibung des Äußeren, z. B. Gesicht, Statur, Kleidung
– Wie verhält sich die zu beschreibende Person?
– Was ist für sie charakteristisch? (Vorlieben, Abneigungen, Stärken, Schwächen, Gewohnheiten etc.)
– Formulierung eines abschließen-

Welche Forderungen stellt Bettelheim an die literarische Früherziehung? Wie können Sie in Ihrer sozialpädagogischen Einrichtung diesen Forderungen entgegenkommen?

2. Viele Kinderbuchverlage veröffentlichen Reihen für Leseanfänger. Erstellen Sie in Ihrer Lerngruppe eine Liste der Erstlese-Reihen. Welche Konzepte können Sie erkennen? Untersuchen und vergleichen Sie einige der Bücher. Berücksichtigen Sie die aufgestellten Anforderungen an Erstlesebücher (s. S. 192 f. *Bücher für Leseanfänger*).

3. Schreiben und bebildern Sie selbst eine Geschichte für Leseanfänger.

4. Viele Kinder identifizieren sich gerne mit der Titelfigur *Franz,* die die Kinder- und Jugendbuchautorin Christine Nöstlinger erfunden hat: Was macht *Franz* so sympathisch? Lesen Sie mehrere Franzgeschichten, z. B. **Feriengeschichten, Fernsehgeschichten, Schulgeschichten, Liebesgeschichten; Hundegeschichten.** Charakterisieren Sie den Protagonisten (Gewusst wie: Charakteristik). Charakterisieren Sie Christine Nöstlingers spezifischen Erzählstil anhand von ausgewählten Textbeispielen.

5. Geschichtenerzähler, Erfinder von Versen, Rätseln und Sprachspielen, Zeichner, das alles in einer Person ist Paul Maar, Autor zahlreicher Kinder- und Jugendbücher. Für seine Arbeiten ist er vielfach ausgezeichnet worden, u. a. erhielt er 1996 den Sonderpreis des deutschen Jugendliteratur- preises für sein Gesamtwerk. Warum erhielt Paul Maar Ihrer Meinung nach den Sonderpreis? Lesen Sie, um diese Frage beantworten zu können, einige seiner Werke und schreiben Sie ein Portrait des zur Zeit bedeutend- sten deutschen Kinderbuchautors.

6. Falls Sie in Ihrer Fachschule keine eigene Fachbücherei haben, organisie- ren Sie in Ihrer Fachklasse die Einrichtung eines *Lesekoffers* mit ca. 30–40 Büchern. Die Mobilität dieses *Lesekoffers* bietet die Möglichkeit, ihn in vie- len Fächern und unterschiedlichen Orten flexibel einzusetzen. Er eignet sich z. B. als Ausstellung für die sozial-pädagogische Praxis, für eine eigene Leseecke im Fachraum Deutsch/Kinderliteratur, zur freien Arbeit, zum Vorlesen im Unterricht usw. Planen Sie gemeinsam: 1. die Beschaf- fung der Bücher, 2. die Einrichtung des Koffers/der Kiste, 3. das Einordnen und Katalogisieren der Bücher, 4. das Entleihen der Bücher.

Verwendete Bücher:
Boie/Brix-Henker: **Ein Hund spricht doch nicht mit jedem,** *Friedrich Oetin- ger, Hamburg 1996; Buchner/Leopé:* **Kunterbunte Piratengeschichten,** *ars edition, München o. J.; Gregor:* **Kunterbunte Hexengeschichten,** *ars edition, München 1997; Kordon/Swoboda:* **Leselöwen Opageschichten,** *Loewe, Bindlach 1995; Maar/Bofinger:* **Der Buchstabenfresser,** *Friedrich Oetinger, Hamburg 1996; Meyer/Steinhöfel:* **Herr Purps, die Klassenmaus,** *ars edition, München 1997; Nöstlinger/Dietl:* **Weihnachtsgeschichten vom Franz,** *Fried- rich Oetinger, Hamburg 1997; Röhrig/Müller:* **Hugo Hase,** *Benziger Edition, Würzburg 1997; Zeuch/Unzner:* **Kitty kommt zu spät zur Schule,** *Benziger Edition, Würzburg 1997*

Weitere Bücher für Leseanfänger:
Aakeson: **Sven wird Supermann,** *Arena, Würzburg 1997; Arold/Garbert:* **Kunterbunte Teddygeschichten,** *ars edition, München 1997; Auer/Scheffler:* **Lieschen Radieschen und der Lämmergeier,** *Beltz & Gelberg, Weinheim 1994; Banscherus/Hahn:* **Die besten Freunde der Welt,** *Friedrich Oetinger, Hamburg 1996; Bienek:* **Ein Stürmer zuviel,** *aare, Aarau 1997; Bittner/Arnold:* **Die Kroko-Bande auf heißer Spur,** *ars edition, München 1997; Boie/Brix- Henker:* **Lena findet Fan-Sein gut,** *Friedrich Oetinger, Hamburg 1997; Brö- ger/Brix-Henker:* **Nickel wird Hexe,** *Arena, Würzburg 1997; Fährmann/ Jaquet:* **Thomas und sein toller Zoo,** *Benziger Edition, Würzburg 1997; Her- furtner/Slawski:* **Robert fährt im Bus zur Schule,** *Friedrich Oetinger, Ham- burg 1997; Heyne/Ballhaus:* **Was macht die Maus im Zirkus,** *Benziger Edi- tion, Würzburg o. J.; Klages:* **Post für Billie,** *Friedrich Oetinger, Hamburg 1996; Koenig/Wieker:* **Wackelzahn-Pia,** *Altberliner Verlag, Berlin 1995; Köt- ter/Müller:* **Sebastian und die Riesenblume,** *Benziger Edition, Würzburg o. J.; Kulot-Frisch:* **Das Gespenst im Gurkenglas,** *ars edition, München*

1997; Lindgren/Wikland: **Lotta zieht um,** Friedrich Oetinger, Hamburg 1997; Maar: **Der gelbe Pulli,** Friedrich Oetinger, Hamburg 1996; Mai/Georg: **Lena macht ein Fest,** Ravensburger Buchverlag Otto Maier, Ravensburg 1996; Meißner-Johannknecht/Guhe: **Schön, daß du bleibst, Kalle,** Patmos, Düsseldorf 1996; Meyer/Waechter: **Und nachts rollern die Hunde,** Friedrich Oetinger, Hamburg 1996; Michels/Spieß: **Abenteuer mit Gustav Bär,** Benziger Edition, Würzburg 1996; Nöstlinger: **Mini wird zum Meier,** Dachs, A-Wien 1992; Obrecht/Baeten: **Hier wohnt Gustav,** Friedrich Oetinger, Hamburg 1996; Pestum/Butschkow: **Detektivbüro Anja Adlerauge,** Benziger Edition, Würzburg 1996; Rettich: **Das große Ri-Ra-Rutsch Geschichtenbuch,** Loewe, Bindlach 1995; Rettich: **Hanna lernt lesen,** Loewe, Bindlach 1997; Rettich/Rettich: **Die Nacht im Monstertal,** Friedrich Oetinger, Hamburg 1996; Röhrig/Maßmann: **Der Bär auf dem Hochsitz,** Arena, Würzburg 1995; Scheffler/Baeten: **Paula will eine Brille,** Friedrich Oetinger, Hamburg 1996; Scheffler/Spee: **Der Luftballon aus Avignon,** Friedrich Oetinger, Hamburg 1996; Sklenitzka/Bofinger: **Als Papa noch Pirat war,** Arena, Würzburg 1995; Steinwart/Slawski: **Karlotta läßt sich nichts gefallen,** Friedrich Oetinger, Hamburg 1996; Tollmien/Schubert: Felix: **Wir haben dich lieb,** Arena, Würzburg 1997; Topsch/Eisenbarth: **Papa kocht,** Friedrich Oetinger, Hamburg 1996; Zeuch/Röckener: **Die kleine Hexe Xixibix,** Friedrich Oetinger, Hamburg 1996; Zeuch/Schubert: **Hoppla, hier kommt Pauline,** Benziger Edition, Würzburg 1997; Zöller/Wittkamp: **Gruß und Kuß Dein Julius,** Loewe, Bindlach 1996; Zoschke/Baumann: **Kunterbunte Autogeschichten,** ars edition, München 1997

Zum Weiterlesen:

Bundesministerium f. Bildung und Wissenschaft (Hrsg.): **In Sachen Lesekultur,** Bonn 1991; Conrady (Hrsg.): **Literatur-Erwerb,** Kinder lesen Texte und Bilder, dipa, Frankfurt 1989; Hein: **Spielend lesen lernen** (Ein Lernbuch für Kinder, Eltern und Pädagogen), Rowohlt, Reinbek 1991; Stiftung Lesen (Hrsg.): **Lesen ist Familiensache; Lesen – ein Abenteuer,** Mainz 1990

Eine abenteuerliche Reise in das Land der Bücher

- Zur literarischen Früherziehung im Kindergarten
- Literaturpädagogische Projekte und Veranstaltungen

Zur literarischen Früherziehung im Kindergarten

Die literarische Früherziehung, die bereits in den ersten Lebensjahren in der Familie beginnt, findet ihre Fortsetzung im Kindergarten, wo durch vielfältige Angebote, Aktionen und Projekte Kinderliteratur lebendig vermittelt wird. Unter Berücksichtigung individueller Neigungen und Begabungen haben Kinder hier die Möglichkeit, durch einen spielerisch-kreativen Umgang sich mit Bilderbüchern und anderen Medien handelnd auseinanderzusetzen. Die Worte Albert Einsteins: *Fantasie ist wichtiger als Wissen* kennzeichnen sehr gut das Ziel und die Aufgabe literarischer Früherziehung. Literarische Früherziehung im Kindergarten bedeutet nicht, vorrangig Wissen und Informationen zu vermitteln, schon gar nicht frühes Lesenlernen zu fördern, sondern den Spaß beim Umgang mit Büchern zu wecken. Freude an Literatur können Kinder nur durch den spielerischen Umgang erfahren. Je größer das Interesse und ihre Motivation sind, um so schneller und leichter finden sie einen erfolgreichen Zugang.

In der heutigen Zeit erschließt sich Kindern die Welt nicht nur über erzählte Geschichten oder durch Gespräche mit anderen Menschen, sondern zu einem großen Teil über elektronische Medien. Bilderbücher spielen in der Medienvielfalt zwar nur eine geringe Rolle, aber sie vermitteln sich ausschließlich durch Bilder. Wie bei anderen visuellen Medien beeinflussen der hohe Bildanteil und die Bildsprache besonders das Sehverhalten, das Rezeptionsvermögen und das Sprachverhalten des Kindes. Literarische Früherziehung darf daher nicht einseitig gesehen werden, sondern muss als Teil multimedialer

Förderung in die pädagogische Arbeit eingebracht werden. Innovative literaturpädagogische Angebote tragen dazu bei, Kinder auf besondere Erzähl- und Darstellungsmöglichkeiten aufmerksam zu machen, um ihnen zu einer umfassenden Lese- und Medienkompetenz zu verhelfen.

⃗ Viele Anregungen, die zur spielerischen Auseinandersetzung mit Kinderliteratur bereits im Zusammenhang mit Buchempfehlungen exemplarisch kurz vorgestellt wurden, werden nun im Folgenden umfassend, detailliert dargestellt und durch weitere Beispiele ergänzt.

Literaturpädagogische Projekte und Veranstaltungen

Aktionen mit Kindern

Herstellung eines Bilderbuches

Die Kinder malen eigene Bilder zu einer Geschichte und stellen sie zu einem Bilderbuch zusammen. Dabei können bestimmte bildnerische Techniken, wie z. B. Falten, Drucken, die Collage-Technik u. a. vermittelt werden. Auch als Gruppenbilderbuch möglich.

Methodische Hinweise

Literarische Früherziehung im Kindergarten

- **täglich Gespräche mit Kindern führen, dabei aktiv zuhören und die gestellten Fragen ernst nehmen**
- **Erzählfreude der Kinder durch Beobachtungen, Erlebnisse, Bilderbücher, Film- und Hörgeschichten anregen und fördern**
- **regelmäßiger Einsatz von Spielen zur Förderung der sinnlichen Wahrnehmung**
- **Einrichtung einer literarischen Ecke**
- **den Kindern steht ein breitgefächertes Angebot an Kinderliteratur zur Verfügung**
- **Bücher und Kinderzeitschriften sind jederzeit für die Kinder zugänglich**
- **regelmäßig mit Kindern Bilderbücher anschauen, dabei eine entspannte Atmosphäre herstellen. Die Kinder sitzen so, dass sie die Handlung im Buch mitverfolgen können**
- **auf Wunsch ein Bilderbuch wiederholt anschauen**
- **regelmäßig werden Bilderbücher mit besonders interessanten Sichtweisen oder Themen vorgestellt**
- **den Kindern werden Möglichkeiten gegeben, ihre literarischen Erlebnisse zu verarbeiten, z. B. durch Rollenspiele, Malen, Singen, Bewegen, Erzählen**
- **mit den Kindern öffentliche Literaturangebote besuchen, z. B. Bücherei, Bücherbus, Buchhandlung**
- **jedes Kind bekommt einen Büchereiausweis**

- Projekte und Aktionen werden durch eine besondere Literaturauswahl für Kinder bereichert
- in unregelmäßigen Abständen werden bereits bekannte Bilderbücher im Medienverbund angeboten, z. B. als Diareihe, Video oder Hörspiel
- zu besonderen Anlässen, z. B. zum Geburtstag bekommen die Kinder (selbst gestaltete) Bilderbücher oder Geschichten geschenkt
- die Kinder können regelmäßig Bücher aus der Kindergarten-Bücherei entleihen
- die Kinder können jederzeit Bücher, Kinderzeitschriften oder Kassetten von zu Hause mitbringen
- im Rahmen der Elternarbeit werden regelmäßig Aktionen im Rahmen der literarischen Früherziehung durchgeführt (s. S. 208)
- mit Eltern und Kindern werden gemeinsam literarische Veranstaltungen besucht, z. B. Theateraufführungen, Kindermusicals, Autorenlesungen usw.

Bilderbuch-Kino

Auf eine Papierrolle (Tapete) malen Kinder in chronologischer Bildfolge eine Bilderbuchgeschichte. Der Anfang und das Ende des Papierstreifens werden beide an einer stabilen Papprolle festgeklebt. In einen Karton wird eine Öffnung in der Größe eines Einzelbildes geschnitten, so dass der Bilderstreifen langsam vorbeigezogen werden kann und ein Kino-Effekt entsteht.

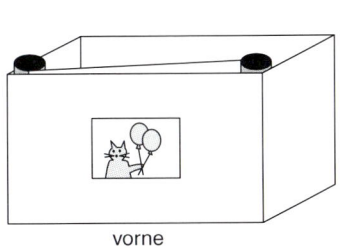

vorne

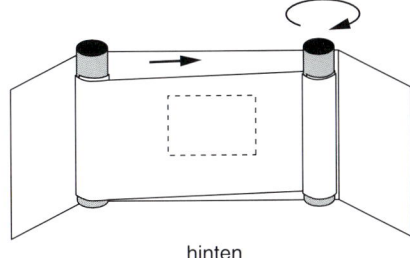

hinten

Foto-Bilderbuch

Die Kinder stellen Szenen aus dem Bilderbuch nach und fotografieren diese mit Hilfe eines Erwachsenen. Am besten eignet sich dafür eine automatische Kamera mit Stativ. Die fertigen Fotos werden einzeln aufgeklebt, evtl. mit zusätzlichen Zeichnungen versehen und zu einem Bilderbuch zusammengeheftet.

Bilderbuch als Dia-Schau

Die Kinder malen einzelne Szenen einer Bilderbuchgeschichte. Der Erwachsene fotografiert diese Bilder als Dias. Die Kinder können auch die kleinen Glasflächen der Diarahmen bemalen (Overheadfolienstifte, Glasmalfarben) oder Kleinteile dazwischen legen. Beim späteren gemeinsamen Betrachten in der Gruppe erzählt ein Erwachsener oder auch ein Kind die dazu passende Geschichte. Zusätzlich könnte die Dia-Schau noch mit (selbst erzeugter) Musik bereichert werden. Die Kindergartenkinder hätten auf diese Weise ihr eigenes Kinder-Kino.

Zu einer Reihe von Bilderbüchern bietet der media nova-Verlag (s. Adresse S. 259) Diaserien an, die durch didaktisch-methodische Hinweise und praktische Anregungen ergänzt wurden, z. B. Fuchshuber: *Mausemärchen – Riesengeschichte,* Boie: *Mutter, Vater, Kind* (s. S. 71), Grimm/Schroeder: *Der Froschkönig* (s. S. 173). Auch diese Dia-Reihen können gemeinsam mit Kindern vertont werden.

Bilderbuch mit Overhead-Folien

Die Kinder malen auf Folien mit farbigen Overhead-Stiften einzelne Szenen einer Bilderbuchgeschichte, die dann auf einen Overhead-Projektor (OHP) gelegt und auf einer weißen Wand projiziert werden. Zusätzliche Effekte können durch das Auflegen von transparenten Stoffen, z. B. Gardinen, Spitzen, Tüll, Transparentpapier und anderen durchscheinenden Objekten, z. B. Federn, Luftballons, Glas erzielt werden.

Szenarien-Kästen

In Schuhkartons, die schaufensterähnlich aufgebaut werden, können kleine Szenarien aus Geschichten nachgebaut werden, z. B. die Wohnung des kleinen Bären und des kleinen Tigers (Janosch), der Aufzug aus dem gleichnamigen Bilderbuch von Heidelbach oder die Erdhöhle des Maulwurfs Grabowski (Murschetz). Zur Belebung dieser Szenarien dienen selbst gebaute Figuren, Holztiere oder Playmobilfiguren. Durch diese Figuren werden die Kinder zur spielerischen Handlung angeregt.

Herstellung einer Vollkörperfigur als Spielobjekt

Die Hauptfigur einer Bilderbuchgeschichte wird als Vollkörperfigur (Höhe ca. 100 cm) aus Baumwollstoff genäht und mit Schaumstoff-Flocken gefüllt. Entsprechend der Darstellung im Bilderbuch wird sie gemeinsam mit den Kindern zum Leben erweckt, d. h. sie erhält einen Gesichtsausdruck, Haare, Kleidung und weitere für sie typische Requisiten. Eine lebensgroße Figur, wie z. B. die kleine Hexe Irma aus dem Bilderbuch: *Irma hat so große Füße* (Schubert) oder das Zweimal aus dem Bilderbuch: *Es war einmal ein Zweimal* (Vogt s. S. 101) bietet Kindern die Möglichkeit, sie in ihr spielerisches Tun mit einzubeziehen, sich mit ihr zu identifizieren und über die Bilderbuchgeschichte hinaus neue Spiel- und Gesprächsanlässe zu finden.

10 x 10 cm

Herstellung eines Brettspiels

In Zusammenarbeit mit Grundschulkindern kann zu einem Bilderbuch oder einer Sachgeschichte ein Brettspiel angefertigt werden. Bei dieser Art der Weiterentwicklung steigen die Kinder noch einmal in die Literatur ein, vereinfachen sie, wandeln sie ab oder erweitern sie, indem sie fantastische und reale Bezüge herstellen. Mitunter bleibt von der ursprünglichen Geschichte nur noch wenig erhalten.

Als Spielunterlage eignen sich weißer Karton, Sperrholz, Stoff oder eine Kunststoffplatte, die nach der Gestaltung mit selbst klebender Klarsichtfolie bezogen werden kann. Das Spielfeld wird mit Filzstiften aufgetragen und mit selbstklebenden Markierungspunkten versehen. Die Kinder illustrieren das Spielfeld nach ihrer Vorstellung. Fotos, Illustriertenausschnitte oder Zieraufkleber dienen der optischen Ausschmückung. Zum Spielen können Würfel und fertige Spielpüppchen benutzt werden, aber auch Muscheln, Holzscheiben, Steine, Bohnen u. ä. Es muss eine klar verständliche, anschauliche Spielregel entwickelt werden, die für einen lebendigen Spielablauf sorgt. Als Beispiel folgt ein mit Kindern entwickeltes Brettspiel zu dem Bilderbuch von Emberly: *Hau ab, du großes grünes Monster* (s. S. 88): *Auf dem Spielfeld ist eine Schlange aufgemalt, die in farbige Felder unterteilt ist. Auf einigen Feldern sind Symbole markiert, die verschiedene Teile eines Monstergesichtes darstellen. Durch Würfeln und Setzen eines Spielsteins können die einzelnen Spieler sich nun im Spielverlauf ein Monster zusammensetzen. An den mit Pfeilen markierten Feldern müssen bereits erwürfelte Monsterteile wieder abgegeben werden. Sieger ist, wer am Ziel ein Monster fertiggestellt hat.*

Spielidee: Schülerinnen der Fachschule für Sozialpädagogik, Iserlohn

Bilderbuchszene als Puzzle

Kinder malen nach eigenen Vorstellungen einzelne Szenen einer Bilderbuchgeschichte oder erhalten Fotokopien, die sie farblich ausgestalten. Das fertige Bild wird auf Fotokarton geklebt und mit Klarsichtfolie überzogen. Anschließend wird es in ca. 20 Puzzleteile zerschnitten. Durch den spielerischen Umgang mit dem fertigen Puzzle können die Kinder einzelne Bilderbuchszenen wiederholt verinnerlichen.

Märchen-Papiertheater

Die Kinder fertigen zu einem bekannten Märchen Flachfiguren aus dünner Pappe, an denen Schaschlikstäbe oder Trinkhalme als Führungsstäbe befestigt werden (s. Skizze). Als Bühne dient ein Schuhkarton oder ein großer Pappkarton (s. Skizze) in den eine Bühnenöffnung geschnitten wird. Mit Hilfe von Papierlaschen können Kulissen innen an die Rückwand des Kartons gehängt werden.

Bauchladen-Geschichten-Theater

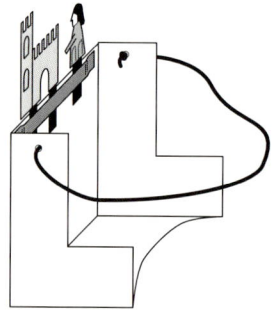

Zu einer Geschichte (z. B. *Solotareff: Du groß und ich klein*) gestalten die Kinder Flachfiguren aus dünner Pappe. Als Bühne dient ein Bauchladen, der aus einem Pappkarton gefertigt und durch Halteschnüre rechts und links oben um den Hals des Kindes gehalten wird (s. Skizze). Zur Halterung der Figuren und Teilkulissen wird ein Streifen aus Zeichenkarton an der Oberkante des Kartons mit Klebestreifen angebracht.

Guck-Kasten-Geschichte

Ausgehend von einem Bilderbuch, (z. B. Höglund: *Feuerland ist viel zu heiß*, S. 71) gestaltet jedes Kind eine kleine Fantasiewelt in das Innere eines Schuhkartons. In die schmale Vorderseite wird ein Guckloch und in den Deckel werden Lichtschlitze geschnitten. Als Kulissen dienen Naturmaterialien oder ausgeschnittene, bemalte Objekte, die hineingelegt, eingeklebt oder an dem Deckel aufgehängt werden. Die Figuren können an einem Führungspappstreifen seitlich hineingeschoben werden. Die Kinder erzählen und spielen eigene Geschichten zu den von ihnen imaginierten Welten.

Verklanglichen einer Bilderbuchgeschichte

Zur Veranschaulichung folgt ein mit Kindern erarbeitetes Beispiel zu dem Bilderbuch: Michl: *Morgens früh um sechs,* Hanser, 1997.

Buchtext	Umsetzung
Morgens früh um sechs	Wecker rasselt,
kommt die kleine Hex.	schleichende Schritte,
Morgens früh um sieben	Glockenspiel 7-mal anschlagen,
schabt sie gelbe Rüben.	mit einem Holz über eine Reibe streichen,
Morgens früh um acht	Glockenspiel 8-mal anschlagen,
wird Kaffee gemacht.	Handkaffeemühle drehen,
Morgens früh um neune	Glockenspiel 9-mal anschlagen,
geht sie in die Scheune.	stampfende Schritte,
Morgens früh um zehne	Glockenspiel 10-mal anschlagen,
holt sie Holz und Späne.	trockene Zweige zerbrechen,
Feuert an um elfe	mit Zellophanpapier knistern,
kocht dann bis um zwölfe.	in einem Topf rühren, Schmatzgeräusche,
Fröschebein und Krebs und Fisch.	Glockenspiel schlägt 12-mal,
Hurtig Kinder kommt zu Tisch!	der letzte Satz wird gemeinsam gerufen.

Die Klanggeschichte wird auf einem Kassettenrekorder aufgenommen. Anschließend wird das Bilderbuch dazu gezeigt.

Bilderbuchgeschichte mit Stockpuppen

Die Stockpuppe bietet im Gegensatz zur herkömmlichen Handspielpuppe vor allem jüngeren Kindern mehr Bewegungsfreiraum, da der ganze Körper beim Spielen miteinbezogen werden kann. In Pappkugeln bzw. Pappeiern wird mit dem Cutter ein Loch hineingeschnitten, ein Rundholz hineingeklebt und eine Styroporhalbkugel als Halswulst verwendet. Zur besseren Standfestigkeit bei der Gestaltung des Kopfes wird das Rundholz in eine mit Sand gefüllte Flasche gesteckt. Die Kinder grundieren den Kopf mit weißer Farbe und gestalten das Gesicht und die Kopfbedeckung nach ihren Vorstellungen. Als Kleidung können ausrangierte Hemden oder Blusen und farbige Handschuhe benutzt werden.

Bilderbuchgeschichte als Schattentheater
Als Spielmittel eignet sich alles, was Schatten wirft:
- der menschliche Körper (evtl. mit markanten Kopfbedeckungen, Profilmasken)
- Gegenstände des täglichen Lebens (Spielzeuge, Werkzeuge, Küchengeräte)
- Flachfiguren (s. Märchen-Papiertheater)
- plastische Figuren
- Transparentfarben und -folien (Glas, Plexiglas, Kunststoff-Folien)

Für das Menschenschattenspiel werden weiße Stoffbahnen über eine Holzstange gehängt und durch eine zweite Holzstange unten beschwert. Für das Figurenschattentheater eignet sich das Tischtheater, bespannt mit weißem Seidenpapier als Bühnenfront. Als Kulissen dienen Silhouetten aus Pappe, an der Spielleiste befestigt, Projektionen (Diarähmchen oder Folien für OHP mit Transparentfarben), Mehrfachprojektionen (Überblendungen: Diaprojektor und OHP) und bemalte Rollenfolien als laufendes Band für den OHP.

Das Schattentheater als darstellende Spielform ist für Kinder ab 6 Jahren geeignet. Die Geschichten werden pantomimisch dargestellt und mit Geräuschen und Musik ausgestattet. Ebenso kann ein Erzähler durch die Geschichte führen, während die direkte Rede, Musik und Geräusche per Kassette eingeblendet werden.

Bilderbuchgeschichte als Mit-mach-Geschichte
Mit einer Fantasiereise/Mitspielaktion oder Mitmachgeschichte (s. S. 58), die sich thematisch an einer Bilderbuchgeschichte orientiert, kann dem Bewegungsbedürfnis von Kindern entsprochen werden. Viele Bildgeschichten lassen sich in Bewegungsgeschichten umformen (s. 3.2: Bilderbücher bringen Bewegung ins Spiel).

Bilderbuchgeschichte als Improvisationstheater (und Videofilm)
Eine Bilderbuchgeschichte wird dramatisiert (s. Gewusst wie S. 176). Mit den Kindern wird der Handlungsablauf der einzelnen Szenen spielerisch erarbeitet, prägnante Sätze oder Schlüsselworte festgelegt. Die Kinder wählen ihre Rolle, gestalten Requisiten und verkleiden sich entsprechend der Textvorlage. Sie stellen die szenische Handlung durch Gestik, Mimik und improvisierte Dialoge dar, ohne zuvor Rollentexte auswendig zu lernen. Haben die Kinder genügend Sicherheit in der Darstellung, kann das szenische Spiel mit einer Videokamera (mit Stativ) aufgezeichnet werden. Die Kinder stellen Eintrittskarten her, die sie an ihre Eltern verkaufen und laden sie damit zu einem Kino-Besuch besonderer Art in ihren Kindergarten oder ihre Grundschule ein.

Vorlesenacht im Kindergarten

Am frühen Abend bringen die Kinder (ca. 20) Luftmatratze, Schlafsack und Taschenlampe in den Kindergarten und machen es sich in ihrem Gruppenraum gemütlich. In einem großen Koffer oder einer geheimnisvollen Kiste befindet sich der Bücherschatz (ca. 25 unbekannte Bücher). Die Erzieherin/Kinderpflegerin erzählt zu Beginn eine selbst erdachte Geschichte, in der die Hauptfiguren aus den noch unbekannten Büchern eingebaut sind, z. B. *„Stellt Euch einmal vor, gestern traf ich einen kleinen braunen Bären mit zwei langen roten Hörnern, er erzählte mir, dass er sich verlaufen hätte. Eigentlich ist er in einer Bilderbuchgeschichte zu Hause, aber er kann sie nicht wiederfinden. Ich versprach, ihm zu helfen und wir gingen gemeinsam weiter. Da kamen wir auf eine Wiese, auf der ein Riese lag. Der Riese war traurig, denn auch er hatte seine Geschichte verloren ...“* Die Kinder öffnen dann den geheimnisvollen Bücherschatz und begeben sich auf die Suche nach den verlorengegangenen Wesen, um diese wieder in ihre Geschichte zurückzuführen. Nach einem kleinen Imbiss werden nun einzelne Wunschbilderbücher vorgelesen. Kurz vor dem Zu-Bett-Gehen ertönt eine kleine Nachtmusik und es erscheint die Erzählerin der Nacht (evtl. in einer besonderen Verkleidung). Sie erzählt zum Abschluss eine Gute-Nacht-Geschichte. Die Kinder erhalten einen Wunschstein, Schlafsand oder eine Traumperle, die ihnen zu besonderen Traumgeschichten verhilft. Mit ihren Taschenlampen können die Kinder noch weitere Bilderbücher anschauen, auch wenn die anderen bereits schlafen. Am nächsten Morgen, beim gemeinsamen Frühstück erzählen sie sich ihre Traumgeschichten.

Bücherkoffer

Die Stiftung Lesen (s. Adresse S. 257) stellt auf Anfrage für vier Wochen Bücherkoffer für den Kindergarten und für die Grundschule zur Verfügung. Folgende Themen stehen z. B. bereit: *Kunterbuntes Kinderbuch* (ca. 60 Bücher), *Leseanfänger* (50 Bücher für die Klassenstufe 1 und 2), *Märchen* (ca. 40 Titel für Jung und Alt), *Dinosaurier* (ca. 35 Sachbücher und Geschichten für Kinder). Die Bücher lassen sich in Projekte integrieren oder in Form von Buchausstellungen präsentieren.

Aktionen mit Eltern/für Eltern
Bücherhöhle

Aus Pappe oder Holz stellen Eltern eine Bücherhöhle für die Kinder her. Die Planung, die Beschaffung der Materialien, der gemeinsame Aufbau und die Gestaltung durch die Kinder bietet die Möglichkeit, Eltern auf die Bedeutung literarischer Früherziehung aufmerksam zu machen, eigene Leseerfahrungen auszutauschen und zu neuen Leseerlebnissen anzuregen.

Vorlesestunde

Interessierte Eltern und Großeltern werden in den Kindergarten eingeladen, um aus ihren Lieblingsbilderbüchern vorzulesen. Auch die Kinder stellen ihre Lieblingsbücher vor, so dass ein lebendiger Austausch zwischen den Generationen entsteht. Eine gemeinsame Ausstellung: *Lieblingsbilderbücher gestern und heute* könnte darüber hinaus bei einer größeren Veranstaltung, z. B. Kindergartenfest, Tag der Offenen Tür der Öffentlichkeit präsentiert werden. Ebenso sind ausländische Eltern eingeladen, ein fremdsprachiges Kinderbuch mitzubringen, um so in der Gruppe einmal auf deutsch und einmal in der Muttersprache vorzulesen.

Herstellung von Zwillingsbüchern

Ein bei den Kindern beliebtes Bilderbuch wird fotokopiert und unter Mithilfe ausländischer Eltern in deren Sprache übersetzt. Beim Vorlesen des zweisprachigen Zwillingsbilderbuches erleben die ausländischen Kinder ohne Deutschkenntnisse die Vertrautheit ihrer Muttersprache, während die deutschen Kinder fremde Sprachklänge kennenlernen. Weitere Hinweise zum Thema: *Kinder aus anderen Ländern* sind beim Arbeitskreis für Jugendliteratur und bei der Gesellschaft zur Förderung der Literatur aus Afrika, Asien und Lateinamerika (Adressen s. S. 256) erhältlich.

Bücherflohmarkt

Feste, Feiern und Basare sind beliebte und gut besuchte Veranstaltungen im Kindergarten. Viele Eltern sind aktiv bei den Vorbereitungen beteiligt. Ein Flohmarkt mit Kinderbüchern bietet die Möglichkeit, mit Eltern ins Gespräch zu kommen, aber auch Geld für die Anschaffung neuer Bücher zu sammeln, den Besuch eines Kindertheaterstückes zu finanzieren oder einen Kinderbuchautor zu einer Lesung in den Kindergarten einzuladen.

Literaturbrett im Kindergarten

Im Eingangsbereich des Kindergartens befindet sich ein auffällig gestaltetes *Literaturbrett,* auf dem Rezensionen von Kinderbüchern, Hörspielkassetten und Kindervideos angeboten, Fernseh- und Radiosendungen für Kinder angekündigt, Theateraufführungen für Kinder bekannt gegeben oder Fachliteratur empfohlen wird. Zusätzliche Broschüren, Verlagsprospekte, Werbeflyer oder Programme liegen zum Mitnehmen bereit.

Bilderbuchausstellung

Bilderbuchausstellungen im Kindergarten tragen zur literarischen Förderung bei. Sie bieten Eltern eine Orientierungshilfe für das unüberschaubare Angebot an Kinderliteratur und fördern das Interesse an Bilderbüchern.

In der Eingangshalle des Kindergartens werden ca. 20 Bilderbücher eine Woche lang ausgestellt. In dieser Zeit kommen Eltern verstärkt in den Kindergarten, um ihren Kindern vorzulesen. Im Tagesverlauf schauen die Kinder allein, in kleinen Gruppen mit oder ohne pädagogisches Personal die Bücher ihrer Wahl an. Dabei kommt es zu Gesprächen, in denen Gedanken, Gefühle und Meinungen ausgetauscht werden.

Nach Ablauf einer Woche entscheiden Eltern, Kinder und Erzieherinnen/Kinderpflegerinnen darüber, welches Bilderbuch ihnen am besten gefallen hat: Die Eltern durch dreimaliges Ankreuzen in einer Liste, die Kinder durch Vergabe von drei Glasmurmeln, die jeweils in eine Schale vor das entsprechende Bilderbuch gelegt werden.

Das Ergebnis dieser Stimmenabgabe sorgt häufig für Überraschungen, denn Eltern, pädagogisches Personal und Kinder haben ihre jeweils eigenen Sichtweisen.

Literatur-Rallye

Kinder sind meist mit Begeisterung dabei, wenn es darum geht, etwas herauszufinden. So kann der Kindergarten mit Eltern und Kindern eine Literatur-Rallye durch die Stadt unternehmen, hierbei wird in Büchereien, Buchhandlungen, Museen, Druckereien, Verlagen, bei der Post und anderen Einrichtungen etwas über Literatur in Erfahrung gebracht. Die einzelnen Gruppen werden mit einem Aufgabenblatt und einem Stadtplan ausgerüstet, wobei bestimmte Symbole wie z. B. ein grüner Bücherwurm das Auffinden der Stationen erleichtert. Bei einer Rallye mit Kindergartenkindern ist es wichtig, sich an den Bedürfnissen und Interessen dieser Altersstufe zu orientieren. Da müssen z. B. im Schaufenster einer Buchhandlung drei Bilderbücher gesucht und aufgeschrieben werden, in der Bücherei müssen die Kinder ein Tierbilderbuch ausleihen, im Stadtplan einen Straßennamen heraussuchen, der mit einem Märchen in Verbindung gebracht werden kann, dazu soll ein Bild gemalt werden und bei der Post soll eine Briefmarke mit einem literarischen Motiv gekauft werden. Wichtig ist, dass ausreichend Zeit zur Verfügung steht, kein Leistungsdruck entsteht und alle Beteiligten Spaß an der Sache haben.

Aktionen in Zusammenarbeit mit Institutionen, Personen und öffentlichen Einrichtungen

Autorenbegegnung

Autorenlesungen in Kindergärten oder Grundschulen sind ein guter Weg, Leseförderung lebendig zu gestalten. In der Broschüre des Friedrich-Bödecker-Kreises (Adresse s. S. 256) sind zahlreiche Autorinnen und Autoren sowie Informationen über deren Leben und Werk aufgeführt. Ferner enthält die Broschüre Hinweise, welche Lesungen, Werkstattgespräche o. ä. die Autoren anbieten und für welche Altersgruppe sich die Veranstaltung eignet. Neben der Vermittlung durch den Friedrich-Bödecker-Kreis kann der Kontakt zu einem Autor auch selbst gesucht werden. Vielleicht unterstützt ein Förderverein oder ein Elternbeirat diese Autorenlesung, denn auch ein Elternabend mit einem Kinderbuchautor kann zu einem literarischen Ereignis werden.

Besuch einer Bücherei

Kinder, die zum ersten Mal eine Bücherei besuchen, müssen sich zunächst einmal mit der Umgebung vertraut machen. Die Erzieherin/Kinderpflegerin hat ein Stofftier mitgebracht. Dieses begleitet nun die Kinder auf ihrem Rundgang durch die Kinderbücherei. Dabei tritt es in einen ständigen Dialog mit den Kindern, um sie auf bestimmte Einrichtungen der Bücherei hinzuweisen, wie z. B. die Ausleihe, die Systematik der Bücherregale oder den Büchereiausweis. Dann setzt sich die Erzieherin/Kinderpflegerin mit der kleinen Kindergruppe (ca. 5) in eine gemütliche Ecke und liest ihnen ein Bilderbuch ihrer Wahl vor. Anschließend leiht jedes Kind ein Bilderbuch aus und bringt es zur weiteren Betrachtung mit in den Kindergarten.

Häufig bieten Büchereien besondere Veranstaltungen für Kinder an, die den ersten Kontakt zur Bücherei auf lebendige Weise herstellen, wie z. B. der Besuch einer Märchenerzählerin, Autorenlesungen, Gruselgeschichten auf dem Dachboden der Bücherei, Puppentheateraufführungen o. ä.

Besuch eines Bilderbuchverlages/einer Druckerei/einer Buchbinderei

Die Kinder besitzen Bilderbücher, bekommen sie geschenkt oder sehen sie in den Regalen der Geschäfte und Büchereien, aber sie wissen meist nicht, wie sie gemacht werden. Besuche bei Verlagen, Druckereien und Buchbindereien, bei denen die Möglichkeit besteht, durch Anfassen und eigenes Handeln Kenntnisse zu erwerben und Erfahrungen zu sammeln, hinterlassen besonders bei jüngeren Kindern bleibende Eindrücke. Spezielle Bilderbücher, die Auskunft über die Herstellung von Büchern geben, können die Besuche mit Kindern vorbereiten, vertiefen oder ergänzen (s. Kap. 3.1).

Schaufenstergestaltung einer Buchhandlung

Der Buchhandel spielt bei literarischen Veranstaltungen im Kindergarten eine wichtige Rolle. Zum einen ist eine gute Zusammenarbeit mit interessierten Buchhandlungen bei Projekten sehr hilfreich, zum anderen können die Buchhandlungen durch eigene Aktivitäten das Interesse an Büchern bei Kindern wecken. Das Schaufenster einer Buchhandlung bietet die Möglichkeit, aktuelle Themenbereiche oder Literatur einzelner Autoren durch eine kreative Gestaltung in den Mittelpunkt zu stellen, um damit ein breites Publikum, in diesem Fall insbesondere Eltern mit ihren Kindern, aufmerksam zu machen. Hier einige Themenbeispiele: *Märchen aus 1001 Nacht, Freunde, Kinder dieser Welt, Von Riesen und Zwergen, Ich komm jetzt in die Schule.*

Impulse:

1. Sie wollen in Ihrer Tageseinrichtung für Kinder eine kleine Bücherei einrichten. Stellen Sie Kataloge, Verlagsverzeichnisse und -prospekte von Bilderbüchern zusammen, um sich einen Überblick zu verschaffen. Diese Materialien beinhalten sowohl informative als auch appellative Elemente, da sie nicht nur über die Produktion informieren, sondern gleichermaßen um Kunden werben.
   Vergleichen und bewerten Sie anhand folgender Kriterien die informativen Aussagen von Verlagsbroschüren:
   - Wie ist die Broschüre gestaltet (Farbe, Bild, Text, Layout)?
   - Wie ist die Broschüre aufgebaut bzw. gegliedert?
   - Welche Inhalte/Informationen werden gegeben?
   - Welche Zielgruppen werden angesprochen?
   - Welches Bilderbuch oder welche Bücher würden Sie kaufen?
   - Begründen Sie Ihre Meinung.

2. Außer der Buchwerbung sind Buchrezensionen wichtige Informationsträger, die bei der Auswahl von Büchern helfen können.
   Vergleichen Sie die beiden folgenden Texte über **Weißt du eigentlich, wie lieb ich dich hab?** von Sam McBratney/Anita Jeram unter dem Gesichtspunkt *Buchrezension* oder *Buchwerbung*? Welche Absichten verfolgen beide Texte?

a) „Weißt du eigentlich, wie lieb ich dich hab?" fragt der kleine Hase den großen und demonstriert ihm unter Einsatz seiner gesamten Körper- und Armlänge die Größe seiner Liebe. Sichtlich beeindruckt kontert der so großartig Geliebte seinerseits mit schier maßlosen Größenangaben. Es beginnt ein liebevoller Wettstreit um Tiefe, Weite, Größe der Liebe zum anderen. Die Hasengeschichte über das unbegreifliche und zugleich selbstverständliche Gefühl Liebe lebt von der Überzeugungskraft der beiden Hasenfiguren. Ihr Bemühen, dem anderen die grenzenlose Zuneigung zu zeigen, erscheint ebenso glaubhaft wie das Unvermögen, dem geliebten Gegenüber und auch sich selbst etwas Unfassbares begreiflich zu machen. Die in den Farben unaufdringlichen Aquarellzeichnungen folgen der Geschichte in der Reduktion auf das Wesentliche. Körpersprache und Mienenspiel sorgen für Ergänzung, Auflockerung und witzige Überhöhung des Textes. Ein großes Thema, allerorten endlos strapaziert, hat hier einen neuen Quellentext gefunden.

b) Der kleine Hase hat den großen Hasen lieb. Wie lieb? Sooo lieb hat er ihn und breitet die Ärmchen aus. Aber die Arme des großen Hasen reichen weiter. Wie lieb man sich überhaupt haben kann, das zeigt dieses bezaubernde Buch.

3. Wählen Sie für eine Buchwerbung Ihr „Lieblingsbilderbuch", das Sie Ihrer Lerngruppe empfehlen würden. Erstellen Sie einen kurzen, prägnanten Werbetext, in dem Sie Aussagen über den Inhalt (Person, Ort, Zeit) und die Gestaltung machen. Wählen Sie passende Text- und Bildbeispiele, um Ihre Werbung zu unterstützen.

4. Durch *Klappentexte* oder *Waschzettel* auf der Innen- oder Rückseite von Büchern können Buchinteressenten ebenfalls erste Informationen erhalten. Diese Texte geben einen kurzen Überblick über Thema und Inhalt des Buches und sollen auch zum Kauf anregen (s. Gewusst wie S. 120). Analysieren Sie den folgenden Klappentext zu dem Buch: **Allerhand vom Franz** von Christine Nöstlinger (s. S. 195). Was erfahren Sie über den Inhalt des Buches?

Wer den Franz nicht mag, bei dem kann was nicht stimmen, hat ein Kritiker gesagt, Recht hat er. Denn ringellockig, stachelhaarig oder mit Fastglatze, der Franz ist ein enorm liebenswertes Geschöpf. Ein sympathischer Anti-Held, dessen Charme man sich schwerlich entziehen kann, ob man nun 6 ist oder 60. Die schönsten Geschichten vom Franz – in diesem Band sind sie gesammelt. Zum Vorlesen, zum Selberlesen und zum Wiederlesen, aber auch zum Franz-erst-Kennenlernen. Mit mehr als zwanzig farbigen Bildern. „Franz kommt an!" hieß es in „Die Zeit". Kein Wunder.

Zur objektiveren Information formen Sie nun den Klappentext zu einer Inhaltsangabe um (s. Gewusst wie S. 94).

5. Der Deutsche Jugendliteraturpreis ist der einzige Staatspreis für Literatur, den es in Deutschland gibt. Er wird seit 1956 jährlich an lebende Autoren oder deutsche Übersetzer in den Literatursparten Bilderbuch, Kinderbuch, Jugendbuch, Sachbuch vergeben. Seit 1991 ist die Prämierung eines Son-

derpreises für das Gesamtwerk eines Autors oder eines Illustrators hinzugekommen. 1998 erhielten z. B. folgende Bücher den Deutschen Jugendliteraturpreis:

Bilderbuch – Gleich/Fried: **Hat Opa einen Anzug an?,** Hanser
Kinderbuch: – Dische: **Zwischen zwei Scheiben Glück,** Hanser
Jugendbuch: – Hoeyaert: **Bloße Hände,** Carlsen
Sachbuch: – Partsch: **Haus der Kunst,** Hanser
Sonderpreis: Peter Hacks für sein Gesamtwerk

In der Dokumentation: 40 Jahre Deutscher Jugendliteraturpreis schreibt Klaus Doderer:

… Der Deutsche Jugendliteraturpreis ist in letzter Zeit unangefochtenes Instrument zur Verbreitung von Literatur für junge Leser. Er hat unter verantwortungsvollen Kritikern eher an Sympathie gewonnen als verloren, weil die Diskussion sich deutlich auf das Problem einer deutlichen Gefährdung der Jugend durch die audiovisuellen Medien und die Computerwelt und die Frage möglicher Gegensteuerung durch eine Hebung der Lesekultur verlagert hat. Im übrigen scheint die allgemeine wirtschaftliche Depression offensichtlich bisher noch keine Auswirkungen auf die Lage der Kinder- und Jugendliteratur gehabt zu haben. Weder in der überregionalen Tagespresse noch in der Fachpresse zeichnen sich Zweifel an den guten Absichten und an der Güte des Deutschen Jugendliteraturpreises ab … Im Gegenteil: Es gibt an einigen Plätzen einen ganz langsam fortschreitenden Bewusstseins- und Renommeezugewinn, sei er erkenntlich an Präsentationen von Preisbüchern in Radiosendungen, an sich mehrenden Lesungen in Literaturhäusern und in Schulen … Preisbücher sind vielfach Gegenstand von Seminaren an Universitäten und Fachhochschulen geworden. Im schulischen Alltag hat der Vormarsch der Kinder- und Jugendliteratur schon lange begonnen. Heute sind vor allem in den Lesewerken der Grundschulen viele Texte derjenigen Autorinnen und Autoren, die den Deutschen Jugendliteraturpreis erhalten haben, zu entdecken.

Warum wird Ihrer Meinung nach seit über 40 Jahren der Deutsche Jugendliteraturpreis vergeben?

Welche Wirkungen hat nach dem Kommentar von Klaus Doderer die Vergabe des Jugendliteraturpreises?

Zum Weiterlesen:
*Mähler/Kreibich: **Bücherwürmer und Leseratten** – Wie Kinder Spaß am Lesen finden, Rowohlt, Reinbek 1996; Peetz/Liesenhoff (Hrsg.): **40 Jahre Deutscher Jugendliteraturpreis,** Arbeitskreis f. Jugendliteratur, 1996; Stiftung Lesen (Hrsg.): **Kinder wollen Bücher** – Ideen, Projekte, Erfahrungen zum spielerischen Umgang mit Büchern im Kindergarten, Mainz, 1998; Stiftung Lesen (Hrsg.): **Lesen** – Grundlagen, Ideen, Modelle zur Leseförderung, Mainz, 1996/6*

Faszination: Comics

Wissenswertes über Comics

6.1

- Was sind Comics?
- Erscheinungsformen
- Aspekte zur Entstehung der Comics
- Comic-Arten

Was sind Comics?

Comics sind eine spezifische Form schwarz/weiss oder farbig gezeichneter Bildergeschichten (Stories).

Comics sind	Comics bieten
<ul><li>in einzelne Szenen gegliederte Bildergeschichten</li><li>geschlossene, gerahmte Bilder (Panels)</li><li>meist kontraststarke Bilder</li><li>eine Bildreihung meist in typischer Leserichtung</li><li>textfrei oder mit knappen Texten unterlegt</li><li>Geschichten mit Dialogtexten in den typischen Sprechblasen</li><li>Handlungen mit alterslosen wie stereotypen Heldenfiguren</li></ul>	<ul><li>serielle Fortsetzungsstories</li><li>kurze, komisch-lustige, witzig gezeichnete Alltagsgeschehnisse</li><li>kleine Stories mit abenteuerlich-ernsten Inhalten</li><li>Karikaturen (übertriebene Darstellungen)</li><li>Parodien (spöttische Nachahmungen)</li><li>zeitkritische Satiren</li></ul>

Erscheinungsformen

Comics können nach ihrer äußeren Erscheinungsform unterschieden werden:

Cartoon	(gezeichneter Bilderwitz), focussiert einen Sachverhalt auf komische, alberne, ironische Weise. Cartoons werden multimedial veröffentlicht. Ihr Inhalt besitzt oft gesellschaftskritische, politische Zeitbezüge.

Comic-Strip	(Bilderstreifen) bestehend aus 4–8 Bildern, die zusammen eine Begebenheit zeigen und erzählen. Erscheint als längere Serie in Zeitungen und Zeitschriften. Jede Folge ist in sich abgeschlossen, z. B.: *Hägar der Schreckliche, Wurzel, Oskar der freundliche Polizist.*
Comic-Book	● in Heftform gebunden, erscheint als serielle Fortsetzungsstory und beinhaltet meist eine Sammlung verschiedener, in sich abgeschlossener Einzelgeschichten, z. B. *Micky Maus, Fix und Foxi.* ● in Buchform, eine Sammlung bereits bestehender Comic-Hefte oder in Serie erschienener Comic-Strips, aber auch Originalserien oder Originaleinzelbände. Sie erscheinen in unregelmäßigen Abständen, z. B. *Asterix-und-Obelix-Bände, Donald-Duck-Sammelalben* u. a. m.

(Vgl. Pluß, Bildergeschichten, a. a. O.)

Aspekte zur Entstehung der Comics

Comics gibt es etwa seit 100 Jahren. Sie wurden zunächst in Amerika als Comic-Strips oder Cartoons Wochenzeitungen beigefügt. Über diese komisch-witzigen Bildstreifengeschichten sollten die Leser lachen und gleichzeitig an die jeweilige Zeitung gebunden werden. Schnell erkannten die Zeitungsverleger, dass Kinder besonders gern Comic-Strips konsumieren, woraufhin bald die erste Sammlung in Form eines Comic-Books erschien.

In Europa waren Länder wie Frankreich, Belgien, Italien führend in der Comicproduktion. In diesen Ländern ist die Akzeptanz von Comics nach wie vor sehr hoch. In Deutschland wurde durch eine ablehnende Haltung zunächst noch eine starke Ausbreitung verhindert. Kontroverse Diskussionen über den ideellen bzw. pädagogischen Wert von Comics und eine grundsätzlich ablehnende Haltung gegenüber dieser *„Schundliteratur"* gründete auf öffentlich formulierten Vorurteilen und Vorwürfen von Kritikern wie Pädagogen, Psychologen und Medizinern.

Argumentationen wie:
„Comic-Lektüre beeinträchtigt das Lesenlernen!"
„Comic-Lektüre verhindert das Erfassen größerer literarischer Texte!"
„Comics bewirken eine innere Verarmung des Menschen sowie eine realitätsfremde Erfassung der Gegenwart!"
„Comics rufen seelische Schäden hervor, die kriminelle Taten zur Folge haben können!"
„Comics verhindern die kreative Sprach-/Sprechentwicklung!"
konnten aber in einschlägigen Untersuchungen nicht nachgewiesen bzw. bestätigt werden.

(Vgl. Doderer: Lexikon, a. a. O.)

Mit Beginn der siebziger Jahre traf die Comicwelle zunehmend auf interessierte Erwachsene, die mit großem Vergnügen Comics konsumierten. Trotz vieler Widerstände gelten Comics heute als eine selbstständige, ernstzunehmende Literaturgattung.

Inzwischen sind Comics Massenproduktionen und an vielen unterschiedlichen Verkaufsstellen (Kiosk, Bahnhofsbuchhandel, Kaufhaus, Supermarkt, Schreibwarenhandel) zu erwerben. Die Spannbreite reicht von der Fließband- bis zur Kunstproduktion, dabei sind inzwischen große Qualitäts- und Preisunterschiede anzutreffen. Einzelne Auflagen werden sogar als Sammlerobjekte gehandelt und auf Auktionen zu hohen Preisen ersteigert.

Comic-Arten

Comics sind weltweit bekannt, millionenfach verbreitet und in fast alle Sprachen übersetzt. Sie sind als Unterhaltungslektüre für interessierte Konsumenten jederzeit zugänglich. Die bekannten populären Comic-Produktionen können entsprechend ihrer Aufmachung und Intention sowie ihrer Hauptakteure unterschiedlichen Zielgruppen zugeordnet werden.

Die sogenannten **Funnies** (Humor-Comics) sind neben den **Animal-Comics** (Tiergeschichten) hauptsächlich für Kinder ab etwa sechs Jahren gedacht. Sie haben überwiegend lustige Inhalte und erscheinen meist als Heftform oder im Sammelband. Als Beispiele können hier folgende Klassiker genannt werden: **Donald Duck** von Carl Bares; **Fix und Foxi** von Rolf Kauka oder **Garfield** (1978) von Jim Davis; **Snoopy und die Peanuts** (1950) von Charles. M. Schulz u. a. m.

Für Jugendliche und Erwachsene werden die so genannten **Adventures, Action-Comics, Educationals und Sparten-Comics** hergestellt. Diese beziehen die Spannung aus dynamischen, handlungsreichen Stories mit Superhelden als Hauptakteuren. Sie haben häufig einen hohen Anteil an Sex-, Horror- und Gewaltdarstellungen. Solche Comic-Arten sind in der Regel für Kinder nicht geeignet.

1. Lesen Sie einen Comic.
   (z. B. einen Comic aus *Ihren* Kindertagen. Welche Erinnerungen oder Emotionen werden wach?)
   – Fertigen Sie eine Inhaltsangabe eines Comics an.
   – Beschreiben Sie die Eigenschaften/den Charakter eines Hauptakteurs.
   – Verdeutlichen Sie, an welchen Stellen und auf welche Weise diese Charakterzüge besonders hervorgehoben werden.
   – Welche Wirkung hat das Ende dieser Comic-Geschichte auf den Leser?

Impulse:

2. Erforschen Sie, wo Sie in Ihrer Stadt Comics kaufen können. Erstellen Sie eine Preisliste für die oben genannten unterschiedlichen Comicarten.

3. Erkunden Sie in der örtlichen Bücherei, welche Comics von Kindern bevorzugt ausgeliehen werden.

6.2 Warum sind Comics so populär?

- Comics und ihre anziehende Wirkung
- Blickwinkel der Bildersprache

Comics und ihre anziehende Wirkung

Comics können wie jedes Angebot aus der Literatur, der bildenden Kunst, dem Film oder dem Theater vielen Inhalten und Intentionen gerecht werden. Ebenso wie Textliteratur und Bilderbücher weisen Comics eine große Themenvielfalt auf. Wenn ein Bild im Comic-Stil gezeichnet ist, erwarten Leser und Leserinnen neben der Spannung auch Komik und Witz. Werden vielleicht deshalb in Comics eher schwierige Themen wie beispielsweise Familie und Erziehung, Tod, Krankheit u. ä. sehr selten behandelt?

Früher wie heute stammen die Motive meist aus klassischen oder modernen Romanen und Erzählungen. Literaturvorlagen werden entsprechend den spezifischen Erfordernissen des Mediums Comic umgearbeitet. Gleichermaßen dienen historische wie zeitgeschichtliche Ereignisse manchmal sogar auch die Bibel als thematische Vorlagen. Daneben gibt es außerdem Comics, die dem Zeitgeist entsprechen, indem sie partiell satirisch aufgemacht sind, wie beispielsweise die Comics von Walter Moers, Otto Walkes u. a. m.

Comics als Massenware entsprechen auf simple Art dem Bedürfnis nach leichter Unterhaltung. Das Billigprodukt „Comic" verspricht dem Hersteller einen schnellen Profit. Mit der Entwicklung technischer Medien erfolgt die Verbreitung der Comics nicht mehr ausschließlich durch die Druckmedien. Klassische wie aktuelle Comics werden hauptsächlich durch das Medium Zeichentrickfilm verbreitet. Bekannt sind animierte Comic-Geschichten. Im Anschluss an ein Trickfilmerlebnis werden von den Filmkonsumenten die Comic-Stories oft nachgelesen.

Neben den massenhaft verbreiteten Serien, die immer auf kurzfristige, leicht verdauliche Unterhaltung ausgerichtet sind, gibt es durchaus auch anspruchsvolle Comics. Dazu gehören z. B. Comics von Marie Marks, F. K. Wächter, Tomi Ungerer, die auch Bilderbücher geschaffen haben.

Eher die Gegenwart spiegelnde, zeitsatirische, gesellschaftskritische, politisch reflektierende Comics und Cartoons werden von anerkannten und populären Zeichnern/Zeichnerinnen zwar angeboten, von Verlagen jedoch nur in geringer Auflage verbreitet.

Blickwinkel der Bildersprache

Comic-Bilder sind suggestiv (indirekte Beeinflussung), sie wecken Spannung und Emotionen. Ziel der Comic-Zeichner ist es, die Betrachter in das Geschehen hineinzuziehen. Hierzu werden ausgewählte Gestaltungstechniken und Formen dramaturgischer Bildgestaltung verwendet. Charakteristisch für alle Comics sind beispielsweise die typischen Sprechblasen mit eingelettertem Text; bestimmte Bildeinstellungen (bekannt aus Filmen) wie z. B. Großaufnahmen, Detailansichten, Bildmontagen.

Durch die Anordnung von Bild und Text sowie Art und Größe der Lettern, werden zeitliche Abläufe sichtbar. Mimik, Körpersprache und Aussehen der Hauptakteure sind typisiert. Ihre Werthaltungen entsprechen häufig einseitigen Vorurteilen und ihr Verhalten beruht meist auf Klischees, wodurch es schablonenhaft erscheint. Auf diese Weise werden Positionen der „bösen" wie der „guten" Akteure deutlich und die Handlungsabläufe berechenbar. Somit manipulieren visuelle Ausdrucksmittel und mediale Bildeinstellungen die Meinungsbildung, indem sie die Sehweisen der Betrachter/Betrachterinnen festlegen.

Perspektiven bestärken Haltungen: Die Froschperspektive vermittelt Überlegenheit, die Vogelperspektive dagegen Unterwürfigkeit. Die Frontalperspektive drückt Gleichwertigkeit aus.

Die Art der Linien von **Sprechblasen** oder Denkblasen charakterisiert sichtbar den Tonfall, unterstützt die direkte/indirekte Rede, z. B.: Eine **Denkblase** ist durch eine Reihe von Kreisen gekennzeichnet.

	Es findet eine normale Unterhaltung statt.
	Mehrere Personen sprechen gleichzeitig dasselbe.
	Es wird laut geschrien.
	Es spricht jemand, den man nicht sieht.
	Es wird geflüstert.
	Zwei sind verliebt.

Einfall, Idee, ein rettender Gedanke, ein Licht geht auf, Erleuchtung	
Erstaunen, Überraschung, Unwissenheit, Unsicherheit	
Zorn, Wut, Überraschung, Entsetzen	
Schreck, Überraschung	

Metaphern (Bild-Zeichen mit universeller Aussagekraft) in und außerhalb der Sprech-/Denkblasen ergänzen die Bildaussage, z. B.:

Gerade Einzelkindern wird im Kindergarten das Lernen von- und miteinander ermöglicht.

Aktionslinien symbolisieren Bewegungsabläufe und *Pengwörter*, das sind lautmalende Wörter, bringen den fehlenden akustischen Bereich ins Bild. Sie stehen für alle Laute, die aus der Umwelt entstehen können, z. B. *„Peng"* wenn etwas knallt, *„Uuaah"* für gähnende Langeweile, *„Plumps"* wenn jemand hinfällt u. a. m.

Impulse:

1. Untersuchen Sie Werbeplakate und entscheiden Sie, in welcher Perspektive Gegenstände und Personen abgebildet werden. Beschreiben Sie die mögliche Wirkung.
   Stellen Sie einen Zusammenhang zwischen der Plakat-Werbung und Comic-Bildern her.

2. Comics manipulieren durch ihre spezielle Bildersprache die Konsumenten. Verdeutlichen Sie die These, indem Sie dazu in Ihrer Lerngruppe einen Comic-Strip erstellen.
   (Beachten Sie dabei perspektivische Bildeinstellungen/typisierte Körpersprache.)

3. Wählen Sie aus der Kinderzeitschrift „Der Bunte Hund" (a. a. O.) einen Comic aus. Entwickeln Sie dazu eine Rahmenhandlung/Fortsetzung. Zeichnen Sie diese auf.

Comic-Geschichten für Kinder

- Zum Comic-Konsum der Kinder
- Wann verstehen Kinder die Comic-Sprache?
- Zur Unterscheidung: Bilderbuch und Comic
- Von Max und Moritz und anderen Comic-Geschichten im Bilderbuch

Zum Comic-Konsum der Kinder

Neben den inzwischen etablierten Comics in Heften und Sammelalben gibt es Comic-Strips als Beilage von Wochen- und Tageszeitungen bzw. in Zeitschriften verschiedenster thematischer Ausrichtungen. Insbesondere periodisch erscheinende Zeitschriften mit Themenschwerpunkten im Gesundheits-, Familien- und Erziehungsbereich produzieren eigene Lern-, Spiel- und Beschäftigungsprogramme für Kinder, die stark mit Comic-Merkmalen ausgestattet sind. Außerdem sehen und erleben Kinder Comics oft auch in Form von Zeichentrickfilmen.

Comics veranschaulichen oftmals komplizierte Themen in Sachbilderbüchern. Außerdem werden sie von Pädagogen als willkommene Lernhilfe für Lese- und Schreibübungen eingesetzt.

Kinder bejahen die Frage, ob und warum sie gerne Comics lesen, mit folgenden Kommentaren:

„… man kann sie austauschen und oft lesen".

„… sie sind lustig und spannend".

„… weil sie viele bunte Bilder zeigen und leicht zu lesen sind".

Comics sind preiswert und somit auch vom Taschengeld der Kindern unkompliziert zu erwerben. Die Serienhaftigkeit mit dem Wiederkennungseffekt, reißerische Umschlagbilder sowie die grelle Farbgebung der Bilder veranlassen Kinder immer wieder, Comic-Lektüre zu konsumieren.

Im Medienverbund, durch gezielte Werbung und multimediale Einbettung der Comicfiguren in Spielzeug und Gebrauchsgegenstände, wie Handtücher, Tassen etc., werden neben Kindern auch Jugendliche und Erwachsene beeinflusst, bestimmte Comic-Serien zu favorisieren. Aus den Heften heraustrennbare Sticker, Aufkleber und ähnliches Zubehör erhöhen ebenfalls Identifikation und Kaufreiz.

Wann verstehen Kinder die Comic-Sprache?

Das Verstehen von Comic-Geschichten setzt beim Betrachter die Kenntnis der speziellen Zeichen und Symbole voraus. Außerdem muss die Fähigkeit zum Kombinieren von Text/Bild ebenso wie das Verständnis für verschachtelte oder verzweigte Handlungsstränge gegeben sein. Entwicklungsbedingt fehlt Kindern dafür einerseits die Übung, andererseits der nötige Anreiz. Leseanfänger zeigen zwar oft ein großes Interesse für Comics, meistens sind jedoch die populären Comic-Hefte zu kompliziert für sie (etwa durch die Anhäufung bzw. verwirrende Anordnung von Bildern, Sprechblasen, Aktionslinien, zu kleine und undeutliche Schriftzeichen usw.).

Einige Verleger legen deshalb bei Kindercomics viel Wert auf eine hohe Qualität. Diese sind in der grafischen Gestaltung großzügiger, sie weisen keine Textfülle auf. Sie sind also in Bild und Text kindgerecht. Es handelt sich um spielerische Stories mit originellen Handlungen, die auch differenzierte Sehweisen und Meinungen zulassen und mit kindgemäßem Humor gewürzt sind. Diese leicht verdauliche, trotzdem expressive Unterhaltungslektüre ist auch von Leseunkundigen zu verstehen, hauptsächlich dann, wenn es sich um textlose Pantomimen-Comics handelt.

Insbesondere jüngere Kinder verstehen:	Leseanreiz von Comics liegt in:
● Comics mit märchenhaftem Charakter	● der Einfachheit der Gestalten
● einfach gestaltete und textarme Comics	● den positiven Figuren mit ihrer oft schlichten Weltanschauung
● Comics mit vermenschlichten Tieren als Hauptdarsteller	● der Gewissheit, dass das Böse gerächt und das Gute belohnt wird
	● dem typisierten Aussehen der Figuren, das sich nicht ändert

Bereits zu Beginn der Story weiß der Rezipient, dass sein favorisierter Lieblingsheld siegen wird.

Zur Unterscheidung: Bilderbuch und Comic

Die Abgrenzung zwischen Bilderbuch und Comic erscheint fließend, da beide Medien Geschichten in erster Linie mit Hilfe von Bildern erzählen. Obwohl in Bilderbüchern immer öfter typische Comic-Merkmale wie z. B. Sprechblasendialoge, Reihung der gerahmten Bilder (Panels) als Gestaltungselemente Anwendung finden, unterscheiden sich Comic und Bilderbuch durch weitere Eigenheiten:

Bilderbücher zeigen und erzählen einzelne Geschichten ohne Seriencharakter, sie erscheinen nicht periodisch. Die Bildergeschichten sind in ihrer Aussage unmissverständlich. Sie werden in der Regel ohne Sprechblasen erzählt.

Comics sind als Fortsetzungsgeschichten angelegt, sie wirken durch die enge grafische Verknüpfung von Text und Bild. Grobe Vereinfachungen oder fehlende textliche Erläuterungen können zu Fehlinterpretationen der seriellen Handlungsstränge führen.

Dem kindlichen Bildverständnis und Rezeptionsvermögen entsprechen Bilderbücher eher als die gängigen Comics mit ihrer Bildfülle. Leseanfängern wie Kindern, die ausschließlich Comics lesen, fällt der Übergang zur reinen Textliteratur schwer. Aber wenn Kinder Seh-Anleitungen und Gelegenheiten zur Erweiterung ihrer Bilderfahrungen erhalten, gelingt es ihnen durchaus, erst komplexe Bildergeschichten und später mit Bildern angereicherte Textliteratur zu lesen. Mit Comics kommen die meisten Kinder irgendwann einmal in Berührung. Deshalb ist es sinnvoll, Comics neben anderen Formen der Kinderliteratur konstruktiv und kritisch in die pädagogische Praxis einzubeziehen.

Das Extrabuch

Clown

Quentin Blake
Gerstenberg 1997

Die alte abgewetzte Stoffpuppe Clown endet in einer Mülltonne. Es gelingt ihr aber, sich zu befreien. Clown erkundet die Stadt und macht etliche traurige Erfahrungen. Schließlich begegnet er einem Mädchen, das er mit seinen Kunststücken zum Lachen bringen kann.

Dieses moderne Märchen kommt ganz ohne geschriebene Worte aus und ist daher auch für leseunkundige Kinder verständlich. Die zahlreichen Handlungssequenzen sind in zarten Aquarellfarben gestaltet. Ihre Anordnung wirkt nie unruhig, dient aber dazu, die Spannung zu erhöhen. Mit Bildern ausgefüllte Sprechblasen sowie die ausgeprägt dargestellte Mimik und Gestik der Hauptpersonen erleichtern das Verständnis der Geschichte.

Diese Geschichte regt Kinder dazu an, von Erfahrungen mit ihrem eigenen Spielzeug zu erzählen.

Von Max und Moritz und anderen Comic-Geschichten im Bilderbuch

Kinder lieben das Komische, sie lachen gerne über Albernheiten, aber sie verstehen noch keine Ironie. Kinder mögen es, wenn Normen und Gewohnheiten spielerisch in Frage gestellt werden. Kinder teilen nicht immer den Humor der Erwachsenen. Deshalb kommt es gelegentlich zu Missverständnissen.

Kinder amüsieren sich, wenn in Comic-Geschichten z. B. Erziehungsmissstände oder Ungerechtigkeiten auf verdrehte und überspannte Weise szenisch ausgestaltet sind.

Zu den klassischen Comic-Geschichten im Bilderbuch gehören **Max und Moritz** (1865) von Wilhelm Busch (1832–1908). Diese Geschichten sind bis auf die Sprechblasen mit typischen Comic-Merkmalen ausgestattet. Auf herausfordernde Weise werden von Busch freche Kinderstreiche gezeichnet, die sich gegen einzelne, skurril erscheinende Erwachsene richten. Max und Moritz werden deshalb am Ende unverhältnismäßig hart bestraft. Die *„Bösewichter"* werden ausgelöscht, als *„Exempel"* für die *„Übeltätereien"*, denn respektloses Verhalten Erwachsenen gegenüber entsprach nicht dem Zeitgeist des 19. Jahrhunderts.

Diese sieben Bildergeschichten sind als gebundenes Bilderbuch neu erschienen.

Eine Mischung aus typischen Bilderbuch- und Comicelementen kennzeichnet die überaus spannende Detektivabenteuergeschichte **Schafe im Wolfspelz** von Satoshi Kitamura. Diese Geschichte ist für ältere Bilderbuchkinder geeignet. Die Schafe Andrea, Werner und Gogol wollen schwimmen gehen. Am Strand treffen sie auf Wölfe, die sich bereit erklären, über die abgelegten Schafspelze zu wachen. Später sind die Wölfe mitsamt den Schafspelzen verschwunden. Andrea heuert ihren Cousin, Detektiv Bogart, an und mit Hilfe einer dort zufällig herumspielenden Katzenbande gelangen sie zu der Strickwarenfirma Gebrüder Wolfgang (sprich: *Wolf-gäng*). Nach einer handgreiflichen, wüsten Wollknäuelschlacht stehen Gogol, Andrea und Werner auf der Wiese und warten darauf, dass ihnen neue Pelze wachsen.

Klare Farben, comicähnliche Bildgestaltung, viele witzige Bilddetails und natürlich die ausdrucksstarken, typisierten Tierfiguren sowie die textlichen Anspielungen vermitteln auf amüsante Weise, wie nahe Gutgläubigkeit und Dreistigkeit doch miteinander verwandt sein können.

Vergleichsweise harmlos und vermeintlich einfach in der inhaltlichen Ausführung erscheinen die fiktiven Pantomimengeschichten in dem Comic-Bilderbuch **Hier ist was los** von Stephanie Wagner. Das Buch beinhaltet 30 Comic-Strips, bestehend aus drei bis sechs Bildern, die alle kleine komische Alltagsbegebenheiten mit witzigen Schlussfolgerungen erzählen. Kindliche Gefühlswelten werden hierbei auf freundliche, verständnisvolle Weise visualisiert. Kinder erkennen den Widersinn und lachen z. B. über die tennisspielenden Kängurus und sie amüsieren sich über den Igel im Blumentopf.

Die klaren, frischen Farbgestaltungen der Panels unterstreichen die beabsichtigten, durchschaubaren Botschaften, die auch von leseunkundigen, jüngeren Bilderbuchkindern verstanden werden.

🏃 Gemeinsam mit älteren Bilderbuchkindern oder Leseanfängern geben die folgenden zusammengefassten Ideen einige Impulse für einen kreativen Umgang mit Comic-Lektüre:
– Neue, lautmalende Schimpfworte erfinden
– Mimik-Würfel herstellen und geeignete Regeln für ein Würfelspiel entwickeln
– Ausschneidebögen oder -puppen als Vorlage für Comic-Helden anfertigen
– zu vorgegebenen Comic-Bildern neue Geschichten entwerfen
– Stereotyp gezeichnete Personen umwandeln und zu Persönlichkeiten werden lassen
– Pantomimenspiele mit Comic-Elementen ausstatten, z. B. Standbilder mit Sprechblasentext
– Comic-Strips ohne Text kopieren, danach einen eigenen Text unterlegen
– Comic-Geschichten aus der Sicht eines „Ich-Erzählers" spielend vortragen

1. Welche Comics sind für Kinder bis acht Jahren geeignet? Erstellen Sie in Ihrer Lerngruppe Kriterien, nach denen Sie Comics beurteilen, z. B.: *Bildsprache, Textpräsentation, Gestaltung der Personen/Figuren, Handlung/Inhalt.*

2. Lesen Sie den Comic von Quino: **Mafalda stellt sich vor,** Krüger 1987 (oder einen anderen Mafalda Comic). Charakterisieren (Gewusst wie s. S. 198) Sie die Hauptperson Mafalda. Stellen Sie fest, worin sie sich von anderen Comic-Hauptfiguren unterscheidet.

Impulse:

3. Veranstalten Sie eine Podiumsdiskussion (Gewusst wie s. S. 52) zu der Fragestellung:
Sind die Geschichten von Max und Moritz für Kinder von heute noch aktuell?

4. Die Illustrationen der comicartigen Bildergeschichte **Bruno Orso fliegt ins Weltall** von Judith Zaugg/Karen Duve entstanden mit Hilfe des Computers. Unterscheiden sich Computer-Bilder von handgezeichneten Comic-Bildern? Für welche Zielgruppe eignet sich dieses Bilderbuch? Überlegen Sie Rezeptionsmöglichkeiten.

Verwendete Comic-Bilderbücher:
Busch: **Max und Moritz,** ars edition, München 1997; Blake: **Clown,** Gerstenberg, Hildesheim 1997; Kitamura: **Schafe im Wolfspelz,** Aare, Aarau 1996; Wagner: **Hier ist was los,** Ravensburger Buchverlag Otto Maier, Ravensburg 1998

Weitere Comics in Bilderbüchern:
Allan: **Die Hühner sind weg – Ein Fall für Kommissar Hund,** Sauerländer, Frankfurt 1997; Allan: **Tschüss, Vogel!,** Gerstenberg, Hildesheim 1998; Banyai: **Zoom,** Sauerländer, Frankfurt 1995; Bofinger: **Flossi und Fressi,** LeiV, Leipzig 1992; Briggs: **Oje, du fröhliche,** Bertelsmann, München 1973; Briggs: **Der Bär,** Lappan, Oldenburg 1994; Briggs: **Der Mann,** Lappan, Oldenburg 1993; Goscinny/Uderzo: **Wie Obelix als kleines Kind in den Zaubertrank geplumpst ist,** Ehapa, Leinfelden-Echterdingen 1989; Hughes: **Macker,** Alibaba, Frankfurt 1993; Inkpen/Butterworth: **Wunderbare Welt,** Brunnen, Gießen 1990; Pommaux: **Detektiv John Chatterton,** Moritz, Frankfurt 1994; Pommaux: **Lilly – Ein Fall für John Chatterton,** Moritz, Frankfurt 1996; Simmonds: **Lulu und die fliegenden Babys,** Diogenes, Zürich 1990; Zaud/Duve: **Bruno Orso fliegt ins Weltall,** Maro Verlag, Augsburg 1997

Weitere Comics für Kinder ab 6 Jahren:
Barks: **Barney Bear und Benny Burro** (Bd. 2), Ehapa, Leinfelden-Echterdingen 1993; Barks: **Daniel Düsentrieb** (Special), Ehapa, Leinfelden-Echterdingen 1995; Browne: **Hägar der Schreckliche: Störenfriede,** Ehapa, Leinfelden-Echterdingen 1992; Davis: **Garfield hat den Bogen raus,** Krüger, o. O. 1989; Disney: **Das Dschungelbuch,** Ehapa, Leinfelden-Echterdingen 1994; Derip & Job: **Yakari: Der große Streit,** Carlsen, Hamburg 1991; Franquin/Fournier: **Spirou und Fantasio: Eine aufregende Erbschaft,** Carlsen, Hamburg 1990 '7; Herge: **Tim und Struppi: Reiseziel Mond,** Carlsen, Hamburg 1991 '21; Peyo: **Madame Albertine,** Carlsen, Hamburg 1991 '4; Raddatz: **Der Erpresser von Bockenheim,** Beltz & Gelberg, Weinheim 1982; Schulz: **Snoopy & Peanuts: Einfach unschlagbar,** Krüger, o. O. 1985; Quino: **Mafalda stellt sich vor,** Krüger, o. O. 1987; van Veen/Siepermann/Bacher: **Die seltsamen Abenteuer der Ente Alfred J. Kwak,** Carlsen, Hamburg 1990 '3

Zum Weiterlesen:

Fuchs & Reitberger: **Comics-Handbuch,** Rowohlt, Reinbek 1978; Grünewald: **Vom Umgang mit Comics,** Volk und Wissen, Berlin 1991; Gubern: **Comics-Kunst und Konsum,** Rowohlt, Reinbek 1978; Kagelmann: **Comics-Handbuch,** Asgard-Verlag St. Augustin, o. J.; McCloud: **Comics richtig lesen,** Carlsen, Hamburg 1994; Pleuß: **Bildergeschichten und Comics,** Bock und Herrchen, Bad Honnef 1983

Start! Klick! Stopp! Ferngesteuert durch die Kinderliteratur

7

7.1 Exkurs: Kindheit und Medien

- Kinder wachsen mit Medien auf
- Lernziel: Medienkompetenz
- Medien, Vermittler von Kinderliteratur

Kinder wachsen mit Medien auf

Medien sind aus dem gesellschaftlichen Leben nicht mehr wegzudenken. In fast jeder Familie gibt es mindestens einen Fernseher und ein Radio. In vielen Kinderzimmern befindet sich ein Kassettenrecorder oder CD-Player. Die verschiedensten Bücher stehen im Bücherregal und jeden Morgen steckt die Tageszeitung im Briefkasten vieler Familien. Darüber hinaus werden Programm-/Fachzeitschriften, Wochen-/Monatsmagazine (= Printmedien) häufig regelmäßig gekauft. Außerdem verfügen viele Familien über Foto- und Videokameras, Videogeräte, Telefon, Faxgeräte und Computer. Diese Unterhaltungs-, Informations- und Kommunikationsmedien bestimmen das berufliche wie private Zusammenleben. Ihre ständige Verfügbarkeit sowie der kontinuierliche Umgang mit Print- und elektronischen Medien prägen die Lebensgewohnheiten.

Kinder können oft die elektronischen Medien sicherer bedienen als Erwachsene. Sie benutzen überwiegend Medien wie Tonträger, das Fernsehen und Computer. Hierbei wird das Medienverhalten der Eltern und anderer Bezugspersonen häufig nachgeahmt und übernommen. Hieran wird deutlich, wie wichtig das Vorbild der Erwachsenen auch beim Umgang mit elektronischen Medien ist.

Begleitet und beeinflusst wird der Medienkonsum durch ein kommerzielles Medienverbundsystem, bestehend aus Büchern, Comic-Heften, Hörkassetten/-CDs, Filmserien, Spielesoftware und weiteren, nicht medialen Produkten wie Spielzeug, Kleidung, Alltagsgegenständen etc.

Als Bestandteil ihrer Lebenswelt durchdringen individuelle Medienerfahrungen Alltag und Spiele der Kinder. Gerne suchen medienbegeisterte Kinder den Austausch mit interessierten Gleichaltrigen. Außerdem erzählen Kinder gerne von Filmerlebnissen und Actionserien aus dem Fernsehen. Im Kindergarten und in der Schule werden ihre Medienerlebnisse oft negativ bewertet. Eltern, Lehrer und Fachkräfte in sozialpädagogischen Kinder- und Jugendeinrichtungen fühlen sich oft unsicher und überfordert, wenn es um Medienfragen in der Erziehung geht.

Lernziel: Medienkompetenz

Fachleute wie Nichtfachleute sind unterschiedlicher Meinung über Nutzen und Wert der elektronischen Medien. Sie weisen sehr häufig auf Negativauswirkungen hin, insbesondere bei Kindern und Jugendlichen. Noch trägt die Verantwortung über den Medienkonsum größtenteils die Familie, wobei ältere Kinder und Jugendliche schon kommerzielle Internetcafés besuchen. Computerclubs in Jugendfreizeiteinrichtungen bieten gelegentlich schon für Kinder ab fünf Jahren Kurse an.

Um Medien sinnvoll und kompetent nutzen zu können, müssen nach Auffassung von Medienexperten folgende Voraussetzungen erworben werden:

- Wissen über den Umgang mit den Geräten und Techniken

- Kenntnisse über die Art der Angebote und deren Entwicklung auf dem Medienmarkt

- Verantwortlicher Umgang mit Medien sowie kritische Beurteilung der Medienangebote

- Kreativität und Innovation (neue Ideen) in Bezug auf die Auswahl und Nutzung

Eltern, Bezugspersonen, Lehrer und Fachkräfte in Sozialpädagogischen Einrichtungen tragen mit dazu bei, die Medienkompetenz bei Kindern zu entwickeln und zu fördern. Sie sollten sich in erster Linie ihrer Vorbildfunktion bewusst werden und medieninteressierten Kindern Wertschätzung entgegenbringen.

Medien, Vermittler von Kinderliteratur

In Kindergärten und Schulen sollte Kindern neben den Printmedien der Zugang zu Kassettenrecordern, Video-/Fernsehgeräten, Computern ermöglicht werden, damit kindgerechte Übungsfelder geschaffen werden. So könnten elektronische Medien beispielsweise als Vermittler von Kinderliteratur in Erscheinung treten.

Kinderlyrik, Bilderbücher, Geschichten, Märchen und Comics werden immer häufiger auf auditive wie audiovisuelle Medien übertragen (adaptiert). Sie erscheinen dann auf Ton-/Filmträgern als Lied, Musikerzählung, Hörspiel, Lesung/Autorenlesung, als Kurz-, Zeichentrick- oder Spielfilm.

Eine sachliche und differenzierte Sichtweise und die kontinuierliche Zusammenarbeit aller am Erziehungsprozess Beteiligten kann Kindern einen kritischen, verantwortlichen, produktiven und kompetenten Umgang mit Medien ermöglichen.

Impulse:

1. Erinnern Sie sich an Medienerlebnisse aus Ihrer Kindheit? (Lieblingssendungen, Emotionen, Verbote, Vorbilder …). Berichten Sie darüber in der Lerngruppe.

2. Ermitteln Sie persönliche Mediengewohnheiten.
   Entwickeln Sie dazu in der Lerngruppe einen Fragebogen.

3. Lesen Sie bitte den Zeitungsartikel:
   Medienflut verändert Verhalten der Kinder.
   a) Welche Informationen werden vermittelt?
   b) Fassen Sie die Aussagen abschnittweise zusammen.
   c) Was will der Verfasser mit dem Artikel erreichen?
   d) Bilden Sie sich zu der Aussage eine Meinung.

> **Gewusst wie**
>
> **Fragebogen**
> ● **Warum** werden die Fragen gestellt?
> ● **Was** wird in Erfahrung gebracht?
> ● **Wann** findet die Befragung statt?
> ● **Wo** wird die Frageaktion durchgeführt?
> ● **Wer** stellt die Fragen?
> ● **Wer** wird befragt?
> ● **Welche** Fragen werden gestellt?
> ● **Wie** werden die Antworten verarbeitet?

Medienflut verändert Verhalten der Kinder

Vielfalt der Reize mindert Konzentrationsfähigkeit

Hamburg. (dpa)
Kinder werden von der Medienvielfalt überfordert. Hauptproblem ist nach Ansicht des Freizeitforschers Opaschowski nicht das, was die Kinder sehen, sonder die Menge an Bildern und Eindrücken. Darunter leide ihre Konzentrationsfähigkeit ganz erheblich.

Fernsehen, Videofilme und Computer: Vor allem Kinder werden durch das vielfältige Angebot überfordert und können „viele Eindrücke und Informationen nur noch konfettiartig nebeneinander" aufnehmen. Davor warnt der Hamburger Pädagogik-Professor und Freizeitforscher Horst W. Opaschowski in der März-Ausgabe des Magazins „Spiegel spezial".

Die Reizüberflutung bringe „eine ganz neue Medien-Generation" hervor: die „Kurzzeit-Konzentrations-Kinder".

Diese entwickelten „ganz spezifische Konzentrationsstrategien, um die Bilderflut und das Informationstempo überhaupt noch verarbeiten zu können". Das Aufwachsen in einer reizüberfluteten Umwelt zwinge das Kind dazu, „die Vielzahl der optischen und akustischen Signale des Lebens selektiv und subjektiv" wahrzunehmen, um sie überhaupt psychisch verarbeiten und speichern zu können.

Die Probleme sieht Opaschowski „gar nicht im Inhaltlichen", wie etwa zuviel Sex und Kriminalität. Vielmehr sei zu fragen, „was mit Menschen passiert, die im Alter von drei Jahren ihren Medienkonsum aufnehmen, wenn also die multimediale Reizüberflutung ein Bestandteil der kindlichen Entwicklung wird". Der Pädagogik-Professor befürchtet, dass „da nervöse kleine Egoisten" heranwachsen, die sich kaum noch richtig konzentrieren könnten. Dies könne sich künftig auch auf die sozialen Beziehungen auswirken.

Die Computer-Nutzung in der Freizeit, werde „zur Zeit überschätzt". Im Vordergrund der Freizeitbeschäftigungen stünden vielmehr Fernsehen und Videofilme. Nur 22 Prozent der Bevölkerung besäßen überhaupt einen Computer zu Hause.

Die meisten Bundesbürger, sagte Opaschowski unter Hinweis auf Erhebungen des von ihm geleiteten BAT-Freizeit-Forschungsinstituts, verwendeten den privaten PC zum Briefeschreiben (17 Prozent), für PC-Spiele (12) oder für ihre Buchhaltung (7).

(Iserlohner Kreisanzeiger vom 20. 02. 1998)

Zum Weiterlesen:
*Bundeszentrale für gesundheitliche Aufklärung (Hrsg.): **Nicht nur laufen lassen!** Kinder, Fernsehen und Computer, BZgA, Köln 1997; Haase/Höltershinken/Tietze: **Alte und neue Medien im Alltag von Kindern,** Lambertus, Freiburg 1990; Heidtmann: **Kindermedien,** Metzler, Stuttgart 1992; Näger: **Kreative Medienerziehung im Kindergarten,** Herder, Freiburg 1997 '3; Schmid/Feldhaus: **Das Medienbuch,** Ravensburger Buchverlag Otto Maier, Ravensburg 1995*

7.2 Kinderliteratur zum Hören

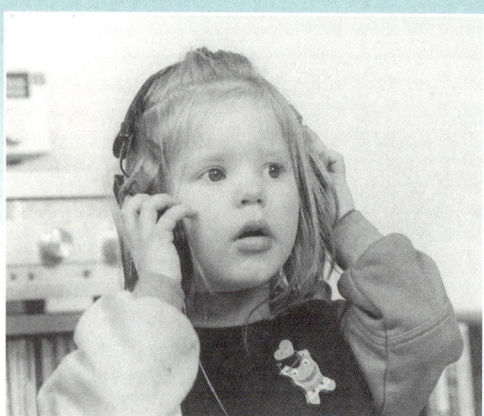

- Literatur auf Tonträger
- Kinderlieder auf Tonträgern
- Kinderhörspiele
- Kindermusical

Literatur auf Tonträger

Traditionell sind Tonträger und Literatur eng miteinander verbunden. Viele Jahre blieben das Radio, die Schallplatte und das Tonband wichtige Medien für die Verbreitung von Literatur. Erwachsene und Kinder hörten sie gemeinsam zu bestimmten Anlässen. Heute sind Tonträger für jeden jederzeit verfügbar. Erwachsene wie Kinder verfügen über eigene Geräte mit den spezifischen Tonträgern (Musik-Cassetten = MC, Compakt-Disk = CD). Eine unübersehbare Auswahl an MCs und CDs sind im Handel zu erwerben oder in Bibliotheken auszuleihen.

Hörmedien sind auch für Kinder leicht zugänglich. Kassettenrecorder und Tonkassetten sind heute als robustes, leicht bedienbares Medium bei den Kindern stark verbreitet. Sie werden schon von jüngeren Kindern gerne benutzt. Je nach individueller Beliebtheit werden einzelne Produktionen oder Ausschnitte von Kindern exzessiv gehört. Dies geschieht entweder mit voller Konzentration oder als begleitende Geräuschkulisse.

In der aktuellen Fachliteratur sind seit einiger Zeit Begriffe wie *Hörbuch* oder *Audio-Book* zu lesen. Dahinter verbergen sich mediale Produktionen, die in der Regel aus Hörspielbearbeitungen nach Buchvorlagen in einer Tonträger/ Buch-Kombination bestehen.

Hörmedien für Kinder unterscheiden sich allerdings in der Qualität. Analog zum Buchmarkt existiert einerseits ein serielles Massenangebot mit Billigprogrammen (meist gleichförmige, ständig wiederkehrende Motive aus Comic und Zeichentrickfilm), daneben sind immer häufiger neue, anspruchsvollere Reihen und Serienprogramme zu finden (z. B. Musikbearbeitungen berühmter Komponisten, Kabarett für Kinder, Musicals mit kindernahen Motiven). Zu verschiedenen Hörproduktionen gibt es manchmal begleitende Werkstattberichte, ergänzende Textabdrucke und animierendes Zusatzmaterial.

Das Extrabuch

Hupp Tsching Pau! Bewegungslieder im Medienverbund

von Frederic Vahle, Patmos Verlag 1995

Das Buch *Der kleine freche Wüstenfuchs* enthält Liedtexte, Noten, bewegungskundliche Erläuterungen, verständliche Spielanleitungen sowie einige Karikaturen. Es ist geeignet ab 8 Jahren (viel Text) bzw. für Spielleiter/Spielleiterinnen.

Die MC/CD enthält 13 Bewegungsliedergeschichten. Diese eignen sich zum Zuhören, Meditieren, Schmunzeln und Mitmachen. Diese Liedgeschichten sind musikalisch anspruchsvoll. Sie eignen sich vorzüglich auch für jüngere Kinder.

Der Videofilm zeigt, wie Frederic Vahle mit Kindern seine Lieder spielerisch entwickelt. Für Kinderpflegerinnen, Erzieherinnen und andere interessierte Personen kann der Film eine Motivation zum Selbermachen sein.

Anmerkung:
Für den Umgang und Einsatz werden Kassetten-/Videorecorder benötigt, also Sicherheitsvorkehrungen treffen.

Kinderlieder auf Tonträgern

Kinderlieder gehören zur Kinderlyrik (s. Kap. 2). Sie umfassen ein breites inhaltliches wie musikalisches Spektrum. Alle Alters- und Interessengruppen können auf MC/CD etwas für ihren Musikgeschmack finden. Viele Kinderlieder verfügen über nachdenkliche, sozialkritische oder religiöse Inhalte; andere Lieder sind z. B. witzig-frech, komisch.

Vorgetragen und interpretiert werden Kinderlieder von Kindern oder Erwachsenen als Sologesang oder Chorgesang. Musikalische Motive und Textinhalte stammen oft aus Bilderbüchern, Geschichten, Märchen u. a. m. Qualitätsunterschiede in der Komposition, der Textgestaltung und den Botschaften sind auszumachen. Neben billigen seriellen Massenproduktionen gibt es einfallsreiche, anspruchsvolle Produkte mit neuen oder tradierten Melodien/Texten.

Die Lieder werden von Kindern mit allen Sinnen wahrgenommen und eignen sich bei verschiedenartigen Gelegenheiten zum Meditieren, Mitsingen und Mitspielen.

Musikkassetten werden von Kindern als Hintergrundmusik oder Stimmungsträger benutzt und verleiten oftmals zu Spielaktionen. Durch häufige Wiederholungen prägen sich schnell Liedtexte und Melodien ein, diese werden mitgesungen und entwickeln sich gelegentlich zu einem Ohrwurm. Unterstützt werden die Kinder in ihrem Musikeifer und ihrer Singfreude von befreundeten Gleichaltrigen, die begeistert mitsingen und mitspielen. Anspruchsvolle Produktionen enthalten informierendes wie ansprechend gestaltetes Bild-, Text- und Notenmaterial. Kindliche Musikbegeisterung erfährt dadurch eine qualitative Bereicherung. Eine umfassende Sammlung von Kinderliedern bieten verschiedene Labels (Verlag/Produktion), z. B.:

Die MCs/CDs **Ich bin ich und du bist du** sind im Patmos Verlag erschienen. Auf drei MCs/CDs befinden sich eine große Auswahl an Liedern mit vielfätigen Themen. Aktuelle Popmusik und rhythmische Klänge animieren zum Mitsingen und Mitmachen. Eine sinnvolle Ergänzung ist das dicke Begleitbuch mit vielen Spielideen und Vorschlägen.

Bei Ravensburger sind die MCs/CDs **Neue Kinderlieder** und **Die schönsten Kinderlieder,** beide von Gisela Walter (Hrsg.)/Marlis Scharff-Kniemeyer erschienen. Beide MCs/CDs enthalten je eine Sammlung von ca. 25 beliebten Kinderliedern bekannter Liedermacher zum Spielen, Tanzen und Mitsingen. Dazu ist jeweils ein Liedersammelband erschienen.

Kinderhörspiele

Eine wichtige Rolle spielten früher die Hörspiele in Kinderradiosendungen. Heute werden sie von Kinderfernsehprogrammen einerseits und den Hörkassetten- und CD-Produktionen andererseits verdrängt. Der Begriff Kinderhörspiel bezeichnet für Kinder inszenierte Spielhandlungen, die ausschließlich mit akustischen Mitteln realisiert werden. Märchenlesungen, Gedicht-Rezitationen, Geschichten für Kinder u. a. m. werden oft von professionellen Sprechern /Sprecherinnen vorgetragen. Die geschriebenen Texte und ihre Botschaften werden ausschließlich durch die Stimme übermittelt und gleichzeitig durch Sprechform, Tonlage, Tempo und Lautstärke interpretiert.

Hörspielproduktionen sind dramaturgisch gebunden an
- Sprache (realistische/künstliche)
- Sprachstil (z. B. Dialekt, Akzent)
- Klang-/Stimm-Modulationen (z. B. wütend, gemütlich, freundlich, ironisch, frech)
- Geräusche, Musik
- Verfremdungseffekte

Ein Jingle (eine wiederholte kurze Melodie/bestimmte Geräusche) führt häufig in das Hörspiel ein oder verbindet die einzelnen Szenen. Ein Erzähler führt meistens durch die Handlung, indem er Monolog-und Dialogpassagen verknüpft. Der Spannungsbogen entwickelt sich aus der in Hörbilder umgewandelten Handlung.

Inhaltlich lassen sich Hörspiele gliedern in:

Funnies	harmlos-heitere serielle Unterhaltungshörspiele, die Erlebnisse von witzigen Hauptfiguren humorvoll nacherzählen (z. B. Pumuckel)
Märchen-hörspiele	meist nach den bekannten Märchen von Grimm, Hauff, Bechstein
Mädchen-geschichten	meist ohne emanzipatorischen Anspruch; die „Alltagserlebnisse" weiblicher Figuren (z. B. Barbie)
Krimis	in denen meist eine kleine Freundesgruppe detektivische Aufgaben löst (z. B. TKKG)
Hörspiel-adaptionen	nach Literaturvorlagen wie Bilderbücher u. a. m. (z. B. Feth: Der Schilderputzer, MC/Bilderbuch, Patmos 1995)

(nach Kinder- und Jugendliteratur-Lexikon, a. a. O.)

Bei Hörspielen nach Vorlagen aus der Kinderliteratur werden die Texte vorgelesen oder als Dialoge verarbeitet gesprochen, unterstützt von einzelnen Liedern und Musikpassagen, wie z. B. **Alexander und die Aufziehmaus** von Leo Lionni, **Anna und die Wut** von Christine Nöstlinger oder **Norbert Nackendick** von Michael Ende u. a. m. Solchermaßen inszenierte Unterhaltung per Kassettenrecorder erfordert vom Kind differenzierte Hörfähigkeit und Konzentration.

Kindgerechte Hörspielgeschichten sind einfach aufgebaut und mit Musik untermalt. Sie gehen von den Erlebniswelten der Kinder aus. Ein klarer, übersichtlicher Aufbau der Spielhandlung erleichtert die akustische Wahrnehmung, wobei das Gehörte sich in eigene Fantasiebilder verwandelt. Intensives Zuhören kann einen emotionellen Spannungs- oder Entspannungszustand hervorrufen, der selbstbestimmt jederzeit wiederholt, unterbrochen oder beendet werden kann. Gelungene und geeignete Hörspielkassetten sind neben den oben genannten beispielsweise:

- für jüngere Kinder: **Das Pferd Huppdiwupp** oder **Der vergessliche Cowboy** von Heinrich Hannover, **Hände hoch oder ich lache** oder **Der Schokoladendieb** von Wolfgang Ecke u. a. m.
- für ältere Kinder: **Die Ente Quak** von Herrmann van Veen; **Motzarella und der Ärgerriese** von Rudolf Herfurtner, **Ein ganz merkwürdiger Tag** von Achim Bröger u. a. m.

Das Hörspiel **SOS in Feuerland** wurde nach dem Bilderbuch **Was ist nur los in Feuerland** von Klaus Schieman durch die Spiel- und Theaterwerkstatt Villigst konzipiert und bearbeitet.

Erzählt wird eine politische Geschichte gegen Gewalt und Rassismus. Sie handelt von den konkurrierenden Banden der Zebrapinguine und Tigerpinguine, die laut brüllend durch die Straßen ziehen. Der Streit zwischen Tiger- und Zebrapinguinen eskaliert, Terror und Randale sind die Folge, Schuldige müssen gefunden werden. Beschuldigt werden nun die Pelikane. Am Ende plagt alle das schlechte Gewissen und jeder sieht ein, dass im Umgang miteinander etwas geändert werden muss.

Die Bilderbuchgeschichte ist in klar verständliche Dialoge umgesetzt und die stimmliche Rollenverteilung ist gelungen und ausdrucksstark. Ablauf und Aussage der Handlung werden durch passende Songs erweitert und vertieft.

👫 Das gleichnamige Buch zum Stück *SOS im Feuerland* enthält die Spielgeschichte mit Rollentexten, Songtexten/Noten, Regieanweisungen, Beispielen für Spielübungen, technischen Hinweisen sowie Erfahrungsberichten von Theateraufführungen mit Kindern.

Methodische Hinweise

Hörmedien
Überlegungen zur Auswahl

- Bei der Auswahl der Hörmedien ist grundsätzlich vom Alter, Entwicklungsstand sowie von Vorlieben, Interessen und Bedürfnissen der Kinder auszugehen.

- Qualität und Verbraucherfreundlichkeit kennzeichnen solche Produkte, die Informationen und Angaben bieten über: Produktion/ Regie, Autoren/Texter, Komponisten, ggf. Cover-Illustratoren, Sprecher/Rollenbesetzung, Musikinterpreten, Produktionsort und -jahr, Zeit/Spieldauer. Sinnvoll ist außerdem eine zusammenfassende Inhaltsangabe.

- Bei Kinderliteraturlesungen ist auf professionelles Lesen zu achten.

- Bei Liedern, Liedspielen und Liedgeschichten sollte auf einen klar artikulierten Gesang geachtet werden, ebenso auf eine wirkungsvolle, ausdrucksstarke instrumentale Begleitung.

- Hörspiele nach Kinderliteraturvorlagen dürfen deren Inhalt nicht zu stark verändern.

- Dramaturgie und Handlungen der Hörmedien müssen sich an den Wahrnehmungsbesonderheiten der Kinder orientieren. Die kindliche Fantasie muss ebenso ernst genommen werden wie die Gefühlswelt. Mit den präsentierten Hauptfiguren müssen sich Kinder auseinandersetzen können. Diese Hauptfiguren sollten Identifikationsmöglichkeiten mit positiven Verhaltensmustern bieten.

Überlegungen zum Umgang

- Alternativ zu der eher passiven Handhabung vorgefertigter Hörkassetten sollten den Kindern bei entsprechenden Gelegenheiten Tonträger für experimentelle Spiele zur Verfügung gestellt werden. Hierbei können sie Kenntnisse und Erfahrungen im sachgerechten, technischen Umgang sammeln. Hilfreiche Informationen und impulsgebende Fragen der Erwachsenen ermöglichen die Erstellung gelungener Höraufnahmen, die später bei interessierten Zuhörern auf positive Zustimmung treffen.

- Vorlieben der Kinder für bestimmte Hörmedien akzeptieren und sie in den Familien-/Gruppenalltag einbeziehen. Doch <u>Vorsicht!</u> Ritualisierte Dauerbeschallung sollte vermieden werden. Trotz geäußerten Verlangens brauchen Kinder auch Stille für ihr Spiel. Sinnvoll sind Vereinbarungen über Dauer, Lautstärke, Häufigkeit des Zuhörens und die Einrichtung alternativer Hörräume.

- Kindgerechte Hörmedien, Lieder und Liedspiele können ein anregendes Hörerlebnis in einer kleinen Gruppe ermöglichen. Schon während des Hörens oder im Anschluss daran wollen die Kinder meistens sprachlich und körperlich aktiv sein. Dazu sollten sie ausreichend Gelegenheiten erhalten. Später können die individuellen Eindrücke kreativ-spielerisch verarbeitet werden, ggf. auch unter Einbeziehung der originalen Literaturvorlage, z. B. des entsprechenden Bilderbuches.

- Hörmedien wirken stark auf der emotionalen Ebene, deshalb wollen Kinder immer wieder „ihre" Kassetten hören. Die ständigen Wiederholungen sollten nicht unterbunden werden. Sie ermöglichen den Kindern das Einfühlen in die Dramaturgie sowie eine individuelle Verarbeitung der Inhalte.

Kindermusical

Im Gegensatz zum Hörspiel wird im Musical eine Geschichte durch Lieder und instrumentale Musikbegleitung vermittelt. Die wenigen gesprochenen Dialoge verbinden meistens die einzelnen Szenen oder Handlungsstränge miteinander. Das eigentliche dramaturgische Element des Kindermusicals sind Melodien und Lieder, die für Spannung sorgen. In der revueartig aufgebauten Handlung müssen die Zuhörer Klang- und Hörbilder in eigene Fantasiebilder umsetzen.

An dieser Stelle sei der Begriff **Musikerzählung** nur kurz erwähnt. Hierbei handelt es sich um die Interpretation einer Handlung oder Begebenheit, die fast ausschließlich mit musikalischen Mitteln gestaltet wird. Ein bekanntes klassisches Beispiel ist das musikalische Märchen **Peter und der Wolf** von Sergej Prokofjew. Zu der vorliegenden Fassung in der Ausführung von Daniel Barenboim (Dirigent) und Loriot (Sprecher) hat Jörg Müller ein gleichwertiges, eindrucksvolles Bilderbuch geschaffen.

Zwei **Kindermusical-Klassiker** (Ersterscheinungen 1971, a. a. O.) wurden neu aufgelegt und beide Inszenierungen bieten auch heute noch Kindern wie Erwachsenen großen Hörgenuss. Hingewiesen werden soll hier auf das Märchen **Rotkäppchen** von Floh de Cologne (Rockgruppe) und Hans-Dieter

Hüsch (Kabarettist/Autor), der als *sprechende Schallplatte* die Rahmenhandlung erzählt und kommentiert und das Musical **Das Auto Blubberbum** von Dieter Süverkrüp (Liedermacher/Autor) und Wolfgang Dauner (Jazzpianist).

Eine aktuelle und überzeugende Musical-Inszenierung ist die Geschichte (nach dem gleichnamigen Bilderbuch mit Illustrationen von Wolf Erlbruch) **Vom kleinen Maulwurf, der wissen wollte, wer ihm auf den Kopf gemacht hat** von Werner Holzwarth (Text), Jürgen Treyz (Komposition) und Karin Lorenz (Regie).

Diese Geschichte ist nicht unappetitlich, sondern witzig und spannend: Als der Maulwurf seine Erdhöhle verlässt, macht ihm jemand auf den Kopf. Wütend geht er über die Wiese und befragt verschiedene Tiere. Aber keiner von ihnen war es oder weiß, wer der Übeltäter war. Erst zwei Fliegen geben ihm die richtige Auskunft. An Fleischers Hund Hans-Heinrich rächt der Maulwurf sich, indem er diesem während des Mittagsschlafes Gleiches zukommen lässt.

Vogelgezwitscher und zwei Fliegen begleiten, frech schwatzend und kommentierend, die aneinander gereihten Hörszenen. Diese sind jeweils ähnlich aufgebaut. Der Maulwurf stellt den Tieren die immer gleiche Frage, anschließend werden die Antworten instrumental-akustisch und als Lied (nach populären Songs) zu Gehör gebracht. Durch den passenden Text erhält das jeweilige Tier Individualität. Ebenfalls gelungen sind die kurzen witzigen Dialoge zwischen den Tieren.

Diese professionell vertonte Bilderbuchgeschichte bringt großen Hörspaß und ist auch für jüngere Kinder verständlich inszeniert. Schnell singen sie die teilweise mitreißenden Songs mit. Die Liedtexte sind der MC/CD beigefügt.

🏃🏃 Zur weiteren Vertiefung bieten sich einerseits eine Bilderbuchbetrachtung an, aber auch Exkursionen (Wald, Park, Tiergehege o. ä.), bei denen die Kinder unterschiedliche Spuren von Menschen oder Tieren entdecken können. Spannend wird es, wenn mit dem Kassettenrecorder aufgenommene Naturgeräusche anschließend zu einem Hörbild oder in eine Mitmachgeschichte verwandelt werden.

1. Welche Hörmedien haben Sie in Ihrer Kindheit bevorzugt? Beschreiben Sie Ihre Erinnerungen und vergleichen Sie Ihre aktuellen Hörgewohnheiten. Erklären Sie mögliche Unterschiede/Übereinstimmungen.

2. Experimentieren Sie mit Mikrophon und Kassettenrecorder. Vertonen Sie im Anschluss eine Bilderbuchgeschichte o. ä.

Impulse:

3. Wählen Sie von einer Kinderlieder-Hörkassette/CD (z. B. **Hupp Tsching Pau,** a. a. O.) ein Liedspiel aus. Planen Sie die Einführung in Ihrer Lerngruppe.

4. **a)** Hören und beurteilen Sie die Hörkassette **Paul trennt sich** von Martin Baltscheit. Entwickeln Sie Kriterien für die Beurteilung dieser Kassette.

   b) Vergleichen Sie das Hörspiel **Paul trennt sich** mit dem Bilderbuch gleichen Titels (s. S. 78). Stellen Sie wesentliche Übereinstimmungen wie auch Unterschiede fest.

5. Überlegen und erstellen Sie Ordnungs-Kriterien, nach denen Sie Hörkassetten effektiv sortieren und wieder auffinden können. (s. S. 52, *Karteikarte*)

6. Planen Sie für Ihre Lerngruppe eine Besichtigung der Kinderfunkabteilung bei einem Radiosender oder besuchen Sie ein Tonstudio.

7. Erstellen Sie mit Ihrer Lerngruppe ein Feature zu dem Thema: *„Neue Medien in Kindergärten/Kindertagesstätten".*

Gewusst wie

Feature

● Feature ist die Bezeichnung für einen dokumentarischen Radio-, Zeitungs- oder Fernsehbericht.

● Die Informationen, Erklärungen und Meldungen zum Thema betreffen in der Regel aktuelle Ereignisse, Begebenheiten aus Politik und Zeitgeschehen.

● Die Aufbereitung des Themas geschieht mit verschiedenen Stilmitteln und durch eine Mischung von Reportagen, Kommentaren, Dialogen und Interviews.

● Durch Erläuterungen, Auslegungen und Randbemerkungen werden dabei die Hintergründe und Zusammenhänge eines Themas aufgehellt.

● Durch die Kombination von verschiedenen Elementen entsteht ein Hörbild.

Gewusst wie

Produktion eines Features
(Bsp. „Neue Medien")

1. Beschaffung von Informationen:

– Interview mit der Gruppenleiterin im Kindergarten über den Einsatz technischer Medien im Kindergarten durchführen

– Befragung von *Kindergartenkindern* über Erfahrungen, Vorlieben im Umgang mit technischen Medien

– Befragung der Eltern über die Mediengewohnheiten ihrer Kinder

2. Auswertung der Informationen

– Bericht über Einsatzmöglichkeiten der Medien im Kindergarten verfassen

– Dialogszenen entwickeln

– Geräuschkulisse erstellen

– passende Musik auswählen

– abschließend eine sinnvolle Reihenfolge der Interviews und Berichte als *Feature* zusammenstellen

Verwendete Hör-Literatur:

Holzwarth (Text)/Treyz (Komposition)/Lorenz (Regie): **Vom kleinen Maul-wurf, der wissen wollte, wer ihm auf den Kopf gemacht hat,** Ein Musical (MC/CD), Patmos 1998; Prokofjew (Komposition), Barenboim (Dirigent), Loriot (Sprecher), Müller (Illustration): **Peter und der Wolf,** Sauerländer, Frankfurt 1983; **SOS in Feuerland,** Spiel- und Theaterwerkstatt Villigst, Schwerte 1995; Schieman: **Was ist nur los in Feuerland,** Verlag an der Ruhr, Mülheim 1993; Vahle: **Hupp Tsching Pau!,** Bewegungslieder im Medienver-bund (Video, MC/CD, Buch), Patmos, Düsseldorf 1995; Walther/Scharff-Knie-meyer: **Neue Kinderlieder/Die schönsten Kinderlieder,** Ravensburger Buchverlag Otto Maier, Ravensburg o. J.; ders.: **Ich bin ich und du bist du,** Patmos, Düsseldorf 1995

Weitere Hör-Literatur (Beispiele):

Hörspiel/Musical nach Bilderbuchgeschichten:

Baltscheit: **Paul trennt sich,** Lieder und Texte für Kinder, CD/MC uccello 1998; Boie: **Kein Tag für Juli; Juli und das Monster; Juli der Finder,** (MC/CD) alle: ZDF/Jumbo 1998; Bröger: **Ein ganz merkwürdiger Tag; Oma und ich; Schrecklich, schrecklich,** alle Patmos, Düsseldorf o. J.; Ecke: **Hände hoch oder ich lache; Der Schokoladendieb; Die Kleeblattbande,** alle Schwanni o. J.; Ende: **Norbert Nasendick,** junior Grammophon, o. O., o. J.; Hannover: **Der müde Polizist; Das Pferd Huppdiwupp; Der vergessliche Cowboy,** alle Patmos, Düsseldorf o. J.; Heine/Widmann: **Freunde, Die Geschichten mit Musik,** (MC/CD) Igel Records, o. O. 1997; Lionni: **Alexander und die Auf-ziehmaus,** Patmos, Düsseldorf o. J.; Maar, Nele/Conrath (Hörspielfassung): **Papa wohnt jetzt in der Heinrichstraße,** (MC/CD) Baumhaus, Frankfurt 1997; Maar (Text)/Thurow (Musik): **Das kleine Känguru feiert Geburtstag,** Baumhaus, Frankfurt 1997; McBratney: **Weißt du eigentlich, wie lieb ich dich hab?,** (MC/CD) Jumbo, Hamburg 1997; Moser: **Der Rabe Alfons; Win-zig der Elefant; Eisbär, Erdbär und Mausbär,** (MC/CD) alle: ORF/Jumbo, Hamburg 1998; Nöstlinger: **Anna und die Wut,** (MC/CD) ORF/Jumbo, Ham-burg 1998; Saxby: **Die Abenteuer des Eduard Speck,** (MC/CD) Carl Hanser/ Bayerischer Rundfunk, München 1995; Schami: **Der Kameltreiber von Hei-delberg,** Patmos, Düsseldorf o. J.; Waddell: **Kannst du nicht schlafen, klei-ner Bär?; Gehen wir heim, kleiner Bär,** (MC/CD) beide: ORF/Jumbo, Ham-burg 1998

Lieder und Liedgeschichten:

Guggenmoos: **Der Kohlkopf und der Kaiser,** DerHörVerlag, München 1995; Hannover: **Die Birnendiebe vom Bodensee; Als der Clown die Grippe hatte; Hasentanz,** (MC/CD) alle: Jumbo, Hamburg 1997; Hering/Meyerholz/ Heusel: **Meine Biber haben Fieber, Das kunterbunte Kinderliederlese-spielehör- und Bilderbuch,** Baumhaus, Frankfurt 1996; Kipling: **Geschich-ten für den allerliebsten Liebling,** Patmos, Düsseldorf 1997; Kohlhepp/ Treyz (nach **Max Kruse**) **Der Löwe ist los,** (MC/CD) Patmos, Düsseldorf 1995; Maske: **Jumbohits für Minis,** Jumbo, Hamburg 1994; Milne/Rowohlt:

Pu der Bär, Teil 1–4, (MC/CD) **Kein & Aber,** *Records 1998; Ringelnatz/Bötticher:* **Ritz, Rotze, Ringelnatz,** *(MC/CD) Patmos-Schwanni, Düsseldorf 1996; Schöne/Bofinger:* **Bis die Katze bellt,** *Jumbo, Hamburg 1995; Sowiak/Mühlhölzer/Ungerer:* **Wulle Wulle,** *CD, ars musici, o. O. 1998*

Märchenspiele/-lesungen:
Grimm/Arzberger (Bearbeitung/Regie)/Zwerger (Illustration): **Grimms Märchen,** *gelesen von österreichischen SchauspielerInnen, Orf/GIG Records/ Spiegel, o. O. 1995;* **Die schönsten Märchen von Hans-Christian Andersen; Die Schöne und das Biest und andere berühmte Märchen; Die schönsten Märchen aus Tausendundeiner Nacht,** *alle: Frizz-Musikverlag, o. O. 1995*

Musicals:
Floh de Cologne: **Rotkäppchen,** *Igel Records, Dortmund (1977) 1991; Goy/ Hummel/Städtler:* **Jetzt rollt der Knödel,** *Igel Records, Dortmund 1994; Grosche:* **Das Mädchen vom anderen Stern,** *Patmos, Düsseldorf 1995; Hilbert/Janosa:* **Ritter Rost und Prinz Protz,** *(Buch mit CD) ConBrio, Regensburg 1998; Kohlhepp/Treyz:* **Arthur Königs Tafelrunde,** *Patmos, Düsseldorf 1996; Süverkrüp/Dauner:* **Auto Blubberbum,** *Igel Records, Dortmund (1976) 1991; Tofano:* **Der König der ein Bein zuviel hatte,** *(MC/CD) Patmos, Düsseldorf 1998*

Zum Weiterlesen:
Baumgärtner/Pleticha (Hrsg.) **Kinderhörspiel,** *in: Kinder- und Jugendliteratur-Lexikon, Loseblattsammlung, Corian, Meitinger 1996; Kallbach:* **Hören-Lesen-Hören,** *Kassetten für Kinder, Mensch und Leben Verlagsgesellschaft, Bad Homburg 1996; Rogge:* **Die besten Hörkassetten für mein Kind,** *Empfehlungen für Hörspiele und Musik, Rowohlt, Reinbek 1995*

7.3 Verfilmte Kinderliteratur

- Kinder, Fernsehen und Literatur
- Kinderliteratur als Filmvorlage
- … für Zeichentrick- und andere Trickfilme
- … für Kinderfilmerzählungen
- Welche Filme sind für Kinder gut und geeignet?

Kinder, Fernsehen und Literatur

Der Fernseher ist bei den Kindern unter den Unterhaltungsmedien die Nummer eins. Gründe dafür können sehr unterschiedlich sein und müssen im Zusammenhang mit den jeweiligen Spiel-/Erfahrungsmöglichkeiten von Kindern gesehen werden. Auf jeden Fall üben der Fernseher und die bewegten Bilder eine besondere Faszination aus. Wissenschaftliche Erhebungen verdeutlichen, dass Kinder in der heutigen Zeit Literatur oft erst audiovisuell (hörend/ schauend) kennen lernen und erst später das Buch als Literatur zum Film entdecken.

Beim Lesen oder Hören einer Geschichte können sich in der Fantasie der Kinder Figuren und Handlungsabläufe frei und individuell ausprägen. Beim Medium Film dagegen wird durch das Zusammenspiel von bewegten Bildern, Sprache, Musik und Geräuschen eine besondere audiovisuelle Wirkung hervorgerufen, durch die eine festgelegte Vorstellungswelt übertragen wird. Diese Art der Literaturpräsentation scheint für Kinder attraktiv zu sein. Sie kann ohne besondere Anstrengungen konsumiert werden. Sitzt ein Kind nicht alleine vor dem Fernseher, kann ein Austausch der Filmeindrücke direkt stattfinden.

In vielen Fernsehsendungen für Kinder werden Klassiker der Kinderliteratur wie auch die Verfilmung von aktuellen Neuerscheinungen des Kinderbuchmarktes gezeigt. Bilderbücher, Märchen, Geschichten erscheinen in adaptierter Form als abgefilmte Bilderbuchgeschichte oder Zeichentrick-, Kurz- oder Spielfilm. Es handelt sich dabei um deutsche wie auch ausländische Produktionen.

Aktuelle Befragungen zeigen, dass bei Kindern bis etwa acht Jahren Zeichentrickfilme und -serien wie *Das Dschungelbuch, Asterix und Obelix, Die*

Biene Maja, Tom und Jerry absolute Spitzenreiter sind. Im Zuge dieser Beliebt-heit finden auch die entsprechenden Comic-Hefte ihre Leser und Leserinnen (s. Kap. 6.1).

Kinderliteratur als Filmvorlage

Für Kinder ist das Geschehen auf dem Bildschirm Realität. Jüngere Kinder können nur einfache aufeinander folgende Filmhandlungen verstehen. Erst mit wachsender Filmerfahrung unterscheiden Kinder zwischen Fiktion und Wirklichkeit. Im Anschluss an ein Filmerlebnis beginnen Kinder über ihre Ein-drücke zu sprechen und sich auszutauschen.

Beim Nachlesen der verfilmten Geschichten haben Kinder die Möglichkeiten, Gefühle und Empfindungen auszuleben. Dabei können sie die Geschichte ohne die schnellen Schnittfolgen und die permanente Action in Ruhe nacher-leben. Jetzt stehen Handlung und unbewegte Bilder im Mittelpunkt der Wahr-nehmung. Nachteilig ist, dass in den Köpfen der lesenden Kinder nun alle Figuren dauerhaft vorgegeben sind. In umgekehrter Folge ist es häufig so, dass die eigenen, individuellen Leseeindrücke und die einzigartige Vorstellung von Figuren und Handlungsabläufen als Fantasiebilder nachhaltig wirken.

Wahrnehmungseigenarten der Kinder ernst zu nehmen und ihnen durch gute, professionelle Kinderfilmproduktionen gerecht werden, gehört zur Aufgabe der Produzenten, Autoren, Regisseure und Schauspieler. Aus einer gut erzählten Kindergeschichte entsteht nicht zwangsläufig ein guter Kinderfilm. Filmische Mittel und Möglichkeiten sowie die Auswahl charakteristischer, verfilmbarer Elemente der Vorlage spielen eine Rolle. Bei der inhaltlichen Bearbeitung des Originals zu einer Filmvorlage wird der Originaltext mit Einverständnis des Autors verändert. Ebenfalls werden die Figuren und der Handlungsablauf bei den Filmaufnahmen durch die Aufnahmetechnik (wie z. B. Einstellungsgröße, Perspektive, Kamerabewegung, Montagen/Tricks, Farb- und Beleuchtungs-effekte, Geräusche, Musik, Sprache) verändert und interpretiert.

... für Zeichentrick- und andere Trickfilme

Verfilmte Kinderliteratur lässt sich analog zu den verschiedenen Formen der Umsetzung einteilen. So existieren neben Zeichentrickfilmen und anderen Trickfilmen auch Filmerzählungen mit menschlichen Darstellern. Als Vorlagen werden meistens Bilderbücher, Comics, Märchen oder Geschichten benutzt.

Zeichentrickfilme entstehen durch einen langwierigen Herstellungsprozess (ca. zwei Jahre). Massenware mit gleichförmigen, ausdrucksarmen Figuren in austauschbaren Geschichten findet sich neben Filmen mit bewegungs- und variationsreichen, ausdrucksstarken Figuren. Gelungene, aber auch ober-flächlich geratene Zeichentrickfilme nach klassischen wie aktuellen literari-schen Vorlagen (z. B. **Pinocchio, Nils Holgerson** u. a. m.) sind als Einspie-lungen in Kinderfernsehsendungen bzw. als Videofilm oder Kinofilm anzuschauen. Fast alle Kinder mögen die Zeichentrickfiguren am liebsten, die sich durch List und Witz hervortun. Kraft und Stärke sind dabei gar nicht so wichtig (z. B. **Biene Maja**).

Puppentrickfilme sind z. B. die bekannten Marionettenspiel-Aufführungen der Augsburger-Puppenkiste. Nach Dramatisierung der Kinderbuchvorlagen entstanden zunächst die Marionettenspiele, die mittels Aufnahmetricks und anderer filmtechnischer Methoden eindrucksvoll und lebendig ausgestaltet wurden, wie z. B. **Jim Knopf** von Michael Ende oder die Geschichten vom Saurierkind **Urmel aus dem Eis** (Max Kruse), die es mittlerweile auch als Zeichentrickfilm gibt. Diese gelungene Art der Puppentrickfilme eignen sich für fast alle Altersgruppen als gemeinschaftliches Filmerlebnis.

Silhouetten-/Scherenschnittfilme gehören in die Tradition des Märchenfilms. Sie sind in der Technik dem Schattenspieltheater nachempfunden. Unbewegte Schattenrisse werden einzeln von der stehenden Kamera aufgenommen, wobei sie von Bildaufnahme zu Bildaufnahme leicht verändert werden. Durch den gleichmäßigen Ablauf entsteht der Eindruck von Bewegung, wobei einzelne Szenen miteinander verbunden werden.

Trickfilm-Animationen sind Filmproduktionen, deren variationsreiche technische Herstellung auf raffinierten Kniffs, Manipulationen und Täuschungen beruhen. Filmisch animierte reale Gegenstände werden zu Hauptdarstellern eines Kurzfilms. Manchmal verändern Figuren aus farbiger Knetmasse ständig ihre Form und ihr Aussehen. Sie erzählen meist kleine szenische Geschichten. Der Fantasie und den technischen Möglichkeiten sind bei Trickfilmproduktionen kaum Grenzen gesetzt.

Verfilmte Bilderbücher zeigen die originalen, unbewegten Illustrationen und Abbildungen, die als Standbilder abgefilmt sind. Sie werden scheinbar in Bewegung versetzt unter Verwendung relativ simpler Filmaufnahmetechniken, wie Kameraschwenk, Zoom (Ausschnittvergrößerung) sowie durch Schnittfolge, Detailansicht, Wiederholungen. Dazu wird der vorgegebene Text von nicht sichtbaren Sprechern oder Sprecherinnen zu den Bildern vorgelesen. Mit Hilfe dieser eher ruhigen Aufnahmetechnik wird beim kindlichen Betrachter allmählich Spannung aufgebaut. Außerdem wird Neugierde auf das reale Bilderbuch erzeugt. Auf diese Weise verfilmt wurden z. B. **Oh wie schön ist Panama** von Janosch, **Irma hat so große Füße** von Ingrid und Dieter Schubert oder „**Was ist das?" fragt der Frosch** von Max Velthuijs.

ᚷᚷ Das **Daumenkino** ist eine alt bekannte Möglichkeit, schnell eine eigene Zeichnung zu animieren und spielerisch einen kleinen Trickfilm herzustellen. Dazu werden etwa 30 weiße dünne Pappkarten etwa 6 x 9 cm benötigt. Die Kärtchen werden so gelegt, dass man die Zeichnungen in den Veränderungsstadien sofort überblicken kann. Die Zeichnung wird dabei in einzelne Bewegungsphasen aufgelöst, z. B. ein Strichmännchen grüßt mit einem Hut, ein Fisch springt aus dem Brunnen.

Die fertigen Bilder an einer Seite/Ecke zusammenheften, festhalten und die Zeichnungen mit dem Daumen auffächern.

... für Kinderfilmerzählungen

Realfilme, d. h. Kinderfilmerzählungen mit menschlichen Darstellern, sind meistens verfilmte realistische oder fantastische Kindergeschichten nach bekannten Buchvorlagen. Wie die Kinderbuchgeschichten bieten Kinderfilmgeschichten neben Unterhaltung, Entwicklungsthemen und Alltagsbezüge. Die Handlungsträger sind oft Kinderfiguren mit außergewöhnlichen Fähigkeiten. Oft sind sie überzeichnet und mit humorvoller Schlagfertigkeit ausgestattet. Kindlichen Zuschauern bieten diese Figuren brauchbare Orientierungshilfen und Identifikationsmöglichkeiten. Die Vorstellungskraft der Kinder wird besonders angeregt, wenn die Anforderungen und Probleme unkonventionell, mit Witz gemeistert werden und trotzdem Beziehungen zur Alltagswelt zu erkennen sind (vgl.: Kap. Kinderliteratur als Filmvorlage). Verfilmte Kindergeschichten eignen sich für fast alle Altersgruppen. Beispiele für gelungene Verfilmungen sind die verfilmten Geschichten von Astrid Lindgren, wie etwa **Pippi Langstrumpf, Karlsson vom Dach, Lotta aus der Krachmacherstraße, Die Kinder von Bullerbü** oder **Ronja Räubertochter**.

Märchenfilme gibt es in unüberschaubarer Menge. Deutsche wie ausländische Produktionen sind nach den unterschiedlichsten Märchen in vielen Abwandlungen entstanden. In der Reihe *Der große Deutsche Märchenfilm* erschienen z. B.: **Schneewittchen und die sieben Zwerge, Schneeweißchen und Rosenrot** oder **Rumpelstilzchen.** Einige Märchenfilme sind inhaltlich wie formal gelungen und aufgrund ihrer einfachen Erzählweise auch für jüngere Kinder geeignet. Andere sind dagegen eher für ältere Kinder oder Jugendliche geschaffen, vor allem wegen ihrer detailreichen, realistischen oder verschachtelten Erzählform (s. Kap. Märchen S. 159).

Auch anspruchsvolle Kinderfilme haben es schwer, sich auf dem Markt zu behaupten. Anlässlich der jährlich stattfindenden Kinderfilmfeste werden immer wieder interessante und gute Neu-Produktionen aufgeführt und von einer Kinderjury prämiert. Leider finden gute und anspruchsvolle Kinderfilme dennoch oft nicht den Weg zum breiten Publikum.

🧍🧍 Eine Möglichkeit nach der Filmvorführung kreativ, gestalterisch tätig zu werden, bietet das 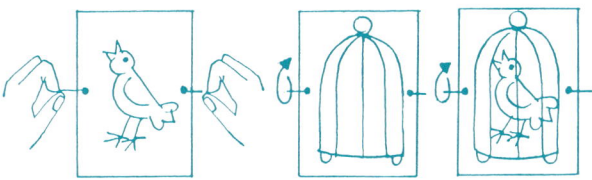 **Thaumatrop** (1826 von John Ayrton in Paris konstruiert). Es kann mit einfachen Mitteln angefertigt werden. Dazu werden auf beide Seiten einer Pappscheibe Motive gezeichnet, die sich ergänzen. Durch schnelles Drehen vereinigen sich die Bilder der Vor- und Rückseite.

Welche Filme sind für Kinder gut und geeignet?

Filme wirken auf jeden Menschen unterschiedlich und Kinder haben ihre eigenen Beurteilungskriterien. Sie entscheiden, ob sie Märchenhaftes, Abenteuerliches, Komisches, Bekanntes oder Fremdes in Filmen mögen, ob ihnen ein Film gefällt oder nicht. Ihre Bewertung ist eine subjektive Einschätzung, die mit ihren Vorerfahrungen zusammenhängt.

Methodische Hinweise

Kinderfilme (Trick- oder Realfilm)

Überlegungen zur Auswahl eines Kinderfilmes

● Wird durch den Film die soziale Kommunikation, das Gespräch der Kinder untereinander und mit den Erwachsenen gefördert?

● Gibt der Film Kindern die Möglichkeit, Verbindungen zu ihrer eigenen Lebenssituation herzustellen?

● Bietet der Film zu einem aufgezeigten Konflikt konstruktive Lösungen an? Werden Kinder zum Weiterdenken angeregt?

● Beschreibt der Film die reale Umwelt, reale Lebensbereiche, die Wirklichkeit der kindlichen Gefühlswelt?

● Ist die Filmhandlung filmtechnisch professionell, logisch und überschaubar im Aufbau wie dramaturgischen Ablauf, führt der Schluss zu Verunsicherungen oder bietet er ein gutes Ende, bleibt die Anzahl der Darsteller überschaubar? Spricht der Film viele Sinne an, ist er spannend, witzig und aufregend?

● Ist die verwendete Kinderliteratur als Filmvorlage: a) verfälscht und formal verfehlt bearbeitet, b) inhaltlich getreu und formal gelungen, c) inhaltlich angemessen und formal geglückt weitergeführt (nach Sahr, a. a. O.)?

Überlegungen zum Einsatz eines Filmes in einer Kindergruppe

● Welche Abspielgeräte werden benötigt, welche technischen Bedingungen müssen berücksichtigt werden? Müssen Sicherheitsvorkehrungen getroffen werden? Geplante Zeit/Dauer, Räumlichkeiten, Anzahl, Alter der Zuschauer?

● Erfolgt eine Vorbereitung/Einstimmung der Kinder auf das bevorstehende Filmereignis? Sind (gestaltete) Pausen geplant? Welche spielerische Nachbereitungsform wird gewählt, entspricht diese dem Filminhalt?

● Haben die Kinder während bzw. nach dem Filmerlebnis entsprechend ihrer Bedürfnisse Gelegenheiten, sich zu äußern und zu reflektieren; steht ihnen bei einem Film nach literarischer Vorlage diese zur Verfügung?

1. Untersuchen Sie in Ihrer Lerngruppe Fernseh-Programmzeitschriften:

   a) Woran sind die Kindersendungen zu erkennen?
   b) Werden Informationen über Kindersendungen gegeben? Welcher Art?
   c) Erfassen Sie in einer Wochenübersicht die Kindersendungen einzelner Sendeanstalten.

Impulse:

2. Wie viel Fernsehen brauchen/wollen die Kinder (in Ihrer Praktikumsstelle)? Überlegen Sie in der Lerngruppe allgemeine Kriterien. Erstellen Sie anschließend eine individuelle Wochen-Programmübersicht für Kinder (evtl. gemeinsam mit Kindern Ihrer Praktikumsstelle).

3. Besorgen und lesen Sie die Broschüre **Flimmo, fernsehen mit Kinderaugen** (a. a. O.). Schreiben Sie zu einer „Flimmo" Ausgabe eine Rezension, (s. S. 51), die für Ihre Lerngruppe gedacht ist.

4. Wo können in Ihrer Stadt von Kindern Videofilme ausgeliehen werden? Gibt es bei der Ausleihe ein Mindestalter oder sonstige Einschränkungen?

5. Wählen Sie ein Bilderbuch aus, z. B. **Bruno Orso** … (a. a. O.). Filmen Sie mit Hilfe der Videokamera einen Trickfilm oder inszenieren Sie ein Handpuppenspiel, das Sie ebenfalls aufnehmen. Legen Sie die Planungsschritte jeweils schriftlich fest.

6. Entleihen Sie in der Bücherei das Buch und den Film (oder anderes Beispiel) **Lotta aus der Krachmacherstraße** von Lindgren/Hold (a. a. O.). Entwickeln Sie Kriterien für die Beurteilung eines Kinderfilms nach einer Literaturvorlage.

7. Erstellen Sie ein Feature (Gewusst wie, s. S. 239) zu der Aussage: *Märchenfilme passen gut in die Vorweihnachtszeit.*

8. Drehen Sie mit Ihrer Kindergruppe ein Videoclip nach Musik Ihrer Wahl.

9. Erstellen Sie mit Ihrer Lerngruppe eine Filmreportage über Ihr Praktikum.

   a) Wählen Sie dazu drei Situationen aus, die für Ihr Praktikum charakteristisch sind.
   b) Schreiben Sie Dialoge zu den drei Episoden.
   c) Schreiben Sie auch die Regieanweisungen (Gestaltungsmittel) auf.
   d) Der Film sollte nicht länger als fünf Minuten dauern.

Verfilmte Kinderliteratur (Beispiele):

Verfilmte Bilderbücher:
***Irma hat so große Füße**, und vier andere Geschichten und drei andere Geschichten; **Max Maus und seine Brüder**; „Was ist das?" fragt der Frosch und sechs andere Geschichten, „Weißt du eigentlich, wie lieb ich dich hab?" und andere Geschichten, alle Drommi Videoreihe o. J.; o. A. **Gute-Nacht-Geschichten**, Großbritannien 1996, Polygram*

Zeichentrickfilme *(nach Kinderliteratur):*
Asterix, der Gallier, *1967, Ray Gossens (Regie), Uderzo (Buch), Goscinny (Animation), Atlas Film;* **Die Biene Maja,** *1977, Mary Murphy (Regie), nach dem Buch von Waldemar Bonsels, Atlas Film;* **Die Bremer Stadtmusikanten,** *1987, Cruz Delgado (Regie), nach dem Märchen der Gebrüder Grimm, Atlas Film;* **Heidi,** *1975, Isao Takahata (Regie), nach dem Roman von Johanna Spyri, Atlas Film;* **Nils Holgerson,** *1985, Hisayuki Rariumi (Regie), nach der Geschichte von Selma Lagerlöf, Atlas Film*

Geschichten/Märchen *(Realfilme):*
Die Kinder von Bullerbü, *1960, Olle Hellbom (Regie), nach dem Roman von Astrid Lindgren, Atlas Film;* **Froschkönig,** *1990, Juraj Herz (Regie), nach dem Märchen der Gebrüder Grimm, Atlas Film;* **Heidi,** *1952, Luigi Comencini (Regie), nach dem Roman von Johanna Spyri, Atlas Film;* **Lotta aus der Krachmacherstraße,** *1992, Johanna Hold (Regie), nach dem Roman von Astrid Lindgren;* **Pinocchio,** *1972, Luigi Comencini (Regie), nach dem Roman von Carlo Colodi;* **Pippi Langstrumpf,** *1986, Olle Hellbom (Regie), nach dem Roman von Astrid Lindgren;* **Ronja Räubertochter,** *1984, Tage Danielsson (Regie), nach dem Roman von Astrid Lindgren;* **Rumpelstilzchen,** *Engel (Regie), nach dem Märchen der Gebrüder Grimm, DEFA-Studios;* **Schneeweißchen und Rosenrot,** *Hartmann (Regie), nach dem Märchen der Gebrüder Grimm, DEFA-Studios;* **Schneewittchen und die sieben Zwerge,** *Kobler (Regie), Schonger Film Produktion*

Zum Weiterlesen:
Doelker/Franzmann/Hartmann/Heginger (Hrsg.): **Immer dieses Fernsehen,** *Handbuch für den Umgang mit Medien, TR-Verlagsunion 1983; Kinder-/Jugendfilmzentrum Remscheid (Hrsg.):* **Cinema Paradiso,** *KoPÄD 1995; Sahr:* **Kinderliteratur als Film und im Fernsehen,** *in: Jugendbuchmagazin, 1/94, a. a. O.; Sahr:* **Kinderbücher im Unterricht der Grundschule,** *Hohengehren 1996; Schneider (Hrsg.):* **Aufbruch zum neuen bundesdeutschen Kinderfilm,** *Eulenhof 1982; Theunert/Lenssen/Schorb:* **„Wir gucken besser fern als ihr!",** *KoPÄD 1995*

Zum Weitergucken:
Institut für Film & Bild in Wissenschaft und Unterricht (FWU) über die Landesbildstelle: **Frosch und Kröte – wie ein Puppenfilm entsteht –** *(4200902),* **Wir machen unser Fernsehen selbst –** *(4200180),* **Aktive Videoarbeit/Aufnahmetechnik –** *(4200490),* **Spielhandlung –** *(4200576); Videofilm:* **Kinder wollen Bücher,** *Stiftung Lesen, Fischtorplatz 23, 55116 Mainz*

Kinderliteratur als Computerspiel 7.4

- Kinder und Computerspiele
- Interaktive Geschichten für Kinder

Kinder und Computerspiele

Die Begeisterung der Kinder für Computerspiele wird von Pädagogen und Medienexperten als Anreiz für spezielle Lernprogramme benutzt. In ihrer bunten Aufmachung erinnert Lernsoftware oft an Unterhaltungslektüre wie Bilderbücher oder Comics. Unter Einbeziehung der Maus können die Seiten einzeln angeklickt und umgeblättert werden. Fasziniert sitzen auch schon Fünfjährige vor dem Computer und bedienen fachmännisch Tastatur und Maus. Qualitativ gute Spielesoftware für Kinder setzt dabei auf die Begeisterungs- und Lernfähigkeit, sie orientiert sich in der Spieloberflächengestaltung (Grafik, Sound, Animation) und der Dramaturgie an den altersbedingten Interessen und Fähigkeiten der entsprechenden Zielgruppe.

In der Anwendung weisen die Spieleprogramme auf Fehler hin. Sie belohnen erfolgreich gelöste Aufgaben mittels kleiner Spielsequenzen oder durch ein optisches/akustisches Signal. Die pädagogische, lernerfolgsorientierte Zielsetzung bleibt trotz der fröhlichen Animation und einfallsreicher Geschichten sowie sorgfältigster Grafik erkennbar. Auf individuelle Lernschwierigkeiten eines Kindes können auch spezielle Lernprogramme nicht eingehen, denn emotionale, menschliche Anerkennung und Zuwendung sind durch keine noch so gut entwickelten Computerprogramme zu ersetzen.

Positive oder negative Auswirkungen von Computerspielen auf die kindliche Entwicklung sind noch nicht ausreichend erforscht. Aber der Umgang mit dem Computer, die Faszination der Spiele und das Eintauchen in virtuelle Spielwelten (vorgestellte, auf dem Monitor sichtbare Fantasiewelten) wirken sicherlich auf kindliche Entwicklungsprozesse. Einige Untersuchungen weisen auf körperliche, emotionale und soziale Belastungen der Kinder hin, außerdem auf positive Stressgefühle und Erfolgserlebnisse.

Festzuhalten bleibt, dass der individuelle und situative Umgang mit dem Computer häufig Erziehungsfragen aufwirft, die sicherlich nicht immer für alle Beteiligten zufriedenstellend beantwortet werden können.

Das Extrabuch

Bruno Orso fliegt ins Weltall

von Judith Zaugg/Karen Duve
Maro Verlag 1997

Dieses Bilderbuch, das an einem Computer konzipiert wurde, erzählt von dem ernährungsbewussten Bär Bruno Orso, der eine Gratis-Weltraumreise für zwei Personen von Marsman's SPACEFLAKES gewonnnen hat. Dass er seine Freundin Gina mitgenommen hat, bereut er am Ende der Reise sehr, denn die verliebt sich nach vielen Turbulenzen in den Raumschiffkapitän.

Ungewöhnlich sind der Text (zitatenreich), die Illustrationen (hergestellt mit Computergrafik, daher ohne Tiefenwirkung) und das Layout (fast ausschließlich in Sprechblasen gesetzter Dialogtext; hellbunte, Bewegung und Tiefe suggerierende Bilder; überwiegend panelartige Handlungssequenzen).

An einen Comic erinnern außerdem der Balkentext, die Symbolik der Bildersprache und die farbliche Gestaltung der Bilder. Nicht nur deshalb finden den ältere Bilderbuchkinder diese Geschichte toll.

Die Buchseiten können in einen Computer eingescannt werden. Die Bilder und Texte können dann verändert werden. Auf diese Weise kann eine eigene Geschichte entstehen.

Interaktive Geschichten für Kinder

Multimediale Kinderliteratur umfasst Computerspielgeschichten auf der Grundlage bereits existierender Literatur oder auch fantasievolle Neuschöpfungen mit literarischen Motiven. Diese inhaltsorientierten Computerspiele beinhalten vielschichtige Spiel- und Animationsmöglichkeiten. Durch das Anklicken bestimmer Symbole werden Trickfilmsequenzen in Gang gesetzt. Grafiken oder Bilder können durch Zeichnungen oder neue Wörter verändert werden. Hierzu ertönen Geräusche und akustische Kommentare.

Beliebt bei Eltern und Kindern sind bekannte Figuren wie der *Tiger und Bär* von Janosch oder *Petterson und Findus* von Sven Nordqvist. Da Eltern mit diesen Figuren vertraut sind (gleiches Aussehen der Figuren in den gleichnamigen Bilderbüchern), bevorzugen sie für ihre Kinder auch häufig diese Software. Es bleibt zu bedenken, ob der im Vergleich zum Bilderbuch hohe Preis von ca. 70,– DM/90,– DM die Anschaffung lohnt, denn nach mehrmaligem Spiel verliert diese Software, im Gegensatz zum Bilderbuch, ihren Reiz.

Als Bilderbuch erfreuen die Geschichten der unzertrennlichen Freunde Petterson und Findus schon lange die Kinder mit ihren kleinen Abenteuern. Auf Grundlage dieser Geschichten erobern der alte Mann und sein Kater nun neue interessierte Betrachter mit der CD-ROM **Petterson und Findus** von Sven Nordqvist (Autor) und Matthias Gordon (Animation). Die Spielanleitung ist klar und die Grafik deutlich. In Pettersons Tischlerschuppen können viele Denk-, Lern-, Geschicklichkeits- und Kreativitätsaufgaben gelöst werden. Dabei müssen Hindernisse aus dem Weg geräumt, ein Dieb gefasst werden und seltsame Melodien können gehört werden. Viele Dinge (Zeichnungen) lassen sich anklicken, sie führen entweder zu einem neuen Spiel, erzählen die Geschichte weiter oder präsentieren einen der zahlreichen Gags. Nach den vielen spannend-unterhaltenden interaktiven Spielen erkennen Kinder den Buchtitel wieder und greifen gerne zu: „Oh, das Bilderbuch kenne ich doch?!"

Eine weitere fantasievolle Variante multimedialer Kinderliteratur bietet die CD-ROM **Das Buch von Lulu** von Romain Victor-Pujebet, übersetzt von Alissa und Martin Walser. Nach dem Installieren und Öffnen des Programms erscheint ein Buch auf dem Bildschirm. Die Geschichte kann sofort gelesen werden und mittels Mausklick wird eine Buchseite umgeblättert wie beim realen Buch. Die romantische Geschichte handelt von der unvorhergesehenen Begegnung zwischen der Prinzessin Lulu und dem außerirdischen Roboter Mnemo. In der fiktiven Welt des Buches versuchen sie, gemeinsam zu reisen, verlieren sich und finden sich am Ende der spannenden Geschichte wieder.

Das Besondere liegt in den sinnfälligen Symbolen, die rings um das *„Buch"* angeordnet sind und die durch einen Mausklick aktiviert werden können. Dann ertönt beispielsweise eine Geräuschkulisse, eine angenehme Vorleserstimme liest den gleichzeitig gezeigten Text. Die Illustrationen können in Bewegung versetzt werden. Dabei eröffnen sich vielzählige überraschende Spiel-/Aktivierungsmöglichkeiten, die auch von 2–3 Kindern ausgeführt werden können.

🏃🏃 Im Anschluss an eine *Spiele-Sitzung* können einzelne Szenen unter Verwendung selbst hergestellter Verkleidungsutensilien im Rollenspiel ausgeweitet oder nachgespielt werden. In Kartons werden Löcher geschnitten, so·dass Kopf und Arme durchpassen. Die Kinder können die Kartons überziehen, um als Roboter aufzutreten.

Methodische Hinweise

Computerspiele und interaktive Kinderliteratur

Überlegungen zur Auswahl

- **Die Spiele (Software) müssen mit dem Betriebssystem (Hardware) übereinstimmen. Fremdsprachige Versionen erschweren das Verstehen der Anleitungen.**
- **Möglichst mehrere Spieler sollten sich zugleich beteiligen können, wobei die Spielinhalte den geistigen, emotionalen und sozialen Fähigkeiten der Teilnehmer entsprechen sollten.**
- **Eine qualitativ gute Grafik und klare Tonwiedergabe (Sound) unterstützen Spielspannung und Spielfreude. Auf drastische Übertreibungen sollte verzichtet werden.**

- Das Spiel sollte eine Fülle von ausgewogenen Aufgaben enthalten und unterschiedliche Handlungsmuster erfordern, wobei logisches Denken, Kombinierfähigkeit, Reaktionsschnelligkeit neben konstruktiv-kreativen Elementen im Vordergrund stehen sollten.
- Die Computerspiele sollten keine (Geschlechts-)Rollenklischees festigen oder gar menschenverachtend sein (z. B. wenn in der virtuellen Welt die Spieler ohne Moral und Empathie kämpfen), keine verharmlosenden, zerstörerischen Kampf- und Schießspiele beinhalten. Verzichtet werden sollte auf aggressive Konfliktlösungen, ebenso auf die Verbreitung von politisch extremem Gedankengut.

Überlegungen zum Umgang
- Kinder benötigen Zeit und Ruhe, um in die spezifischen Regeln des Computerspiels einzusteigen. Außerdem brauchen sie ausreichend Zeit, um die Entdeckung des neuen Spiels auszukosten, aber auch zeitliche Grenzen, damit andere Spielaktivitäten nicht zu kurz kommen.
- Regelmäßige, auch längere Spielpausen einlegen.
- Nach der anfänglichen normalen Faszinationsphase sollte Selbstisolation nicht der Anlass für eine ständige Beschäftigung mit dem Computerspiel sein.
- Computerclubs, auch für jüngere Kinder, eignen sich zum Erfahrungsaustausch mit Gleichgesinnten.
- Computerspielverbote führen in der Regel zu Machtkämpfen und Heimlichkeiten, der Computergebrauch gewinnt dadurch zusätzlich an Bedeutung.
- Die Spielauswahl des Kindes nicht besserwisserisch abwerten, sondern die Bereitschaft wecken, die Verantwortung für das eigene Handeln zu übernehmen.
- Je älter die Kinder sind, um so mehr Mitspracherecht haben sie. Um so größer ist allerdings die Verantwortung, die sie für sich übernehmen.
- Damit Kinder nach dem Computerspiel aufgestaute Spannungen abbauen können, sollten ihnen Entspannungsmöglichkeiten (z. B. Gespräche oder körperliche, sportliche Betätigung) angeboten werden.

Impulse:

1. Wählen Sie ein Kindergedicht aus (s. S. 31). Schreiben Sie es mit Hilfe eines Textverarbeitungsprogramms und gestalten Sie das Gedicht anschließend mit Hilfe eines Grafikprogramms.

2. Entwickeln Sie in der Lerngruppe einfache Comics (vgl. S. 222). Übertragen Sie diese auf den Computer und drucken Sie die einzelnen Seiten auf dem Farbdrucker aus. Heften Sie die Seiten zu einem Buch zusammen, gestalten Sie die Titelseite.

3. Entleihen Sie in der Kinderbücherei ein Computerspiel, führen Sie das Spiel entsprechend der Spielbeschreibung durch. Beurteilen Sie anschließend das Spiel unter Anwendung geeigneter Kriterien, wie z. B.:

– Anleitung *(Verständlichkeit, Erklärung des allgemeinen Spielprinzips, Vorstellung der Spielfiguren etc.)*
– Grafik *(Detailreichtum, Deutlichkeit, Farbgebung, Scrolling, Seitenansicht, Aufsicht, 3D-Perspektive, Abwechslungsreichtum, Kindgemäßheit)*
– Sound *(Technische Qualität, Wahlmöglichkeit der Begleitmusik, realistische Geräusche, Abstimmung der Geräusche auf die Handlung)*
– Ablauf *(Spiellogik, Spielbarkeit, Schwierigkeitsgrad)*
– Unterhaltungswert *(Spielespaß, Spannung, Überraschungselemente)*
– Individuelle Konfiguration *(wählbarer Schwierigkeitsgrad, Auswahl von Spielfiguren/Mannschaften, wählbare Eigenschaften/Fähigkeiten)*
– Spielmuster *(Lösungen durch Experimentieren herausfinden, Hindernisse überwinden, Freunde gewinnen, sich bereichern, Gegner ausschalten, abschießen, einsperren o. ä.)*
– Verhaltensweisen *(erforderte Spielstrategie, planerisches Denken, Logik, Konzentrationsvermögen, Rätsel lösen, Geschick, Zufall o. ä.)*
– Soziale Dimension *(Kooperative Spielelemente, Mehrspielermodus)*

Je mehr Anforderungen ein Spiel erfüllt, desto besser ist es.

(vgl. Zey, Bildschirmspielereien, a. a. O.)

4. Entwerfen Sie zum schnellen Auffinden erstellter Kurzanalysen von Computerspielen ein Ordnungssystem, z. B. nach folgenden Punkten (vgl. Karteikarte S. 52):
a) Spieltitel; Spielkategorie; Spielgerät; ca. Zeitdauer;
b) Autor; Hersteller; Vertrieb; Erscheinungsjahr;
c) Zusammenfassende Inhaltsangabe; Spielebeschreibung;
d) Verständlichkeit der Anleitungen;
e) Empfehlung für Benutzer/Teilnehmer

Verwendete Software:
Nordqvist (Autor)/Gordon (Animation): **Findus und Petterson,** *Friedrich Oetinger, Hamburg/Terzio 1997; Victor-Pujebet:* **Das Buch von Lulu,** *Ravensburger interactive, Ravensburger Buchverlag Otto Maier, Ravensburg 1996; Zaugg/Duve:* **Bruno Orso fliegt ins Weltall,** *Maro, Augsburg 1997 (Bilderbuch)*

Weitere multimediale Kinderliteratur *(Beispiele):*
Software zu Bilderbüchern:
Janosch: **Der kleine Tiger braucht ein Fahrrad,** *Diogenes, CH-Zürich/Navigo 1996; Janosch:* **Ich mach dich gesund, kleiner Bär,** *Navigo Multimedia 1997;* **Schöne Bärscherung!** *Der bannig starke Käptn Blaubär Adventskalender, Ravensburger Buchverlag Otto Maier, Ravensburg;* **Willy Zauberfisch,** *Tivola, Berlin 1998;* **Zilly, die Zauberin,** *Tivola, Berlin 1998*

Software zu Märchen/Spielgeschichten:

Benaroya/Milon/u. a.: **Die Schneekönigin,** Ravensburger interactive, Ravensburger Buchverlag Otto Maier, Ravensburg 1997; Burckhardt: **Pips im Tunnelland,** Systhema, München 1996; Gilbert: **Fritzi Fisch und der verschwundene Schatz,** Ravensburger Buchverlag Otto Maier, Ravensburg 1996; Hops: **Bits und Bytes für Kids,** Spiele, Geschichten, Grundlagenwissen, International Thomson 1995; Landbeck: **Max und das Schlossgespenst,** Tivola, München 1996; Pingel/Petracci: **Schneewittchen und die sieben Hänsel,** Tivola, München 1996; Schumacher/Andersson: **Kalle und das magische Haus,** Ravensburger Buchverlag Otto Maier, Ravensburg 1997; o. A.: **Chadwick und der gemeine Eierdieb,** Kelly Data 1995; o. A.: **Die Schildkröte und der Hase,** Bomico Entertainment Software IBM 1997; o. A.: **Kiyeko,** der Indianerjunge aus Amazonien, Micropose 1996; o. A.: **P.A.W.S. Der Hundesimulator,** Systhema, München 1995; o. A.: **Töff-Töff rettet den Zoo,** Ravensburger Buchverlag Otto Maier, Ravensburg 1997

Sachbücher/Lexika:

o. A.: **Discovery,** BEE-Books (Bertelsmann) 1995; o. A.: **Die Welt in der wir leben,** Microsoft 1996; o. A.: **Elroy jagt den Technokäfer,** Ravensburger interactive, Ravensburger Buchverlag Otto Maier, Ravensburg 1995; o. A.: **Explorapedia – Die Welt der Natur,** Microsoft 1995; o. A.: **Kuck mal Kunst,** Systhema, München 1996; o. A.: **LexiKids –** Das interaktive Kinderlexikon, SunflowersKids 1995; o. A.: **Mein erstes Lexikon,** Dudenverlag, Mannheim 1995; o. A.: **Meine Traumburg,** Ravensburger interactive, Ravensburger Buchverlag Otto Maier, Ravensburg 1995; o. A.: **Zurk und die Tiere des Regenwaldes,** SunflowersKids 1995; Gromke: **Doma und Dikki,** Weidmann & Biere Publishing 1998

Zum Weiterlesen:

Arbeitsgemeinschaft Kinder- und Jugendschutz, NRW, (Hrsg.): **Computerspiele – Spielspaß ohne Risiko,** Hinweise und Empfehlungen, Hohenzollernring 85–87, 50672 Köln 1995; Bundeszentrale für politische Bildung Referat Medienpädagogik und neue Medien: **Interaktive Datenbank für Computerspiele,** Postfach 2325, 53013 Bonn; Diehl: **„Ich hab nur noch neun Leben"** – **Eltern, Kind und Computer,** Patmos, Düsseldorf 1995; Feibel: **Kinder-Software-Ratgeber,** Markt & Technik, Haar 1997; Fritz: **Warum Computerspiele faszinieren,** Juventa, Weinheim 1995; Gretsch/Lissner: **Elternratgeber Computer,** Rowohlt, Reinbek 1995; Mooser: **Kindersoftware-Führer '96,** Markt & Technik 1996; Schumacher/Andersson: **Kalle surft im Internet,** (mit CD-ROM) Ravensburger interactiva, Ravensburger Buchverlag Otto Maier, Ravensburg 1998; Zey: **Bildschirmspielereien,** Beltz, Weinheim 1994; o. A.: **Computerlexikon,** Tessloff, Nürnberg 1995

Anhang

Gewusst wie

Methodische Hinweise

Informationen zur Kinderliteratur

**Auswahl-
verzeichnisse
und
Buch-
empfehlungs-
listen**

Arbeitsgemeinschaft von Jugendbuchverlegern, Verlag J. F. Schreiber
Sirnauerstraße 50, 73779 Deizisau
Kataloge und Empfehlungslisten
– Jugendbuch heute – Informationen zum Kinder-und Jugendbuch
– Kindergarten – Literatur und Arbeitshilfen für Erzieherinnen und Erzieher (jährlich)

Arbeitskreis für Jugendliteratur
Metzstraße 14, 81667 München
Buchempfehlungslisten zu verschiedenen Schwerpunkten
– Das Bilderbuch
– Das Buch der Jugend
– Daheim in der Fremde
– Blaubuch mit Adressen der Institutionen für Kinder- und Jugendliteratur

Börsenverein des Deutschen Buchhandels/Buchhändler-Vereinigung
Postfach 100442, 60004 Frankfurt
– Buchjournal – Leselotse
– Das lesende Klassenzimmer
– Das Buch der Jugend
– Geschichte. Roman – Erzählungen – Sachbücher
– Sachbücher für Kinder
– Christliche Kinder-und Jugendbücher
– Abenteuer

Bundesverband der Friedrich-Bödecker-Kreise
Fischtorplatz 23, 55116 Mainz
Die Landesverbände vermitteln und finanzieren u. a. Autorenlesungen und -gespräche

Deutsche Akademie für Kinder- und Jugendliteratur
Hauptstraße 42, 97332 Volkach
Spezialkataloge s. unter Börsenverein
– *Volkacher Bote* (Mitteilungsblatt)
– „Buch des Monats" Nachrichten der Akademie

Deutscher Ärztinnenbund
Universitätskinderklinik, Lindwurmstraße 4, 80337 München
Buchempfehlungsliste für Kinder im Krankenhaus: *Das fröhliche Krankenzimmer*

Deutsches Jugendmedienwerk
Fischtorplatz 23, 55116 Mainz
Buch-, Spiel-Zeitschriftenempfehlungslisten
– Von 3–8. Neue Bilderbücher, Spiele, Elternbücher (jährlich)
– Bücher. Ein Informationsdienst für Familie, Kindergarten, Grundschule

Deutschlandfunk Buchredaktion
Raderberggürtel 40, 50968 Köln
– Die besten 7 (monatlich)

Europäische Märchengesellschaft
Schloss Bentalge, Postfach 1322, 48403 Rheine
Seminare, Tagungen, Kongresse zu Volksmärchen und ihrer Verbreitung

Gemeinschaft zur Förderung von Kinder- und Jugendliteratur
Weinmeisterstraße 5, 10178 Berlin
Berliner Zentrum für LesArt: Veranstaltungen zur Leseförderung, Literaturempfehlungsliste *Der rote Elefant*.

Gesellschaft zur Förderung der Literatur aus Afrika, Asien und Lateinamerika
Reineckstraße 3, 60131 Frankfurt
– Guck mal übern Tellerrand
– Wie Alicia und Kariuki den Riesen Turramulli besiegen
Kinder- und Jugendliteratur zum Thema „Dritte Welt"

Internationale Jugendbibliothek
Schloss Blutenburg, 81247 München
Kinderbücher aus aller Welt als Präsenz- und Ausleihbibliothek

Landesarbeitsgemeinschaft Jugend und Literatur NRW
Von-Werth-Straße 159, 50259 Pulheim-Brauweiler
Praxisbezogene Hilfestellungen zur Arbeit mit Kinder- und Jugendliteratur und Bilderbüchern

Saarländischer Rundfunk, Redaktion
Kinderfunk Funkhaus Halberg,
Postfach, 66121 Saarbrücken
Kinder- und Jugendbuchliste Saarländischer Rundfunk (6-mal jährlich)

Stiftung Lesen
Fischtorplatz 23, 55116 Mainz
Forschungsprojekte, Leseförderungsprojekte für verschiedene Alters- und Zielgruppen

Fachzeitschriften/Periodika	**Buchbesprechungsdienst** des Deutschen Jugendmedienwerkes e. V. Fischtorplatz 23, 55116 Mainz, Erscheinungsweise: Vierteljährlich

Bulletin der Kinder & Jugendliteratur,
Monatszeitschrift, Eulenhof Verlag, Hallerplatz 5, 20146 Hamburg

Computerspiele auf dem Prüfstand, (Hrsg.) Bundeszentrale für politische Bildung, Postfach, 53013 Bonn, Erscheinungsweise: Zwei- bis dreimal pro Jahr

Der bunte Hund, Magazin für Kinder in den besten Jahren,
(Hrsg.) H.-J.Gelberg, Postfach, 69441 Weinheim,
Erscheinungsweise: 3 Hefte pro Jahr

Eselsohr, Fachzeitschrift für Kinder- und Jugendmedien,
G. Wenke und Verlag Eselsohr, Layenhof, 55126 Mainz,
Erscheinungsweise: Monatlich

Gruppe und Spiel, Zeitschrift für kreative Gruppenarbeit,
(Hrsg.) U. Baer, Kallmeyersche Verlagsbuchhandlung, Postfach, 30917 Seelze,
Erscheinungsweise: Vierteljährlich

Flimmo, fernsehen mit Kinderaugen, Programmberatung für Eltern e. V. (Hrsg.)
Postfach 801344, 81613 München, Erscheinungsweise: Vierteljährlich

Fundevogel, Kritisches Kinder-Medien-Magazin,
dipa Verlag, Nassauer Str. 1–3, 60439 Frankfurt, Erscheinungsweise: Vierteljährlich

Hits für Kids, Ein Magazin des Buchhandels und der Verlage,
H. J. Jansen, Mainstr. 2, 65426 Gustavsburg

Jugendbuchmagazin, (Hrsg.) Arbeitskreis „Das gute Jugendbuch",
47533 Kleve Warbeyen, Erscheinungsweise: Jährlich 4 Hefte

Kindergarten heute, Zeitschrift für Erziehung, Verlag Herder,
79104 Freiburg, Erscheinungsweise: Jährlich 10 Hefte

Kinderzeit, Magazin für ErzieherInnen und Eltern,
B & B Verlagsgmbh, Postfach, 33052 Paderborn, Erscheinungsweise: Vierteljährlich

klein und groß, Fachzeitschrift für ErzieherInnen/sozialpädagogische Fachkräfte,
Luchterhand Verlag, Postfach 56513 Neuwied,
Erscheinungsweise: 10 Hefte pro Jahr

medien praktisch, Zeitschrift für Medienpädagogik, Gemeinschaftswerk der evangelischen Publizistik e.V.,
Postfach, 60394 Frankfurt, Erscheinungsweise: Vierteljährlich

Ausgewählte Publikationen und Standardwerke zur Kinderliteratur

Auböck u. a., **Buch Partner des Kindes,**
Ravensburger Buchverlag Otto Maier, Ravensburg 1978

Baumgärtner/Pleticha (Hrsg.): **Kinder- und Jugendliteratur,** Ein Lexikon,
Corian Verlag, Meitingen 1996

Börsenverein des Deutschen Buchhandels (Hrsg.): **Lesen ist Familiensache,**
Stiftung Lesen 1990

Deutsche Lesegesellschaft: **Medienerziehung in der Familie,**
Bundeszentrale für politische Bildung 1986

Doderer: **Lexikon der Kinder- und Jugendliteratur,** Beltz, Weinheim 1984

Fischer/Stach: **Aspekte der Vermittlung von Jugendliteratur,**
Arbeitskreis Das gute Jugendbuch e. V., Essen 1980

Franz/Wittkamp: **Lesen macht stark,** dtv junior, München 1996

Gärtner: **Spaß an Büchern** – Wie Kinder Leselust bekommen,
Don Bosco, München 1997

Haas (Hrsg.): **Kinder-und Jugendliteratur,** Reclam, o. O. 1976 '2

Krieg (Hrsg.): **Hundert Welten entdecken,** NDS Essen 1993

Kunst- und Museumsbibliothek Köln: **Die Bilderwelt im Kinderbuch,**
Ausstellungskatalog 1988

Kutsch/Brix-Henker: **Angelika Kutsch erzählt vom Büchermachen,**
Friedrich Oetinger, Hamburg 1993

Maier: **Jugendschrifttum,** Klinkhardt 1998 '10

Meyer: **Jugendliteratur,** Klinkhardt 1993

Marquardt: **Einführung in die Kinder- und Jugendliteratur,**
Verlag H. Stam, Köln, München 1995 '9

Österreichisches Bundesministerium für Unterricht und Kunst, Hrsg.:
Buch Partner des Kindes, Ravensburger Buchverlag Otto Maier, Ravensburg 1978

Schaufelberger: **Kinder- und Jugendliteratur heute,** Herder, Freiburg 1990

Stiftung Lesen (Hrsg.): **Kinder wollen Bücher** – zum spielerischen Umgang mit Büchern im Kindergarten, Mainz 1998

Thiele: **Bilderbücher entdecken,** Isensee 1986 '2

Empfehlungen für Kassetten

Akademie Remscheid für musische Bildung und Medienerziehung
Küppelstein 34, 42857 Remscheid
Kurse und Fortbildungen zur Medienpädagogik

Einkaufszentrale der öffentlichen Bibliotheken
Bismarckstraße 3, 72764 Reutlingen
Kostenloser Besprechungsdienst zu Kinderkassetten

Fachstelle für Medienarbeit der Diözese Rottenburg-Stuttgart
Sonnenbergstraße 15, 70184 Stuttgart
– hören und spielen – Audiokassetten für Kinder von 3 bis 10 Jahren

Mensch & Leben Verlagsgesellschaft
Postfach 1944, 61289 Bad Homburg
– Hören-Lesen-Hören: kommentiertes Kassettenverzeichnis (alle 2 Jahre)

Näger, Silvia/Pöttinger, Ida
– Komm, hör mit! 50 ausgewählte Hörkassetten für Kinder und Eltern,
Sozia-Verlag, Freiburg 1994 (wird unregelmäßig aktualisiert)

Empfehlungen für Filme, Videos, Dias	Die Kreis- oder Landesbildstellen und die evangelischen bzw. katholischen Medienverleihstellen bieten Kataloge und Broschüren zu speziellen Themen an.

Kinder- und Jugendfilmzentrum in der Bundesrepublik Deutschland
Küppelstein 34, 42857 Remscheid
praktische Medienarbeit, Kataloge, Filmempfehlungen, Medienverleih
– Kinder- und Jugendfilmliste – Empfehlungsliste von Trickfilmen
– Top Videos für Kinder und Jugendliche (4-mal jährlich)
– Videos für Kinder – Verzeichnis von Videokassetten für Kinder von 5 bis 12

Gesellschaft für Medienpädagogik und Kommunikationskultur in der Bundesrepublik Deutschland
Körnerstraße 3, 33602 Bielefeld
Kinder- und Jugendsendungen im Fernsehen. Übersicht und Empfehlungen

media nova-Verlag
Weinzierlstraße 13, 84036 Landshut
Diareihen zu Bilderbüchern mit didaktisch-methodischen Hinweisen

Zentrale Medien der Deutschen Bischofskonferenz
Referat Kommunikationspädagogik
Kaiserstraße 163, 53113 Bonn
Publikationen zu Medienthemen

Ausgewählte Preise und Auszeichnungen für Kinderliteratur

Hans-Christian-Andersen-Preis
Der Preis wird vom IBBY (International Board on Books for Young People) alle zwei Jahre für das Gesamtwerk eines Autors und eines Illustrators vergeben.

Deutscher Jugendliteraturpreis
Der Preis wird alljährlich in den Sparten:
1. Bilderbuch, 2. Kinderbuch, 3. Jugendbuch, 4. Sachbuch durch das Bundesministerium für Familie, Senioren, Frauen und Jugend verliehen.

Großer Preis der Deutschen Akademie für Kinder- und Jugendliteratur
Der Preis wird jährlich vergeben für hervorragende Leistungen auf dem Gebiet der Kinder- und Jugendliteratur; zusätzlich Sonder- und Förderpreise für Autoren, Übersetzer und Literaturvermittler.
Außerdem werden monatlich drei Titel als „Buch des Monats" in den Sparten Bilder-, Kinder- und Jugendbuch ausgezeichnet.

Gustav-Heinemann-Friedenspreis für Kinder- und Jugendbücher
Alljährlich wird ein in deutscher Sprache erschienenes Kinder- oder Jugendbuch ausgezeichnet, das zur Verbreitung des Friedensgedankens beiträgt und der Friedenserziehung dient; verliehen durch den Ministerpräsidenten des Landes NRW.

Die silberne Feder – Jugendbuchpreis des Deutschen Ärztinnenbundes
Mit der silbernen Feder werden Kinder- und Jugendbücher ausgezeichnet, die sich mit Gesundheitserziehung und Krankheitsbewältigung, mit Geburt, Erwachsenwerden, Alter und Tod befassen (alle zwei Jahre).

Sachwortverzeichnis

Bildquellenverzeichnis

Zeichnungen

Elisabeth Galas, Köln: S. 41, 154, 203, 204, 205 (2), 206, 245
Cornelia Kurtz, Bendorf: S. 7, 10, 13, 14, 19, 23 (2), 31, 54, 65, 81, 106, 122, 130, 143, 150, 159, 167, 181, 191, 201, 218, 221, 228, 242, 249

Fotos

Bilderdienst Süddeutscher Verlag, München: S. 161, 163, 164
Bert Butzke, Mülheim/Ruhr: S. 69
MEV-Verlag, Augsburg: S. 62, 74, 86, 138
Elke Rieck, Köln: S. 187
Michael Seifert, Hannover: Umschlagfoto, S. 40, 116, 180, 214, 227, 232

Abdruck der Kinderbuchcover mit freundlicher Genehmigung folgender Verlage

aare Verlag, CH-Aarau: S. 224
Alibaba Verlag, Frankfurt/Main: S. 78
Altberliner Verlag, Berlin/München: S. 152
ars Edition, München: S. 145, 193 (2), 194
Bohem Press, CH-Zürich: S. 112, 120
Carl Hanser Verlag, München: S. 21
Carlsen Verlag, Hamburg: S. 133
Donna Vita Verlag, Ruhnmark: S. 119
Garbe Verlag Ellen Vogt, Nürnberg, S. 101
Gerstenberg Verlag, Hildesheim: S. 13, 76, 223
Hammer Verlag, Wuppertal: S. 55, 65, 98, 238
Kerle Verlag, Freiburg: S. 108
Kinderbuchverlag Luzern, CH-Aarau: S. 126, 135
Loewe Verlag, Bindlach: S. 197
Michael Neugebauer Verlag, CH-Gossau und Hamburg: S. 99
Nord Süd Verlag, Hamburg (jetzt Dressler): S. 173
Oncken Verlag, Haan: S. 107
Parabel Verlag, München: S. 64
Patmos Verlag, Düsseldorf: S. 109, 154, 234
Rowohlt Verlag, Reinbek: S. 184
Sauerländer Verlag, CH-Aarau, Frankfurt/Main, Salzburg: S. 57, 63, 75, 82, 92, 146, 174
Verlag Gertrud Middelhauve, München: S. 64, 98

Leider konnten wir nicht zu allen Abbildungen die Inhaber der Rechte ermitteln. Sollte jemand davon betroffen sein, bitten wir ihn, sich zu melden.